이데올로기와 미국 외교

Ideology and U.S.Foreign Policy
Copyright ⓒ 1987 by Michael H.Hunt

This edition is published by arrangement with Yale University Press
All rights reserved

Korean Translation Copyright ⓒ 2007 by Sanzini Books
Korean edition is published by arrangement with Yale University Press
through Imprima Korea Agency

이 책의 한국어판 저작권은 Imprima Korea Agency를 통해
Yale University Press와의 독점 계약으로 산지니가 소유합니다.
신 저작권법에 의하여 한국 내에서 보호를 받는 저작물이므로
무단전재와 무단복제를 금합니다.

이데올로기와 미국 외교

Ideology and
U.S. Foreign
Policy

마이클 H. 헌트 지음 ★ 권용립·이현휘 옮김

산지니

〈일러두기〉

*저자 주는 미주 형태로, 옮긴이 주는 각주 형태로 각각 표시했다.

옮긴이 서문

'보수와 진보', '한반도 평화', '동아시아 국제정치'는 모두 한국정치와 한국외교를 둘러싼 논쟁과 담론의 핵심 주제들입니다. 그리고 이 모든 논쟁들이 교차하는 지점에 미국이 있습니다. 1990년대 초반부터 지금까지 정치 민주화와 한반도 긴장 완화 추세 속에서 미국 외교에 관한 책들이 한국어로 많이 번역된 것은 이 때문일 것입니다. 그러나 이상하게도 미국에 관한 미국 학계의 빼어난 수작들은 별로 번역되지 못했습니다. 그 까닭은 크게 두 가지입니다.

첫째, '미국은 한국의 혈맹'이라는 냉전시대의 친미적 대미 인식을 탈냉전 시대에 맞게끔 교정하려는 욕구 때문에 미국의 오만과 부도덕성을 비난하는 책들이 우선 번역 대상이 되어버렸습니다. 그 결과 미국에 대한 비난보다 성찰을 우선시하는 심도 있는 수작들이 번역 리스트에 올라가지 못했습니다. 한국의 일반 독자들이 노엄 촘스키나 하워드 진처럼 미국에 대한 비판적 입장을 분명히 드러낸 학자들의 책만 편식하게 된 것은 이런 사정 때문입니다. 또 그러다

보니 좌파 학자들보다 사실은 더 예리하게 미국에 대한 역사적 성찰을 축적해온 1급 저작들에 대해서는 눈길을 주지 않는 이상한 현상이 생겨나기도 했습니다.

둘째, 미국을 보는 한국의 독특한 방식 탓입니다. 해방 이후 한국의 지식인들은 한미관계라는 창에 비치는 미국만 미국으로 생각해 왔습니다. 그래서 전통적으로 한국 지식인들에게 '미국'은 곧 미국의 대한정책이었습니다. 미국과 미국 외교를 이처럼 구별하지 않았기 때문에 미국 외교의 바탕이 되는 미국의 역사와 정치에 대한 관심도 당연히 없었습니다. 미국의 전통과 본성을 탐색해온 중후한 저작들보다 미국 외교의 현상을 서술하고 도덕적으로 단죄하는 저널리즘적 저작들이 미국 관련 번역서의 주종을 이루게 된 또 다른 연유는 이것입니다.

이런 지적 환경에서는 미국 외교의 겉만 보고 미국을 한마디로 규정하는 설익은 자만심이 쉽게 생깁니다. 예를 들어 2003년 봄에 미국이 이라크를 침공하자 대부분의 한국인들은 미국을 독선의 제국, 일방주의 외교의 나라로 규정했습니다. 그리고 침공 초기에 미국 정부의 침략 행위를 지지한 미국 국민의 애국주의를 비난했습니다. 물론 부시 행정부의 명백한 독선이요 실책입니다. 그러나 미국 정부의 독선과 그에 대한 미국 국민의 지지는 겉으로 드러난 현상일 뿐입니다. 그 현상의 이면에는 미국의 우파 역사학자 리처드 홉스태터가 반세기 전에 간파한 미국 사회의 묘한 속성, 즉 지적 고뇌와 성찰을 체질적으로 혐오하고 기피하는 미국 특유의 '반지성주의'가 도사리고 있습니다.

현상의 뒤에 숨어 있는 근원을 찾아내서 추적하는 자세가 성찰의 시초입니다. 때와 상황에 따라 변하는 미국 외교의 일상은 누구나 서술할 수 있지만, 변화하는 가운데 '변하지 않는 무엇'을 추적하고 성찰하는 일은 아무나 할 수 없습니다. 미국의 역사학자 마이클 헌트가 쓴 이 책은 변화 속에서 변하지 않는 미국 외교의 바탕을 성찰한 책들 가운데 하나입니다.

어떤 분야든 좋은 책은 그 시선이 길고 또 깊은 법인데, 국제정치학과 역사학의 배경을 두루 갖춘 마이클 헌트의 이 책은 그런 의미에서 좋은 책입니다. 헌트는 건국 이후 미국 외교를 지배해온 세 가지 이데올로기, 즉 '미국은 항상 위대하다'는 국민적 자의식, '인종 간에는 위계적 서열이 있다'는 인종주의, '급진주의와 혁명은 위험하다'라는 반급진주의를 미국 역사에서 추출해낸 다음, 이들 이데올로기가 어떻게 생성되고 어떻게 미국을 움직여왔는지를 대중적 역사학의 서술 방식을 사용하면서 흥미롭게 서술하고 있습니다.

이 책은 냉전이 끝나기 이전인 1980년대 중반에 출간된 책입니다. 그러나 미국 외교를 설명하고 예측하는 틀로 이 책이 제시한 미국 외교의 세 가지 이데올로기는 지금도 그대로입니다. 200년을 지속해온 전통이 20년 만에 변할 리 없습니다. 오히려 책장을 넘겨가면서 독자는 부시 행정부의 이라크 침공이나 2006년 가을 이전까지 미국이 취했던 대북 강경책이 미국 역사에서 '특이한 것'이 아니라 지난 220년간 미국 외교를 이끌어온 이념과 전통에 충실한 것이라는 사실을 알게 될 것입니다. 따라서 이 책은 몇 년만 지나면 폐기될 미국 외교의 정책과 현실에 관한 '정보'가 아니라 2백 년이 흘러도 변하지 않는 미국 외교의 '바탕과 방식'을 보여주는 책입니다. 뒤늦게 이 책을 번역하면서도 크게 어색하지 않은 것은 이 때문입니다.

    제1장부터 제3장까지, 그리고 제5장은 이현휘가, 제4장과 제6장은 권용립이 번역했습니다. 그리고 두 사람은 초벌 번역을 서로 바꿔 검토함으로써 공동 번역을 할 때 빠지기 쉬운 함정을 피해나갔습니다. 그래도 여전히 부자연스런 곳이 눈에 띈다면 그것은 우리말로 직역하기 애매한 원문의 리듬과 뉘앙스를 자연스런 우리 글로 빚어내지 못한 번역자의 탓입니다.

    긴 호흡으로 미국을 알고 싶은 지식인과 학생들에게 이 책이 도움이 되기를 바랍니다. 또 이 책이 아직 갈 길이 먼 우리의 '미국 읽기'에 작은 보탬이 되기를 바랍니다. 끝으로, 열악한 출판 현실을 무릅쓰고 이 책의 번역 출판을 결심한 산지니 출판사의 강수걸 사장님과 편집 및 교정 작업에 애를 쓰신 권경옥 선생님께 고마움을 전합니다.

권용립, 이현휘
2007년 12월 3일

한국 독자들에게

나의 오랜 친구인 『이데올로기와 미국 외교』를 한국 독자들에게 소개할 수 있어서 매우 기쁩니다. 이 책의 저술을 처음 구상한 시기는 1980년대 초반으로 거슬러 올라갑니다. 그 시기는 내가 미국의 외교정책에서 이념이 차지하는 역할에 관심을 기울이기 시작한 때였습니다. 당시 나는 약 15년간 몰두해온 미중 관계 초기 역사에 관한 연구를 —이는 나의 연구 역정에서 첫 번째 연구 프로젝트에 해당합니다만— 막 마무리한 상태에 있었습니다. 이 연구를 수행하는 동안 나는 국제관계에서 이념이 차지하는 중요성을 절실하게 깨달았답니다. 그래서 그러한 통찰을 좀 더 구체적으로 탐색하는 연구를 해보고 싶었지요.

그러나 내가 이데올로기에 대해서 깊은 관심을 갖게 된 배경에는 이러한 연구 경력뿐만 아니라 사적인 삶의 역정 또한 중요한 역할을 했습니다.[1] 나의 아버지는 2차 세계대전이 발발하자 군에 입대해야만 했으며, 냉전 시기에도 줄곧 군에 계셨습니다. 이 때문에 나는 내가 태어난 남부 텍사스의 곤궁하고도 문화적으로 피폐한 작은 도시를 떠나 집시처럼 여기저기를 떠돌며 살았고, 1949년부터 1970년까지 일본, 터키, 베트남, 대만, 이탈리아, 이란 등지에서 성장기의 중요한 시간을 보냈습니다. 각국을 전전하는 동안 나는 그곳에 존재하는 상이한 문화들이 거대한 뷔페 테이블과 비슷하다는 사실, 즉 끝없는 기쁨과 새로움의 원천이라는 사실을 깨달았습니다.

    냉전시대 미국의 대소 봉쇄정책 전선을 따라 이동하며 살았던 나의 여정은 나에게 두 가지 사실을 각인시켰습니다. 이 두 가지는 모두 나의 역사 연구에 지대한 영향을 미쳤습니다. 먼저 나는 장기적 전망의 중요성을 깨달았습니다. 이런 자각은 아직 10대 초반이던 1950년대 중반에 있었던 잊을 수 없는 가족 여행 중에 터키 서부에 있는 그리스와 로마 유적지를 터벅터벅 둘러보면서 생겨나기 시작했습니다. 당시 나는 미국을 인류 경험의 중심축으로 보면서 대단히 안정된 문명 질서의 기초로 간주하는 것이 얼마나 어처구니없고 뻔뻔스러운 것인지―어리석다는 표현이 더 적절하겠지요―이해할 수 있었습니다. 두 번째 자각은 더 복잡한 문제에 눈을 뜨면서 형성되었습니다. 나는 세계의 작동 방식에 관해서 워싱턴과 미국의 언론 매체가 전 세계에 유포하는 관념들이 내가 현장에서 관찰한 구체적인 모습과 얼마나 어긋난 것인지를 깨달았습니다. 1962년과 1963년의 여름을 사이공에서 보내는 동안 이런 생각은 더욱 확고해졌습니다. 나는 버나드 폴(Bernard Fall)의 『기쁨이 사라진 거리』(*Street without Joy*)를 우연히 접한 후 군사 자문단 소속의 아버지 동료 분들에게 다음과 같은 건의를 드리기도 했습니다. 즉 프랑스군이 격렬하게 저항하는 식민지를 진압하는 데 어려움을 겪는 상황을 이처럼 심란하게 설명한 책에서 미군이 유용한 통찰을 얻을 수 있을 것 같다고 말입니다. 그러나 그분들은 손을 저으면서 나의 제안을 이내 거절하고 말았지요. 그들은 미국이 프랑스보다 더욱 이타적이고 더욱 강력한 국가이기 때문에 프랑스를 당혹스런 패배로 몰아넣은 베트남의 상황을 충분히 제압할 수 있을 것으로 확신했기 때문이지요. 나는 다시 시사 주간지를 찾아가 그곳 담당자들을 설득하려 했지만 거기서도 말이 통하지 않는다는 것만 확인했습니다. 설명이 불가능한 낙관주의와 비관적인 좌절감 사이를 오가는 당시 월남전 관련기사들 가운데 내가 본 사이공은 발견할 수 없었습니다.

    역사를 장기적 관점에서 보는 시각이 중요하다는 사실, 또 문화적 차이를 식별하지 못하는 시각은 위험하다는 사실을 깨닫고 나자 나는 당시 당연한 것으로 간주되던 냉전에 관한 미국 국민들의 국민적 합의가 불편해지기 시작했고, 미국 외교정책을 움직여온 몇몇 지배적 전제들이 점점 낯설어지기 시작했습니다. 그리고 나는 나와 생각이 같은 한 젊은 여성과 깊은 대화를 지속적으로 나눈 이후 대학에서 장기간의 자유 토론에 참여함으로써 나의 길을 독자적으로 밀고 나갈 힘을 얻었습니다. 인도차이나 지역에서 끝없이 계속될 것 같은 파괴 행위를 목격한 체험, 그리고 점차 깊어지는 미국 국민의 좌절을 목격한 체험도 내 결심을 굳히는 데 도움을 주었습니다. 이런 과정을 거쳐 도달한 문제의식을 규명하기 위해 내가 참조한 역사학자 중 가장 중요한 학자는 윌리엄 애플맨 윌리엄스였습니다. 나는 그가 쓴 『미국 외교의 비극』(*The Tragedy of American Diplomacy*)*을 1965년 볼티모어의 헌책방에서 처음 발견했고, 그 후 나는 수십 년에 걸쳐 다른 학자들처럼 윌리엄스가 제기한 주장들, 예컨대 역사학자는 사회적 세력들과의 연관을 살피면서 외교정책을 연구해야 한다는 주장, 미국의 외교정책을 연구할 때 반드시 다른 나라와 그 국민들에게 가하는 충격을 고려해야 한다는 주장, 외교정책 연구 방법 자체에 대한 철저한 자기 성찰을 병행해야 한다는 주장 등을 화두로 삼아 씨름하였습니다. 역사와 문화를 바라보는 나의 근원적인 시각은 이렇게 다양한 성장기의 체험을 통해서 검증되고 심화된 것이라고 할 수 있는데, 솔직히 말해서 그런 시각은 지금까지 내가 저술한 모든 저작의 이면에서 역동적으로 살아 숨 쉬는 힘이 되었습니다.

『이데올로기와 미국 외교』를 1987년에 출간한 이후 나는 그 책에 대한 독자의 반응으로부터 일정한 거리를 유지했다고 생각합니다. 내 책은 대체로 호의적인 평가를 받았지만 나는 그런 평가에 대해서 거의 무관심한 태도를 취했습니다. 대신 나는 미국 외교정책에 관해서 시의 적절한 통찰을 분명하게 표현했다는 것, 그러나 그 당시 학계를 지배하는 몇 가지 관념들과 명시적으로 상충하는 나의 주장이 몇몇 동료 학자들 사이에서나마 확고하게 뿌리를 내리기까지는 어느 정도 시간이 경과해야 한다는 것 등을 잘 알고 있었습니다. 어찌되었건 나는 내 자신에게 다음과 말했습니다. 만일 내가 외교정책에서 이념이 얼마나 중요한지를 설득하는 데 실패한다면 누군가가 다시 시도해서 결국에는 성공을 거둘 것이라고 말

---

* 이 책은 국내에도 번역 소개되어 있다. 윌리엄 애플맨 윌리엄스, 박인숙 옮김, 『미국 외교의 비극』(부산: 늘함께, 1995). 윌리엄스에 관해서는 다음 연구를 참조. 박인숙, 「윌리엄 애플맨 윌리엄스 (William Appleman Williams)의 미국 외교사론에 관한 연구」, 고려대학교 박사학위논문, 1997년. —옮긴이

입니다.

한편, 『이데올로기와 미국 외교』에서 제기한 문제들은 그 책이 출간된 이후 약 20년이 넘는 세월 동안 줄곧 나의 관심을 사로잡았습니다. 1990년 『미국역사학회지』(*The Journal of American History*)는 미국 대외관계의 연구 방법을 다루는 특집에서 이데올로기의 중요성을 강조하는 나의 시각을 간략하게 설명할 수 있는 기회를 제공해주었습니다.[2] 중국의 혁명 지도자를 이끈 관념을 해부하기 위해서 저술한 『중국 공산주의 외교정책의 기원』(*The Genesis of Chinese Communist Foreign Policy*)은 미국 외교정책을 연구할 때 획득한 통찰을 전적으로 다른 사례에 응용함으로써 탄생한 것이었습니다. 나는 외교정책에서 이념이 차지하는 역할을 연구하는 동안 정책 입안자의 인식 내용과 국제관계의 현실 사이에 커다란 격차가 있다는 사실을 매우 민감하게 느꼈습니다. 바로 이러한 문제의식이 『미국 외교정책의 위기: 국제관계사 독본』(*Crises in U.S. Foreign Policy: An International History Reader*)에서 다룬 중심 주제였습니다. 또한 미국이 베트남 전쟁에 뛰어든 동기를 설명할 수 있는—이 주제는 다음 책에서 다루었습니다. 『린든 존슨의 전쟁: 베트남에서 활동한 미국의 냉전 십자군, 1945~1968』(*Lyndon Johnson's War: America's Cold War Crusade in Vietnam, 1945~1968*)—로드맵을 제시해준 것도 그러한 문제의식이었습니다. 내가 최근에 발표한 작품들조차도—『미국역사학회지』에 발표한 9·11 이후에 관한 논문과 『미국의 패권』(*The American Ascendancy*)이라는 제목의 책 등—내가 나의 오랜 친구인 『이데올로기와 미국 외교』와 여전히 대화를 나누고 있다는 사실을 보여줍니다.

되돌아보면 나의 연구에서 매우 중요하게 다루었던 역사적 문제가 다른 역사학자의 사유 속에서 꾸준히 메아리쳤다는 사실을 확인한다는 것은 매우 기쁜 일입니다. 나는 1990년대 내내 외교정책에서 이념이 차지하는 역할에 진지한 관심을 기울이는 새로운 학풍이 등장했다고 생각했습니다. 2001년 중반쯤 연구 문헌을 체계적으로 검토하고 나서야 나는 얼마나 많은 새로운 연구들이—당시 내가 쓴 글로 표현하면—"국제정치학계의 보편적 해석방법들 속에 특정한 신념, 전제, 담론이 두드러지게 나타나고 있음을 지적하고 있는지"를 충분히 깨달을 수 있었습니다. "이처럼 새롭게 등장한 연구들은 국제정치의 격랑 속에 내던져진 다양한 종류의 인간이 자신의 상황을 어떻게 해석하고 어떻게 대처하려고 애쓰는지를 알기 위해 느슨한 문화적 관점에 물들어 있던 이데올로기의 개념을 외교정책으로 확장시킨 연구들이었습니다."[3] 『이데올로기와 미국 외교』에서 다루었던 이데올로기의 몇몇 요소—예컨대 인종에 관해 쓴 부분—는 그들의 연구를 통해 활짝 꽃을 피웠습니다. 그리고 그들은 이데올로기의 또 다른 요소들—성의 역할(the role of gender)이 단적인 사례입니다—을 1987년 당시의 내가 전혀 예상하지 못했거나 단지 어렴풋이 감지한 방향으로 새롭게 다루었습니다.

그러나 2001년에 쓴 논문에서 내가 미처 깨닫지 못한 것은 이념이 역사적으로 등장하는 방식에 관해서 당시 활동하던 학자들의 견해와 나 자신의 연구 사이에 커다란 차이가 있다는 것이었습니다. 나는 민족, 인종, 혁명 등과 관련해서 미국인이 소유한 일련의 편견이 매우 고질적인 성격을 띤다는 점을 강조한 반면, 다른 연구자들은 그것이 매우 유동적이고 변화하기 쉬운 성격을 띤다는 점을 강조했습니다. 두 접근 방법은 정책 결정자의 관점과 외교정책의 전제가 역사적으로 구성된 것이기 때문에 얼마든지 수정될 여지가 있다는 점에 대해서는 의견을 같이했습니다. 그러나 그러한 관점과 전제의 안정성과 연속성, 또는 우연성이나 가변성이 대외관계와 관련된 담론에 얼마만큼 영향력을 행사하는지에 대해서는 의견을 달리했습니다. 내가 역사의 심층을 지속적으로 관류하는 개념으로 이데올로기를 파악한 까닭은 궁극적으로 다음과 같은 확신에 토대를 둔 것이었습니다. 즉 미국인의 삶에서 확인할 수 있는 여러 특징들, 예컨대 노예 경제, 자발적인 이주 노동자, 백인이 지배하는 국가, 강력한 기업 질서 등은 거의 한 세기 동안 외교정책을 입안하고 그것을 실천하기 위해 노력한 사람들의 사고방식, 즉 그들의 정체성과 세계관에 깊은 영향력을 지속적으로 행사했다는 확신입니다.[4]

나의 오랜 친구인 『이데올로기와 미국 외교』를 소개하는 이 자리에서 독자들에게 꼭 하고 싶은 얘기가 한 가지 있는데, 이 책은 미국 역사의 특정 시기를 배경으로 탄생한 작품이라는 점입니다. 내가 베트남 전쟁 이후의 상황에 깊이 몰입한 흔적이 이 책의 첫째 쪽에서 마지막 쪽까지 일관되게 묻어 있다는 사실을 염두에 두시기 바랍니다. 1990년대에 들어서면서 냉전이 종식되고 세계화에 대한 관심이 증대됨에 따라 역사학자와 그 밖의 연구자는 자신들의 관심을 재정립하기 시작했습니다. 9·11 테러의 여파—특히 부도덕한 성격의 전면적 군사 개입인 '테러와의 전쟁(war on terrorism)'과 실패한 이라크 점령—는 20여 년 전 내가 씨름했던 문제들을 한층 더 심화시키는 공적 토론을 유발했습니다. 따라서 이 번역서를 읽는 독자는 다음과 같은 문제를 스스로 점검해보아야 할 것입니다.

『이데올로기와 미국 외교』에서 다룬 이데올로기가 과연 세월뿐만 아니라 문화와 역사적 경험의 차이까지 초월해서 태평양 건너편에 있는 한국인들의 관심사에도 타당하게 적용되는지를 말입니다. 여느 책과 마찬가지로 내 책에 대해서도 이런 타당성을 검증하는 일은 매우 당연한 것이니까요.

이 번역서를 읽는 한국의 독자는 틀림없이 하나의 특별한 검증 대상을 가장 먼저 떠올릴 것입니다. 즉, 그것은 내가 고찰한 이데올로기적 요소가 미국의 대한반도 정책을 형성하는 과정에서 어느 정도 영향을 주었는지 가늠하는 것입니다. 미국의 대한반도 정책에서 미국의 민족주의적 충동―세계의 강대국으로 발돋움한 미국의 위대성에 대한 자부심―은 어느 정도 표출되었는가? 한반도를 바라보는 미국인 관료와 미국 국민의 시각은 온정주의, 그리고 온정주의와 동일 계열인 인종주의로부터 어느 정도 영향을 받았는가? 혁명을 두려워하는 미국인의 태도, 그리고 더욱 일반적으로 표현해서 정치적으로 안정된 질서와 시장 지향적 질서를 선호하는 미국인의 태도는 외교정책 결정자의 두뇌 속에서 어떤 역할을 담당했는가? 미국의 이데올로기가 2차 세계대전 기간과 종전 직후에 극적으로 표출됨으로써 해방 후 한국의 독립 국가 건설 능력을 불신했고, 미군정 초기 정치적 안정을 도모하고 좌파를 제압하기 위해서 일본군을 무비판적으로 활용했으며, 한국의 독재자를 심정적으로 지원했다는 사실은 아마도 한국의 독자 여러분이 나보다 더 잘 아실 것입니다. 미국의 이데올로기는 이러한 모든 측면에서 미국의 엘리트가 한국의 문제를 파악하는 방식에 거의 틀림없이 영향을 미쳤습니다. 미국인이 자신을 전 지구적 차원에서 세계 공산주의의 위협과 싸우는 특별한 국가의 대행자라고 상상했던 것도 그 때문이었습니다. 세계 질서의 작동 방식에 관해서 미국인이 고수하는 이념이 남한에서 미국의 군대, 문화, 경제 등이 지속적으로 존재할 수 있도록 지원하고 있습니다. 그뿐만이 아니라 1990년 말에 한국의 시장 개혁을 무리하게 관철시킨 사례나 평양과 싸우는 워싱턴이 완고한 태도를 취하는 사례 등에서 확인할 수 있는 것처럼 미국의 이념은 최근까지 역동적으로 살아 있습니다.

물론 미국의 이데올로기만으로 국제관계의 다양한 국면에서 발생하는 모든 문제를 설명할 수 없듯이 한미관계의 모든 문제 또한 이데올로기만으로 설명할 수는 없습니다. 그리고 그것은 이 책이 추구하는 목표도 아닙니다. 이 책은 수많은 사람들의 마음속에서 꿈틀거리는 놀라울 정도로 다양한 편견과 오해와 이상이 미국 대내외정책의 담론을 형성하는 방식에 관해서, 그리고 미국인의 정체성이나 미국인이 세계를 이해하는 통념이―매혹적이지만 당혹스러울 만큼 다양한 방식으로― 기술, 사회 운동, 인구 이동 등을 포함한 여러 사회적 동력과 상호 작용하면서 역사를 창출해나가는 방식에 관해서 진지하게 숙고해볼 것을 요구하는 일종의 초대장입니다. 이데올로기가 최종적인 결론도, 유일한 열쇠도 아니지만 매우 중요한 열쇠임에는 틀림없습니다. 나는 이 책을 읽는 한국의 독자가 단순한 환원주의자의 시각에서 미국에 접근하기를 원하지 않습니다. 대신 더욱 예리하고 정교한 시각을 통해서 지구의 환경 문제, 핵 확산 문제, 세계의 규범과 제도를 유지하는 문제 등과 같은 우리 시대의 주요 문제에 관해서 미국이 취하는 태도에 접근하기를 희망합니다.

한국의 독자 여러분에게 나의 오랜 친구인 『이데올로기와 미국 외교』를 권하고 싶습니다. 아울러 이 책을 한국의 많은 독자가 읽을 수 있도록 만들어준 권용립 교수와 이현휘 박사, 산지니 출판사의 강수걸 사장에게 따뜻한 감사의 말씀을 전합니다.

2007년 11월 30일

차례

옮긴이 서문 • 5
한국 독자들에게 • 9
서론 • 21

제1장   이데올로기 이해하기 • 29
제2장   미국은 위대하다는 믿음 • 69
제3장   인종 간의 위계질서 • 125
제4장   혁명은 위험하다 • 199
제5장   이데올로기와 20세기 미국 외교 • 259
제6장   현대 미국 외교의 딜레마 • 357

미국 외교사 연구문헌 평론 • 413
주 • 443
찾아보기 • 469
마이클 헌트 저작 목록 • 484

서론

미국의 외교정책에서 이데올로기가 차지하는 지위는 무엇인가? 이처럼 중요하면서도 이해하기 어려운 주제를 규명하는 것이 이 작은 책자의 집필 목적이라고 할 수 있다. 이 주제를 연구한다는 것은 개념적 혼란이 창궐하는 복잡한 세계로 과감하게 뛰어드는 것을 의미한다. 역사나 정치 분야의 진지한 담화에서 빈번하게 논란이 되는 제국주의나 자유주의, 그리고 그 밖의 다양한 개념처럼 이데올로기라는 단어의 의미를 명확하게 확정하는 것 또한 매우 어려운 일이다. 따라서 이 문제에 접근하는 나의 입장을 먼저 분명하게 밝혀두고자 한다. 외교정책의 지적 토대를 이해하기 위해서 노력하는 동안 나는 이데올로기의 의미를 상식적인 수준에서 개괄적으로 이해할 수 있도록 실용적으로 정의하는 일이 대단히 유용하다는 사실을 확신하였다. 그래서 나는 이데올로기를 한 무리의 신념과 전제들이 서로 긴밀하게 결합된 복합체로 파악하고자 한다. 이러한 이데올로기는 특정 현실의 복잡한 단면을 이해하기 쉬운 용어로 단순화시켜주는 한편, 그 현실에 적절하게 대처할 수 있는 방법까지 제안해주는 역할을 한다.

물론 독자도 이데올로기가 무엇인지, 그리고 그것이 정책과 어떻게 연관되는지에 관해서 각자 나름의 다양한 견해를 보유하고, 때로는 매우 분명하게 정립된 견해를 보유하는 경우도 있을 것이다. 이처럼 나의 연구 주제에 내재된 복잡성으로부터 제기되는 어려움과 독자가 소유하는 다양한 선입견을 나 역시 처음부터 잘 알고 있다. 그러한 어려움을 잘 알고 있을 뿐만 아니라, 고든 크레익 교수가 10여 년 전에 제시했던 의견에 전적으로 동의한다. 즉 "이념과 외교정책 간의 관계를 규명하기란 매우 어려운 일이다. 오직 소수의 역사학자만이 이 분야의 연구에 관심을 기울이는 것은 결코 우연이 아니다."[5] 그러나 이 연구 주제는 몸이 불편하여 화를 잘 내는 친척에게 어쩌다 한번 마지못해 관심을 갖는 것처럼, 관심 갖는 시늉만 내기에는 너무 중요한 주제라고 할 수 있다.

미국 대외관계의 초창기부터 지금까지의 전개 과정을 모두 포괄할 수 있는 큰 그림을 그리는 작업은 대체로 역사적 사실과 그 해석의 단편을―아마도 이들 중 일부는 독자도 잘 알고 있을 것이다―조립해서 하나의 새로운 패턴을 형성하는 것을 의미한다. 이러한 작업을 통해서 우리는 과거를 새롭게 통찰할 수 있고, 현재를 새로운 시각에서 사고할 수 있는 지적 자극을 받을 수 있다. 바로 이와 같은 나의 저술 목표에 입각해서 독자가 이 책을 읽고 평가해주기를 바라고 싶다. 이런 작업이 설혹 미진한 점이 있다손 치더라도 최소한 연구자에게 외교정책 이데올로기의 문제를 진지하게 고려할 수 있는 계기를 마련해주고, 경우에 따라서는 이 분야의 연구에 직접 착수할 수 있는 동기까지 불어넣을 수 있기를 희망한다.

  이 책은 이데올로기의 성격을 개괄적으로 검토하는 제1장을 논의의 출발점으로 삼게 될 텐데, 그곳에서는 특히 미국 외교정책과 관련된 이데올로기를 중점적으로 검토하게 될 것이다. 또한 이데올로기가 제기하는 개념적 문제를 명확하게 정의하고, 그 문제에 대한 해결책을 제시해줌으로써 우리가 복잡한 이데올로기의 세계를 뒤로 하고 미국 외교정책 그 자체의 혼란스러운 세계에 다가갈 수 있도록 안내해줄 것이다. 제1장을 읽은 독자는 제2장부터 제4장까지를 추가로 읽는 경우에만 비로소 미국 외교정책의 혼란스런 세계를 일목요연하게 이해할 수 있을 것이다. 그곳에서는 미국 외교정책과 관련된 이데올로기의 기원을 추적하는 한편, 그러한 이데올로기가 18세기 및 19세기를 거치면서 하나의 통일된 모습으로 정비되고, 미국인의 마음을 움직일 수 있는 힘까지 얻게 된 배경을 검토할 것이다. 또한 20세기에 들어서면서 이데올로기의 개별적 요소들이 서로를 강화하는 가운데 하나의 강력한 사고체계로 융합되어간 과정을 검토할 것이다. 이렇게 융합된 사고체계는 외교정책 분야에 종사하는 대부분의 사람의 사고방식을 지배하는 지경에까지 이르렀다. 제5장과 제6장에서는 20세기의 미국인이―지금의 미국인까지도―그들의 선조들이 생각했던 미국의 확장 한계를 넘어서서 미국을 확장시켜나가는 과정을 보여줄 것이다. 이 두 장의 내용을 읽고 나면 역사의 심층을 관류하는 이데올로기의 관성과 미국의 정치지도자들이 현실에서 실천하는 외교정책이 구체적으로 어떻게 연계되는지를 상당히 정확하게 통찰할 수 있는 안목을 갖추게 될 것이다. 끝으로 나는 이 책의 주제와 관련된 역사적 문헌을 소개하면서 연구를 마무리 지었다.

　독자는 내가 이러한 형태의 책을 쓰려고 마음먹은 동기를 이해했을 때 이 책의 내용을 더 잘 이해할 수 있을 것이다. 이 책은 어느 정도 학계의 병폐를 치료할 목적으로 기획하였다. 나는 한 사람의 역사학자로서 과거를 무시하는 미국인의 독특한 버릇에 대해서 늘 안타깝게 생각했다. 그들은 외교정책의 기본적인 문제를 대하는 우리의 사고방식이 대단히 연속적인 성격을 띤다는 사실을 충분히 인지하지 못하기 때문이다. 정책을 입안하는 국가의 공직자들조차 우리가 직면한 국제정치의 현안들을 갑자기 튀어나온 처음 있는 일들처럼 보는 사고방식에 사로잡혀 있다. 이런 사고방식에 따르면 과거는 대체로 무의미한 것일 뿐이다. 따라서 그들은 진부한 상식에 의존하여 국제정치의 문제를 이해할 뿐만 아니라, 참신한 정책 대안을 적절하게 모색해야 할 과제를 안이하게 처리하기까지 한다. 또 미국 외교정책의 역사를 보는 대중의 일반적 관점이 있다면, 그것은 오늘날 미국 지도자들이 미국의 초창기에 통용되던 낡고 협소한 개념 틀을 버리고 세계적 강대국으로 발돋움한 지금 미국의 지위에 걸맞은 성숙한 실용주의를 선호하는 것처럼 보는 관점이다. 이런 대중적 시각으로 보면 미국이 취했던 과거의 태도가 미국의 국제적 위상을 변화시키는 데 장애가 아니라 오히려 촉진 요인이 될 수도 있었으리라는 것, 또 미국의 국제적 위상이 변화한 이후에도 과거 미국이 취했던 태도가 정책 입안자들의 사고체계 속에서 오랫동안 중요하고 심지어는 매우 근원적인 요인으로 남아 있을 수도 있다는 사실을 짐작하기가 매우 어렵다.

　미국의 대외관계를 연구하는 역사학자들은 주로 현재에 고정되어 있는 대중의 시선을 오히려 강화시킴으로써, 또 문화적 가치의 중요한 역할을 무시함으로써 미국 외교정책의 신화를 지속시키는 액세서리로 부지불식간 전락하고 말았다. 역사학자는 점점 20세기의 드라마 (특히 양차 세계 대전과 냉전) 연구에 몰입함으로써 그들 스스로가 과거의 정책적 경험과 단절된 채 현재에 매몰된 대중의 사고방식을 지지하고 강화하였다. 그들은 미국이 처한 새로운 상황을 설명하느라고 자신들의 연구를 거의 예외 없이 대단히 협소한 울타리의 연구 영역에 집중시켜왔다. 예컨대 전략적 사고의 변화, 경제 체제적 요구사항들, 엘리트의 이해관계와 영향력, 대통령의 역할, 관료정치의 작동 방식, 그리고 외교정책과 국내 정치 간의 상호관계 등이 그것이다. 그러나 이제는 광범위한 역사적 맥락 속에서 정의된 이데올로기에 합당한 관심을 기울여야만 할 때이다.

나 역시 미중관계를 연구하는 동안 어렴풋이 감지하기는 했지만 중국을 연구할 때는 쉽게 추적할 수 없었던 이념을 이 책을 집필함으로써 더욱 분명히 이해할 수 있게 되었다. 이제 나는 미국의 사명에 대한 자의식, '동양인'에 대한 고정관념, 그리고 특정 형태의 정치 및 경제 개발 전략을 고집하는 태도 등이 강력하게 결합되면서 미국인의 중국 진출을 용이하게 했다는 사실을 더욱 분명하게 확인하였다. 특히 나의 호기심을 자극했던 문제는 미국의 대중국 정책과 아주 긴밀하게 연관되어 있던 문호개방 정책 이념이 '구원과 지배라는 미국의 국가적 환상에서 도출되기도 하고, 또 역으로 그 환상을 강화시키기도 하는'[6] 독특한 방식이었다. 그러나 나는 이런 식으로 문제를 파악하기는 했지만 외교정책의 이념이 터를 잡고 있는 넓은 세계를 제대로 탐험해본 적도 없고, 또 그것을 적절하게 설명할 수 있는 능력을 갖추지도 못했다. 미국 외교정책의 이념을 포괄할 수 있는 지적 틀을 구성해내는 작업이 시도해볼 가치가 충분한 것이라는 사실을 점차 확신한 것은 그 때문이었다.

    끝으로 나는 지난 10여 년 동안 예일대학교, 콜게이트대학교, 채플 힐의 노스캐롤라이나대학교에서 나의 강의를 수강했던 학생들이 나의 상상력을 자극해줌으로써 발전시킬 수 있었던 몇몇 관점들을 이 책의 지면을 통해서 밝혀두고자 한다. 미국의 외교정책에 관심을 가진 대부분의 미국인처럼 이 학생들 또한 세계가 미국의 관심과 물질적 지원을 촉구한다는 사실에 감명을 받고 당혹한 나머지 나의 강의실에 들어왔다. 그리고 그러한 요구 조건을 미국인이 그동안 어떻게 처리해왔는지를 알고 싶어 했다. 그러나 그들 중 누구도 한 발짝 뒤로 물러나서 미국인의 사고방식에 깊이 뿌리박힌 문화적 가치가 그러한 요구 조건을 해석하고 대응하는 방식에 어떻게 영향을 미쳤는지를 찬찬히 관찰할 수 있는 소양을 갖추지 못했다. 이런 학생들에게 어떤 새로운 시각을 제공하려는 나의 노력 그 자체가 나 스스로 나를 진정한 의미에서 교육시키는 일이었다.

    무모하리만치 광범위한 영역을 논의의 대상으로 삼는 이러한 종류의 책을 집필하기 위해서는 반드시 다른 사람의 특별한 도움과 넓은 아량, 그리고 아낌없는 격려를 필요로 한다. 이러한 주제로 책을 써야겠다는 생각을 어렴풋이 떠올릴 즈음 예일대학교 출판사의 찰스 그렌치가 나의 생각에 동의해주면서 책의 출간을 열정적으로 독려하였다. 그 이후로 많은 친구와 동료가 도움을 베풀어주었다. 로버트 비스너, 도로시 복, 존 쿠건, 윌리엄 돌비, 제임스 페처, 해리 하딩, 토머스 히틀러, 돈 히긴버덤, 스티븐 레빈, 도널드 매튜, 레오나 및 엘리스 사이먼 부부, 그리고 메릴린 영에게 감사의 마음을 전한다. 그들은 모두 이 책의 이런 저런 국면에 대한 조언과 비판을 구하는 나의 부탁을 매우 친절하게 들어주었기 때문이다. 노스캐롤라이나대학에 재직하는 린다 칼과 워렌 노드, 컬럼비아대학교의 캐럴 글뤽, 그리고 프린스턴대학교의 아서 월드런에게도 감사의 마음을 전한다. 이들은 내가 이 책에서 발전시킨 몇몇 아이디어를 직접 테스트해볼 수 있는 기회를 마련해주었다. 끝으로 나의 난필을 해독하여 알아보기 쉬운 원고 형태로 만드는 중요한 작업을 항시 도맡아 준 매리 우드올, 이 연구의 마무리 단계를 도와준 린다 스테펜슨, 로라 에드워즈, 그리고 존 빔, 이 책을 아주 멋있게 편집해준 오토 볼먼에게 감사의 마음을 전한다. 나에게 이런 저런 방식으로 도움을 제공한 모든 사람이 이 책에서 참신하고 설득력 있는 아이디어나 하다못해 호기심을 자극하는 아이디어를 가급적 많이 발견함으로써 조금이나마 마음의 보상을 받을 수 있기를 희망한다.

 내가 참고한 책을 저술한 많은 학자들에게도 지적인 신세를 졌다. 하지만 그들의 이름을 모두 열거하는 것은 현실적으로 불가능하다. 따라서 이 책의 주석과 말미에 첨부한 '미국 외교사 연구문헌 평론'에서 부족하고 미흡하게나마 감사의 마음을 전하는 수밖에 없게 되었다. 하지만 이미 작고한 아서 라이트(Arthur Wright)가 중국 불교에 관해서 저술한 얇은 책자* 하나만은 여기에서 특별히 언급해두고 싶다. 나는 오래 전에 지적 파워를 우아함과 명료하게 결합할 수 있는 라이트의 능력으로부터 깊은 인상을 받았다. 따라서 이 연구에 착수할 때 라이트는 나의 마음속에서 곧바로 하나의 모델이 되었다. 그 스승이 뿌린 씨앗이 예상 밖의 결실을 맺게 된 것이다.

　이 연구는 몇 가지 측면에서 나의 가족이 수행한 작업이기도 하다. 파울러 헌트의 날카로운 비평 안목은 나의 설명을 한층 더 명료하게 해주었고, 나의 딸들은 종종 교정자의 역할을 맡아주었다. 그들은 그것이 향후 자신들이 살아갈 세계에 대한 아버지의 의무를 상기시켜주는 조언이라는 사실을 전혀 자각하지 못한 채 그런 조언을 실천했다. 따라서 이 책을 그들에게 헌정하고자 한다. 이 책에 쏟아 부은 나의 노력을 통해서 미국인이 국제 문제를 사고할 때 좀 더 진지할 수 있다면, 그래서 그들의 힘을 보다 신중하고 현명하게 사용할 수 있다면, 나는 세계에 대한 나의 의무를 일부나마 성취할 수 있을 것이다.

＊　아서 라이트, 양필승 역, 『중국사와 불교』(*Buddhism in Chinese History*, 신서원, 1994)를 말한다. 저자인 헌트의 확인을 거쳐 소개한다. ―옮긴이

제1장

★

이데올로기 이해하기

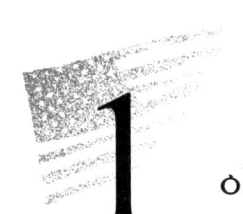

이데올로기 이해하기

> 미래를 전망할 때마다 우리는 과거를 회고함으로써 실재와 외양을, 영속적인 것과 가변적인 것을, 에피소드와 중요한 것을 정확하게 구분할 수 있는 능력을 갖출 수 있다.
> 어떤 신비스런 이유 때문에 그렇게 해야만 하는 것은 아니다. … 인류는 세대를 반복할 때마다 유사하게 반복되는 문제와 직면하게 되는데, 그때마다 인류는 그러한 문제에 대해서 어느 정도는 습관적인 방식으로 대응했기 때문이다.
>
> — **월터 리프먼** (1943)[7]

> 정치 지도자가 고위 공직에 취임하기 이전에 갖고 있던 신념은 그들이 공직에 머물고 있는 동안 꾸준히 소비하게 될 지적 자산이다.
>
> — **헨리 키신저** (1979)[8]

미국의 외교정책은 지난 수십 년간 격동의 시기를 보냈다. 장기간에 걸친 베트남 전쟁은 미국인들에게 심리적 불안감을 야기했는데, 전쟁이 고조된 시기에 정치적으로 성인이 된 사람들에게는 더욱 그러했다. 뮌헨협정*과 일본의 진주만 피습을 체험하면서 어렵게 습득한 냉전적 인식도 베트남 전쟁 이후로는 느슨해졌다. 마치 미국의 1차 세계대전 참전 이후 미국의 선조들이 갖고 있던 십자군적 신념이 흔들리게 된 것처럼 말이다. 그래서 1970년대 초반 한 정치평론가는 '미국의 젊은 세대'는 이제 '냉정한' 외교정책을 원한다고 선언했고, 몇 년 후 또 다른 평론가는 미국에서 '새로운 사고방식을 소유한 세대'가 등장했다고 선언했다.[9] 1980년대의 레이건 행정부는 전형적인 냉전정책으로 회귀함으로써 미국 외교정책을 둘러싼 이 격렬한 논쟁을 종식시키려 했지만, 미국의 학계, 언론계, 정관계, 그리고 군부에서는 베트남 전쟁의 교훈과 그 교훈이 미국 외교정책의 미래에 어떤 의미를 갖는지에 대한 논쟁이 여전히 계속되었다.

베트남 전쟁과 레이건 행정부의 외교정책에 대한 반발로 시작된 미국 외교정책에 대한 비판 수위는 얼마 있지 않아 크게 고조되었다. 대부분의 비판자들은 외교정책 실무를 현장에서 직접 담당한 적이 있거나 전략 수립, 국제 경제, 정책 과정, 그리고 이른바 제3세계 지역 등과 같은 다양한 분야에 관심 있는 외교정책 전문가였다. 전체적으로 그들은 잘못된 전제에 바탕을 둔 정책, 잘못된 '행동 우선주의'에 빠진 정책, 그리고 고비용 정책과 때로는 검은 돈으로 오

---

* 2차 세계대전 직전 히틀러가 유럽에서 전개한 일련의 팽창정책을 외교적 노력을 통해 저지하려다 실패한 정책으로 유명하다. 1938년 3월 오스트리아를 점령한 히틀러가 약 300만 명의 독일계 주민이 거주하는 체코슬로바키아의 수데텐란드(Sudetenland) 할양을 추가로 요구했다. 그러자 독일과 무력 충돌을 원하지 않았던 영국의 체임벌린은 히틀러, 프랑스의 달라디에, 이탈리아의 무솔리니가 참석하는 4개국 정상회담을 제의했다. 히틀러가 동의해서 1938년 9월 29~30일 뮌헨에서 만난 이들은 히틀러의 요구를 수용하기로 합의했으며(뮌헨협정), 그 대가로 히틀러의 팽창정책을 일정하게 억제할 수 있을 것으로 기대했다. 그러나 히틀러는 1939년 3월 체코슬로바키아의 나머지 영토를 합병하고, 9월에는 폴란드까지 침입하면서 그런 기대를 여지없이 무너뜨렸다. ―옮긴이

염된 정책 등을 아주 날카롭게, 때로는 아주 통렬하게 비판했다. 그들은 세계가 최근 몇 십 년 동안 크게 변화했기 때문에 미국의 냉전 정책이 더 이상 적절하지 않다고 지적했다. 또 어떤 비판자는 냉전의 파고가 최고조에 달한 당시에도 미국의 정치 지도자들은 세계의 정세를 심각하게 오해함으로써 미국 국민은 물론 미국이 영향력을 행사하려는 타국 국민의 운명까지도 크게 손상시켰다고 강력히 주장했다. 그들은 미국 외교정책의 노선 수정이 매우 시급하며, 그렇게 수정한 정책이 실질적 효과를 지속적으로 발휘하려면 반드시 기존의 외교정책 전제를 근원적으로, 그리고 철저하게 재검토해야만 한다고 입을 모았다.

이들의 비판을 접해본 사람이라면 누구라도 냉전 초기부터 전승되어온 통념이 크게 흔들렸다고 단정할 수 있다. 한때는 냉전 정책의 수립에 참여했던 사람들이 이제 와서는 그 정책의 폭력성과 결함을 떠들어댔기 때문이다. 예컨대 리처드 버넷은 냉전의 전사가 혁명적 민족주의에 대해서 보여준 적대감, 즉 그들의 고집스럽고 적극적이며 궁극적으로는 비생산적인 적대감을 상세하게 묘사한 바 있다.[10] 버넷이 개진한 논점은 이후 멜빈 거토프와 리처드 페인버그의 연구를 통해 더욱 확대되고 심화되었다. 그리고 이 논점은 1950년대부터 1960년대에 걸쳐 미국 정부가 제 3세계를 대상으로 추진한 미국식 개발정책이 왜 실패할 수밖에 없는지를 설명해낸 로버트 패큰햄의 연구를 통해서 보완되었다.[11] 얼 래브널과 데이빗 캘레오의 경우, 미국의 정책 담당자들이 명백한 국가이익과 미국이 보유한 경제적 자원의 한계를 초과하면서까지 해외 팽창을 과도하게 추구하는 개탄스런 풍조를 자세히 검토했다.[12] 아래 인용문처럼 래브널이 더욱 절제된 미국 외교정책을 요구했을 때, 그것은 여러 비판자들의 주장을 전형적으로 요약한 것이었다.

　　우리는 외교정책의 힘을 절제할 수 있는 사고방식을 회복해야 한다. 세계는 더 이상 군사력으로 좌우할 수 있는 곳이 아니기 때문이다. 외교정책은 창 대신 방패에 비유할 수 있다. 그것은 우리의 가치를 타국에게 선전하기 위한 수단도 아니고 우리의 환상을 타국에게 투사하는 구실도 결코 아닌 것이다. 대신 그것은 우리 삶의 중요한 과정을 보존하는 데 필요한 최소한의 조건이라고 할 수 있다. … 우리의 일차적 관심사는 우리의 독특한 정치 체제를 유지하는 것, 우리의 경제활동을 진작시키면서 그 결실을 향유하는 것, 그리고 우리 사회를 끊임없이 지켜 완전하게 만드는 것 등에 모아져야만 한다.[13]

그러나 미국 외교정책의 자제를 강력히 요구하는 이들의 연구에서 공통적으로 확인할 수 있는 한 가지 결함이 있다. 근래의 미국 외교정책에서 이데올로기가 차지하는 지위를 적절하게 고려하지 못했다는 점이 그것이다. 물론 그들도 미국의 정치 지도자가 이데올로기의 그물망에 포박되어 있으며, 그 때문에 잘못된 외교정책을 지지한다는 사실은 잘 안다. 하지만 그들은 이데올로기 그 자체의 차원, 즉 이데올로기를 떠받치면서 변화에 저항하도록 만드는 이데올로기의 뿌리가 존재한다는 것, 그리고 이데올로기로부터 외교정책이 파생되는 정확한 과정 등을 체계적으로 고려하지 못했다. 그리고 미국 외교정책의 비판가들이 이데올로기를 둘러싼 문제를 개념적으로 정리하는 데 어려움을 겪는다는 사실은 비판가들 자신도 이데올로기로 뒤얽힌 혼란의 굴레에서 벗어나지 못했다는 사실을 뜻한다.

최근 책을 출간한 매우 예리한 두 비판자로부터 이런 문제점을 전형적으로 확인해볼 수 있다.[14] 먼저 래브널의 경우 "우리의 기본적인 전략적 '사고의 범주', 즉 우리의 정책 결정 체계에 깊이 뿌리박힌 사유의 습관"을 교체하라고 요구한다. 즉, 미국의 외교정책을 개혁하기 위해서는 '미국의 현행 관심사 그 자체가 보편적인 것'이라는 전제에 정면으로 도전해야 한다고 주장한다. 그는 미국 외교정책을 개혁할 경우 어느 정도의 '고통'이 예상되지만 '미국이라는 국가가 견지하는 예외성의 신화를 미국이 국제사회의 일원에 지나지 않는다는 사실'과 타협시킬 수 있을 것으로 전망했다. 래브널은 오늘날 미국이 견지하는 신화가 '사회의 분열을 적당히 무마하면서 하나로 통합하는 데' 기여했다는 사실을 우연히 그러나 아주 예리하게 간파했다. 더욱이 미국인들은 '세계 질서 유지를 위한 특별한 책임감이 미국의 정체성을 구성했다는 얘기를 계속 들어왔기 때문에' 신중하고 절제된 외교정책을 시행할 경우에는 상실감을 느낄 수도 있을 것으로 보았다. 또한 미국인은 '자신의 고결한 자의식을 포기해야 하며, 다른 국가의 국민처럼 겸손하게 살아가야 한다는 얘기를 결코 듣고 싶어 하지 않을 것'이라는 사실도 그는 잘 알고 있었다.[15]

페인버그 역시 래브널처럼 외교정책 이데올로기가 국가의 사회적 관습과 긴밀히 연관된다는 사실을 간파했다. 또한 그는 민족주의가 문화적 자부심과 사회의 통합력을 진작시키고, 민주적 가치를 강화시킬 수 있는 건강한 힘이 될 수 있다는 사실도 인정했다. 하지만 그는 강력한 민족주의는 '매우 위험스럽고 어두운 측면'이 있다고 주장한다. 예컨대 그것은 '오만한 침략주의를 분출시켜 맹목적 애국주의만 추종하는 경직된 외교정책을 지지할 수 있다는 것이다.' 이 경우 정책 입안자는 '자신의 자의식을 타국에 투사할 것을 요란스럽게 요구하는 흥분된 대중'과 공허한 싸움을 계속하게 될 것이라고 말한다. 이데올로기를 적당히 마시면 해가 없지만 많이 마시면 해로운 독주처럼 여기는 듯한 페인버그는 우리 스스로가 우리의 '이데올로기적 열정'을 통제할 수 있어야 한다고 역설한다. 미국 정부가 이데올로기 때문에 정치적 사건이나 외국에 대한 판단을 흐릴 경우 쓸데없는 결과나 역효과를 빈번하게 초래하게 될 것이다. 우리는 우리들 자신이 '역사의 경로를 바꿀 수 있다'는 허황된 생각을 반드시 포기해야만 한다. 대신 '우리의 제도와 가치를 베끼라고 타자에게 강요할 필요성을 느끼지 않으면서도 마음껏 향유하는 방법을 배워나가야만 한다.' 이처럼 페인버그는 '새로운 미국인의 정체성'을 형성하는 일이야말로 '미국인이 직면한 가장 어려운 과제라는 사실'을 어쩔 수 없이 인정했다.[16]

　미국 외교정책의 비판가들은 미국 민족주의와 미국의 공격적 외교정책이 이데올로기를 매개로 긴밀하게 연결되어 있음을 잘 안다. 그러면서도 그들이 이데올로기에 더 많은 관심을 기울이지 않는 것은 이해하기 어렵지 않다. 그들은 모두 당대의 정책 문제에 집착했기 때문에 그들이 연구 대상으로 삼는 일반 대중과 마찬가지로 역사적 시각을 망각하는 문제점을 드러낸다. 그래도 미국 외교정책 비판자들의 이러한 연구 경향성은 매우 심각한 문제가 아닐 수 없다. 역사적 시각이 결여되었기 때문에 그들은 흔히 새로운 외교정책에 대한 모색을 방해하는 심각한 장애 요소를 과소평가한다. 무엇보다도 먼저, 이데올로기가 정책 결정과정에 미치는 영향력이 부차적인 것이 아니라 결정적인 것이라고 가정해보라. 그럴 경우 둘 중 하나를 다른 하나로부터 격리시키거나 완전히 분리시키는 일이 실제로 가능할까? 더욱이 외교정책을 정의하는 핵심 이념 중에 어떤 것이 국내 정치적 가치 및 제도들과 긴밀하게 연결되었다고 가정해보라. 그래서 그러한 가치와 제도를 지속적으로 떠받치는 역할을 수행한다고 가정해보라. 거기서 이념의 뿌리를 찾아내는 것이 진정으로 가능할까? 그래서 절제된 외교정책으로 적절하게 인도할 수 있는 참신한 발상의 원천을 발견하는 것이 가능할까? 끝으로 그러한 이념에 대한 강력한 비판이 성공했다 하더라도 그 과정에서 미국 국민의 자기 확신이 크게 흔들리고, 또 국민들 서로가 험담을 주고받는 격렬한 논쟁이 장기간에 걸쳐 확산되었다고 가정해보라. 그런 결과가 얼마나 위험스런 것일까? 그리고 그런 과정을 통해서 우리가 지금보다 나아진 우리 자신을 발견할 가능성은 얼마나 될까?

    미국 외교정책의 변화를 주장하는 시각에서 보면 이러한 가정과 그로부터 제기된 질문이 결코 환영할 만한 것은 아니다. 그러나 그것은 우리로 하여금 (지적 정직성은 말할 것도 없고) 다음과 같은 사실을 분별할 지혜를 제공한다. 즉, 미국 외교정책의 비판가들이 겨냥하는 공격 목표가 조잡한 텐트를 모아 놓은 도시인가 아니면 견고한 요새인가, 그들의 적군이 누더기를 걸친 오합지졸인가 아니면 대중의 심리적 지지를 받으면서 과거의 신조를 단호히 수호하려는 강력한 무리인가를 구분할 수 있게 해준다. 미국 외교정책을 혁신하려는 세력의 열정에 처음부터 찬물을 끼얹은 것이라는 점에서는 전투 현장에 대한 이런 정보가 쓸모없이 보일 수도 있지만, 이 정보는 전투에서 승리하기 위해서는 반드시 알아야 하는 정보라고도 할 수 있다. 앞으로 전개될 전투의 성격을 진지하게 고려하지 않을 경우—상대가 저항할 수 없는 신속한 공격을 취할 것인가 아니면 장기간의 고통스런 포위 전략을 취할 것인가—승리의 가능성을 감소시킬 뿐만 아니라, 첫 번째 공격에서 목표를 달성하지 못할 경우 병사에게 당혹감과 좌절감, 그리고 심지어는 패배감 등을 심어줄 것이기 때문이다.

위의 얘기가 결코 상상 속의 얘기가 아니라는 것, 실제로 비판자들의 첫 번째 공격이 이미 실패했음을 확인시켜 주는 다수의 증거가 존재한다. 물론 근래의 미국 외교정책 결정자들이 우리의 예상과 달리 현명하지 못했다는 사실은 입증되었다. 그들은 진부한 냉전적 가치를 찬양하면서 미국의 베트남전 참전이 근본적으로 실패했다고 인정하지 않았다. 또한 신보수주의자들은 어떠한 대가를 치르더라도 미국이 세계의 자유를 수호해야만 한다는 점을 역설한다. 유권자는 정책 결정자가 대단히 복잡하고 정치적으로 다양한 세계에서 요구되는 외교정책을 신중하고 차분하게 수행해야 할 책임이 있다는 사실에 대해서는 별로 개의치 않으면서, 미국이 모든 의심을 떨쳐버리고 세계의 지도자 역할을 다시 떠맡아야 한다고 거세게 요구하는 듯했다. 그러나 많은 미국인은 최근의 냉전 정책이 지나치게 많은 비용이 들고 때때로 비효율적이기까지 하다는 사실을 인정하기는 하지만, 그렇다고 해서 그들이 미국 외교정책의 근본전제에 결함이 있다는 비판자들의 주장에 흔쾌히 동의하는 것은 아니다.

★ ★ ★

이데올로기를 간과하는 것은 의심할 여지없이 미국 외교정책을 새로운 토대 위에서 정립하는 데 필요한 결정적 행보를 생략하는 것이다. 당면한 정책 문제에 몰두하는 미국 외교정책의 비판자들은 이데올로기 문제를 어렴풋이 감지하기는 하지만 그것을 깊이 있게 천착하는 경우는 거의 없다. 그렇다면 장기적 안목을 갖고 미국 외교정책 연구에 헌신하는 역사학자들은 이들보다 좀 더 나은 연구를 수행할 수 있을까? 그 대답은 분명히 '그렇다' 이다. 이데올로기는 마치 덤불처럼 뒤엉킨 복잡한 국제정치 세계에 미국이 뛰어든 동기를 거시적으로 해석하는 모든 연구들, 그리고 정책 결정자가 덤불 속의 깊고 깊은 길로 걸어 들어가고 있을 때 그 동기가 무엇인지를 설명하려는 모든 연구에서 사실상 매우 비중 있게 고려되는 요인이다. 또한 이데올로기는 지난 35년 사이에 있었던 두 편의 대표적인 해석적 연구에서도 분명히 중심적 지위를 차지한다. 하나는 조지 케넌일 것이고 다른 하나는 윌리엄 애플맨 윌리엄스일 것이다.

그러나 이들처럼 훌륭하고 사려 깊은 학자들도 미국 외교정책의 비판자들이 처한 개념적 혼란으로부터 벗어나도록 도와주면서 우리의 탐구 대상인 미국 외교정책에 신선한 통찰을 제공하는 방식으로 이데올로기를 고려하지는 않았다. 역사학자 역시 이데올로기의 함정에 빠져 있을 수 있는데, 예컨대 케넌의 경우 피상적이고 심지어 빈혈증적인 관념에 사로잡혀 있으며, 윌리엄스는 편협하고 때때로는 기계적인 관념에 사로잡혀 있다. 그러나 그들의 연구를 간단히 검토해볼 필요가 있는데, 그래야만 우리가 당장 필요로 하는 외교정책의 이데올로기에 대한 대안적 관점을 마련하는 데 도움을 받을 수 있기 때문이다.

조지 케넌은 외교정책 이데올로기는 하찮게 평가해야 마땅하다고 주장한 가장 대표적인 학자다. 케넌은 공직에서 활동하는 동안 봉쇄정책을 창안했다고 스스로 자부했다. 그런 그가 약 20년에 걸친 공직 생활을 마감한 직후 이데올로기를 경멸하는 관점을 전형적으로 집약한 연구를 내어 놓았다. 1950년 케넌은 그의 모교인 프린스턴대학교의 〈고등 과학원〉(Institute for Advanced Studies)으로 자리를 옮겼다. 이후 시카고대학에서 일련의 강의를 해 달라는 요청이 있었는데, 그것은 그의 공직 경험을 미국 외교정책 역사에 응용하는 쪽으로 변경할 직접적 기회를 제공했다. 역사학자로서의 취임 행사가 되었던 그의 강의는 대단한 성공을 거두었다. 그 강의에 기초해서 그가 『미국 외교, 1900~1950』(American Diplomacy, 1900~1950)[17]이라는 제목으로 출간한 얇은 책자는 냉전 세대를 위한 성경이 되었다. 이 책은 출판을 거듭했고, 또 많은 사람들로부터 호평을 받으면서 꾸준히 읽혔는데, 과거 미국 외교정책의 시각을 형성하는 데도 대단히 중요한 역할을 했으며, 그때 형성된 시각은 최근 수십 년 동안에도 여전히 지배적인 지위를 차지했다.

이 책의 주요 내용은 세계 정치에 대한 미국의 접근 방식을 규정해온 도덕주의와 법률주의가 잘못이고 부적절하다는 지적이었다. 케넌이 의미하는 도덕주의란 권력을 배제한 덕성에 강한 집착을 보이는 태도와 그런 태도를 반드시 유지하려는 의지를 말한다. 이러한 도덕주의는 직접적으로는 정책 결정자 스스로 원래부터 갖고 있었던 도덕주의가 정책 결정과정에 끼어든 결과이기도 하고, 간접적으로는 소수자의 시끄러운 목소리, 대중의 히스테리, 선정적 저널리즘, 그리고 정치적 기회주의자와 거드름을 피우는 사람 등이 형성한 여론의 힘을 통해서 끼어든 결과일 수도 있다고 했다. 그리고 그는 사려 깊은 외교정책의 입안을 방해하는 또 하나의 재앙을 법률주의라고 불렀다. 이러한 법률주의는 평화 유지, 판결, 계약 관계 등과 같은 국내정치적 관념을 그것과 어울리지 않는 국제정치의 영역에 응용함으로써 표출된다. 미국 외교의 법률주의 또한 법률 전문가가 많은 미국의 정책 결정자들이 원래 가진 법률주의적 시각을 정책에 직접 반영한 것이거나, 법률가가 지배하고 법률의 제정과 해석을 중심으로 돌아가는 미국정치 체제 그 자체의 성격이 간접적으로 반영된 결과다.

케넌은 미국 사회에 뿌리 깊게 스며 있는 이러한 도덕주의와 법률주의가 미국의 국가이익을 명확하게 정의하여 효과적으로 추진하는 것을 계속 방해했다고 비판했다. 그는 자신의 주장을 입증할 수 있는 사례를 개발하기 위해 먼저 맥킨리 행정부의 외교정책을 아주 상세하게 고찰했다. 맥킨리 행정부가 '주관적이고 감정적인 이유'로 미국-스페인 전쟁에 참전하고, 뒤이어 어떤 타당한 이유도 없이 필리핀 등의 해외 식민지를 획득했다고 불평했다. 또한 존 헤이가 1899년부터 1900년 사이에 구상한 '고결한 이상주의적 성격'의 문호 개방 정책도 공공연히 허세를 부린 전형적 사례였다고 비판했다. 케넌은 문호 개방 정책이 중국을 감상적 관점에서 보고 입안한 한심스러운 정책이며, 동아시아 지역의 전략적 현실을 무시함으로써 궁극적으로 일본과의 불필요한 전쟁을 치르게 만든 정책이라고 주장했다. 케넌은 두 차례에 걸친 세계대전도 미국인의 습관을 설명하는 또 다른 사례로 들었다. 즉, 독선적 성격을 쉽게 표출하는 미국 대중의 습관, 세계의 악을 퇴치하기 위한 십자군 전쟁에 쉽게 참전하는 습관, 그리고 힘의 현실을 거스르면서 미국인의 감정적 에너지를 낭비하는 가운데 결국 환멸에 빠지는 습관 등이 그것이다. 또한 케넌은 미국인이 외교정책 수단으로 이용되는 전쟁을 통해 완전한 승리를 거둘 것이라는 환상의 제물이며, 그와 동시에 군비축소, 중재 조약, 전쟁의 비합법화, 국제기구 등 '국제정치의 현실'을 외면한 여러 수단을 통해서도 평화를 성취할 수 있을 것이라는 환상의 제물로 번번이 전락했다고 주장했다.[18]

'작고 중립적인 국가를 구상하면서' 20세기에 진입한 미국이지만, 케넌이 이 책을 쓴 시기에 소련이 케넌에게 보여준 태도는 미국으로 하여금 법률주의나 도덕주의와는 다른 새로운 외교정책의 기초를 발견해야 할 필요성을 제기했다. 과거보다 나은 외교적 성과를 얻기 위해서 미국의 정책 결정자들은 더 합리적이고 더 적절한 국제정치관을 견지할 필요가 생긴 것이다. 이 문제에 대한 해답은 '국제정치적 현실주의'였다. 이 개념은 케넌의 저작들에 산재해 있으며, 대학생과 책상머리 전략가는 물론 실제 정책 결정자들 모두가 애용하는 학문적 유행어가 되었다. 여기서 국제정치적 현실주의란 케넌의 역사 연구를 통해 드러난 미국의 취약점 그 자체를 뜻했다. 예를 들어, 명확하게 정의된 국가 목표에 기초해서 더욱 질서정연하고 명료하게 외교정책을 입안하는 것, 국제정치적 조건을 확실히 이해할 수 있는 능력을 발휘하는 것, 또한 예상되는 장애물을 극복할 정도의 충분한 힘을 동원하여 바람직한 국가 목표를 성취하는 습관을 형성하는 것 등이 그것이다. 케넌은 미국의 정책 목표가 원래 '기본적 품위'를 기초로 하고 있는 것인 만큼, 그 정책이 효율적으로만 집행될 수 있다면 '평화와 세계의 진보라는 대의'를 크게 진작시키는 일 또한 가능할 것으로 보았다.[19]

케넌과 그 밖의 '현실주의자'는 이데올로기가 외교정책에 작용하는 현상을 극단적으로 혐오하면서 자신들은 마치 프래그머티스트인 양 착각했다. 그들은 '이즘(ism)'의 견지에서 세계를 바라보는 태도는 매우 위험하다고 비난했다. 이데올로기가 사람의 눈을 가려 건전한 판단력을 잃게 되면 현실을 왜곡하고, 대의를 명분 삼아 극도의 잔인성과 무자비한 파괴를 정당화한다고 주장했다. 케넌과 그의 동시대인들이 자신들의 생애에서 목격한 끔찍한 변고들, 예컨대 소련에서 자행된 잔인한 숙청, 세계의 대부분을 뒤덮은 전쟁, 그리고 수백만 명의 목숨을 앗아간 인종 대학살 등은 모두 이데올로기적 열정이 초래한 고통스런 귀결처럼 보였다. 독일과 일본의 파시즘을 뿌리 뽑은 전쟁이 승리로 끝난 이후에도 이데올로기는 소련과 중국에서 공산주의 형태로 여전히 지구를 휩쓴다고 보았다. 이데올로기에 대한 케넌의 적개심은 비교적 이른 시기, 즉 1920년대 말과 1930년대의 중부 유럽과 소련에서 외교관 견습 과정을 이수하던 시기에 형성되었다. 그는 맑시즘이 세계를 왜곡하는 사상이며, 볼셰비키를 지지하는 사람은 '각종의 흉악성과 잔악성'을 자행할 수 있는 정신병자라는 인상을 갖고서 미국에 돌아왔다.[20]

그러나 케넌은 미국인의 세계관 역시 이데올로기의 영향 하에 왜곡되었다는 사실은 말하려 하지 않았다. 그는 도덕주의와 법률주의라는 외교정책 이데올로기를 그 자체로서 또는 어떤 거대한 이데올로기 체제의 일부로서 분명히 확인한 적이 결코 없었다. 미국인 역시 실수할 수 있고, 세상 물정을 모를 수 있으며, 모순되거나 착각에 빠질 수는 있지만 이데올로기의 영향을 받지는 않는다고 보았다. 미국인의 '이즘(ism)'이란 '매우 큰 목소리를 내는 소수자들, 예컨대 정치가, 시사평론가, 그리고 모든 종류의 명성을 추구하는 사람'이 자신들의 이기적 목적을 위해서 대중을 조작하는 도구로 봐야 마땅하다고만 주장했다. 따라서 케넌은 실제로 사회에 강력하게 스며 있고 또 분명하게 식별할 수 있는 이데올로기의 영향력이 아니라 모호하게 정의된 민주적 에토스만을 주로 비판했는데, 그 까닭은 그에게 중요한 것이 정책 결정자를 비롯한 인사들의 공적 행위였기 때문이다. 케넌이 그의 『미국 외교』에서 관찰한 것처럼 19세기에서 20세기로 전환될 당시의 미국 정치체제는 '실제로 강대국의 외교정책에 적응하지' 못했으며, 그런 사정은 그 이후로도 전혀 변하지 않았다.[21]

케넌의 해법은 외교정책과 미국의 민주적 정치과정을 분리시킴으로써 도덕주의와 법률주의가 외교에 미치는 영향력을 최소화시키는 것이었다. 그는 미국 국민은 가끔 실시하는 국민투표를 통해서만 하고 싶은 얘기를 해야 한다고 보았다. 또한 일상의 정책결정은 국제정치 현실에 대단히 정통하고, 국가이익에 헌신할 수 있는 전문가, 그리고 미국 정치를 지배하는 대중의 감정, '자유롭게 분출되는 무절제(permissive excesses)', 그리고 편협한 이해관계에 좌우되지 않는 전문가의 고유 영역이 되어야 한다고 주장했다. 그래서 결국 이런 전문가가 친밀하고 신뢰할 수 있는 조언자로 활동해야만 지도자로 뽑힌 사람에게 '강대국에 어울리는 신중하고 효율적인 외교정책'을 안겨줄 수 있다고 보았다.[22]

『미국 외교』에서 케넌이 이데올로기를 부정적으로 취급한 것은 냉전 시대에 관료생활을 했던 그의 경험에서 나온 우스꽝스런 상상에서 비롯된 것일 수도 있다. 케넌을 비롯한 현실주의자들은 다음과 같은 확고한 신념을 간직했기 때문이다. 즉, 펜타곤과 국무부, 그리고 백악관의 위원회 테이블에 둘러앉은 전문가는 사심이 없고, 냉철하게 분석적인 성격을 소유하기 때문에 그들의 집단적인 지혜를 발휘하여 국제정치의 '현실'을 포착할 수 있다는 것이다. 케넌은 자신의 『회고록』에서 오직 '용감하고, 냉정하며, 자기 확신에 가득 찬 소수의 전문가'만이 대중보다 '뛰어난 통찰력으로 무장했기 때문'에 '눈이 어두워 길을 잃은' 어린이에게 필요한 길잡이 역할을 해줄 수 있다고 주장했다.[23]

이처럼 『미국 외교』는 매력적이고도 엘리트주의적인 관점이 넘치는 저서였지만, 거기에는 몇 가지 의심스런 전제가 깔려 있다. 우선 그 책은 도덕주의와 법률주의가 피상적인 정치 문제에 불과할 뿐, 미국 사회에 넓고 깊게 뿌리를 내린 문화적 가치와 욕구의 표현은 아니라는 전제를 깔고 있다. 또 전문가는 어떤 지적 수하물도 나르지 않는 (아니면 하다못해 최소한의 채비만 갖춘 채 여행을 떠나는) 슈퍼맨이라는 것, 인종주의적 전제나 애국주의적 편견, 또는 문화적 전제조건 등으로부터 거의 오염되지 않은 슈퍼맨이라는 것, 그리고 대부분의 경우 근본적 문제에 관해서도 숙고 끝에 합의를 도출할 수 있는 슈퍼맨이라는 것 등을 가정한다. 끝으로, 그 책은 전문가와 그들의 조언을 듣는 정책 결정자들이 미국 정치체제 내에서 미국적 체제의 기본적 요구에 굴복하지 않으면서 활동할 수 있다고 가정한다. 그러나 그들의 정책은 사실상 정신분열증적 증상을 보여준 것이었다. 미국의 정책 결정자들은 스스로 미국이 추구하는 이상적 가치에 입각해서 행동한다고 생각하지만 그것은 어디까지나 피상적 생각일 뿐이며, 그들의 행동을 지배하는 궁극적 동기는 그런 이상과는 커다란 간극이 있기 때문이다.* 이런 전제들을 종합해서 고려해보면 하나의 아이러니가 드러난다. 즉, 이데올로기적 충동을 공공연히 반대하는 케넌이 오히려 현실주의를 자신의 이데올로기로 만들었다는 것, 그리고 다른 사람들도 그렇게 하도록 능란하게 설득함으로써 문제를 더 악화시켰다는 사실이다.

외교정책 이데올로기를 다루는 이런 방식 때문에 케넌은 이제 막 해석상의 난관을 인식하기 시작한 미국 외교정책의 새로운 비판자들을 적절히 이끌 안내자로서의 자격이 없다. 새로운 비판자들의 과제는―이것은 우리들의 과제이기도 하지만―하나의 이데올로기(현실주의)를 묵시적으로 수용하면서 다른 이데올로기(법률주의, 도덕주의)를 요란하게 비판하고 제거하는 것이 아니라 이데올로기 그 자체부터 명확하게 이해하는 것이어야 한다. 이데올로기를 식별

---

* 이 문장의 원문은 다음과 같다. "They would somehow create and sustain a schizophrenic policy, American in name not in its basic aspirations." 헌트는 이 문장의 의미를 다음과 같이 풀어주었다. "he policies of American suffered from the characteristics of the disease of schizophrenia (split personality) in the sense that they though they were acting according to American ideals but that was true only on the surface. The basic aspirations diverged from those ideals." 본문의 내용은 헌트가 풀어준 문장을 참고하면서 번역했다. ―옮긴이

할 능력을 가진 어떤 학자는 마치 케넌을 염두에 둔 듯 나의 논점에 다음과 같이 부연해 주었다. "사회정치적 관념을 지칭하는 데 사용한 바로 그 단어를 동원하여 사회정치적 관념을 처음부터 비판하는 토론은 상황을 왜곡하거나 더욱 악화시켜서 그들이 제기하는 듯한 문제를 단순히 회피하게 만들 뿐이다."[24)]

『미국 외교』의 대안을 생각할 때 가장 먼저 떠오르는 작품은 경제 이익의 관점에서 외교정책의 이데올로기를 역사적으로 탁월하게 고찰한 『미국 외교의 비극』(*The Tragedy of American Diplomacy*)이다. 이 책의 저자인 윌리엄 애플맨 윌리엄스는 대공황시기에 미국 중서부에서 성장했으며, 미국 해군사관학교에서 교육을 받았고, 2차 세계대전 당시에는 태평양에서 복무했다. 윌리엄스는 1947년 해군에서 전역한 이후 역사학 박사학위를 취득하기 위해 위스콘신대학교에 등록했다. 그는 1950년부터 학문 활동을 시작했는데, 이 시기는 케넌이 프린스턴대학교에서 자리를 잡은 시기이기도 했다. 윌리엄스는 미국 외교정책에 관한 그의 불만이 폭발한 이후 약 10년이 지난 1959년에 마침내 그의 명성을 세상에 널리 떨치게 한 이 책을 출간했다.[25)]

윌리엄스와 케넌이 강조하는 내용은 본질적으로 아주 대조적이다. 케넌은 미국 외교정책의 순진함, 비일관성, 인종중심주의, 그리고 서툰 처리방식 등을 비판했다. 그러나 윌리엄스는 케넌과 정반대의 시각에서 문제점을 지적했다. 즉, 미국의 외교정책은 융통성이 없고, 교활하며, 전략적으로 일관된 모습을 보여줄 뿐만 아니라 전술적으로도 능란하다고 평가했다. 케넌이 보기에는 미국이 잘못된 정서와 잘못 선발된 법률가, 그리고 잘못 선발된 정치꾼이 지휘하는 나라이지만, 윌리엄스는 자신이 식견과 재능이 있다고 생각한 분야 즉, 경제적 이해관계를 좌우하는 전문가와 정경유착 엘리트에 주목했다. 윌리엄스의 생각은 내가 이 책에서 추구하는 목적과 대부분 부합한다. 즉, 케넌은 이데올로기라는 용어를 명시적으로 사용해서 미국 외교정책을 서술하는 데 대해 조심스런 태도를 취했지만 윌리엄스는 그러지 않았다. 그는 정반대로 이데올로기의 중심적 역할을 단호하게 주장했다. 따라서 윌리엄스는 이익 지향적 접근법으로 분류할 수 있는 연구 방법을 채택했다. 이데올로기란 미국 자본주의를 주무르는 고관들이 그들의 경제적 권력을 유지하고, 또 그 권력을 통해 그들의 사회정치적 통제를 강화하기 위한 도구에 불과하다고 주장했다.

윌리엄스가 볼 때 1890년대는 과도기였다(보는 시각은 달랐지만, 케넌 역시 그렇게 파악했다). 당시 맥킨리 대통령이 영리하고 현명하게 지휘한 미국은 기존의 북미대륙 내의 팽창을 끝내고 새로운 형태의 제국주의적 문호 개방 정책을 비공식적으로 채택했기 때문이다. 윌리엄스는 그 당시 외교정책 담당 엘리트들은 자본주의의 신장 조건에 민감했던 정치 평론가나 전략가들과 함께 제국주의적 노선이 '바람직하다는 합의에 도달했다고 주장했다. 또 윌리엄스가 보기에 그들은 국내의 '경기 침체 위험과 사회적 혼란의 공포'를 회피하기 위해서 농촌과 공장에서 쏟아지는 갑작스런 잉여 생산물을 흡수할 수 있고, 또 미국의 산업에서 필요로 하는 원자재를 원활하게 공급할 수 있는 해외 시장을 확보하려 했다.[26] 하지만 그들이 선호한 방법은 고비용의 식민지 정권을 창출하는 것이 아니라 자유 무역을 증진시키면서 중요한 시장을 간접적으로 통제하는 것이었다고 주장했다.

중국은 세기의 전환기에 새로운 문호 개방 정책을 검증할 수 있는 터전을 미국에게 제공했다. 문호 개방 정책을 커다란 실수로 평가했던 케넌과 달리 윌리엄스는 그것을 '전략적으로 훌륭한 성취'였다고 평가했다. 그러면서 그는 그 정책의 지적 기원을 '미국의 막강한 경제력을 이용하여 약소국 및 저개발 국가의 경제와 정치를 미국에 친화적인 형태로 주조해야 한다는 생각'에서 찾았다. 중국에서 시행된 문호 개방 정책은 이내 전 세계를 대상으로 적용되었으며, 1920년대 초반쯤 되면 '문호 개방 외교 방침(the Open Door Notes)의 원칙과 절차에 따라 시행되는 미국의 팽창 패턴이 확고하게 자리를 잡았다는 것'이 윌리엄스의 판단이었다.[27]

따라서 윌리엄스가 볼 때 문호 개방 이데올로기는 미국이 국제 사회에 등장한 경로를 이해할 수 있게 해주는 열쇠였다. 또 그는 그 이데올로기가 그 이전에 멕시코와 러시아, 그리고 그 이후에 중국에 들어섰던 혁명 정권의 이데올로기와 크게 상충하는 것이라고 평가한다. 이들 정권의 이데올로기는 진정한 민족 자결과 '공정하고 균형 잡힌 발전'을 부르짖으면서 자유 무역을 옹호하는 미국의 제국주의에 도전했다는 것이다.[28] 또한 윌리엄스는 1930년대의 경제 위기 당시에도 문호 개방 이데올로기를 견지했던 프랭클린 루즈벨트 행정부가 일본과 독일에 대해 등을 돌린 것도 두 나라가 미국의 경제적 해외 팽창에 장애물이었기 때문이라고 평가했다. 그리고 그는 2차 세계대전 이후 문호 개방 이데올로기가 다시 한 번 미소 간의 갈등의 원천이 되었다고 보았다. 즉, 미국 국내의 민주주의와 경제적 번영을 유지하기 위해서 경제적 해외 팽창을 지속시켜야 한다는 신념을 여전히 견지한 미국의 정책 결정자들이 소련에게도 미국의 이러한 규칙을 준수하도록 강제하려 하다가 냉전을 촉발시켰다는 것이 윌리엄스의 주장이다.

윌리엄스의 역사 해석에서 핵심을 차지하는 그의 이데올로기 개념은 부분적으로 혁신주의 역사학의 전통 속에서 형성된 것이었다. 이 전통은 한때 미국의 정치학 분야와 역사학자들 사이에서 맹위를 떨친 바 있지만 윌리엄스가 미국 외교정책에 대한 연구를 시작할 즈음에는 퇴조기에 접어들었다. 그러나 윌리엄스는 금전적 이해관계를 의심의 눈초리로 바라보고, 해외 개입의 동기를 의심하며, 사악한 정치의 이면에서 활동하는 이기적 엘리트의 술수를 통찰하려는 혁신주의 학자의 성향을 여전히 공유했다.[29]

윌리엄스는 맑시스트 이론도 자유롭게 활용했다. 그는 맑시즘의 도움으로 이전에 활동했던 혁신주의 역사학자들과 지적으로 단절되지 않고 그들의 통찰을 더욱 정교하게 가다듬을 수 있었다. 또한 맑시즘을 활용함으로써 윌리엄스는 사회를 동요시키는 과잉 생산의 위기가 미국 외교로 하여금 해외 시장을 개척하도록 강제한다는 아이디어를 확립했다. 그는 맑시즘의 도움을 받아서 상호이질적인 엘리트 집단 내 사고에서 경제적 욕구와 그것이 외교정책에 미치는 영향력에 관한 합의가 어떻게 가능하며, 또 어떻게 '내면화될 수 있는지'를 설명할 수 있게 되었다(이로 인해 윌리엄스는 초기의 혁신주의 역사학자들 사이에서 유행했던 음모 이론을 더 이상 참조할 필요가 없게 되었다). 아울러 윌리엄스는 맑시즘의 시각에서 미국이 약소국의 경제에 미치는 해로운 충격도 조망할 수 있게 되었다.

케넌과 마찬가지로 윌리엄스가 미국 외교정책을 탐구한 것도 어느 모로 보나 미국 외교의 병폐를 시정하기 위한 것이었다. 그는 미국인이 "제국주의적 팽창을 시도하지 않으면서 민주주의와 경제적 번영을 유지할 수 있는 방법을 배워야 한다"고 역설했다. 아울러 커다란 희생을 수반할 강력한 혁명 세력과 미국의 반복적인 충돌을 피하기 위해서는 미국 외교정책의 급진적 변혁이 필요하다고 주장했다. 윌리엄스는 『비극』의 결론 부분에서 자신의 충고를 다음과 같이 제시했다. 즉, 냉전을 청산할 것, 유엔을 통해서 개발도상국에 원조할 수 있는 창구를 개설할 것, 그리고 미국인의 생활 방식을 재정립할 것 등을 주장했다. 이 중에서 맨 마지막 충고가 가장 결정적인 것임을 윌리엄스는 알고 있었다. 국내 경제생활이 변화하지 않는 한 미국 외교정책은 기존의 익숙한 노선을 계속해서 따르게 될 것이기 때문이다.[30]

윌리엄스의 대담한 주장은 많은 사람들의 마음을 사로잡았지만, 그의 해석은 비판적 역습을 불러일으키기도 했다. 어떤 학자는 윌리엄스가 연구에 착수하기 이전에 이미 선험적인 결론을 내렸기 때문에 역사적 증거를 종종 무시하거나 심지어는 왜곡하기까지 했다고 꾸짖었다. 다른 학자는 복잡한 논쟁을 각주로 돌려버리고, 그 대신 윌리엄스가 외교정책을 정의하는 이념의 영역을 좁게 파악하는 습성, 즉 그것을 특정 그룹의 특수한 욕구로 제한하는 습성을 집중적으로 비판했다. 따라서 윌리엄스의 시각으로는 지적 혼동, 우유부단, 인지상의 오류, 그리고 사람들이 일상적으로 범하는 탈선 등을 적절하게 설명할 수 없다고 비판했다.

이러한 문제들은 윌리엄스 스스로가 개념적으로 혼동하는 부분 때문에 더 악화되었다. 그는 문호개방정책의 이데올로기가 객관적인 경제력의 산물이라고 주장했음에도 불구하고, 경제적 요구 조건과 정책 결정자의 관심이 상호 긴밀하게 연계되는 과정을 『비극』에서 거의 보여주지 못했다. 더구나 윌리엄스는 엄격한 경제적 결정론을 거부하는 듯한 모습을 간혹 보여주기도 했다. 그는 1966년에 작성한 논문에서 다음과 같이 얘기한 바 있다. "이념은 그들의 협소한 존재 영역을 타파하고, 세계에 대한 넓고 포괄적인 개념으로 등장하는 경우 특수한 이해관계의 도구로 기능할 수 있다." 따라서 윌리엄스는 문호 개방 이념이 최초의 경제적 정박지로부터 표류할 수도 있으며, 만일 그럴 경우 그것은 경제 체제와 거의 관련이 없는 온정주의, 인종주의, 또는 민족주의 등과 같은 여타의 이념과 혼합될 수도 있다는 사실을 인정한 것이다.[31]

케넌의 『미국 외교』와 달리 윌리엄스의 『비극』은 이데올로기를 더욱 정교하게, 그리고 적극적으로 이해하면서 미국 외교정책을 연구할 수 있는 안목을 제공했다. 그럼에도 불구하고 『비극』은 그 설명이 모호한 부분 때문에 원래의 목적을 충분히 달성하지 못했다. 특히 경제적 이기심과 긴밀하게 연관된 이데올로기의 개념을 충분히 고찰하지 못한 점이 눈에 띈다. 당초 『비극』은 그러한 연관의 중요성을 강조하면서 연구를 시작했다. 그러나 윌리엄스는 경제 체제가 만들어낸 특정 이념이 스스로 존속할 수 있다는 것, 아니면 적어도 비경제적 힘에 의해서 유지될 수도 있다는 사실을 주저 없이 인정했다. 하지만 그럴 경우에는 경제적 이기심이 왜 중요한 개념이 되는지를 우리에게 납득시키지 못하고 있다. 또 그럼에도 불구하고 경제적 이기심의 중요성을 강조한다면 우리는 경제력이나 경제적 계산에 뿌리를 두지 않고 또 그것에 의해서 유지되지도 않는 다른 요인들의 중요성은 간과할 수밖에 없게 된다. 정책 결정자는 경우에 따라 (아니면 대부분의 경우) 경제외적 뿌리를 갖는 이념이나 경제외적 성격을 갖는 이념에 따라 행동한다고도 생각할 수 있기 때문이다.

이러한 혼동은 윌리엄스가 고집스럽게 견지한 지극히 협소한 이데올로기 개념과 복잡한 역사적 현실에 대한 그의 감수성이 서로 충돌하면서 생긴 것이었다. 따라서 미국 외교정책의 변화를 촉구하는 그의 처방에 대해 의문을 제기하는 것은 정당하다. 국내 경제체제 분야에서 극적 변화가 발생하더라도 외교정책의 극적 개혁을 유인하지 못할 수도 있는 것이다. 특히 외교정책을 이끄는 인사들이 경제외적 원천을 비롯한 다양한 원천에서 유래된 이념에 민감하게 반응할 때 더욱 그러하다. 그리고 이런 식으로 추론하다 보면 윌리엄스 자신의 기본적 신념과 정면으로 충돌하는 결론에 자연스럽게 도달한다. 즉, 설사 사회주의가 지배한다 하더라도 미국은 자본주의가 지배한 과거의 외교정책과 크게 다를 바 없는 약탈적이거나 압제적인 외교정책을 추구할 수 있다는 사실이다.

이데올로기의 실질적 개념을 지나치게 경멸적인 의미나 단순한 의미로 규정하면 최근 미국 외교정책 비판가들이 시도한 정책 분석을 진척시키는 데 별반 도움이 되지 않는다. 케넌과 윌리엄스의 연구를 검토하면서 확인할 수 있는 것처럼 이데올로기의 개념을 잘못 정의하거나 불완전하게 정의할 경우 미국 외교정책을 괴롭히는 문제점을 식별하지 못할 가능성이 높고, 또 문제점의 뿌리를 잘못 해석해서 그 해결책을 잘못 제시할 가능성도 높다.

이데올로기를 적절하게 이해할 방법을 찾고자 한다면 우리는 이데올로기를 문화체계와 관련해서 이해하는 제3의 접근 방법을 생각해볼 수 있다. 이 접근 방법은 문화 인류학자 클리포드 기어츠와 정치문화에 관심을 기울인 정치학자(예컨대 가브리엘 알몬드와 시드니 버바)들이 주로 사용한 방법이다. 그들은 모두 이데올로기의 강제적 구속 정도(외교정책의 전문가조차도 구속하는)를 강조한다. 아울러 이데올로기는 야심만만한 정치가나 계산에 능한 자본가의 이기심을 충족하기 위해서 사용되는 단순한 도구 그 이상이라고 주장한다. 이러한 접근법을 따를 때 이데올로기란 상징, 가치, 그리고 신념 등이 상호 긴밀하게 통합된 체계라고 할 수 있다. 이데올로기는 기어츠가 문화와 연관시켜 생각했던 것, 즉 '사회적으로 정립된 의미의 구조'로부터 생겨난다.[32] 이처럼 이데올로기의 구조는 문화의 온상에서 숙성될 뿐만 아니라, 그 문화에 의해서 유지되고 또 제약을 받기도 한다. 이렇게 자리 잡은 이데올로기의 구조는 우선 우리에게 교훈적이고 용기를 북돋우는 역사의식(sense of historical place)*을 꾸준히 계발시켜주는 원천으로 작용한다. 또한 그것은 무한히 복잡하고 때로는 당혹스럽기까지 한 현재의 사태를 헤쳐 나가

---

* 헌트는 'historical place'의 의미를 다음과 같이 풀어 주었다. ".Historical place is just another way of saying 'place in history' or conception of how one fits into the grand scheme of the past and an imagined future.'" 즉 인간이 자신의 존재의 의미를 거시적인 역사의 흐름 속에서 찾고자 하는 사유의 방식이라는 것이다. 그렇다면 'sense of historical place'의 의미는 우리말의 '역사의식'이란 표현으로 간결하게 번할 수 있다고 본다. —옮긴이

는 데 필수 불가결한 안내자 역할을 해주며, 더 나은 미래를 창출하는 데 필요한 도덕적 행위의 기초가 되기도 한다.

문화적 접근법의 핵심적 특징은 무엇보다도 특정 이데올로기의 기원과 그것이 지속되는 까닭을 어떤 단일 원인으로 단순하게 설명하는 태도를 단호히 거부하는 것이다. 물론 이러한 접근 방법을 택할 경우 모호한 개념이 난무하는 산만한 해석을 내놓게 되리라는 우려도 가능하다. 그러나 사회의 구조와 기능이 대단히 복잡하고, 따라서 그것을 '과학적' 일반화의 개념을 통해서 깔끔하게 포착하는 것이 현실적으로 어렵다는 관점을 받아들인다면 얘기는 달라진다. 그런 관점 하에서는 집단적 이익과 집단적 신념간의 관계를 깔끔하게 정의하는 법칙, 또는 '상부구조'를 결정하는 '토대'가 법칙적으로 존재한다는 주장을 정당하게 의심할 수 있기 때문이다. 이데올로기의 뿌리를 개방적인 자세로 탐구하려면 비경제적 충동, 특히 종족이나 인종적 정체성, 강렬한 민족주의적 선입견, 복음주의적 신념, 그리고 현저하게 지역적인 관심사 등으로부터 유래된 감정을 고찰할 수 있는 여지 또한 남겨두어야만 한다. 앞으로 진행될 논의에서 더 분명하게 확인하게 되겠지만, 이러한 감정들은 특히 미국에서 현저하게 표출되는 것이라고 할 수 있다.

문화적 접근법은 현실을 움직이는 이데올로기를 단일 차원으로 환원시키려는 충동은 거부하지만, 자칫하면 사회 현상을 해석하는 과정에서 사회 계급의 중요성을 강조하는 태도를 취하기 쉽다. 사회 내의 경제력 분포를 지배 이데올로기나 '헤게모니'(요즘 유행하는 안토니오 그람시의 용어를 사용한 것임)를 이해할 수단으로 사용할 여지가 분명히 크기 때문이다. 미국 외교정책 이데올로기를 지지하는 '논객'은 어쨌든 태어나면서부터 어느 정도의 재산을 소유한 백인 남성인 경우가 많았다. 그들은 그런 특권으로 인해서 정치적 고위직에 쉽게 진출할 수 있었을 뿐만 아니라 자신들의 세계관까지도 그런 특권을 상당 부분 중요하게 반영하는 방식으로 형성했다.

이념은 일단 한번 생성되면—흔히 사용하는 비유적인 언어로 대충 표현해서—'그 자체의 고유한 생명력'을 획득한다. 문화적 접근법의 또 다른 두드러진 특징 즉, 이데올로기를 지속시키는 다양한 방식을 관찰하는 태도는 바로 여기서 나온다. 이데올로기는 그것을 생성시키는 데 아무런 역할을 하지 않았거나, 단지 부수적인 역할밖에 하지 않은 문화적 충동에 의해 존속한다. 또 새로운 후원자들의 이데올로기를 지지할 수도 있는데, 이 경우 그들이 이데올로기를 지지하는 까닭은 자신들이 소유한 특별한 이해관계가 그렇게 요구하기 때문이거나, 이데올로기 그 자체가 그들이 막연히 느껴온 지속성과 안정성에 대한 필요성을 어느 정도 충족시켜주기 때문이다. 이데올로기의 탄생과 지속 사이에 이처럼 존재하는 간극을 이해하기 위해 손쉬운 사례를 들어보자. 신에 의해 선택받은 개인만 구원받는다는 캘빈주의의 예정설은 특정 시대의 특정 종파가 신봉하던 것인데, 후일 이 예정설이 전혀 다른 정체성과 다른 과제를 안고 있는 그 후손들에 의해 선택받은 민족만 구원받는다는 민족 예정설로 전환되는 경우가 그것이다. 더욱이 이데올로기는 제도적으로 굳어지기도 한다. 그래서 더 이상 명백한 기능을 수행하지 못하거나, 분명하게 확인할 수 있는 계급이나 집단의 이익을 더 이상 중진시키지 못하는 경우에도 여전히 영향력을 발휘할 수 있다. 예컨대 흑인에 대한 통제를 합리화하는 견해가 아버지 세대 당시 이미 정착되어 있었다면 노예 해방으로 인해 흑인 통제로부터 얻을 구체적 이익의 기초가 사라진 이후에도 그것은 아들 세대와 손자 세대의 흑인에 대한 인식을 계속해서 통제한다. 다시 말해서 이데올로기는 가족, 학교, 클럽, 교회, 그리고 일터 등과 같은 문화의 운송자와 창고 덕택에 '서민들의 통념(folk wisdom)'이라는 형태로 존속한다.

이데올로기가 지속되는 모습을 좀 더 깊이 고찰하면 이 책에서 탐구하게 될 미국 외교정책 사례에 직접 응용할 수 있는 두 가지 요점을 추가로 확인할 수 있다. 그 중 하나는 안정된 정치 문화를 가진 나라에서는 이데올로기도 안정적으로 지속되는 경향을 보여준다는 것이다. 미국은 커다란 사회 혁명의 충격이나 외국의 침입과 점령을 체험하지 않았기 때문에 이러한 종류의 안정성을 다른 국가들보다 더 크게 향유할 수 있었다. 그렇다면 미국의 제도적 구조, 그리고 사회 및 정치적 가치 영역에서 확립된 연속성이 외교정책 이데올로기의 연속성을 수반했다는 사실, 그것도 근대의 강대국 중에서 거의 유례가 없을 정도의 연속성을 수반했다는 사실은 그리 놀랄 일이 아니다.

미국인들이 일상 속에서 미국의 이데올로기를 자각하지 못하는 이유는 외교정책 이데올로기의 이런 연속성 때문이라고 자연스레 추론할 수 있는데, 실제로 그것이 사실이기도 하다. 미국인들은 자신들이 향유하는 문화가 대단히 안정적인 성격을 띠기 때문에 미국 외교정책의 이데올로기를 들춰내어 아주 면밀하게 검토하거나 그 교체가 필요하다는 생각을 거의 하지 못한다. 그러기는커녕 이데올로기를 대부분 당연시할 수 있는 사치만 마음껏 누리고 있을 뿐이다. 미국인들은 자신들의 이데올로기를 대체로 잠재적인 상태로, 그리고 비공식적인 상태로 놔둔다. 바로 그렇기 때문에 그들은 대부분의 다른 이데올로기들, 예컨대 공산주의, 파시즘, 또는 민족주의 색채가 강한 정치체제 등이 명시적으로, 공식적으로, 심지어는 교조적으로 신봉하는 이데올로기들을 일탈까지는 아니더라도 비정상적인 것으로 간주하는 경향이 있다. 그러나 외교정책 이데올로기를 정성 들여 만들고, 깔끔하게 포장해서 널리 선전하고, 진열대에서 쉽게 꺼내 이용할 수 있는 상품처럼 만들었다고 해서 그 이데올로기가 반드시 진리에 더 가깝고 더 영향력이 있다고 판단할 수는 없다. 실제로 이데올로기가 공식적이고 명시적이며 체계적인 형태를 취하는 것은 그 나라의 문화체계가 그 이데올로기에 대해 저항하기 때문인 경우가 많다. 반면, (미국처럼—옮긴이) 이데올로기가 잠재적 상태로 남아 있는 경우에 이데올로기는 많은 사람들의 합의에 뿌리를 내리고 있으며, 따라서 매우 강력하고도 묘한 힘을 발휘할 수 있다.

 문화적 접근법에 근거해서 미국 외교정책 이데올로기를 탐색하려면 상당히 조리가 있고, 정서적으로 충만하며, 관념적으로 상호 긴밀하게 연결된 이념 덩어리를 찾아내야 한다. 이런 외교정책의 핵심 내용은 대체로 그것을 신봉하는 사람들의 자화상을 반영하며, 그 자화상에 따라 세계와 어떻게 관계를 맺을지 결정해준다. 따라서 이데올로기의 핵심 내용은 미국 국내의 다양한 가치와 제도에서 파생되고, 또 그것들에 의해 유지되는 경우가 태반이다. 그리고 미국 외교정책 이데올로기의 핵심 내용은 미국의 국가적 경험에 결정적인 영향력을 행사했고, 미국 역사의 주요 계기들을 이해할 수 있는 실마리를 제공해준다. 아울러 그것은 세계를 바라보는 미국인의 관점에 질서를 부여해주고, 세계에서 미국이 차지하는 지위를 정의해주는 것과 같은 본질적 기능을 수 세대에 걸쳐 수행할 정도로 강력한 것이라고 할 수 있다. 다시 말해서 미국 외교정책의 핵심 내용은 모든 종류의 이데올로기가 그런 것처럼 '집단과 개인의 정체성을 아주 설득력 있게 지탱해주는 하나의 세계관'을 제공해준다.[33]

문화적 접근법은 외교정책 이데올로기를 포괄적으로, 그리고 유연하게 정의할 것을 요구하는 한편, 케넌과 윌리엄스처럼 역사적 조망의 기간을 단축시켜 보는 태도의 위험성을 우리에게 알려준다. 케넌과 윌리엄스는 대부분의 역사학자와 마찬가지로 1890년대를 미국 외교정책의 근대가 시작되는 기점으로 간주한다. 그들의 의견이 일치하는 부분은 그렇게 많지 않지만, 케넌과 윌리엄스는 둘 다 미국의 정책 결정자들이 복잡한 국제정치의 세계로 뛰어든 것은, 또 그 이후 그들의 후임자도 국제정치의 무대에 계속해서 등장하게 된 것은 1899년의 미국-스페인 전쟁과 그 결과 식민지와 보호국을 획득하면서부터였다고 주장한다. 또한 그 당시 미국 외교정책이 극적으로 변화한 까닭은 분명히 미국 외교의 전제가 근본적으로 수정되었거나 수정되기 시작했기 때문이라고 주장했다. 이러한 추측이 설득력이 있는 것처럼 보이긴 하지만, 더 근원적으로 보면 근거가 없는 주장이거나 최소한 과장된 주장에 지나지 않는다. 문화란 통상 자신의 체계 내에서 발생한 중요한 변화를 점진적으로 수용하면서 고집스럽게 존속하는 성향이 있다는 사실을 감안한다면, 일차적으로 우리는 문화에 상응하는 내구력과 지속성을 소유한 이념의 세계를 탐색해야만 한다. 윌리엄스의 생각과는 달리 우리는 19세기 말 미국 기업의 지배적 질서가 등장하기 이전부터 존재한, 그리고 19세기 말 이후에도 큰 변화 없이 미국 자본주의의 욕구를 쉽게 충족시켜온 미국 외교정책 이념을 발견할 수 있다. 또한 케넌의 생각과는 달리 우리는 낡은 이념과 새로운 이념 간의 전쟁터였던 20세기의 미국 외교가 20세기 이전에 이미 고정관념으로 자리 잡은 미국인의 독특한 세계관보다는 오히려 덜 폭력적이었다는 사실을 발견할 수도 있다.*

미국 외교의 이데올로기를 발견하기 위해 우리가 취할 수 있는 방법은 외교정책 엘리트, 즉 미국 외교정책의 진로에 대해 적극적인 관심을 기울이면서 그것을 자세히 이해하는 극소수의(아마도 약 1퍼센트 정도의) 사람을 꾸준히 배출하는 집단의 태도와 가치를 최대한 장기간의 전망 속에서 고찰하는 것이다. 이러한 엘리트는 저명한 외교정책 결정자뿐만 아니라 주요한 정책을 둘러싼 토론과 논쟁에 자주 참여하는 사람들까지 망라하는데, 그들이 표출하는 견해 중에는 이미 18세기에 형성된 것이 수없이 많다. 그들의 견해가 공식적인 언어를 사용하여 체계적으로 정리된 것은 아니지만, 그

---

* 이 문장의 원문은 다음과 같다. "Contrary to Kennan, we may find twentieth-century policy less a battleground between old ideas and new than a monument to a long-established outlook on the world." 이 문장에서 "a monument ~"의 내용을 헌트는 다음과 같이 풀어주었다. "A monument is something fixed and unchanging so the idea I am trying to convey here is something that has hardened into an orthodoxy and is no longer subject to critical examination and debate. In other words, the pre-20th century outlook has become a rigid, constraining framework for policy that commands respect but evokes little questioning." 본문은 헌트의 해설을 참고하면서 번역했다. ―옮긴이

핵심적인 요소를 확인하고 그 요소들 상호간의 관계를 추적하는 것은 가능하다. 이를 위해 우리는 엘리트가 사적으로 심사숙고하는 내용을 고찰할 필요가 있으며, 특히 중요한 것은 그들의 행동을 정당화하고, 또 그들의 견해를 서로 교환하기 위해서, 그리고 때로는 그것을 국가에 전달하기 위해서 공적으로 사용하는 수사적 기교(public rhetoric, 이하 '공적 수사'로 번역―옮긴이)를 자세히 고찰할 필요가 있다.

물론 엘리트의 공적 수사를 액면 그대로 받아들일 경우 조심해야 할 측면이 없는 것은 아니다. 냉소적인 사람들은 대중을 사로잡기 위해 용의주도하게 기획된 그들의 수사가 솔직하고 정교하게 만들어진 표현이 아니라 얼간이를 속이고 진실을 은폐하기 위해서 만들어진 상투어에 지나지 않는다고 폄하하기 쉽다. 또한 엘리트의 공적 수사란 결국 설득의 수단에 지나지 않으며, 따라서 그것을 정책 결정자의 마음을 고백하는 표현으로 믿어버릴 경우 커다란 실수를 저지르게 될 것이라고 주장할 수도 있다.

그러나 이렇게 회의적인 시각을 갖는 사람은 지나치게 똑똑해서 오히려 해를 입을 수도 있다. 엘리트의 공적 수사를 단순히 연막, 도구, 장식 등으로 이해하는 것은 적절치 않다. 그것 역시 상징과 신화의 내용을 풍부하게 담고 있고, 특정 규칙의 제약을 엄격하게 받는 의사소통의 수단이며, 어떤 측면에서는 가장 중요한 의사소통의 수단이라고 할 수 있다. 그들의 공적 수사가 효력을 발휘하려면 청중이 광범위하게 공유하고, 또 그들이 쉽게 이해할 수 있는 가치와 관심을 충실하게 반영해야 한다. 일상의 중요한 문제를 둘러싸고 전개되는 대중적 담론을 무시하거나 그것을 의도적으로 회피하는 공적 수사는 당연히 수많은 청중으로부터 그 스스로를 고립시키고, 그것의 영향력을 스스로 제한시킬 뿐이다. 또한 어떤 중요한 문제에 관한 공적 수사가 그것을 말하는 사람의 진정한 견해를 적절하게 반영하지 못할 경우 시간이 흐르면서 대중의 잘못된 기대를 만들어낼 위험이 있으며, 정치적으로 위험한 오해를 초래할 빌미를 제공할 수도 있다. 공적 수사에 속이 훤히 들여다보이는 거짓말이 자주 포함되면 결국 그것을 말한 엘리트는 영향력과 신뢰가 떨어지는 대가를 치르지 않을 수 없다. 따라서 공적 수사는 위에서 열거한 규칙을 위반하고 다른 곳에 정신이 팔려 있는 청중의 귀를 서투르게 자극하는 경우에만 사회에서 널리 공유된 이데올로기를 탐색하는 역사가가 더 이상 신뢰할 수 없는 증거가 된다. 사실상 엘리트의 공적 수사와 그들의 사적 진술을 비교해보면—이는 냉소적인 사람들이 당연히 주장하는 민감한 테스트라고 할 수 있는데—그 엘리트는 수사의 규칙을 위반할 경우 자신이 치르게 될 대가를 잘 알고 있다는 사실, 따라서 그 규칙을 대체로 잘 준수한다는 사실을 쉽게 확인할 수 있다. 그렇다면 엘리트의 공적 수사를 진지하게 고려하는 사람이 순진무구한 연구자가 되는 것이 아니라, 그들의 공적 수사에서 반복되는 주제와 가치를 주의 깊게 고찰하지 못하는 사람이 바로 순진무구한 연구자가 아니겠는가.

 미국에서 사용되는 외교정책 수사 가운데는 많은 사람이 이해하는 관용어들이 섞여 있다. 연설, 학교 교과서, 신문 사설 등에서 사용하는 참고자료, 그리고 자유를 예찬하는 노래, 신의 은총, 명백한 숙명, 인류에 대한 봉사 등과 같은 관용어들은 그것을 말하는 사람과 그 얘기를 듣는 사람들에 의해 공유되는 의미로 가득하다. 이렇게 간단하면서도 다수의 공감을 불러일으키는 관용어들이 미국 외교정책의 입안 과정과 그 구체적 실천 과정에서 중요한 역할을 수행하는 정확한 이유는 그 관용어들이 보유한 설명력과 강한 대중적 호소력 때문이다. 이러한 관용어들이 몸에 밴 정책 결정자는 복잡한 문제를 쉽게 처리 가능한 수준으로 단순화시키고, 개인적으로 매력 있는 대응 정책을 궁리하며, 입안한 정책을 실행하기 위해 필요한 국내 지지를 조성하는 과정에서 이러한 관용어들을 사용한다. 요컨대 역사적 기록에 나타나는 '단순한 수사'는 정책 결정자가 긴박한 문제와 예외적인 상황에 접했을 때 쉽게 대처할 수 있는 하나의 방법을 표현한 것으로 간주할 수 있으며, 따라서 그러한 수사는 그것이 드러내는 관습적 태도와 그것이 예고하는 행위를 정확하게 이해하기 위해서 철저히 고찰해야 하는 연구 대상이었다.

엘리트들이 사용하는 공적 수사가 그들의 관습적 태도를 드러내 보이는 중요한 증거라고 해서 공적 수사와 거기에 담긴 이념이 그것을 만들고 딱 부러지게 표현하는 엘리트들의 욕구나 관심과 분리되어 고찰할 수 있다는 말은 아니다. 오히려 미국 엘리트들의 공적 수사에 담겨 있는 미국 외교정책 이념은 대단히 기능적인 성격을 띤다. 실제로 이 책의 중심적인 주장도 미국 외교정책의 핵심적 주의주장들은 미국의 국가 형성과정, 널리 공감하고 있는 국내 사회제도, 그리고 인종 및 계급적 분열에 뿌리를 내리고 있다는 것이다. 다시 말해서 미국 외교의 주의주장들은 외교정책뿐만 아니라 국내 정책을 장악하는 사람들이 만들어낸 것이었다.

이제 독자가 반드시 유의해야 할 사항을 얘기할 때가 되었다. 국가의 이데올로기를 이해한다고 해서 국가의 행위를 정확하게 이해할 수 있는 통찰력까지 얻는 것은 아니다. 이데올로기가 우리에게 중요한 까닭은 정책 결정자가 특정 문제를 처리하는 데 필요한 인식의 틀, 그리고 정책을 지켜보는 대중이 그 문제를 이해하는 데 필요한 인식의 틀을 마련해주기 때문이다. 이 두 그룹 즉, 엘리트와 대중은 이데올로기를 이용하여 복잡한 현실을 명료하게 해석할 수 있을 뿐만 아니라 그 현실을 이해할 수 있고 또 관리할 수 있는 용어로 정리하기까지 한다. 그러나 인간의 심리와 정부의 정책 결정과정이 대단히 복잡하다는 사실을 감안할 때, 우리는 경직된 해석의 위험성을 충분히 숙지함으로써 더 유연한 입장의 연구 방법을 취할 필요가 있다. 무엇보다 먼저 이념과 행동 간의 상관관계가 고정된 것이 아니라는 시각을 수용해야 한다. 어떤 정책을 처음 태동시킨 것으로 보이는 단순한 이념이나 일단의 이념을 연구하기 위해서는 수출 시장과 원자재에 접근하려는 욕구, 핵심적인 국가 안보의 보존, 유권자의 선호에 대한 고려, 그리고 개인의 정치적 야심 추구와 같은 이념 외적 요인들도 함께 고려할 여지를 반드시 남겨두어야 한다. 또 정책 결정자들의 성격이 크게 변할 경우 이데올로기 자체가 바뀔 수 있다는 생각을 수용하는 것이 신중한 연구자가 취해야 할 자세다. 외교정책 이데올로기를 구성하는 여러 관념들은 결코 고정된 것도 그리고 죽어 있는 것도 아니기 때문에 항상 정치 지도자, 세대, 방법에 따라 다양하고 새롭게 구성될 수 있는 것이다. 헨리 키신저의 표현을 빌리자면 모든 정책 결정자들은 '지적 자산(intellectual capital)'의 차용인이지만, 그들이 거래하는 경험의 은행(the bank of experience)은 서로 크게 다를 수 있기 때문이다.

★ ★ ★

 지금까지 개괄적으로 고찰한 바를 통해 우리는 미국 외교정책의 이념을 만든 핵심 관념들이 어떻게 등장했는지를 해명할 수 있는 연구 기반을 깔끔하게 마련할 수 있다. 우선 우리는 18세기 말과 19세기로 거슬러 올라갈 필요가 있다. 미국의 정치 엘리트들은 바로 이 시기에 국제 정치 문제에 관해 모종의 합의를 형성하기 시작했다. 이 합의는 미국의 정치 엘리트들이 소유한 문화적 가치, 그리고 그들이 마음속에 품어왔던 미국의 정체성에 대한 개괄적 그림, 즉 미국은 어떤 나라가 되어야 하고 미국의 정체성을 국제정치 행위에 반영시킬 방법은 무엇인가라는 물음에 부응하는 것이었다.

 미국인들이 자신의 정체성과 미국이 세계에서 차지하는 지위를 규정해 나갔던 이 과정은 어느 역사학자가 적절하게 표현했던 것처럼 '상상 속에서 이데올로기를 만들어 나간 노동(imaginative ideological labor)'의 한 형태로 간주할 수 있는데, 이는 민족주의가 부상하는 과정에서 거의 공통적으로 나타나는 현상이기도 한다. 이 시기의 미국 민족주의자들은 미국인들이 공유한 국가적 전망과 그 이전의 사회경제적 발전에 부수된 경제적 이익 등을 활용하여 국가관을 분명하게 정립하는 한편, 역사적 신화 창조와 미국적 가치의 선전, 그리고 사회 제도의 정비를 통해 그 국가관의 내용을 구체적으로 채워나갔다. 이러한 노력을 통해서 지역주의와 같은 내부 경쟁적 충성심을 와해시킬 수 있었으며, 대신 '막강한 국력을 뒷받침할 수 있는 이데올로기와 제도의 구조'를 새롭게 정립할 수 있었다. '바로 이러한 구조가 (조정 가능한 허용 한계 내에서) 정치적 활동

과 정치적 신념이 가질 수 있는 형태를 결정할 수 있었다.'[34]

　나는 독자가 제2장부터 전개되는 내용을 기본적으로 미국 외교정책과 관련된 미국 민족주의의 역사로 읽어주길 바란다. 단, 미국 민족주의가 미국 외교정책에 항상 반영된 것은 아니라는 것을 먼저 밝혀둔다. 독립 직후인 18세기의 미국은 상대적으로 제반 자원이 빈약한 약소국이었고, 교양 있는 대중을 분열시킬 정도의 첨예한 정치적 논쟁이 빈번하게 발생하는 상황이었기 때문에 미국 정부는 대단히 조심스런 자세를 취하지 않을 수 없었다. 따라서 이 시기의 정책 결정 과정에 대한 이데올로기의 영향력은 제한적일 수밖에 없었다. 그리고 제2장부터 다룰 내용이 정책 결정 과정에 대한 체계적 연구는 아니지만 그럼에도 불구하고 나는 정책을 비중 있게 다룰 것이다. 왜냐하면 정책은 적어도 두 가지 측면에서 이데올로기라는 구조물의 등장 배경을 쉽게 이해시켜주기 때문이다. 하나는 중요한 사안을 둘러싸고 전개되는 정책 토론은 국가적 비전에 관해 엇갈리는 견해간의 갈등을 해소할 공공 광장의 역할을 했다는 것이고, 다른 하나는 18세기와 19세기 미국의 정책 결정자들이 이데올로기가 외교정책에 행사하는 영향력을 더욱 부채질함으로써 이데올로기의 정책 장악력에 때때로 힘을 보태주었다는 사실이다.

　20세기 초반쯤 되면 미국의 외교정책과 직접 관련 있는 세 개의 핵심 이념이 확실하게 골격을 갖추는데, 이후 이 이념들은 미국 외교정책에 강력한 영향력을 행사하기 시작한다. 셋 중에서 가장 중요한 것은 자유의 증진을 소명으로 삼는 위대한 나라를 건설해야 한다는 관점에서 미국의 미래를 보는 이념이다. 이 이념은 미국 역사에서 발생한 3개의 대논쟁, 즉, 1790년대, 1840년대, 그리고 1890

년대에 각각 발생한 대논쟁*에서 강력히 대두했던 세 번의 정치적 저항을 차례차례 극복한 이후, 그러니까 20세기로 넘어오는 세기의 전환기를 거치면서 마침내 확고히 자리 잡았다. 두 번째는 다른 나라 사람을 대하는 미국인의 태도 즉, 인종적 위계질서(racial hierarchy)의 이념이다. 이 이념은 미국 백인이 다양한 지역적 조건에 맞추어 자신의 우월성을 확보하고 또 그것을 유지하기 위해 투쟁하는 과정을 통해 형성된 것이다. 이러한 인종적 편견은 미국 외교정책의 핵심 이념 중에서 가장 눈에 띄는 것이라고 할 수 있다. 세 번째 요소는 타국에서 일어나는 정치 및 사회 변혁 운동의 허용 한계치에 관한 것이다. 즉, 미국인들은 혁명이 사회 개선을 위한 유용한 힘이 될 수도 있지만 쉽게 위험한 방향으로 전개될 수도 있다는 신념을 확고하게 갖고 있다. 미국인들이 혁명을 대하는 태도는 인종적 태도와 마찬가지로 18세기 내내 상당히 일관되게 견지되었다. 다만 인종적 태도와는 달리 해외 혁명을 비판적으로 바라보는 태도는 그 시기에 단지 산발적으로만 표출되다가, 해외 혁명 운동이 폭발적으로 확산되기 시작한 1910년대가 되어서야 미국 외교정책의 이념 속에서 확고한 자리를 차지하고 또 강력한 영향력을 행사하기 시작했다.

이 핵심적인 세 개의 관념들은 이처럼 서로 긴밀하게 연결되고 또 서로를 강화시키면서 미국의 정치 지도자에게 세계를, 그리고 그 세계에서 미국이 차지하는 위치를 명료하고 조리 있게 이해할

---

* 연방주의자와 공화주의자 간의 논쟁(1790년대), 제임스 포크 대통령의 영토 팽창 정책을 둘러싼 찬반 논쟁(1840년대), 그리고 맥킨리 대통령의 제국주의 정책을 둘러싼 찬반논쟁(1890년대)을 각각 의미한다. 자세한 내용은 제2장 참조. ─옮긴이

수 있는 시각을 제공해주었다. 다시 말해 20세기 초반쯤 되면 이러한 관념들은 비공식 이데올로기의 자리를 차지하게 되는데, 그것은 이후 전개되는 미국 외교정책의 방향을 지시해줄 뿐만 아니라 미국적 삶의 색채와 내용을 새롭게 규정하는 강력한 힘을 발휘하게 된다. 그러나 이 비공식 이데올로기가 최근의 미국 외교에 어떻게 반영되는지를 평가하기 이전에, 우선 그 반영 실태라도 자세히 서술하려면 먼저 그 이데올로기의 기원부터 추적해야 할 것이다. 제2~4장에서 이 작업을 수행할 것이며, 각 장에서 이 세 가지 핵심 이념을 하나씩 집중 고찰할 것이다.

제2장

★

미국은 위대하다는 믿음

미국은 위대하다는 믿음

우리는 완전히 새로운 세계를 다시 창조할 힘이 있다.

— **토머스 페인**, 『상식론』 (1979년 1월)[35]

　　토머스 페인은 미국의 역사에서 대단히 중요한 시점인 1776년(독립선언의 해—옮긴이)에 늙고 지친 세계를 다시 소생시킬 수 있는 미국의 놀라운 가능성을 어렴풋이 감지했고 또 이것을 분명하게 정리해서 세상에 내놓았다. 그는 원래 영광된 미국의 미래상 같은 것을 드높이 내걸 만한 인물은 아니었다. 평범한 학생이었던 페인은 코르셋 제작자인 아버지로부터 마지못해 일을 배우다가 16세 때 집을 뛰쳐나와 무엇 하나 변변히 할 줄 모르는 직업 편력자가 되었다. 그는 두 명의 아내와 이혼했고, 아메리카 식민지로 이민가야겠다고 최종 결심하기 전까지 무려 여섯 번의 직업에서 실패를 경험했다. 이민 당시 나이는 37세로 극도로 궁핍했으며, 내세울 것이라고는 햇병아리 팜플렛 제작자로서 가지는 언어에 대한 열정과 뜨거운 논쟁에 대한 정열, 그리고 벤자민 프랭클린이 그를 위해 써 준 추천서

밖에 없었다. 페인은 영국이 미국을 정치적으로 탄압하기 시작한 1774년 11월 필라델피아에 도착했다. 그리고 영국 왕이 아메리카 식민지에서 폭동이 발생했다고 선언했다는 소식을 접하자 페인은 식민지 미국인들의 대의명분을 옹호하는 글을 쓰기 시작했다.

1776년 1월에 출간된 페인의 『상식론』(Common Sense)은 식민지의 독립을 강력하게 주장했다. 오직 독립을 선택하는 경우에 한해서만 미국인이 영국인의 자격으로 부여 받은 여러 권리를 안전하게 지켜낼 수 있다고 판단했기 때문이다. 따라서 페인이 주로 공격 대상으로 삼은 사람은 '무기력한 상태에서 빠져 있으면서 파멸을 초래할 수 있는 비겁한 생각을 하는 사람' 즉, 그때까지도 영국과 타협할 수 있을 것이라고 안이하게 믿는 사람들이었다. 페인이 이들을 겨냥해서 사용한 무기는 세계는 두 영역으로 나뉘져 있다는 개념, 즉 영국은 유럽 정치질서의 영역에 속한 나라지만 미국은 미국적 질서의 영역에 속한 나라라는 개념이었다. 오래 전부터 미국 식민지와 런던이 추구하는 이익이 쉽게 충돌하리라고 예상해온 벤자민 프랭클린과 알고 지내면서 페인 또한 비슷한 생각을 하게 된 것 같은데, 이제 페인은 그런 생각을 더욱 공개적으로, 더욱 분명하게, 그리고 더욱 강력히 주장하기에 이른 것이다. 예컨대 런던은 미국의 무역을 통제함으로써 통상 활동의 범위를 크게 제약한다고 주장했다. 또한 식민지로부터 멀리 떨어져 그곳의 사정을 잘 알지 못하는 런던은 미국을 제대로 통치할 수 없다고 주장했다. 페인은 런던이 자국의 사치스런 제국주의적 전쟁에 식민지 미국을 끌어들인다고도 주장했다.

페인은 식민지와 영국 간의 타협을 가로막는 이 같은 구체적 장애 요인에다가 구세계와 신세계의 구분을 더 재촉할 정치적 요소, 즉 '자유에 대한 헌신'이라는 요소를 추가했다. 그는 신세계 아메리카가 "시민의 자유와 종교의 자유를 사랑한다는 이유로 탄압받는 사람의 피난처"가 되었다고 주장했다. 그러나 영국에서는 '타락하고 신념 없는 왕실'이 자유를 남용하고, 그 밖의 유럽 구세계는 아예 자유 자체를 거부한다고 주장했다. 따라서 미국인은 세상에서 꺼져가는 자유의 불꽃을 수호해야 할 사명을 부여 받았다고 강조했다. 페인이『상식론』의 감동적인 결론 부분에서 미국이 독립할 경우 공전의 기회를 획득하리라고 설득했던 논리는 바로 이 후자의 맥락이었다. 페인은 미국인의 자유가 '세상을 전면적으로 다시 창조할 수 있는 힘'이 될 것이라고 선언했다. "새로운 세계가 조만간 탄생할 것이다. 유럽 전역에 거주하는 다양한 인종의 인구에 맞먹는 새로운 인류가 앞으로 전개될 몇 개월간의 사건을 계기로 자기 몫의 자유를 부여 받을 것이다. 이 사건의 파장은 굉장할 것이다. 이렇게 보면 세계사적 문제와 씨름하는 이 중차대한 시점에 몇몇 나약한 사람이나 이기적 동기에 굴복한 사람들이 하찮은 문제로 트집 잡기나 일삼는 것은 얼마나 시시하고 우스꽝스런 일인가."

『상식론』은 출간되자마자 식민지인들에게 엄청난 충격을 안겨 주었으며, 그때까지 존재한 적이 없었던 광범위한 독자층을 형성했다. 페인은 솔직하고 설득력 있는 문체를 사용하여 팜플렛을 작성했기 때문에 다양한 계급과 직업, 그리고 다양한 인종을 망라한 광범위한 대중에게 쉽게 다가갈 수 있었다. 그는 미국인이 단순 저항의 단계에서 완전 독립의 단계로 한걸음 더 나아갈 경우 '아메리카 대륙은 지상에서 가장 축복 받는 곳이 되리라'고 확신했다. 따라서 페인은 다양한 사상을 동원하여 미국인이 그러한 방향으로 나아갈 수 있도록 강력하게 독려했다. 우선 르네상스 이래 전승되어 온 사상 체계 중에서 공화주의 사상, 즉 어떤 공화국이 생존하기 위해서는 그곳 구성원의 덕성(virtue)이 반드시 필요하지만 시간이 흐르면서 그러한 덕성은 필연적으로 쇠락하기 마련이라는 사상을 추려냈다. 덕성은 어느 한 곳에서 유린될 경우 다른 곳에서 자신을 보호할 수 있는 피난처를 찾기 마련인데, 페인은 아메리카 대륙이 바로 그러한 덕성의 피난처가 될 수 있다고 주장했다. 또한 그는 전 세계의 영적 갱생을 추구하는 청교도의 천년왕국 사상(397쪽 각주 참조―옮긴이)도 끌어들였는데, 그 사상에 의하면 신의 축복 속에서 살아가는 소수의 선택된 사람이 세계를 갱생시키기 위해 특별한 역할을 수행해야 한다. 페인은 바로 미국인들이 그런 역할을 수행할 적임자라고 주장했다. 한편, 로크는 정치 및 경제의 진보가 단순히 전통을 답습하거나 어떤 외부의 권위에 순종함으로써 이루어지는 것이 아니라, 효용과 이익을 계산하는 인간 개개인의 타산적 행위의 결과로서 이루어진다는 사상을 설파했는데, 페인은 이러한 로크의 사상 또한 자신의 팜플렛에 끌어들였다. 즉, 미국인이 추구하는 사적 이익은 결국 세계의 복리에도 기여할 수 있을 것이라고 주장했다. 끝으로 『상식론』은 계몽주의적 신념, 즉 강대국 중심의 정치와 군주들의 영광에 기여했던 기존 국제질서를 인류의 복리 증진에 기여할 수 있는 새로운 세계 질서로 대체하려는 신념을 반영했다. 이러한 신념을 견지한 페인은 국가 간의 관계를 새로운 토대 위에서 정립할 수 있는 자들 또한 미국인이라고 주장했다.

페인은 그 후 30년이 지나 『상식론』을 회고하면서 자신이 그 팜플렛을 쓴 까닭은 사람들의 '해방'을 돕기 위해서였다고 말했다.[36] 페인의 얘기처럼 『상식론』은 당시 미국인들이 널리 이해하고 받아들여 짧은 기간 내에 성취할 수 있었던 하나의 분명한 목표, 즉 영국의 전제정치와 세습 군주제의 통제를 종식시키는 데 기여한 것은 사실이다. 그러나 영국으로부터 독립한 신생국 미국은 더욱 어려운 문제에 봉착했는데, 그것은 페인이 제시한 독립국으로서의 미국이 가져야 할 비전, 즉 '세계를 전면적으로 다시 창조'하는 비전을 실현하기 위해 앞으로 밟아 나갈 단계를 결정하기가 어려웠기 때문이다. 다시 말해서 이 새로운 미국의 계획을 실현하기 위해 정부가 맡을 영역을 폭 넓게 설정해야 하는가 좁게 설정해야 하는가? 앞으로 미국은 어떤 경제적, 인종적, 지역적 이해관계에 봉사할 것인가? 누구에게 그 관리 감독을 맡겨야 하는가? 폭발력과 잠재적 분열성을 내포한 이런 문제의 해법을 찾는 과제는 마찬가지로 해결하기 힘든 또 다른 과제, 즉 자유를 쟁취한 자들의 미국과 여전히 군주정과 전제정과 압제에 시달리는 미국 바깥 세계와의 관계를 새롭게 설정하는 과제와 뒤얽혀 있었다. 어떤 종류의 외교정책이 자유를 사랑하는 미국인들에게 어울리는 것일까? 이 지상에서 미국이 수행해야 할 사명은 구체적으로 무엇인가?

 이런 문제는 곧바로 해결할 수도 없고 쉽게 해결할 수도 없었다. 특히 '미국이 대단히 공세적인 외교정책으로 미국 국내의 자유도 함께 신장시킬 수 있을 것인가'라는 민감한 문제를 둘러싸고 당시 미국 사회가 크게 갈라졌기 때문에 문제의 해법을 찾기는 더욱 어려웠다. 그런 와중에 크게 상충하는 두 가지 주장이 곧 등장했다. 그리고 이후 약 100여 년의 세월에 걸친 3차례의 대 논쟁을 치르고서야 미국의 외교적 사고방식을 지배하는 '미국의 위대성에 대한 비전'의 내용이 확정될 수 있었다.

미국인이 두 갈래 외교정책의 길 중에서 실질적인 선택을 하기까지는 좀 더 시간이 경과해야만 했다. 그들은 먼저 영국과 싸워 이겨야 했다. 프랑스의 도움을 받은 미국은 1783년 이 전쟁에서 승리를 거두었다. 그러나 인구 3백만의 작은 나라에 불과했던 미국은 실질적 독립보다는 명목상의 독립만 유지했을 뿐이며, 13개 주가 연합한 형태의 유약한 연합 정부는 해결하기 어려운 문제들로 온통 둘러싸여 있었다. 당시 연합 정부는 과세권을 보유하지 못했기 때문에 육군을 배치하거나 해군을 창설할 수 없었다. 지불하지 못한 국가 채무도 매년 늘어만 갔다. 또한 미국인들의 상업 활동을 규제하지도 못했고, 공해(公海)와 해외 주요 시장에서 자행되는 약탈로부터 미국 상인들을 보호하지도 못했다. 영국은 독립전쟁을 끝맺은 1783년의 파리평화조약에서 미국에 양도했던 영토의 일부에 계속 군대를 주둔시켰으며, 런던과 마드리드의 지원을 받은 아메리카 인디언들은 변경의 미국인들을 줄곧 위협했다. 더욱이 뉴올리언스 지역을 통제한 스페인은 미시시피 강을 따라 상품을 수출하려는 미국인들을 방해했고, 국경 부근에서 불만을 품고 살아가는 미국인들의 분리주의적 감정을 부채질했다. 연방 헌법을 비준한 1789년이 되어서야 미국의 중앙정부는 이러한 문제에 대처할 수 있는 힘을 확보했다. 마침내 미국인은 그들이 거부했던 영국의 정치 체제를 현실적으로 대체할 새로운 정치 체제에 관해 합의에 도달한 것이다. 그러나 미국은 자신의 눈앞에 가로 놓인 또 다른 중요한 문제를 해결해야 했다. 즉, 그들은 미국 외교정책의 성격을 규정하려면 미국이라는 국가의 정체성을 규정해야 한다는 사실을 곧 깨닫게 된 것이다.

    미국 건국 이후 첫 8년간의 중요한 시기를 통치했던 대통령 조지 워싱턴은 곧바로 알렉산더 해밀턴과 토머스 제퍼슨을 정부로 불러들였다. 재무장관으로 임명된 해밀턴과 국무장관으로 임명된 제퍼슨은 각자의 자리에서 외교정책의 쟁점과 관련된 해묵은 의제와 1793년 유럽에서 발발한 전쟁(프랑스 대혁명을 계기로 발발한 연합국과 프랑스혁명군 사이의 혁명전쟁 – 옮긴이)으로 촉발된 문제에 관해서 워싱턴에게 조언했다. 이 과정에서 해밀턴과 제퍼슨은 세계 속에서 미국이 담당해야 할 역할을 서로 반대로 해석하면서 워싱턴과 미국 국민을 설득하려 했다. 그 두 사람은 자신들의 외교정책 결정 하나하나가 장기간 지속될지 모르는 미국 외교의 관례를 만들 수 있다는 사실을 알고 있었다. 따라서 둘 사이의 논쟁은 점차 감정을 수반하면서 격렬한 양상을 띠어갔다. 그들의 싸움은 워싱턴 행정부를 분열시켰고, 정치적 파벌 싸움을 촉진시켰으며, 미국사를 통틀어 가장 격렬한 독설과 신경질적 열정을 보여준 국가적 차원의 논쟁이었다.

    제퍼슨은 1790년 워싱턴 행정부에 들어갈 때 자유라는 관념에 심취해 있었고, '자유'는 훌륭한 세상, 미국의 사명, 적절한 외교정책에 대한 그의 구상에서 한결같이 전제되었던 개념이다. 1784년에서 1789년까지 유럽에서 외교관으로 활동했던 제퍼슨은 그 곳에서 '신체 및 도덕적 억압의 고통을 받는 … 유럽인 대다수의 … 개탄스런 운명'을 목도할 수 있었다. 그러나 제퍼슨이 보기에 미국은 인간의 권리로 보장된 축복과 풍요가 가득했고, 드넓은 대지 위에서 개인은 단지 먹고 사는 생존이 아니라 진정한 독립과 그 쌍둥이 개념인 자유를 누릴 수 있었다. 그리고 제퍼슨은 농부야말로 '가장 고결하고 독립적인 시민'임을 반복해서 강조했다. 도시, 산업, 중앙집권적 정치권력, 그리고 부와 특권의 극심한 불평등 등은 모두 제퍼슨이 추구하는 이상, 즉 자유농민(yeoman farmers)이 지배하는 사회질서의 적으로 간주되었다.[37]

제퍼슨은 국제문제 관해서 초연한 태도를 취하는 정책이 그동안 미국인이 성취한 자유를 가장 잘 보존할 수 있고, 또 미국인의 자유를 더욱 신장시킬 수 있는 가장 좋은 방법이라고 주장했다. 당시의 미국이 평화를 유지할 수 있는 것도 약탈과 소란을 일삼는 유럽으로부터 지리적으로 멀기 때문이라는 것이다. 아울러 미국인이 스스로 '바다를 모두 포기하고 … 자신들이 원하는 것을 외국인이 갖고 들어오게 하며 … 미국의 잉여 생산물을 그들에게 판매하는 방식을 취한다면' 미국의 평화는 훨씬 더 확고하게 보장될 것이라고 주장했다. 그러나 제퍼슨은 미국인들이—농민도 물론 포함해서—해외 무역을 '모두 포기할 수 없는 현실을 인정했다. 농업을 발전시키고 기본적인 공산품을 구입하기 위해서는 해외 시장에 접근해야만 했다. 따라서 제퍼슨은 통상조약에 관해 협상하고 불공정한 상거래 관행으로부터 미국 무역을 보호하려고 했다. 그러나 제퍼슨은 미국이 소수의 외교관과 소규모 해군만 있으면 이런 목적을 충분히 달성할 수 있다면서 다음과 같이 주장했다. "미국이 유럽의 강대국과 유사한 수준의 해군을 보유하려 한다면 그것은 매우 어리석은 생각이며, 쓸데없이 미국의 에너지만 낭비하게 될 것이다."[38]

　국무장관에 취임하면서 제퍼슨은 의회로 진출한 제임스 매디슨의 지원을 받으면서 미국의 자유를 꽃피울 수 있는 조건 확립을 위해 노력했다. 크게 보면 그의 구상은 농업 경제와 농업 경제의 바탕인 공화주의적 가치를 활성화시키는 데 필요한 인접 지역과 해외시장을 확보하는 것이었다. 제퍼슨은 여전히 아메리카 대륙의 독립을 순순히 받아들이지 못하는 영국이 자신의 목표에 대한 가장 큰 위협이라고 생각했다. 그리고 어떤 대가를 치르더라도 영국에 대한 예속만은 반드시 피해야 했다. 그것은 미국의 팽창과 상업뿐만 아니라 미국인의 긍지에도 커다란 해악이기 때문이었다. 당시 공해(the high sea)는 영국 해군이 지배했지만, 제퍼슨은 바다란 "모든 사람의 산업 활동에 개방되어 있는 모든 사람의 공동 자산"이라고 주장할 태세를 갖추었다. 그리고 미국은 영국으로부터 교역상의 양보를 받아내기 위해 상업적 보복조치를 취할 수 있다고 주장했다. "미국의 해외 상품시장에 공평하고 동등하게 접근하고 또 미국 상품을 운송하는 사업에서 정당한 몫을 확보하려면 다른 나라들의 온건한 태도나 양심에 기댈 것이 아니라 미국 스스로 확보한 독립의 수단과 그 수단을 사용하려는 확고한 의지에 기대야 한다." 또한 그는 영국에 대한 미국의 상업적 보복 조치는 결과적으로 영국에 대한 적대감을 갖고 있는 프랑스를 미국 편으로 만들어 미-영 관계의 전략적 평형추로 삼는 데 일조할 것으로 보았다. 프랑스는 1789년의 대혁명으로 공화주의를 채택함으로써 손쉽게 미국의 동맹 파트너가 되었는데, 이는 정치적으로도 자연스런 것이었다. 한편, 아메리카 내륙으로 눈을 돌린 제퍼슨은 미국이 뉴올리언스를 수출항으로 사용할 수 있도록 스페인이 허락해주기를 원했다. 그럴 경우 미시시피 계곡에서 미국의 입지를 강화할 수 있었기 때문이다. 결국 제퍼슨은 자유의 '제국'을 확장시키기 위해서는 서부 개척이 필요하다고 판단했다. 신임 국무장관 제퍼슨은 이런 방식으로 그의 꿈이 집약된 농업 공화국의 번영과 안전을 확보하려 했다.[39]

반면, 알렉산더 해밀턴이 꿈꾼 '위대한 미국'의 비전에서는 자유가 제퍼슨의 비전에서만큼 최우선 가치가 아니었다. 서인도에서 태어난 해밀턴은(존 애덤스는 그를 가리켜 '스코틀랜드 행상인의 서출로 태어난 애새끼'라고 아주 매몰차게 묘사한 바 있다) 뉴욕에서 교육 받고, 미국 독립전쟁에 참가했으며, 전쟁 중에는 워싱턴의 참모로 일했다.[40] 이후 그의 정치적 경력으로 볼 때 해밀턴은 대단히 뛰어난 인물이었지만 결점 또한 적지 않았다. 그는 왕성한 에너지와 뛰어난 지능, 그리고 강력한 정치적 통찰력을 갖고 태어났으나, 때로는 그의 분별력을 압도하는 정열적인 야심에 휘둘려 행동하기도 했다. 그는 연방헌법을 완성하는 데 일조했으며(해밀턴의 개인적 우려에도 불구하고 헌법은 결국 연방정부에 충분한 권력을 부여하지 않았지만), 초대 재무장관과 연방파의 지도급 인사로서 그가 줄곧 행사한 정치적 영향력은 엄청난 것이었다. 1789년부터 1795년까지 미국의 정부가 채택한 정책은 해밀턴의 비전 및 행정 수완과 분리해서는 생각할 수 없을 정도다.

1790년대 해밀턴의 정치적 행위는 이미 10여 년 전부터 나타나기 시작한 '위대한 미국'이라는 관념에 바탕을 둔 것이었다. 해밀턴은 미국 혁명을 체험하면서 전쟁의 참상이 어떤 것인지를 분명하게 깨달을 수 있었다. 그렇지만 인간의 본성을 바라보는 그의 시각―'인간은 야심과 복수심, 그리고 탐욕 등으로 충만한 존재'라는 시각―은 삶의 법칙을 갈등으로 파악하는 비관적 결론에 도달하도록 만들었다. 그리고 인간과 크게 다르지 않은 국가 또한 아주 옛날부터 추구했던 목표인 부와 영광을 놓고 서로 충돌할 수밖에 없는 운명에 처해 있다고 보았다. 이 냉혹한 현실은 과거의 스파르타, 아테네, 로마, 그리고 카르타고 등의 경험에서 확인할 수 있는 것처럼 공화주의 정치 체제조차도 타개할 수 없는 것이라고 판단했다. 따라서 해밀턴은 미국인들 또한 '완전한 지혜와 완전한 덕성을 구비한 행복한 제국으로부터 아득하게 멀리 떨어진' 세계에서 살고 있다는 사실을 인정해야 한다고 경고했다.[41]

그는 현실이 이렇기 때문에 미국인들은 국제정치에서 국력, 이기심, 열정이 차지하는 지배적 지위를 인정해야 한다고 보았다. 그리고 아직까지 약소국 처지에 있는 미국으로서는 자국의 이익과 영향력을 행사하는 데 필요한 국력을 확보하기 전까지는 매우 조심스럽게 처신해야 하며, 미국이 가장 먼저 취해야 할 조치는 엘리트(해밀턴이 생각한 엘리트란 평범한 어중이떠중이가 아니라 '고결한 동기에 입각해서 행동할 수 있는 소수의 선택된 인물'을 의미했다)의 지도 아래 '강건한 연방정부'를 창조하는 것이라고 했다. 그래야만 미국인들이 안정된 정치 질서를 유지하고, 경제 발전을 선도할 것이기 때문이다. 그리고 그 다음 취해야 할 조치는 강력한 해군을 창설하여 탐욕스런 유럽 강대국들로부터 미국의 상업 활동을 보호하는 것이었다. 미국이 충분히 발전해서 성숙할 시간만 주어진다면 미국인은 강인한 국민이 될 수 있을 것이고, '유럽의 영광을 위한 도구'로 복무하라는 요구를 물리칠 수 있을 것이며, 결국 미국인 스스로 위대하게 될 것이라는 말이었다. 그래서 그는 독립주권국으로서의 미국은 "미주대륙 내부의 주도권을 확보할 것이고 … 결국에는 유럽의 구세계와 신세계인 미주대륙의 관계를 규정하는 조건까지 미국이 결정할 것이다!"라고 했다. 이와 같은 해밀턴의 웅대한 외교적 비전은 외교를 단순히 자유를 실현시키는 필수 요건 정도로 보려 했던 제퍼슨의 결심과는 외관상 크게 상충하는 것처럼 보였다.[42]

  1789년 이후 해밀턴이 추구한 정책은 이와 같은 그의 구상과 합치한다. 해밀턴은 미국이 영국과 평화 속에서 정상적 금융 거래 체계를 유지하는 것이 대단히 중요하다는 시각을 집요하게 고수했다. 미국 정부가 안정적인 수입원을 확보하지 못하면 이전의 유약한 국가로 다시 전락할 것이고, 국내 치안도 유지할 수 없을 뿐만 아니라, 해외 시장에서 미국의 이익을 보호하는 것 또한 불가능하다고 그는 주장했다. 미국 정부의 재정 수입 중 90% 이상이 영국과의 무역에서 발생하는 수입 관세에서 나왔기 때문에 어떤 형태로든 대영 무역이 방해를 받으면 미국 정부도 무력화될 것이라고 보았다. 그러나 영국이 미국의 상업 활동을 지속적으로 방해하는 데 대해 크게 분노했던 매디슨과 성깔 있는 몇몇 연방의원들은 미국도 영국에게 같은 방법으로 보복하라고 요구했다. 그들은 영국에 대한 보복이 초래할 해악에 대해서는 별로 고려하지 않는 듯했다. 그들은 또한 미국과 영국 양측이 서로 자극하는 가운데 촉발될지 모르는 끔찍한 전쟁의 가능성도 전혀 고려하지 않았다. 신생국 미국의 경우 전쟁 준비가 전혀 되어 있지 않았는데도 말이다. 만일 전쟁이 일어날 경우 영국의 강력한 함대가 공해상에서 이루어지는 미국의 상업 활동을 휩쓸어버릴 것이고, 대서양 연안의 주요한 요새를 폭격할 것이며, 캐나다와 인근 해안으로부터 침략을 개시할 것이다. 이렇게 된다면 '위대한 미국'의 꿈은 산산이 부서질 게 뻔한 일이었다.

미국은 당시 미국의 규칙을 영국이 준수하도록 강제할 만한 힘이 없었다. 오히려 미국이 영국의 규칙을 수용해야 할 형편이었으며, 혹시라도 가능하다면 오히려 영국과의 동맹 하에 살아가야 할 판이었다. 따라서 해밀턴은 영국에 대한 미국 정부의 동조 의향을 표시하고, 또 미국 국내의 격렬한 저항을 무력화시키기 위해 존 제이를 대표로 한 사절단을 영국에 파견했다. 아울러 해밀턴은 이 계획의 성공 확률을 높이기 위해서 사절단에게 직접 훈령을 내렸고, 워싱턴의 영국 대리 공사에게는 영국과 화해하고 싶다는 자신의 의중과 제이가 영국을 방문한 목표를 비밀리에 귀띔했다.

1795년 영국과의 제이 조약(Jay Treaty) 체결 소식이 미국에 전해지자마자 해밀턴의 프로그램에 대해 평소 불만을 품었던 인사들의 비난이 크게 고조되었다. 이미 1792년 중반부터 공화파(Republicans, 제퍼슨을 중심으로 한 미 연방 초기 정파—옮긴이)의 지도급 인사들은 해밀턴의 프로그램이 행정부의 손아귀에 권력을 집중시키고, 귀족의 부를 증대시킴으로써 미국인의 자유를 위험에 빠뜨렸다고 비판해오고 있었다. 그들은 제이가 귀국하기 이전부터 벌써 공화주의적 덕성을 전복시킬지 모르는 미국의 영국화 추세, 그리고 농업 공화국보다는 왕의 궁정에 더 어울리는 사치와 허영에 탐닉하는 추세 모두를 걱정했다. 어떤 인사들은 누군가가 영국과 내통하여 군주제를 부활시킬지도 모른다는 어두운 상상을 하며 괴로워했다. 그들이 볼 때 제이조약의 일방적 내용은 해밀턴이 자신의 중상주의적 동맹들과 그 자신이 구상한 금융 시스템을 보호하기 위해 미국의 교역에 대한 영국의 통제를 큰 손해를 보면서까지 수용한 명백한 증거였다. 또한 그것은 런던과 그곳의 부패한 궁정 정치 스타일에 해밀턴이 굴복했다는 사실을 확인시켜준 것이었다. 공화파는 이러한 경제적 복속과 정치적 모방이 결국 미국의 자유를 망치게 될 것이라고 걱정했다. 일찍이 매디슨은 '외국 정부가 자국의 자본력을 이용하여 미국의 무역 행위를 일정한 방향으로 강제하고, 또 미국 금융의 상당한 지분을 장악함으로써 미국의 공적 의사 결정에 영향을 끼치고, 그 결과 미국인의 취향과 태도, 그리고 정부 형태까지 외국에 의해 담보될' 가능성을 경고한 바 있다.[43]

　매디슨과 제퍼슨은 제이 조약이 일종의 대영 유화책일 뿐이며, 영국의 악행을 계속 허용하는 초대장이 될 것이라고 비난했다. 또한 제이 조약은 미국이 위험할 정도로 영국에 구조적으로 종속되어 있다는 사실을 확인시켜준 사건이기도 했다(이는 훗날 새로 독립한 나라의 지도자들이 비슷하게 겪게 되는 탈식민의 보편적 현상이기도 하다). 제퍼슨이 볼 때 제이 조약이란 '미국에 거주하는 영국계 미국인(Anglomen)과 영국이 … 미국 국민을 배반하면서 체결한 동맹 조약'에 불과했다. 일반 국민의 비판이 점차 거세지면서 제이는 영국 왕실 앞에서 비굴하게 굴복한 반역자로 비난 받았다(페인은 제이가 '외교 사절의 교도소'에서 복역하다 돌아왔다고 평가했다). 횃불을 훤히 밝힌 대중 집회 장소에서는 제이를 본뜬 인형이 교수형에 처해졌다. 이처럼 제이 조약은 많은 사람의 조롱거리가 되었다. 당시 회자되었던 졸렬한 시구 중의 하나에는 제이 조약이 다음과 같이 묘사되었다. "제이 조약은 광대 짓이요, 똥 닦는 데나 쓸 국민 휴지라네――――."[44)]

　제퍼슨이 마지못해 '반공화파의 진정한 거두'라고 인정했던 해밀턴은 서둘러서 자신의 외교 업적을 방어하기 시작했다. 해밀턴의 주장 가운데 일부는 사람들에게 먹힐 만했다. 해밀턴은 '위대한 제국의 맹아기에 있는' 미국이 강대국으로 성장하기 위해서는 최소한 10여 년의 평화 기간이 필요하다고 주장했다. 미국이 당시와 같은 약소국 처지에서 영국과 힘을 겨룰 경우 '십중팔구 피폐하고 쇠약한 상태로 전락할 것이며, 그런 상태로부터 벗어나기 위해서는 다시 긴 세월을 보내야만 할 것'이라고 했다. 아울러 해밀턴은 그의 정적을 움직이던 사악한 동기들, 즉 '허영심과 복수심'을 문제 삼는 일에도 태만하지 않았다. 그는 미국의 새 정부와 여전히 융화하지 못하는 몇몇 정치인이 제이 조약을 이용하여 정부를 타도하려 한다고 비난했다. 그는 '알랑방귀나 끼는 소란스런 선동가'들이 그들의 '고삐 풀린 야망'을 채우기 위해 대중을 자극할 것이라고 의심했다. 또한 '무시무시한 자코뱅주의의 원칙에 깊이 오염된' 또 다른 사람들은 프랑스의 장단에 춤을 추면서 미국을 영국과의 전쟁에 끌어들이려 한다고 생각했다.[45)]

　워싱턴 대통령 덕에 해밀턴은 이 논쟁에서 결국 이겼다. 워싱턴은 제이 조약을 공개적으로 승인한 이후 자신에게 날아드는 심한 비난에 마음의 상처를 깊게 입었지만 조용히 침묵했다. 그러다가 1796년 9월 대통령직에서 물러날 때 '고별사'의 형식으로 미국 국민에게 답변할 기회를 가졌다.[46)] 이 연설은 "정직이 최선의 정책이다"와 같은 진부한 표현으로 점철되었고, '영구 동맹'을 체결해서는 안 된다는 다소 애매한 훈시를 담았다. 그러나 미국인의 마음속에서는 무엇보다도 그 진실성을 전혀 의심치 않는 대단히 중요한 문서로 오랫동안 간직되었다. 워싱턴은 자신의 견해를 미국인의 '오랜 친구 내지 사랑스런 친구가 건네는 조언'의 형식을 빌어서 아주 온건하게 표현했다. 그러나 실제로는 그런 기회를 이용하여 미국 행정부에 대한 비판자, 즉 프랑스만 쳐다보며 얼이 빠진 듯 보이는 '좋은 정부와 정치 질서의 파괴자들'에 대해 맹렬한 공격의 포문을 열었다. 이렇게 맹렬한 공격을 준비하는 동안 해밀턴 역시 상당한 정도로 거들었다. 제이 조약과 마찬가지로 이 연설문도 원작자는 해밀턴이라고 할 만했다.

워싱턴의 고별사는 권력을 움켜쥔 자들이 새겨둘 만한 역설을 제시했다. 즉, 자유의 행사에 의해 자유가 손상될 수 있다는 역설이다. 이러한 역설이 가장 정확하게 들어맞는 분야가 바로 외교정책 분야였다. 워싱턴은 격렬하고 분열적인 성격을 띤 정치적 논쟁을 위험한 것으로 간주했다. 그것은 정치적 권위에 도전하고 당파적 갈등을 야기시킴으로써 무질서의 씨앗을 유포시키고, 그로 인해 자유를 위험에 빠뜨릴 수 있다고 판단했다. 또한 정치적 분쟁이 폭증하는 까닭은 그 이면에서 정당이 교활한 영향력을 행사하기 때문이라고 보았다. 이런 시각을 가진 워싱턴은 고별사에서 정당을 다음과 같이 부정적으로 묘사했다. 즉 "정당이란 일종의 강력한 엔진이라고 할 수 있는데, 간사하고, 야심만만하며, 방종한 사람은 그것을 이용하여 미국 국민의 권리를 전복시킬 수 있고, 자신의 사적 이익을 위해 정권을 횡령할 수도 있다." 그들은 미국을 분열시키고, '외국의 정치적 영향력과 부패한 문화'를 미국 정부 제도에 끌어들일 존재라고 할 수 있었다. 따라서 워싱턴은 미국이 당파적인 열정과

('프랑스'로 지목된) 외국의 간섭으로부터 자유로울 때 '머지않아' 해밀턴이 꿈꾸었던 역할, 즉 미국 영토 내에서 안전을 확립하고, 미국이 부르는 값에 따라 유럽과 거래할 수 있는 '위대한 나라'로 발돋움할 것이라고 전망했다.

해밀턴이 승리했다. 해밀턴이 일찌감치 내각을 쥐락펴락하게 되면서 좌절한 제퍼슨은 1793년 말 공직에서 이미 사퇴한 터였다. 해밀턴은 공화파의 공격으로부터 제이 조약을 구출했으며, 마침내 1795년 7월 상원의 비준을 받아냈다. 그는 워싱턴의 명성을 이용하여 자신의 정적을 간접적으로 공격했다. 해밀턴은 외국에서 태어났기 때문에 워싱턴의 사임 이후에 대통령직에 출마할 수 없었다. 그러나 그는 공직에서 물러난 이후에도 2대 대통령 존 애덤스 내각에 대해서 막강한 영향력을 행사했다. 프랑스가 미국 상선을 공격하고, 이후 프랑스에 파견한 미국의 대표단에게 모욕을 줌으로써(유명한 XYZ 사건*) 전쟁의 발발 가능성이 고조되었을 때, 해밀턴은 그가 오랫동안 갈망했던 군의 지휘권과 자신의 영광을 추구할 기회를 포착했다. 그는 워싱턴의 명목상 지휘 아래 프랑스와 대적할 육군을 편성하기 시작했다. 해밀턴은 자신이 그러한 힘을 장악할 경우 프랑스를 좋아하는 공화파를 위압할 수 있을 것으로 판단했으

---

* 1797년 초 미국 상선에 대한 프랑스 해군의 공격행위가 급증했다. 애덤스 대통령은 취임 직후 3인의 대표단을 프랑스로 파견해서 협상하기 시작했다. 미국의 목표는 프랑스가 끼친 손해 배상과 미국의 중립권 즉, 교역권을 보장받는 것이었다. 그러나 프랑스는 애덤스가 과거에 프랑스를 비난한 사실에 대해 사과를 요구했고, 협상을 계속하려면 뇌물을 바치라고 요구했다. 애덤스 대통령이 협상 타결을 방해하고 있다고 비난한 공화파의 공격에 대해 애덤스는 익명의 프랑스 협상대표 3인 즉, X, Y, Z가 협상 전제 조건으로 25만 달러의 뇌물을 미국 대표단에 요구했다고 폭로했고, 이로 인해 미국 내에서 반 프랑스 감정이 고조되었다. ―옮긴이

며, 심지어는 플로리다 및 루이지애나에 인접한 스페인 영토와 스페인에서 멀리 떨어진 남아메리카 정복 계획까지 세웠다.

2대 대통령 존 애덤스는 매우 독립적이고 완고한 성격의 소유자였는데, 자신이 보기에는 '이 세상에서는 아니더라도 적어도 미국에서 가장 무례하고, 성급하며, 교활하면서도 집요한 성격까지 소유한 파렴치한 모사꾼'에 불과한 해밀턴이 정부에 관여하고 뽐내는 데 대해 평소 불쾌하게 생각했다.[47] 마침내 그는 해밀턴이 추진하는 프로젝트에 제동을 걸고, 정부에 있는 친 해밀턴 인사들을 몰아내면서 해밀턴을 공격하기 시작했다(그 결과 연방파 내부에 균열이 생겼고, 이로 인해 공화파의 제퍼슨은 1800년 대통령 선거에서 승리하게 된다). 또 아론 버어는 1804년의 결투에서 해밀턴에게 치명적 부상을 입힘으로써 해밀턴의 정치 인생에 종지부를 찍었다.

그러나 아이러니컬한 것은 죽은 해밀턴이 살아서 대통령까지 된 제퍼슨보다 더 큰 영향력을 행사했다는 사실이다. 자유와 외교정책의 상관성에 대한 제퍼슨의 기본 시각은 1790년대의 뜨거운 논쟁을 거치면서도 변함이 없었다. 제퍼슨은 유럽과의 교역 의지보다 유럽 문제에 개입하지 않으려는 의지가 훨씬 더 강했다. 제퍼슨은 "비록 나는 모든 국가에서 자유가 진보하기를 진정 원하고, 또 자유를 진작시킬 책임을 영원히 지고 가겠지만, 우리가 유럽 국가와 접촉할 경우에는 유럽의 사악한 행동 규범에 의해 오염될 수밖에 없다"고 말하기도 했다. 제퍼슨은 1801년 3월의 대통령 취임 연설에서 공화주의 정부에 대한 자신의 신념, 그리고 미국인이 신으로부터 부여받은 특별한 섭리에 대한 신념, 즉 미국인들은 유럽의 '절망적인 대혼란'과 일정한 거리를 유지한 상태에서 운명을 개척해 나가는 '행복하고 번영하는 사람들'이라는 자신의 신념을 감동적으로, 그리고 지금까지의 정치적 상처를 치유하듯 단호하게 주장했다.[48]

그런데 제퍼슨이 내건 새로운 외교정책 노선은 자유를 위협할 강한 정부권력에 대한 공포보다는 미국을 위대한 농업 국가로 만들려는 비전과 책략으로부터 도출되었다. 따라서 강력한 중앙정부를 전제로 한 해밀턴식 미국 정치체제는 제퍼슨 시대에 들어와서도 놀라울 만큼 지속되었다. 그 결과 제퍼슨의 정책은 비록 내용까지는 아니더라도 적어도 외형 면에서 해밀턴식 정책에 근접하게 되었다. 우선, 제퍼슨은 프랑스의 루이지애나 영토 취득을 격렬하게 비판했다. 미국이 뉴올리언스를 잃게 되면 서부의 농업에 필수적인 미시시피 강을 통한 해외 무역이 위험에 처할 수 있기 때문이다. 그 대신 미국이 루이지애나 지역의 광대한 영토를 매입하면 미국인들은 소중한 농민적 생활양식을 오랫동안 누릴 수 있을 것으로 보았다. 이 때문에 제퍼슨은 프랑스를 봉쇄하고 루이지애나 영토를 확보하기 위해 영국과 동맹도 맺을 수 있다고 프랑스를 협박하기까지 했다. 또 제퍼슨은 루이지애나 영토를 취득함으로써 그곳에 거주하는 십만에 가까운 주민을 그들의 동의와 참여 없이 지배하는 행위가 그의 헌법적 권한을 넘는 일이었지만, 그 권한을 넘어 결국 프랑스로부터 루이지애나 영토를 매입했다(이런 행위는 바로 해밀턴식 행위다).[49] 그 결과 일거에 미국 영토를 두 배로 늘였지만, 이에 만족하지 않고 제퍼슨은 스페인이 느슨하게 장악했던 플로리다를 탈취하려 했고, 대통령을 그만 둔 이후에도 여전히 캐나다와 쿠바를 완전히 장악하려는 기대를 버리지 않았다.

이제는 해밀턴과 같은 '친영파'의 정당이 집권하지 않는 시절에도 '강력한 연방정부'는 더 이상 이상한 게 아니었다. 미국이 영국 해군과 영국 경제에 종속된 해양 국가 대신 아메리카 대륙 내부의 공화국만 지향한다면 위대한 미국의 건설은 아주 매력적인 목표가 될 수 있었다. 그리고 제퍼슨은 인구의 자연 증가와 더불어 새로운 땅을 '점차적으로' (이는 그가 1780년대 사용했던 표현이다) 흡수할 것이라는 종래의 희망을 접고 오히려 조급증을 보이기 시작했다. 이제 그에게 미국 연방정부는 미국에 인접한 다른 나라의 땅을 탈취하고 점유함으로써 그 지역들을 미국식 공화주의 체제에 병합시킬 책임을 가진 주체로 보이기 시작했다.[50]

1803년 유럽에서 전쟁이 재개되면서 미국의 교역이 다시 침해당하자 이번에도 제퍼슨은 무심결에 해밀턴의 망령에 경의를 표했다. 제퍼슨은 용의주도하게 영국을 다루었지만, 그가 다른 공화파 인사들과 함께 해밀턴에게 강요한 바 있는 대영 상업 보복정책이 실패하자 그 실패를 인정했다. 상인들은 대영 보복정책을 경멸했고, 연방파가 주축인 뉴잉글랜드는 연방 탈퇴 의사를 드러내기도 했다. 이 와중에 유럽 강대국 간의 결렬한 전쟁은 미국의 교역 활동을 계속 침해했다. 공화파가 인정하는 정도보다 더 깊이 미국이 국제 경제에 연루된 현실에서, 또 급격한 성장을 시작한 미국의 농업 생산이 그 어느 때보다 더 해외시장에 의존하게 된 현실에서 이 위기를 해결할 유일한 방법은 전쟁을 하는 것과 국력을 증대시키는 것뿐이었다.

이제 제퍼슨은 국가 이익과 힘이 지배하는 세계, 즉 해밀턴이 말했던 바로 그 세계에 친숙해졌다. 그 결과 그는 좋은 사회를 건설하고 최소한의 외교정책만 유지하려 했던 초기의 소박한 생각을 자진해서 수정함으로써 현실과 타협했다. 상황이 이렇게 전개되면서 이후의 미국 역사에서 자주 등장할 일련의 문제들이 차례로 대두했다. 자유와 평등을 떠받드는 나라를 건설하려는 제퍼슨의 초기 구상은 분쟁으로 뒤덮인 현실의 분열된 세계에서는 실현 불가능한 공상에 불과한가? 그게 아니라면 미국의 번영과 국력 신장을 바라는 열정과 에너지가 너무 강해서 도저히 묶어둘 수 없었던 제퍼슨의 동료들이 제퍼슨의 구상을 압도해버린 것인가? 그것도 아니라면 자유방임주의자로서의 제퍼슨조차도 강한 국력에 엄청나게 매혹되게끔 한 어떤 비전이 처음부터 있었던 것일까?

제퍼슨과 같은 버지니아 출신으로 제퍼슨의 후임 대통령을 지낸 인사들도 자유에 대한 비전을 팽창적 외교정책에 결부시켜 추진했다. 제4대 대통령 제임스 매디슨과 제5대 대통령 제임스 먼로는 존 퀸시 애덤스(먼로 대통령의 국무장관을 지낸 후 제6대 대통령을 지냄—옮긴이)로부터 상당한 도움을 받으면서 쇠락기에 접어든 스페인 제국을 압박하여 국익을 추구했다. 그들은 스페인령 플로리다에서 제퍼슨이 추구했던 목적을 달성했으며, 태평양 연안까지 길게 뻗은 루이지애나 매입지의 남쪽 경계선을 매우 유리한 조건으로 확정했다. 또한 먼로의 이름을 딴 외교 독트린을 내걸고 미국이 라틴아메리카 지역에 대한 정치적 통제권을 보유한다는 대담한 주장을 공개적으로 천명했다.

앤드류 잭슨(1829~1837년 미국 대통령—옮긴이), 샘 휴스턴(멕시코로부터 빼앗은 텍사스 공화국의 대통령을 지낸 후 텍사스를 미연방에 편입시킨 '텍사스의 아버지'—옮긴이), 제임스 포크(1845~1849년 미국 대통령—옮긴이) 등 3명의 테네시 출신 정치인들은 '버지니아 왕조'가 물려준 제퍼슨의 후기 비전을 계승하고 진척시켰다. 잭슨은 대륙 동남부에서 미국의 입지를 확고하게 다졌다. 10대부터 역전의 용사였고 또 국경 지역의 외교관으로도 활동했던 그는 스페인 및 영국을 격퇴했으며 인디언 종족을 정복했다. 이후 대통령에 취임한 그는 미주리 동쪽에 거주한 수많은 아메리카 인디언을 몰아냈으며, 휴스턴이 멕시코 지배 하에 있던 텍사스를 탈취할 때는 조용히 침묵을 지켰다. 잭슨 민주당의 다크호스였던 포크는 1844년의 대통령 선거에서 팽창주의 강령을 내걸고 승리했다. 그의 당선은 당시까지 교착상태에 빠져 있던 의회가 이듬해 초기에, 즉 포크가 대통령에 취임하기 직전에 텍사스 병합 문제를 투표로 결정하는 계기를 제공했다. 그 이후 완고하고 정열적인 포크는 선거 공약대로 오리건 전체에 대한 미국의 영유권을 주장했으며, 그 여세를 영국과의 전쟁 직전까지 몰고 갔다. 포크는 이 문제의 평화적 해결 가능성을 확신한 직후인 1846년 5월부터 멕시코를 공격하기 시작했다. 텍사스 국경 문제로 시작된 멕시코 전쟁으로 멕시코는 오늘날 멕시코의 절반 넓이에 해당하는 캘리포니아와 뉴멕시코, 그리고 수만 명의 멕시코 국민을 미국에 영원히 넘겨주었다.

 미국은 1803년 루이지애나 매입을 필두로 1853년의 개즈던 매입으로 일차 마무리된 끝없는 영토 팽창을 통해 괄목할 만한 성과를 얻었다. 미국 영토가 3배로 확장될 수 있었던 까닭은 무엇보다 북아메리카 지역에 대한 러시아, 영국, 프랑스, 스페인, 그리고 멕시코의 영향력을 위협할 만큼 미국 군사력이 크게 증대했기 때문이다. 또한 미국은 이들 지역에 대한 법적 권리를 확보하기 위해 약 4천8백만 달러의 돈도 투자했다. 미국 인구의 증가 또한 간과할 수 없는 주요인이었다. 1860년까지 3천2백만 명에 육박할 정도로 증가한 미국의 다양한 인구 집단은 서쪽으로 꾸준히 팽창해 나갔다. 이처럼 "앵글로색슨 이민자로 구성된 무적의 군대"(당시의 어느 팽창주의자가 묘사했던 것처럼)는 외국의 점령지 내에 미국인이 거주하는 지역(irredentist enclaves)을 만들어냈다. 이러한 지역은 외국의 통제를 점차 이완시켰고, 미국이 반복해서 그 지역에 대한 미국의 영토적 권리를 주장할 여건을 조성했다.[51]

많은 사람들이 간과했지만 미국의 팽창을 가능하게 만든 또 하나의 요인이 있다. 그것은 미국 사람들을 이끈 미국의 비전이다. 일찍이 페인은 자유의 숙명과 미국의 사명을 하나로 묶어서 봐야 한다고 주장했는데, 미국 국민들의 생각 역시 페인과 동일했다. 예컨대 잭슨 대통령은 그의 고별사에서 다음과 같이 선언했다. "신의 섭리는 이와 같은 은혜의 땅에 무한한 축복을 듬뿍 내려주셨으며, 여러분을 자유의 수호자로 선택하셔서 인류의 복지를 위해 그 자유를 지키도록 하셨습니다."[52] 얼핏 보면 이런 잭슨의 선언은 자유를 옹호하는 일상적 약속을 맥 빠진 용어로 단순 반복하는 것처럼 보일 것이다. 그러나 미국의 정치 지도자들은 영토의 지속적인 확장을 통해 위대한 미국을 건설하려는 적극적 의지와 자유에 대한 신념 사이에는 긴밀한 연관성이 있음을 점차 인정했다.

1800년대 초반 이러한 풍조가 미국에서 자리를 잡아가는 데 결정적인 역할을 한 사람이 제퍼슨이다. 제퍼슨은 일찍이 자유에 대한 자신의 신념과 미국의 위대성에 대한 해밀턴의 신념 사이의 뚜렷한 갈등관계를 스스로 극복하는 모범을 보여주었다. 물론 제퍼슨의 추종자들은 국가권력에 대한 해밀턴의 편협한 집착을 계속 거부하면서 미국이 추구해야 할 위대성의 정확한 성격에 관해서 해밀턴과 의견을 분명히 달리했다. 그러나 그들도 미국이 공격적인 외교정책을 전개해야 한다는 사실에 대해서는 해밀턴과 은밀하게 의견 일치를 보았다. 당장 개인의 기회, 자율성, 덕성 등을 신장시킬 공화주의 정치경제를 유지하기 위해서는 반드시 새로운 농토를 열심히 확보해야만 했다. 한정된 영토에서 인구가 증가하는 공화국은 새 영토를 추가로 확보하지 못할 경우 쉽게 타락할 수 있다고 생각했기 때문이다. 또 도시 규모가 커지고, 상공업이 농업을 밀어내고 중심적인 자리를 차지하게 되면 사람들도 사치, 악덕, 무절제, 타락의 유혹에 굴복하게 될 것이라고 보았다. 요컨대, 미국이 가만히 앉아 더 이상 영토를 확장하지 않으면 국가적 재앙에 직면하게 되겠지만, 영토를 확장시키면 구원을 받을 수 있다는 것이며, 따라서 진정한 공화주의자라면 모두가 시급하게 추구해야 할 도덕적 덕목이 영토의 확장이라는 논리였다.

그러나 '힘'을 염두에 두지 않고 미국의 발전만 열망할 경우 제퍼슨의 후예들은 결국 좌절하게 될 것이며, 그들의 공화주의적 이상 역시 무너질 게 뻔한 일이었다. 이러한 결론에 도달한 그들은 루이지애나 매입처럼 새로운 영토를 확보하려면 전통적인 통치 수단, 예컨대 상대를 강제할 힘, 상대를 기만할 권리, 위기를 조장하여 상대방을 협박하고 교묘하게 조종할 자유, 정책 결정자가 필요하다고 판단할 때 신속하게 행동할 수 있는 행동의 자유 등을 보장해줄 강력한 정부가 필요하다는 것을 추가로 인정하지 않을 수 없었다. 따라서 그들은 제퍼슨의 추종자들이 초기에 갖고 있던 공포, 즉 정부의 권력을 집중시킬 경우 국내의 자유주의적 질서를 훼손할 뿐만 아니라 때가 되면 세계에 대한 미국의 모범성까지 모두 파괴할 것이라는 공포를 완전히 떨쳐버리게 되었다.

미국의 사명을 규정하던 방식이 이처럼 변화하면서 일반 대중의 담론도 이 변화를 반영하기 시작했다. 그래서 미국은 점차 역동적 공화국으로 그려지기 시작했고, 미국인은 세계를 주유하면서 항상 자유를 전파하는 아주 특별한 전도사로 간주되기 시작했다. 이처럼 낙관적이고 활력에 찬 신조를 새롭게 주창한 사람으로 잘 알려진 존 오설리반은 스스로 그것을 미국의 '명백한 숙명(manifest destiny)'으로 명명하면서 다음과 같이 주장했다. "우리는 인류의 진보를 추구하는 민족이다. 누가 그리고 무엇이 우리의 전진을 막을 수 있단 말인가?" 이러한 언급, 또 이와 비슷한 그 밖의 언급들은 페인이 처음 주창했던 주제, 즉 미국인은 '세계를 전면적으로 다시 창조할 수 있는' 기회를 마침내 장악했다는 주장을 더 구체적으로 표현한 셈이다. 1840년대 중·후반의 미국 의회와 언론에서 텍사스와 오리건, 멕시코 전쟁을 둘러싸고 전개된 논쟁을 거치면서 미국의 무한한 가능성에 관한 주장, 즉 이렇게 '강력한 미국은 그 어떤 유럽 열강의 위대한 성취도 머지않아 뛰어 넘고', 어떤 제국보다 더 넓게 팽창할 수 있으며, 심지어는 중국의 인구도 추월하게 되리라는 것, 그리고 그러한 시점이 빠르게 다가올 것이라는 단호한 주장들이 나오기 시작했다.[53)]

미국의 영토적 팽창과 자유는 서로 상극이라는 팽창 반대론자들의 주장에 대해서도 자주 등장한 바 있는 매서운 비판이 가해졌다. 한 연방 상원의원은 1848년 2월 멕시코 전쟁의 숨은 목적을 둘러싼 논쟁에서 자유란 끊임없는 진보와 '거의 무제한적인 팽창 동력'을 요구한다고 주장했고, 그의 동료 의원은 곧바로 다음과 같이 거들고 나섰다. '오직 행동을 통해서만, 즉 쉬지 않고 계속되는 행동을 통해서만' 미국은 자유를 보존할 수 있다. "우리에게 적당한 바로 그 넓이의 영토를 확보할 때까지 팽창을 계속하자. 그래야만 우리의 자유를 영원히 보존할 수 있을 것이다. 왜냐하면 그렇게 팽창을 계속하는 동안 자유는 힘을 얻을 것이고, 자유의 불꽃은 더욱 밝게 타오를 것이며, 그런 상태가 유지되는 한 자유는 더 넓게 세상을 비출 것이기 때문이다." 만약 "고귀한 종족인 미국인들이 보유한 이 불굴의 에너지를 제한하려 한다면 이는 … 인류의 자유라는 대의에 대한 배신행위가 될 것이다." 팽창하지 않는다면 미국은 곧 침체될 것이며, 결국 인구 과밀로 인해 사회적 병폐가 창궐하게 된 유럽과 같은 운명에 처하게 될 것이다.[54]

미국이 역동적 공화국이 되어야 한다고 주장한 사람들은 상호 보완적인 다양한 이념을 동원해서 그 주장을 옹호했다. 아마도 그들이 가장 자주 동원한 이념은 미국이 인류의 역사에서 중추적인 지위를 차지한다는 오래된 통념이었을 것이다. 그들은 문명의 중심이 서쪽으로 계속해서 이동한다고 주장했다. 즉, 문명은 아시아에서 처음 발생한 이후 지중해를 거쳐 가장 최근까지 영국에서 자리를 잡았지만, 대영 제국이 쇠퇴의 길로 접어들었기 때문에 이제 미국이 문명의 중심을 계승할 차례가 되었다고 보았다. 미국인은 이미 아메리카 대륙을 가로지르는 서부 개척을 시작했으며, 때가 되면 인류 역사의 여명기에 문명을 탄생시켰던 아시아까지 그들의 활력을 전파시킬 수 있으리라고 생각했다.

1840년대 이전에 이미 궤도에 오른 신물리학(new physics)도 역동적 공화국이란 개념을 뒷받침해주었다. 존 퀸시 애덤스는 신물리학의 가장 중요한 법칙을 이렇게 설명하곤 했다. "미국은 위대하고, 강력하며, 진취적이다. 그리고 빠르게 성장한다." 그래서 미국은 주변의 영토를 끊임없이 끌어당기는 강력한 인력을 가졌다. 1823년 퀸시 애덤스는 이 법칙을 쿠바에 적용했다. 쿠바 섬은 '자연스럽지 못한 이유'로 스페인과 결합되어 있지만, '반드시 북미 연합(the North American Union)쪽으로 끌고 와야 한다. 자연 법칙과 동일한 어떤 법칙이 쿠바를 북미 연합으로부터 밀어내지 않기 때문이다.' 퀸시 애덤스를 비롯해서 신물리학을 신봉한 여타 인사들은 때때로 미국 주변의 영토를 무르익은 과일에 비유하곤 했는데, 정치적 인력(political gravity)을 통해서 이 과일을 미래의 미국이 팽창할 영역으로 끌어 모을 수 있다고 생각했기 때문이다. 예컨대 매디슨은 1805년 캐나다를 지칭하면서 이같이 언급했다. "배가 무르익으면 스스로 떨어질 것이다." 그러나 과일이 너무 느리게 익음으로써 인력의 영향을 거의 받지 않을 경우, 조급한 미국인은 다른 사람이 그것을 가로채기 전에 "과일 나무를 흔들거나 과일을 따야 한다"고 정부에 요구할 것이다.[55]

끝으로, 1840년대에 역동적 공화국으로서의 미국을 옹호했던 인사들은 아테네와 로마의 몰락을 초래한 역사 법칙이 미국에는 더 이상 적용되지 않는다고 강력하게 주장했다. 로마나 아테네와는 근본적으로 다른 성분으로 만들어진 미국은 "아주 특별한 팽창 능력이 있는데, 이는 지금까지 다른 어떤 정부도 소유한 적이 없는 정신적 원동력"이라고 말했다. 아울러 미국은 특별한 운명을 타고 났기 때문에 역사적으로 자유인을 파멸시켰던 수많은 폭군, 반역자, 그리고 무자비한 전쟁으로부터 무사할 수 있었다고 주장했다.[56] 설사 미국이 새로운 영토를 획득하는 과정에서 행사한 완력과 기만이 미국의 평판을 훼손하는 오점을 남긴다 해도 그런 오점은 미국이 추구하는 고결한 목표, 즉 미국이 정복한 땅에 공화주의적 이상과 제도를 정착시키려는 고결한 목표에 의해 상쇄되고도 남는 것이었다.

19세기 초반에 이룩한 미국의 눈부신 영토 팽창은 역동적 공화국의 관점에서 정당화되기는 했지만, 그럼에도 불구하고 해결하기 힘든 많은 문제를 새롭게 야기했다. 미국이 자유라는 대의를 배반하지 않으면서 미국의 주장을 강요하고 그 야망을 확장할 수 있는 지리적 경계는 어디까지인가? 그리고 그러한 행위는 언제까지 허용되는가? 그리고 아메리카 인디언 추방 정책, 특히 잭슨 대통령 시기에 적극 시행되었던 추방 정책을 못마땅하게 여기는 불평의 목소리가 뉴잉글랜드를 중심으로 흘러나오기 시작했다. 정부에서 텍사스 병합 계획을 세우고, 그로 인해 노예 주(slave state)가 새롭게 더 생겨날 가능성이 높아지자 이에 반대하는 목소리 또한 더욱 확산되었다. 포크 대통령이 오리건 주 문제를 처리하는 방식을 놓고서는 무모하고 어리석기까지 하다는 비판도 제기되었다. 예를 들면, 포크는 논쟁 중에 너무 과도한 주장을 제기했고, 오리건 문제를 놓고 당대의 으뜸가는 제국 영국에 대해 포크가 취한 호전적 태도는 지나치게 도발적이었으며, 포크가 병합하려는 오리건 영토의 가치보다는 영국과의 전쟁 비용이 더 클지 모른다는 비판 등이었다.

이와 같은 폭발 직전의 불만 상태를 폭발 상태로 전환시킨 계기는 다름 아닌 멕시코 전쟁 에 대해 포크가 취한 정책이었다. 포크는 텍사스의 경계를 리오그란데 강까지 확장시키기 위해 전쟁을 시작했는데, 이는 포크가 지금의 뉴멕시코와 캘리포니아에 걸친 멕시코의 방대한 영토를 전리품으로 할양 받으려는 의도를 가졌음을 암시하는 것이었다. 사실 포크 대통령은 일부 장관들이 제기한 주장, 즉 멕시코를 통째로 점령해야 한다는 주장에 심정적으로 동조하기도 했다.

포크 대통령의 대담하고도 도발적인 구상에 대해 공개적으로 비판하는 사람이 처음에는 소수에 불과했다. 특히 민주당 인사들은 같은 민주당 당원으로서 전쟁을 지휘하는 대통령을 비판하지 않으려고 했다. 다른 한편 휘그당*은 휘그당대로 1812년의 전쟁(the War of 1812)에 반대한 연방파가 애국심이 결여된 듯한 인상을 보여주는 바람에 급격히 몰락했던 사실을 생생하게 기억하기 때문에 포크를 쉽게 비판하지 못했다. 따라서 몇몇 비판자들은 포크를 비난하면서도 이미 전쟁터에 나가 있는 군대를 지원하는 데 필요한 예산을 승인하고, 두 명의 휘그당 장군이 지휘하는 군대의 용맹과 희생을 칭찬하는 등 어정쩡한 태도를 취했다. 더욱이 두 정당 내부

---

* 건국 초기 제퍼슨 공화파와 대립했던 연방파는 1800년 제퍼슨의 대통령 당선 이후 한동안 세력이 약화되었으나 1820년대 중반 앤드류 잭슨 대통령을 지지한 제퍼슨주의의 민주공화파와 잭슨에 반대한 연방파 전통의 국민 공화파로 분열되었다. 이 국민공화파를 중심으로 해서 북부 상공업 세력을 중심으로 한 휘그당이 결성되었다. 사상적 계보로 제퍼슨 민주공화파가 오늘날의 민주당이고 국민 공화파와 휘그당이 오늘날 공화당의 전신인 셈이다. —옮긴이

에 각각 존재한 정파적 갈등으로 인해서 포크 대통령에 대한 비판의 정치적 의미를 단정하기도 어려웠고, 다니엘 웹스터와 존 크리텐던과 같은 휘그당의 저명인사는 물론, 토머스 하트 벤톤, 마틴 밴 뷰렌, 존 캘훈 등과 같은 민주당의 지도자들 역시 점차 신중하게 처신하기 시작했다. 요컨대 휘그당 인사들과 민주당 인사들은 영토 획득 정책에 대해 분명한 반대 입장을 견지할 경우 자신의 정당에 해를 끼칠 수도 있다는 사실을 모두 잘 알고 있었다. 텍사스와 오리건 획득 문제로 논쟁이 일어났을 때도 노예제의 장래 문제와 지역 간 힘의 균형 문제를 둘러싸고 두 정당 내부에서 분파적 긴장은 현저히 고조된 바 있으며, 남부와 북부에 걸쳐 미국 전역을 대표하는 이 두 정당은 이처럼 심각한 내부 균열을 겪은 바 있었다. 따라서 당을 지키려는 사람들이 볼 때는 차라리 침묵과 타협이 신랄한 비판과 자기 파괴적인 논쟁보다 더 바람직한 것으로 생각되었다.

노예제에 결사적으로 반대하고, 또 새롭게 획득한 영토까지 노예제가 확장될지도 모른다는 두려움 때문에 처음부터 포크 대통령의 영토 확장 정책에 대한 반대를 주도한 세력은 양심적 휘그(conscience Whigs)로 불린 작은 집단이었다. 오하이오 주 출신의 조슈아 기딩스, 그리고 찰스 섬너와 찰스 프랜시스 애덤스처럼 휘그당의 거점인 메사추세츠에서 활동한 당의 대변자들은 멕시코 전쟁의 이면에 남부의 노예 제도 옹호자들이 영향력을 행사한다는 사실을 간파했다. 그들이 보기에 포크는 새로운 영토에 사악하고 비인간적인 노예제를 확산시키는 책략을 지원하기 위해 막대한 인력과 돈을 쏟아 넣었으며, 이를 통해 남부의 간악한 정치적 영향력을 새로운 영토에까지 확대시키려 했다. 따라서 포크의 전쟁법안에 대해 반대한 단 두 명의 상원의원과 14명의 하원의원 모두 이 양심적 휘그들이었다.

 전쟁 비용이 급증하고 포크가 설정한 전쟁 목표가 계속 부풀려지는 가운데 휘그당 인사들, 그리고 애초에는 침묵을 지키거나 소극적 태도를 취하던 몇몇 민주당 인사들이 함께 비판의 목소리를 내기 시작했다. 비판의 폭은 매우 넓었다. 예컨대 포크의 전쟁은 침략적 성격을 띠는 부당한 전쟁이라는 것, 온갖 거짓으로 위장된 전쟁이라는 것, 그리고 전쟁을 하나의 기정사실로 간주하고 의회에 일방적으로 통보하는 위헌적 행동을 서슴지 않았다는 것, 또 유럽이 개입해서 미국의 안보를 위협할 수 있는 기회를 만들어주었다는 것 등등이 그것이다. 아울러 그들은 영토 병합 문제가 눈앞에 다가오자 포크가 미국 시민으로서의 자격이 없는 열등한 멕시코인들을 미국으로 끌어들이려 한다고 경고했다. 그들은 농토 확장의 필요성을 역설하던 전쟁 지지자들의 주장도 정면으로 반박했다. 오하이오 주 출신의 휘그당 리더였던 토머스 코윈은 즉각적 종전을 요구하는 1847년 2월의 상원 연설에서 미국인에게 더 이상 땅은 필요 없다고 주장해서 논란을 야기했다. "여러분은 2천만 명의 사람과 거의 10억 에이커에 달하는 땅을 소유하고 있습니다. … 여기서는 모든 사람들이 원하는 곳에서 자유롭게 경작할 수 있습니다. …" "공간이 필요하다는 요구는 니므롯(Nimrod)* 시대부터 현재까지 모든 약탈

---

* 창세기 10장 8절~10절에 소개된 사냥의 명수를 뜻한다. 성경의 원문은 다음과 같다. "…구스는 또 니므롯을 낳았다. 니므롯은 세상에 처음 나타난 장사이다. 그는 주님께서 보시기에도 힘이 센 사냥꾼이었다. 그래서 '주님께서 보시기에도 힘이 센 니므롯과 같은 사냥꾼'이라는 속담까지 생겼다." ─옮긴이

자의 우두머리가 즐겨 사용하는 구실에 지나지 않습니다."[57]

그러나 가장 강력하고 날카로운 비판은 포크의 전쟁이 미국인의 자유를 위협한다는 주장이었다. 초창기의 제퍼슨과 유사한 시각을 견지한 민주당 인사들과 제퍼슨의 수사법을 언제든 차용할 준비가 되어 있는 휘그당 인사들은 포크의 정복 전쟁으로 인해 미국의 자유와 공화주의적 덕성이 손상될지 모른다는 우려를 감추지 않았다. 그들에게 포크는 뉴멕시코와 캘리포니아의 수많은 타민족은 물론 어쩌면 멕시코 국민 전부를 미국에 복속시켜, 미국을 구제 불능의 제국주의 국가로 만드는 비극의 장본인이었다. 휘그당 편집인으로 활동하던 호래이스 그릴리는 미국인들에게 "그리스와 로마의 자유가 칼을 들고 제국을 확장시킨 결과 파멸하고 만 역사를 읽어보라"고 촉구하기도 했다. 그는 '오직 얼간이들이나 악마들' 만이 자국에 그토록 해로운 정복의 영광을 추구하려 한다고 말했다. 이들과는 정치적으로 다른 시각을 견지했지만, 존 캘훈 역시 다음과 같이 말했다. "멕시코 근처의 영토를 정복하려 시도한 자유 국가 중에서 파멸적 결과를 체험하지 않았다는 기록은 지금까지 단 한 번도 없다." 따라서 멕시코는 그들에게 '금단의 열매' 였다. 그는 미국이 그 열매를 먹을 경우 미국의 정치 제도가 치명적 타격을 입게 될 것이라고 경고했다. 제퍼슨의 부관이었던 앨버트 갤러틴은 포크의 침략전쟁이 미국의 정치적 덕성을 타락시켰고, 신의 은총으로 특별히 탄생한 '모범 공화국'을 후대에 전승시킬 막중한 책임을 스스로 저버렸다고 경고했다. 이것은 만약 미국의 선조들이 되살아나 당시의 상황을 보았다면 던질 만한 말이었다.[58]

이들 비판자들은 미국이 제국주의 노선을 적극적으로 걷게 될 경우 국내의 정부 권력이 강화되는 것은 시간문제라는 사실을 예리하게 간파했다. 공화주의의 원칙과 전통을 위협할지 모르는 정치권력이 우려할 정도로 증대했고, 또 그 권력이 남용되고 있다는 일체의 경고 사인들이 포크 대통령의 분쟁 처리 방식에서 이미 충분히 나왔다. 포크 대통령은 전쟁을 도발했고, 의회를 조종했으며, 비밀 자금을 조성했다. 아울러 그는 대통령 개인이 통제할 수 있는 군대 편제를 대규모로 유지했는데, 이 모든 것은 제국주의적(즉 해밀턴적) 전통을 잘 보여주는 것이었다. 이 행정 권력의 집중은 어마어마한 수준의 세금, 대규모의 상비군, 제국주의 정책으로 인한 골치 아픈 문제를 야기함으로써 국가를 결국 분열시키고, 자유주의 제도를 침식할 것이며, 전제 군주와 혼돈의 시대를 초래할 것이다. 캘훈은 '대국의 풍모를 유지하면서 활동을 멈추는 것'이 공화국을 위한 최선의 방책이라고 권고했다. "우리가 잠자코 있는다면, … 그래서 우리의 운명이 스스로 발현할 수 있도록 놓아둔다면, 우리는 우리들 자신의 자유뿐만 아니라 인류의 모범 국가를 위한 자유를 위해서 더욱 많은 일을 할 수 있을 것입니다. 그리고 그것은 수많은 승전을 통해 성취할 수 있는 바를 훨씬 능가할 것입니다. …" 테네시 주 출신의 한 휘그당원 역시 다음과 같이 동의했다. "미국은 위대한 **모범 국가**(the great *exemplar*) 입니다." 미국인들은 덕성과 평화의 모범을 정립하는 방식으로 '진정한 공화주의'를 발전시켜 나갈 수 있을 것입니다.[59]

그러나 포크는 민주당과 자신이 치르게 된 희생에도 아랑곳하지 않은 채 단호한 입장을 견지하면서 비판을 물리쳤다. 새로운 영토를 획득하려는 전쟁이 눈앞에 다가오자 뜨거운 쟁점으로 부상한 노예제 문제는 민주당을 파괴하기 시작했다. 휘그당도 동일한 문제로 갈등을 체험했지만, 그럼에도 불구하고 민주당의 정치적 입지를 성공적으로 잠식해 나갈 수 있었다. (휘그당은 1847년 12월 하원을 장악했고, 다음해 대통령 선거에서 승리를 거두었다.) 포크는 멕시코와의 전쟁을 끝맺기 위해 자신의 평화 조약 내용을 고집했는데, 포크만큼 고집스러웠던 멕시코 역시 군대가 흩어지고 수도가 점령되었음에도 불구하고 굴복을 거부했다. 마침내 1848년대 초 포크는 니콜라스 트리스트의 도움으로 전쟁을 종식시킬 수 있었다. 국무부 관리였던 트리스트는 대통령 특사 자격으로 멕시코에 파견되어 조약을 협상했다. 전쟁을 통해 증가하는 인구를 충분히 수용할 수 있는 여유 공간을 추가로 확보한 포크는 그해 말에 자신의 업적을 스스로 평가하면서 다음과 같은 결론을 도출했다. 영토를 새롭게 획득했다고 해서 공화국을 유지하는 데 긴요한 '집중과 통합'의 원칙이 훼손되는 일은 결코 없을 것이며, 오히려 '미국 그 자체를 보존하는 데' 기여할 수 있을 것이다.[60] 그런 다음 포크는 단임 대통령만 할 것이라던 1844년의 공약을 지켜 퇴임했다. 이후 몇 개월 되지 않아 포크는 사망했는데, 이는 대통령직 수행 시 너무 과로한 나머지 체력을 소진했기 때문이다.

포크가 자신의 욕구를 모두 충족하지 못한 평화 조약을 수용할 수밖에 없었던 까닭은 비판자들의 비난이 적지 않게 작용했기 때문이다. 그러나 비판자들 역시 포크가 제기한 근원적 문제 즉 '국내의 자유를 신장시키는 정책과 국제정치에서 미국의 위대성을 추구하는 정책이 양립할 수 있을까?' 라는 문제에 대해 만족할 만한 답을 제시한 것은 아니다. 포크가 입증한 것도 이 양립이 불가능하다는 것이 아니라 양립은 하지만 바로 거기에 함정이 있다는 것이었다.

예컨대 포크의 정책은 미국 역사에서 영토 문제를 제대로 처리하지 못한 나쁜 사례로 남아 있다. 미국 역사 초기에 노예 문제는 단지 미국 정치의 지평에 드리워진 작은 먹구름에 지나지 않았지만, 1850년대쯤 되자 미국 전역을 온통 뒤덮은 소나기구름으로 발전했다. 포크에 대한 비판자들이 경고했던 것처럼 새로 획득한 영토에 노예를 이주시키는 문제는 미국을 매우 위험스러울 정도로 분열시키는 문제라는 사실이 드러났다. 이미 1848년에는 노예 제도에 반대하는 휘그당과 민주당 인사들이 각자의 정당에서 탈퇴하여 자유토지당(the Free Soil Party)을 결성하기에 이르렀다. 미국 정당의 재편 과정이 시작된 것이다. 이 과정에서 휘그당은 북부에 기반을 둔 공화당으로 흡수된 반면, 민주당은 남부를 뚜렷이 대표하는 정당으로 변모되어갔다.

이처럼 상황이 어렵게 전개되고 있었지만, 1850년대까지 '역동적 공화국'이란 관념이 본래 보유한 매력적인 힘은 전혀 상실되지 않았다. 사실 그 관념은 당파적 적대감의 증가 추세에 맞서 싸우려는 정치가들한테는 아주 매력적인 수단이었다. 그들은 미국 외교정책이 '위대함'을 추구해야 한다는 요구, 그리고 매우 포괄적 의미로 정의된 '자유'가 그때까지 위축된 미국의 민족주의를 활성화시킬 강력한 수단임을 발견했다. 한 예로, 장차 공화당의 지도자로서 또 유명한 국무장관으로 활동하게 될 윌리엄 시워드는 1854년에 미국이 이룩한 바와 예상되는 미래의 영광을 찬양하기로 결심했다. 그렇게 감동적인 비전을 활용하면 자신이 속한 휘그당의 전면적 붕괴를 초래할 당원들의 이탈을 저지하는 데 큰 도움이 될 것이라는 사실을 간파했기 때문이다. 아울러 그는 이미 '미주 대륙의 강대국'으로 성장한 미국이 상업 활동과 공화주의적 이상에 입각해서 하와이, 중국, 일본, 남아메리카, 유럽, 그리고 아프리카까지 변혁시킬 수 있다면 위대한 명성을 계속해서 휘날릴 것이라고 예견했다. 바로 여기에 모든 미국인의 심금을 울릴 수 있는 그 무엇이 있었다. 미국의 파멸을 점치는 예언자와 달리 시워드는 미국의 위대성을 역설하는 자들과 동일한 신념을 천명했다. 즉, 미국은 마케도니아에서 영국에 이르는 수많은 제국을 멸망시켰던 세력에게도 결코 굴복하지 않을 만큼 위대한 국가를 건설해야 한다는 신념이었다.[61]

그러나 노예 문제를 둘러싸고 각 정당 별로 분파적 태도가 나타나면서 미국 외교정책 역시 이런 분파적 견해 때문에 점차 왜곡되기 시작했다. 그 결과 역동적 공화국의 자체 에너지를 쏟아 부어야 할 구체적 프로젝트를 둘러싸고 국정을 마비시킬 만큼 치열한 갈등이 표출되었다. 멕시코, 니카라과, 그리고 쿠바를 주시하던 수많은 남부인들은 여전히 새로운 노예 국가를 꿈꾸었다. 그런 국가를 건설할 경우 워싱턴에서 강경 발언을 계속할 수 있고, 연방정치에 영향력을 행사할 수 있다고 판단했기 때문이다. 반면 북부와 서부인들은 남부인들의 프로젝트를 혐오스런 것으로 간주하는 경향이 있었으며, 캐나다나 하와이, 그리고 상업적 팽창에 더 많은 관심을 기울였다. 한편, 북부의 민주당원 다수는 어디로 팽창하든 상관없이 모든 공격적 외교정책을 선호했으며, 따라서 양 진영에 다 가담했다.

마침내 1861년 남북전쟁이라는 광풍이 휘몰아쳤다. 미국인은 4년간 갈등의 소용돌이로 곤두박질쳤으며, 그 기간 동안 끔찍한 대량 학살의 장면이 매월 반복해서 연출되었다. 남북전쟁이 끝난 이후에 연방 재건의 시대가 시작되었지만 당파적 위기가 조장한 국정 마비는 여전히 계속되었다. 남부는 혼돈의 상태에 빠졌다. 3백5십만에 달하는 해방 노예가 구호의 손길을 요구했다. 국민은 전쟁이 초래한 인플레이션을 겪었지만, 정부는 국부의 1/8에 해당하는 전례 없는 규모의 부채를 짊어진 채 비틀거렸다. 해외에서 새로운 모험을 감행하는 정책에 대해서 반대 입장을 견지한 사람들은 여분의 에너지와 자원을 국내의 산업 개발에 투자하는 것이 바람직하다고 주장했다. 1866년 국내의 산적한 문제에 몰두하던 한 신문은 다음과 같은 소견을 피력했다. "우리는 앞으로 50년간 미국 국민이 거주하는 데 필요한 영토보다 더 넓은 영토를 이미 소유했다. 그리고 백인과 흑인을 합해서 약 8백만 명 내지 천만 명에 달하는 인구는 현 시점에서 우리 정부가 감당할 수 있는 인구를 훨씬 넘어선다."⁶²⁾ 이처럼 국내 문제를 우선시하는 태도 말고도 미국의 모험적 외교정책을 견제하는 또 다른 요소가 남북전쟁 이후 수십 년간 등장했는데, 정당간의 정치적 갈등이 바로 그것이다. 북부가 남북전쟁에서 승리한 이후 공화당이 지배한 백악관이나 국무부의 지원 하에 추진되던 팽창주의 프로젝트가 곧바로 민주당의 비판적 검토 대상이 된 것이다.

　　미국의 위대성과 자유를 추구하던 오래 묵은 비전은 약 40년간의 잠복기를 거친 후 1880년대와 1890대의 미국 외교를 다시 지배했다. 남부와 북부의 화해로 연방 재건 시대를 마감하면서 국가적 논쟁과 분열의 주된 원천이 최종 제거될 수 있었다. 동시에 유럽 국가들 간의 제국주의 경쟁이 태평양, 동아시아, 그리고 아메리카 대륙까지 확대되자 깜짝 놀란 미국은 유럽을 서둘러 모방하려 했다. 무기와 선박 그리고 통신 분야에 적용된 새로운 기술로 인해서 갑작스럽게 세계가 작게 느껴졌을 뿐만 아니라 이전보다 더 위험스럽게 느껴졌다. 사회 진화론의 경쟁 윤리에 빠져 있던 당시의 풍조는 세계가 빠르게 미국을 압박해온다는 생각을 더욱 굳히게 만들었다. 미국인들 역시 개척이 끝난 북미대륙과 포화상태에 도달한 국내 시장을 대체할 새로운 정신적 상업적 국경을 해외에서 새로 마련할 필요성을 깨달았다. 특히 경제 위기가 반복되면서―1870년대에 처음 발생한 위기, 1880년대에 재발한 위기, 마지막으로 1890년대에 발생한 극심한 위기 등―해외 시장의 확보는 적어도 일부 미국 국민들에게는 미국의 번영을 보장하는 필수 요건처럼 보였다.

일부 역사학자는 남북전쟁 이후 수십 년의 세월이 흐르는 동안 미국인의 삶이 극적으로 변화했기 때문에 과거의 적극적 외교정책을 다시 실천하려는 마음의 준비도 할 수 있었을 것이라고 추측했다. 산업화와 도시화가 급속하게 진전되고, 수백만 명에 달하는 이민자가 유입되자 해외의 모험 사업을 통해서만 해소될 수 있는 미국 내부의 다양한 압력이 (또는 적어도 엘리트들의 걱정들이) 생겨났다. 당시 미국은 서로 적대적인 자본가와 노동자 집단, 그리고 다양한 인종 및 종교 문화로 분열된 어려운 상황에 처해 있었다. 이러한 사회 분위기에 비추어볼 때 공격적 민족주의자의 외교정책에 내포된 사회통합 효과가 특별히 매력적인 것으로 비칠 수 있었다. 이유가 어찌 되었건 미국 연방정부는 1880년대 말에 해군을 증강하기 시작했으며, 라틴아메리카와 태평양 지역에 더욱 적극적으로 진출하기 시작했다.

위대한 미국의 건설을 주장하는 사이렌 소리가 다시 커다랗게 그리고 분명하게 들려오기 시작했다. 복음주의자였던 조시아 스트롱은 1885년에 쓴 자신의 유명한 저서에서 종교적 사명감에 충만한 청교도가 쉽게 공감할 수 있는 팽창주의자의 목소리를 드높였다. 그는 자신의 동포에게 신이 "인류로 하여금 미국의 감화를 받도록 준비하신다"고 확언했다. 영국인의 후손이고, 서부로 팽창하는 문명의 수혜자였던 그 시대의 미국인은 '인류의 운명'을 새롭게 형성하기 위해서 자신들의 상업 활동과 선교 활동, 그리고 식민지 개척 활동을 적극적으로 전개하려 했다. 해군 전략에 관한 고전적 텍스트를 저술하기 시작한 알프레드 세이어 머핸은 미국인이 좀처럼 긴장을 늦출 수 없는 살벌한 세계에 꼼짝없이 갇혀 있음을 다음과 같이 통찰했다. "세계의 모든 곳에서 국가들은 서로 대치한다. 미국 역시 다른 나라와 사정이 크게 다르지 않다." 따라서 미국이 자국의 상업적 이해와 전략적 이해를 보호하려면 거대한 해군과 해외기지, 그리고 중앙아메리카의 운하를 확보해야만 한다고 역설했다. 저명한 메사추세츠 주 출신의 상원의원이면서 막강한 영향력을 행사했던 헨리 캐벗 롯지는 미국인의 위상이 '세계에서 가장 위대한 국민 중의 하나'에 속한다는 것을 일깨워주려 했다. '19세기의 어떤 국민도 따라올 수 없는 수준의 정복과 식민지 개척, 그리고 영토 팽창의 기록을 보유'한 미국인이 '지구의 미개척지'를 차지하기 위해서 그 당시 진행되던 강대국 간의 경쟁에 합류하는 것을 결코 주저해서는 안 된다고 강조했다. 이러한 논객들이 주로 사용한 슬로건은 국가의 명예, 권력, 이익, 그리고 인종적 차별 의식과 자부심 등이었다.[63]

이런 관념에 뿌리를 둔 정책이 다시 등장하자 미국인은 외교정책의 궁극적 목표에 관한 세 번째 논쟁을 전개하지 않을 수 없었다. 미국과 스페인 간의 전쟁을 계기로 정점에 도달했던 1890년대의 논쟁은 역동적 공화국이란 개념이 최종적으로 헤게모니를 장악할 수 있게 해주었다. 1890년대의 논쟁은 몇 가지 중요한 면에서 1840년대의 충돌과 다를 게 거의 없었다.

다시 한 번 미국 대통령은 전쟁이 일방적으로 끝남으로써 생겨난 기회를 활용하여 당대의 주요한 논쟁을 촉발시켰다. 오하이오 주 출신의 정치가로서 과묵한 성격과 예리한 정치적 감각을 소유했던 윌리엄 맥킨리는 역동적 공화국 개념을 효과적으로 전파한 인물이었다. 그는 1898년 스페인과 벌인 전쟁에서 쿠바를 독립시킨 이후 곧바로 장기간 지연된 하와이 병합 법안을 의회에서 통과시켰다. 그리고 미군에게 쿠바, 푸에르토리코, 괌, 필리핀 등을 점령하도록 명령했다. 계속해서 그는 1899년에도 새로운 발상을 선보였다. 즉, 푸에르토리코, 괌, 필리핀 등을 병합할 수 있는 조약을 가결시켰으며, 독일과 사모아 섬의 분할을 약속하는 협약을 체결했다. 같은 해 맥킨리는 중국의 분할을 막기 위해 유럽 열강에 급히 문호 개방 노트를 보냈고, 중국에서 발생한 의화단의 난을 진압하기 위해 1900년에 군대도 파견했다.

이러한 결정은 어떤 마스터플랜에 입각해서 이루어진 것이 아니라, 정치 평론가들이 이미 오래 전부터 상업적 번영과 영토 확장, 그리고 군사 안보 등을 고루 성취한 위대한 미국의 모습과 연계시켜

정의했던 목표를 일관되게 추구하는 가운데 내린 결정이었다. 대통령 자신은 1898년 9월 '무시할 수 없는 우리의 의무'라는 표현을 쓰면서 자신의 정책을 방어했다. 다음 달 그는 미국의 중서부를 여행하면서 미국 국민들에게 "문명이 우리에게 부과한 책임을 완수해야 한다"고 촉구했다. 맥킨리는 10여 년 전 적극적 외교정책을 주장했던 사람이 암송했던 기도문을 그대로 모방하면서 미국은 식민지를 건설하고, '압제에서 신음하는 사람'을 도와주며, 미국의 권력과 영향력을 세계에 전반적으로 투사할 권리와 의무를 이행해야 한다고 주장했다. 그럴 경우 미국인뿐만 아니라 전 인류에게도 이로울 것이라고 말했다. 그는 1899년 2월 보스턴의 청중에게 미국이 필리핀과 쿠바, 그리고 푸에르토리코를 통치하는 까닭을 다음과 같이 설명했다. 즉 미국은 '신의 섭리에 따라서, 그리고 인류의 진보와 문명의 이름으로' 미국에게 부여된 '위대한 사명'을 수행한다고 말했다. 그는 "열대의 태양 아래에서도 미국의 소중한 원리는 변하지 않을 것이며, 오히려 깃발을 앞세우면서 함께 전진할 것이다"라고 주장하면서 회의론자들을 안심시켰다.[64]

맥킨리 대통령의 지지자들도 마찬가지였다. 미국인들은 "자신들의 힘에 의해서, 그리고 자신들의 제도가 보유한 권리에 의해서, 또 신이 지시한 목표를 수행하는 권위에 의해서 장엄한 품격을 갖춘 사람이다"라는 인디애나 주 출신의 젊은 공화당원 앨버트 비버리지의 발언이 바로 그랬다. 그가 1898년 9월에 열정적으로 행했던 유명한 연설은 중서부 미국인들을 사로잡았는데, 그로 인해 맥킨리는 그곳을 한결 수월하게 방문할 수 있었다. 그는 미국이 "앞으로 세계를 소생시키는 일에 앞장서게 될 것이다"라고 말했다. 비버리지와 그의 동료들은 해외의 속국을 이용하여 무역 및 전략상의 막대한 이익을 만들어냈다. 그들은 특히 필리핀을 찬미했는데, 그곳은 방대한 중국 무역을 활성화시킬 수 있고, 태평양 전역에서 증대하는 미국의 이익을 안전하게 보호할 전진 기지로 활용될 수 있기 때문이었다. 세계는 이미 전기와 기선의 등장으로 더 좁아진 시대가 되었다. 태평양을 쉽게 가로지르는 시대에는 필리핀과 같은 섬들도 더 이상 가기 어려운 먼 곳이 아니라 미 대륙에 실질적으로 연해 있는 셈이나 마찬가지였다.[65]

그러나 전쟁을 통해 점령지를 수확하려는 미국 행정부의 의도에 대해서 반대하는 목소리가 전혀 없지는 않았다. 미국의 미래를 일정한 한계 내에서 소박하게 규정한 팽창의 비판자들은 다시 한 번 반대 입장을 표명했다. 그 중에는 메사추세츠 주 출신의 상원의원인 조지 호어와 전직 대통령 벤자민 해리슨과 같은 공화당 인사들도 끼어 있었는데, 이들은 대부분 구세대에 속했으며 초기의 노예제도 폐지에 적극 참여했던 사람들이었다. 민주당은 한층 더 분명하게 반대 의사를 표명했다. 남부 민주당 의원들은 그들이 이전에 하와이 점령에 반대할 때 의회에서 투쟁했던 것처럼 상원에서 전체 반대표 27표 중 17표를 던져 필리핀 병합에 반대했다. 전직 대통령이었던 그로버 클리블랜드, 전직 국무장관 리차드 올니, 그리고 1896년 민주당의 대통령 후보 윌리엄 제닝스 브라이언 등을 포함한 민주당의 유력 인사들 역시 맥킨리의 외교정책을 비판했다. 민주당과 공화당 내 지식인들과 교육자들 역시 비판자 대열에 합류했는데, 유명한 사람들로는 스탠포드대학교의 데이비드 스타 조던, 하버드대학교의 윌리엄 제임스, 예일대학교의 윌리엄 그래이엄 섬너,

소설가 마크 트웨인과 윌리엄 딘 호웰스, 그리고 유머 작가 핀리 피터 던 등을 꼽을 수 있다. 칼 셔츠와 제인 애덤스처럼 유명한 정치 개혁가 및 사회 개혁가들도 비판 운동에 합류했다. 사업가였던 앤드류 카네기조차도 그의 이름과 돈을 비판자들에게 빌려줄 정도였다.

맥킨리가 추구하는 전쟁의 궁극적 목적이 선명하게 드러나자 이들은 모두 1898년 11월 〈반제국주의자 연맹〉(the Anti-Imperialist League)의 기치 아래 뭉치기 시작했다. 영토 병합을 반대하는 그들의 주장은 상원에서 스페인과의 강화조약 비준을 둘러싼 논쟁이 전개되는 동안 국가적 관심 대상이 되었다. 1899년 초 미국의 지배에 저항하는 필리핀의 독립 운동이 발발하고, '강화 조약'을 협의하는 동안 미국인들이 자행한 잔악한 행동과 고문 등의 소식이 전해지자 사태는 반대론자들에게 극적으로 유리하게 전개되었다.

이들 반대론자들은 세계정세가 바뀌었고, 미국의 경제 사정이 바뀌었기 때문에 해외에서 새로운 영토를 확보하기 위해 노력해야 한다는 팽창주의자들의 실용적 주장을 단호하게 거부했다. 미국 대륙이 난공불락의 위치에 있는데도 불구하고 구태여 먼 거리의 영토를 소유함으로써 기습적인 공격에 쉽게 노출되고, 또 그것을 방어하기 위해 막대한 비용의 해군과 육군을 육성해야 할 까닭이 무엇이란 말인가? 필리핀 군도는 캘리포니아로부터 7천 마일 떨어진 곳에 위치해 있지만 중국으로부터는 단지 6백 마일 떨어진 곳에 위치해 있을 뿐이다. 따라서 그런 섬은 제국주의적 경쟁의 소용돌이에 휘말릴 경우 미국에게 도움이 되기보다 전략적 차원에서 골칫거리가 될 게 틀림없다. 카네기는 특히 필리핀이 미국 경제력을 고갈시킬 수 있다는 점을 강력하게 주장했다. 필리핀 군도를 이용하여 중국 무역을 추진해볼 수도 있겠지만 그로부터 얻을 수 있는 이익은 극히 미미한 반면, 그 사업을 관리하는 비용은 막대하게 들어갈 것이 뻔하기 때문이다.

그러나 이전의 논쟁처럼 이러한 반대론은 미국의 자유를 유지하는 국내정책과 위대한 미국을 건설하는 외교정책을 양립시킬 수 없다는 사실만 입증하는 것이었다. 1898년 6월 전직 대통령 클리블랜드는 미국이 "전통적으로 추구해온 가치를 포기하고 … 제왕적 대통령의 불확실한 영감을 추종하는 것처럼 보인다"고 경고했다. 그해 9월 서츠는 "공화국이란 그것을 성립시킨 여러 원칙을 충실하게 준수하는 경우에 한해서만 존속할 수 있으며, 만일 그러한 원칙을 저버릴 경우 도덕적으로 타락할 것"이라는 오래된 역사의 법칙을 인용했다. 섬너는 필리핀 병합을 비판하면서 제퍼슨이 초기에 품었던 목가적인 비전을 상기시켰다. 그러한 비전이 미국 내부에서 온전히 실현된 적이 결코 없었지만 미국인에게는 여전히 '위대한 꿈'으로 남아 있었다. 즉, 미국은 제한 정부, 개인의 자유, 전반적인 경제적 평등 등의 가치를 추구하기 때문에 '인류의 역사에서 매우 독특하고 장엄한 그 무엇'으로 우뚝 설 수 있을 것이라는 꿈이 그것이다. 섬너는 초기 팽창 반대론자들의 주장을 그대로 반복하면서 '정복이나 야망을 추구하는 위험스런 정책'은 미국처럼 특별한 '민주적 공화국'을 '과거에 존재했던 모든 제국의 형태를 본뜬 또 다른 제국'으로 변형시킬 것이라고 강력히 주장했다. '제국의 탐욕과 욕망'에 빠져들었던 과거의 공화국처럼 미국 역시 자국의 규칙을 타국에 강제하려 함으로써 그들의 전철을 밟을 것이고, 그럴 경우 미국은 필연적으로 약탈적인 제국주의 경쟁국에 대항하기 위해서 무장해야만 할 것이다. 해외에서 모험을 추구하는 정책의 최종적 결과는 머지않아 미국 내부에서 관직을 분배하고 대규모의 군사 조직을 통제하는 거대 국가 기구를 출현시키는 형태로 나타날 것이다. 그렇게 된다면 다양한 정파가 집중된 권력을 장악하기 위해 각축할 것이고, 그런 과정이 진행되는 동안 공화주의적 가치는 필연적으로 타락하게 될 것이며, 자유 또한 궁극적으로 몰락하게 될 것이다.[66]

그러나 팽창주의자의 신념을 폄하하려 했던 반대론자들의 노력은 다시 한 번 실패로 돌아갔다. 앞서 활약했던 1840년대의 팽창 반대론자들과는 달리 1890년대의 반대론자들은 권력을 장악한 자들의 불법적인 팽창 행위에 대해 정치적 타격조차도 입힐 수 없었다. 1890년대의 팽창 지지론자들은 팽창 반대론자들이 제퍼슨 자신과 19세기 초 제퍼슨의 사도들을 통해 제퍼슨의 초기 자유 관념이 철저히 절충적인 방향으로 변모했음을 지적함으로써 논쟁에서 유리한 고지를 점령했기 때문이다. 시어도어 루즈벨트와 롯지는 제퍼슨이 운명적으로 정해놓은 길을 맥킨리가 그냥 걸어갔을 뿐이라고 했다. 그들은 "제퍼슨이 루이지애나에 대해서 취한 행동과 현재 미국이 필리핀에 대해서 취하는 행위는 완전히 동일하다"고 말했다. 비버리지는 팽창주의자들이 선례를 따를 뿐이라는 사실을 더욱 효과적으로 주장하는 방법을 개발해냈다. 즉, 1890년대는 미국의 대외 팽창이 시작된 분수령이 아니라, '공화국 최초의 제국주의자'였던 제퍼슨이 착수한 이후 꾸준히 진행된 팽창 과정의 일부로 파악해야 한다. 미국인은 10년을 단위로 '더욱 서쪽으로, 그리고 더욱 남쪽으로 팽창하면서 자유의 텐트를 쳐왔으며,' 팽창의 매 단계마다 '이

교도'의 저항의 목소리를 '자유의 복음'으로 순화시켰다. 자유가 보편적으로 적용될 수 있는 원칙이 아니라는 사실은 예나 지금이나 마찬가지다. 이전에 획득한 영토에서 거주하던 '야만인'과 '외계인'은 자치 능력을 결여했기 때문에 미국의 '피보호자'가 되었던 것이다. 미국이 세미놀족으로부터 플로리다를, 수족(the Sioux)으로부터 북부의 평원을, 멕시코인들로부터 캘리포니아를 각각 탈취할 수 있었다면, 그래서 인디언을 하인으로 취급하고 그들의 영토를 식민지로 관리할 수 있었다면, 같은 논리로 미국이 필리핀을 탈취하고, '약탈과 갈취의 잔혹한 규칙에 묶여 있는 야만의 상태로부터' 필리핀 사람을 구원하는 것 또한 가능하지 않겠는가.[67]

이제 자유와 미국의 위대성에 대해 동시에 호소하는 방법으로 한정된 범위 내에서 미국의 사명을 좁고 신중하게 규정해야 한다는 생각을 쉽게 누를 수 있게 되었다. 대통령은 필리핀 전체의 병합을 주장하는 자신의 요구 사항이 받아들여질 때까지 물러서지 않았고, 1899년 2월 상원의 반발을 무릅쓰고 조약이 비준될 수 있도록 밀어 붙였다. 그러나 찬성 57표, 반대 27표의 투표 결과가 나타나자(이는 조약의 비준에 필요한 2/3의 수준을 간신히 초과한 것이었다) 반대론자들은 1900년의 대통령 선거가 제국주의 문제를 커다란 쟁점으로 다루는 국민 투표가 될 것이라고 당연히 기대했다. 그러나 그런 기대는 이내 붕괴되고 말았다. 제국주의에 대한 반대 운동을 강력하게 전개하는 제3당의 후보를 찾으려는 노력도 수포로 돌아갔다. 몇몇 반대론자들은 민주당과 민주당의 지도자 브라이언을 마지못해 지지했다. (그가 제시한 은화의 자유 주조 정책은 논쟁을 유발했고, 조약의 비준을 둘러싼 논쟁에서 그가 채택한 전략은 결국 맥킨리의 필리핀 병합을 도와준 어리석은 결정이었음이 드러났다.) 다른 사람들은 투표에 참가하지 않거나 마지못해 공화당에 투표했다. 이러한 적진의 분열 덕분에 맥킨리는 브라이언을 상대로 1896년에 치렀던 선거보다 더 큰 표차로 1900년의 선거에서 승리했다. 제국주의 논쟁은 선거 운동 기간에 미국인들의 시선을 거의 끌지도 못했다. 강경한 입장을 취했던 반대자들은 고립되고 무시당하기 일쑤였는데, 그들은 미국 국민의 무관심을 무릅쓰고 몇 년간 짧은 투쟁을 전개하다가 역사의 뒤안길로 사라지고 말았다.

20세기에 들어서자 미국 외교정책 이데올로기의 근간은 확고하게 뿌리를 내렸다. 미국인은 애국주의자들의 공격적 외교정책의 유혹에 쉽게 굴복했다. 해밀턴은 그러한 이데올로기를 처음으로 미국의 국민 앞에 선보였고, 제퍼슨 자신은 그 매력에 빠져들었으며, 포크와 맥킨리는 그 이데올로기를 뜨겁게 껴안았다. 외교정책의 집행자들은 회의주의자들을 격파하고 비판자들을 더 결정적인 방식으로 거부하면서 착실하게 애국주의의 고지를 선점해 나갔다. 외교정책 리더들은 미국을 위대한 국가로 인도할 매우 포괄적인 국가 안보 개념을 마음속에 품었다. 이러한 노력을 통해서 그들은 미국 국민이 식민지와 해군 기지, '세력 범위'와 보호국, 강력한 대양 해군, 그리고 원정군 등을 용인하도록 만들었다.

세계 강대국을 지향하는 미국의 정책이 정당한 것이라는 주장들은 다양했다. 예컨대, 미국에 적대적인 외부 세력은 싸워서 격퇴시켜야만 한다. 해외에서 성전(Crusade)을 전개할 경우 미국의 품격이 고양되고, 국민의 통합과 자부심이 강화될 것이며, 미국 경제의 흐름을 원활하게 할 수 있을 것이다. 미국의 에너지와 비전은 너무나 장대한 것이기 때문에 미국의 고정된 경계 내부에 한정시킬 수 없다는 주장 등이 그것이다. 그러나 세계 강대국을 지향하는 미국의 외교정책을 옹호하는 이런 주장들 가운데 가장 결정적인 것은 '자유'를 들먹이는 주장들이었다.

팽창론자들은 자유의 미국과 위대한 미국을 동시에 추구하는 정책은 양립 불가능한 것을 위험스럽고 불완전하게 결합시킨 것이 결코 아니라고 강력히 주장했다. 대신 그들은 해외에서 미국의 위대성을 실현할 경우에 국내의 자유도 더욱 빛날 것이라고 주장했다. 즉, 미국의 외교가 성공을 거듭하고, 미국인의 사업 영역이 해외로 꾸준히 팽창함에 따라 자유로운 인간들은 자신의 특별한 운명에 대한 신념을 반복해서 확인하고 심화시킬 수 있을 것이며, 자유에 대한 신념을 확고하게 견지한 미국 국민은 자신의 이미지에 입각해서 외국인을 개조하는 일에 착수할 것이고, 세상은 그런 과정을 놀라움 속에서 지켜볼 것이라는 주장이었다.

이와 동시에 그들은 자유가 미국의 위대성을 더 신성하게 만들 것이라고 주장했다. 신으로부터 선택받은 미국인은 제국주의가 공화정을 몰락시킬 것이라는 카산드라(불행의 예언자―옮긴이)의 예언을 수포로 돌아가게 만들 특별한 권리와 의무를 가졌다고 주장했다. 역사는 국가의 위대성을 추구하다가 자유를 상실한 기록으로 가득 차 있다고 떠들어대는 겁쟁이는 그냥 놔두자. 그들이 우려하는 동일한 역사의 법칙이 미국인들, 즉 특별한 운명을 부여 받고 태어난 특별한 인간에게는 더 이상 적용되지 않는다는 사실을 잊었더란 말인가? 따라서 욱일승천의 기세를 누리던 애국주의자들은 미국이 해외에서 고귀한 야망을 추구한다고 해서 자유가 위태로워지는 것은 결코 아니며, 오히려 외국 영토에 자유를 확산시킬 우호적 조건을 창출함으로써 미국 내부의 자유도 적극적으로 활성화시킬 수 있다고 보았다. 다시 말해서 미국은 스스로 변하지 않으면서도 세상을 변화시킬 수 있다고 주장했다.

미국의 적극적 외교정책을 지지한 사람들은 미국의 자유와 미국의 위대성이라는 두 개념을 매우 복잡하게 뒤섞음으로써 반대론자들의 단골 논거를 이용해서 반대론을 잠재웠을 뿐 아니라, 폭 넓은 호소력을 지닌 주장을 개발할 수 있었다. 미국의 자유와 미국의 위대성을 활용한 웅변술은 일상의 삶에 바쁜 미국 국민에게 미국의 건국 신화를 다시 확신시켜주었다. 즉, 폭정에 항거해서 탄생한 미국은 국부들이 품었던 이상을 지금까지 계속 견지했으며, "전혀 새로운 세계를 다시 창조하겠다"던 당시의 약속 역시 망각하지 않았다고 강조했다. 따라서 미국의 외교정책은 변화무쌍한 미국의 내부에서는 점차 유지하기 힘들어진 민족적 연속성을 미국인에게 제공해줄 수 있었다.

미국의 위대성을 주창한 자들은 팽창 반대론자들이 무대 옆에 서서 작은 정부, 감세, 그리고 공화주의적 덕성에 관해 투덜대도록 놔둠으로써 그들을 점차 고립시킬 수 있었다. 제퍼슨은 대통령에 취임하자마자 평소 자신이 공언했던 원칙과 근본적으로 상충하는 정책을 적극적으로 추진함으로써 자신도 모르는 사이에 이런 결과를 낳는 데 기여했다. 그리고 1840년대의 민주당은 한걸음 더 나갔다. 제퍼슨의 전통에 뿌리를 둔 그들은 자신들의 팽창주의 목표를 자유에 대한 오래된 열망과 일치시켜야 했다. 그래서 그들은 그 작업을 정열적으로 시작했고, 그들의 성공은 1890년대의 공화당이— 그들이 품었던 권력, 진보, 그리고 안정에 대한 꿈은 해밀턴의 구상과 유사한 것이었다—미국의 자유와 미국의 위대성을 확고하게 결합시킬 수 있는 길을 터주었다. 그러나 비록 3차례에 걸쳐 패배하기는 했지만 팽창 반대론자들은 적어도 1790년대의 반대론자들이 구사했던 언어를 1890년대로 전달하는 데는 성공했다. 그리고 반대론 중에서 가장 강력한 주장, 즉 세계 강대국을 지향하는 미국의 외교정책은 공화주의 원칙과 상충하며 결국 공화주의 체제를 전복시킬 것이라는 주장은 20세기에 들어와서도 계속되었다.

이처럼 미국의 사명에 관한 두 개의 비전이 눈에 띄게 지속되는 까닭을 자세히 검토할 필요가 있다. 미국의 국제정치적 위대성을 적극 추구하는 정책이 자유의 대의와 같은 것이라고 보는 지배적 시각, 그리고 외교적 절제는 미국 국내의 자유를 완성하는 필수 요건이라고 보는 반대 시각이 미국 역사에서 공존하면서 뚜렷하게 지속되었는데, 미국의 정치 엘리트 내부에서 이처럼 근본적인 시각 차이가 끈질기게 지속되는 까닭은 도대체 무엇인가? 그리고 이 두 시각이 18세기의 미국이 겪은 거대한 변혁은 피해간 것처럼 보이는 까닭은 무엇인가?

우선 미국의 위대성에 대한 호소는 이해하기가 대단히 쉽다. 미국의 위대성을 주장하는 사람들은 자신들의 정책을 상업 경제와 그 이후 전개된 산업 경제를 통해 급격하게 성장하기 시작한 미국의 국력과 연결시키고자 했다. 이러한 경제력은 미국이 국제무대에서 위대한 국가로 발돋움하는 꿈을 구현하기 위해 반드시 갖춰야 할 정책 도구를 마련할 잠재력이기 때문이다. 이와 동시에 미국의 위대성을 추구하는 자들에게 경제적 성장은 대단히 중요한 필수 조건들과 문제점들도 제시했다. 우선 미국 시장이 보호되어야 했다. 국내의 분열이 외국에 노출되어서도 안 되었다. 국가의 정치적 안정, 국부, 그리고 적극적 외교정책을 실천하는 데 필요한 국가 권력을 유지하기 위해서는 결국 막대한 수입원을 확보한 강력한 국가가 필요했는데, 바로 이것이 1790년대와 1890년대의 지도자들이 본능적으로 수용하고 또 확고하게 견지했던 결론이었다. 이 두 시기에 영국은 위대한 나라를 꿈꾸는 미국인들이 모방할 수 있는 하나의 모델, 즉 정치적으로 중앙집권화되고 경제적으로 개발된 국가의 모델을 제공했다. 1840년대의 민주당 인사들도 강력한 중앙정부 그 자체를 바람직한 것으로 인정할 수는 없었지만, 그들이 농촌의 경제 개발과 대륙의 팽창이라는 2중의 목표를 추구하는 국가주의자처럼 행동할 준비가 되어 있었다는 사실에는 의문의 여지가 없다.

팽창론자들이 열정적으로 추진하던 노선에 반대한 반대론자들은 자유라는 개념을 주춧돌로 삼고, 위험할 정도로 연방정부를 강력하게 만드는 정책과 동료 시민의 품격을 떨어뜨리거나 부당하게 착취하는 경제적 추세, 그리고 미국을 자유의 유산으로부터 이탈시킬 수 있는 위험스런 사태 전개에 대해 적대적으로 대응했다. 당대의 지배적 정치경제 체제와 싸우기 위해 모인 이들 비판론자들은 당연히 미국사회의 주변부인 약자 그룹 출신이었고, 따라서 불완전하고 일시적인 연합에 그칠 수밖에 없었다. 그 중에서 남부 민주당 인사들은 그들의 농업적 가치가 처음에는 해밀턴에 의해서 그리고 나중에는 맥킨리의 공화당에 의해 위협을 받음으로써 두 번씩이나 정치적 저항의 기반을 제공했다. 그리고 뉴잉글랜드 특히 메사추세츠 주 휘그당과 공화당은 저항의 또 다른 중요한 기반을 형성했는데, 1840년대에는 노예제도 폐지론을 앞세워서 팽창에 저항했고, 1890년대에는 그 지역 지식세력과 함께 과거 노예제 반대에 연대했던 연로한 정치인들["머그웜프(Mugwumps)"]을 적극 후원했다. 양키를 제외한 몇몇 인종 집단들과 1790년대의 저항 교회 신자 같은 그룹 역시 반대 대열에 합류했지만, 그들은 뉴잉글랜드나 남부의 반대 세력만큼 활발하지도 못했고 큰 세력을 형성하지도 못했다. 그나마 1890년대가 되면서 뉴잉글랜드와 남부의 팽창 반대론자들조차 기력이 쇠진했고, 안 그래도 서로 속마음을 모르는 서먹서먹한 이 두 집단은 이미 확고한 결심이 선 맥킨리를 상원에서 저지할 힘도, 대중적 반대를 이끌어낼 힘도 없는 처지가 되었다.

돌이켜보면 자유의 파괴와 공화주의적 가치의 쇠퇴에 대해 빈번하게 우려를 표명했던 팽창반대론자들의 논거가 소리만 공허하고 의례적인 기도문처럼 보일 수도 있다. 그러나 단편적이거나 비현실적이지 않은 미국 외교의 광범위하고도 실질적인 문제를 1890년대까지 제기한 자들은 바로 그들이었다. 따라서 그들을 단순히 정치적 기회주의자로 몰아세우거나, 처음에는 영국과 그 다음에는 멕시코와 그리고 마지막에는 스페인과 체결한 조약문의 정확한 용어를 놓고 꼬치꼬치 따졌던 꽁생원으로 폄하할 수는 없다. 그들은 해외에서 모험을 감행하는 정책이 미국의 가장 중요한 외교정책이 될 것 같은 조짐을 정확히 간파했다. 또한 그들은 미국의 과거로부터 계승된 공적 가치와 상업화와 산업화로 인해 새롭게 형성된 국내의 일상 사이에 간극이 벌어지고 있다는 증거들을 팽창적 모험주의 속에서 발견했다. 19세기에 새롭게 등장하기 시작한 미국의 사회 질서는 공격적이면서 반사회적인 개인주의, 지리적 이동 능력의 증대, 대규모 조직의 위계질서, 점증하는 빈부 격차, 그리고 경제 및 정치권력의 집중 등과 밀접하게 관련이 있었다. 이러한 모든 요소는 사회의 질서를 교란시키는 요인으로 간주되었으며, 이들은 팽창 반대론자들이 사회적 덕목으로 간주했던 개인의 자립 능력, 전반적인 정치적 평등 실현, 그리고 공동체의 연대감에 해로운 것이었다. 현지의 주민들을 대리해서 쿠바와 필리핀 제도를 통치하는 미국 시민은 진정 한 세기 전의 미국 시민보다 더 자유롭고 더 독립적인 삶을 살아간다고 할 수 있을까? 세계무대에 자유를 수출하려는 노력은 결국 자유가 유린된 국내적 혼란으로부터 미국인의 눈을 돌리려는 처사가 아닌가?[68]

팽창 반대론자들은 자유에 역행하는 풍조를 저지하거나 그런 풍조를 조장하는 경제 체제를 개조할 힘을 갖지는 못했다. 그럼에도 불구하고 그들은 미국이 미국의 공언된 가치로부터 꾸준히 멀어진다는 사실을 국민에게 환기시켜주는 역할을 했다. 그들은 미국의 위대성을 추구하는 정책이 국민의 관심과 자원을 국내의 실질적인 문제로부터 다른 곳으로 전용시키는 역할을 했을 뿐만 아니라 경우에 따라서는 문제를 더 악화시키거나 복잡하게 만들었다고 주장했다. 해외 문제에 집착하는 정책은 필연적으로 국가의 이념을 훼손하고 국민의 복리를 축소시킬 수밖에 없었다. 반대론자들은 죽은 과거를 제사 지내듯 불러낸다는 비판도 받아왔다. 그러나 아이러니컬하게도 그들은 팽창론자들의 행태, 즉 미국의 자유와 미국의 위대성의 공생 관계를 찬양하는 행위 그 자체가 제사의 한 형태라는 사실, 그리고 그런 행위가 국민의 애국적 감정을 이끌어내는 데는 효력이 있지만 국민 대부분의 삶의 입장에서 볼 때는 의미 없다는 것을 통찰할 수 있도록 우리를 도와주었다. 그러나 이들 반대론자들은 비록 상원의 조약 비준 투표에서 패배하고, 논쟁에서도 패배하고, 팽창론자들의 책략에 당하기는 했지만 그들 나름대로 약간의 복수는 했다. 그 복수란 20세기 이후 미국 외교의 정책 결정자들이 상속 받을 미국 외교정책의 핵심 명제(미국의 외교가 세계의 자유를 증진시킨다는 명제―옮긴이)가 사실은 기만과 사기가 아닌지 의심하게 만들어놓고 그들이 떠났다는 것이다.

제3장

★

인종 간의 위계질서

3 인종 간의 위계질서

이 세상에서 순수 백인의 비율은 매우 낮다. 아프리카에 사는 인간은 흑인종 아니면 황인종이다. 아시아인은 주로 황인종이다. 아메리카에 사는 자들 역시(새로 이주해온 자들을 제외하면) 모두 그렇다. 그리고 유럽의 스페인인, 이탈리아인, 프랑스인, 러시아인, 스웨덴인은 대부분 흔히 말하는 가무잡잡한 피부의 소유자다. 독일인 역시 마찬가지다. 오직 색슨족만이 예외라고 할 수 있는데, 영국인을 비롯한 앵글로색슨은 지구상의 백인 집단을 만든 주역이라고 할 수 있다. 나는 미국 인구가 늘어나기를 원하는지도 모른다.… 아마도 나는 미국인의 피부색만 좋아하는 것 같다. 왜냐하면 이런 편파적 감정은 인류에게는 자연스런 것이기 때문이다.

— 벤자민 프랭클린 (1751)[69]

벤자민 프랭클린은 계몽주의적 낙관주의, 다양한 재주, 공화주의적 덕성을 구현한 전형적인 인물이다. 그러나 달리 보면 그는 인종주의자이기도 했다.[70] 그는 인류를 피부 색깔로 분류한 다음, 개별 인종마다 독특한 특성을 부여했다. 예컨대 인디언은 '전쟁을 즐기고 살육을 자랑하는 잔인한 야만족'이라고 공공연하게 비난했다. 그가 쓴 편지들을 보면 인디언은 무식하고, 선천적으로 게으르며, 허영심이 강하고, 무례하기 짝이 없는 종족으로 묘사되어 있다. 그는 인디언을 가끔씩 후려쳐야만 질서를 유지하는 존재, 또 조금만 나약한 모습을 보이면 언제든 말썽을 일으킬 존재로 생각했다. 다른 한편, 노예 소유주이기도 했던 프랭클린은 노예 판매를 통해 자신이 경영하던 인쇄소의 수입을 올리기도 했으며, 흑인을 게으르고 잘 훔치며 낭비가 심한 인종으로 여겼다. 아울러 그는 가혹한 노예법안을 옹호하기도 했는데, '음모 꾸미기를 좋아하는 성벽이 있고, 흉악하며 언제나 뿌루퉁한' 사람, 그리고 '비뚤어진 마음으로 복수심을 불태우고, 극단적 잔인성을 소유한' 인간들에게는 그런 법안이 적합하다고 생각했기 때문이다. 또 프랭클린은 펜실베이니아에 사는 '가무잡잡한' 피부의 독일인조차도 '팔라틴의 촌뜨기 (Palatine Boors)'* 라고 폄하하면서 달갑지 않은 이방인으로 간주했다. 그러면서 독일인들의 배타성만 해도 꺼림칙한데 일부 독일인들은 가톨릭까지 믿는다고 불평하기도 했다.

---

*   원문에는 'Palantine Boor'로 되어 있는데, 저자인 헌트의 의견에 따라 'Palatine Boor'로 수정한다. 'Palatin'은 오늘날의 남부 독일 지역에 해당하는데, 18세기에 그곳의 농부들 다수가 영국으로 이주했다. 그러나 그곳에서 냉대를 받자 그들은 다시 영국의 해외 식민지로 이주했는데, 이들 중 일부가 뉴욕, 프랭클린의 펜실베이니아, 버지니아 등지에 정착했다. 그리고 'Boor'는 본래 농부를 뜻했는데, 후대에 의미가 전용되어 거칠고 버릇없는 녀석이란 뜻으로 쓰였다. 따라서 프랭클린이 사용한 'Palatine Boor'란 농부라는 뜻이 없지 않으나 그 중에서도 특히 버릇없고 교육받지 못한 사회의 하층민을 뜻한다고 할 수 있다. 참고로 헌트의 해설도 함께 소개한다. (First, the phrase you are asking about should be spelled 'Palatine Boors'. I can't tell you whether the misspelling is mine or goes back to Franklin's usage. Now your question: 'Palatine'

프랭클린의 인종주의는 상당 부분 미국의 이익, 그리고 프랭클린 자신의 개인적 이익을 추구하는 과정에서 나왔다. 그의 꿈은 아메리카 대륙에서 영어를 자유롭게 구사하는 사람들의 인구와 영토, 그리고 힘과 상업적 번영이 증대하는 것이었다. 그는 자신의 정치 인생 내내 이 꿈을 추구했다. 그가 식민지인들의 단결과 영국으로부터의 완전 독립을 주장한 것도, 또 새로운 영토의 획득과 개척을 주장한 것도 바로 이 꿈 때문이었다. 특히 이 중에서도 영토의 획득과 개척이 정치인들의 더욱 중요한 직무라고 생각했다. 그래서 프랭클린은 1751년에 다음과 같이 쓴 적이 있다. 새로운 영토를(필요하다면 '원주민'을 제거하면서까지) 획득한 통치자들을 "국가 시조로 불러도 좋다. 왜냐하면 그들은 그곳에서 사람들이 결혼할 수 있는 터전을 만들어 줌으로써 대대손손 번창할 수 있는 최초의 원인을 제공했기 때문이다."[71] 그리고 백인 인구 증가에 필요한 새 영토는 공공의 이익이기도 했지만, 프랭클린 자신의 잠재적 이익이기도 했다. 그는 벌써 1748년부터 토지 투기에 뛰어들었으며, 오하이오와 노바스코샤 지역의 권리를 주장하는 회사의 주식을 사기도 했다. 그리고 서부에 대한 식민지인들의 권리 증진을 위해서 무려 15년간 런던에서 로비를 하기도 했다.

---

was the region in what is today southern Germany from which peasants left in the 18th century for England. Once there they encountered hostility and were pushed on to British overseas settlements. Some ended up in New York state, Franklin's Pennsylvania, and Virginia. Boor originally meant a peasant though it now has shifted meaning to refer only someone who is rude, crude, or ill?mannered. Franklin meant it in the sense of peasant but even though the term must have suggested someone who was low on the social scale, not refined or educated.) —옮긴이

인디언들은 백인들이 탐낼 만한 땅을 많이 갖고 있었고, 이 때문에 인디언들은 백인 후손에게 필요한 땅의 확보를 결심한 프랭클린과 정면으로 충돌할 수밖에 없었다. 프랭클린은 자신의 책에서 인디언은 백인이 새로운 토지를 개척하지 못하도록 방해하며, 그곳에 백인이 진출하여 결혼하고 인구를 증가시킬 수 있는 기회를 봉쇄하기 때문에 가장 심각한 죄악 중의 하나를 범했다고 지적했다. 즉, '수천 명의 백인 어린아이를 태어나기도 전에 죽여버린 죄악'이 바로 그것이다. 물론 프랭클린은 인디언과 백인들 간의 이익 충돌은 피하고자 했고, 또 온순하고 순응적인 인디언들이 조급하고 욕심 많은 개척민들에 의해 희생되는 것―그것도 때로는 무차별적으로 살해당하는 것―을 보고 싶어 하지도 않았다. 그럼에도 불구하고 그는 인디언을 인종주의의 표적으로 애용하지 않을 수 없었고, 백인 거주자들 사이에 만연된 인종적 편견을 수용하고 또 강화하기도 했다. 이와 동시에 그는 이처럼 위험한 종족을 다루려면 끊임없는 경계심과 단호한 마음가짐이 필요하다는 사실도 확신했다. 퉁명스럽고 난폭하기 짝이 없는 인디언, 그 중에서도 특히 프랑스와 공모하여 영국령 북아메리카의 이익을 침탈하는 인디언은 반드시 신속하게 물리쳐야 하고, 그들이 거주했던 땅은 몰수해서 더 좋은 목적을 위해 사용할 다른 사람들에게 주어야 한다고 생각했다.

　이와 달리 프랭클린은 흑인과 독일인은 인디언만큼 위험하지 않은 식민지 내부의 문제로 파악했다. 그들도 백인들의 정착 패턴에 대한 오점임에는 분명하지만, 그렇다고 해서 식민지를 위협할 근본적인 외부 요인은 아니라고 보았다. 그러니까 그는 흑인과 독일인은 백인 사회에 동화시키든가 더 나은 백인 사회 건설을 위해서는 배제해야 할 대상 정도로만 간주했다. 프랭클린은 개인적으로 필라델피아에서 흑인 교육을 통해 흑인이 선천적으로 열등하다고 간주했던 신념들을 떨쳐버릴 수 있었고, 1770년대에는 노예제 반대 입장을 견지하기까지 했다. 그러나 백인 정착촌의 순결성을 지키기 위해 헌신한 프랭클린은 흑인이 대량으로 식민지에 유입되는 것을 허락하지 않았다. 그는 "흑인이 모든 곳에서 백인의 인구 증가를 방해하기 때문이다"라고 말했다. 백인 우월주의를 신봉한 프랭클린은 오래 전부터 남부에서 거주하던 다수의 흑인도 불편한 존재였다. 남부 흑인도 인디언처럼 프랑스와 같은 외부의 적국이 개입하여 폭동을 조장할 가능성이 있는 불만 세력으로 보았기 때문이다. 독일인도 믿음직스럽지 못하기는 마찬가지였다. 백인들의 지역 사회에 이미 거주하는 독일인은 가능하면 무료로 영어 교육을 시켜서 문화적으로 동화시켜야 하지만, 아직 도착하지 않은 독일인은 더 이상 그곳에 유입되지 못하게 함으로써 영국인, 웨일스인, 아일랜드의 청교도와 같은 더 우월한 인종들이 정착할 여건을 만들어야 한다고 생각했다.

 피부 색깔에 관한 프랭클린의 인식은 그와 동시대를 산 다른 사람들과 같은 것이었고, 이런 인식은 프랭클린의 후속 세대에서도 두드러지게 나타났다. 그들이 인종을 바라보는 시각은 프랭클린의 시각보다 더욱 정교하고 구조적인 것이었는데, 그 중에서도 가장 중요한 특징은 인종간의 위계 관념이었다. 그들은 신체의 특성, 특히 피부 색깔을 가장 중요하게 고려했고 (아래의 설명에서 확인할 수 있는 것처럼) 머리 모양을 어느 정도 참작하면서 다양한 인종들이 갖는 고유한 특징을 추출해냈으며, 다시 그 특징에 기초해서 이 세상에 존재하는 다양한 유형의 인간을 분류하고 등급을 매겼다. 가장 밝은 피부색을 보유한 사람은 위계질서의 가장 높은 단계에 위치시켰으며, 가장 어두운 피부를 보유한 사람은 가장 낮은 단계로 내려앉혔다. 그 사이에는 '황색의' 몽골인과 말레이인, '붉은 색의' 아메리카 인디언, 그리고 인종적으로 뒤섞인 라틴아메리카인을 위치시켰다. 피부색은 신체와 정신, 그리고 도덕의 발달 수준을 암암리에 상징했으며, 미국 백인은 그 누구도 시비할 수 없는 평가 기준으로 자리매김했다. 따라서 '우수한 인종'은 영어나 영어와 유사한 언어를 사용하고, 민주적 권리를 책임지고 행사하며, 프로테스탄트 교파의 고귀한 감화력을 기꺼이 수용하는 인종이며, 또 그들의 근면한 정신 덕분에 물질적 풍요를 향유한다고 보았다. 그러나 안타깝게도 위계질서의 아래로 내려갈수록 이러한 개별 덕목이 결핍되었다고 믿었다.

인종에 대한 이러한 통념은 19세기 초기의 '과학적' 탐구 결과를 통해 더 강화되었다. 민족학자, 지리학자, 그리고 역사학자들은 인종의 본성에 관한 복잡한 결론을 집단적으로 제공했으며, 때로는 서로 모순되는 결론을 제공하기도 했다. 예를 들어 인종의 특성은 고정적인가 아니면 가변적인가? 인종은 다양하고 독특한 기원을 갖는가 아니면 하나의 공통된 기원을 갖는가? 인종과 문화, 문명, 그리고 민족적 특성은 어떻게 관련되는가? 인종에 관한 미국적 사고방식을 형성하는 과정에서 학자들의 이론이 중요 요인으로 작용한 것이 사실이라면, 인종에 관한 학자들의 결론이 서로 상충된다는 사실 그 자체는 인종이라는 개념 자체의 타당성에 의문을 제기할 만했다. 그러나 인종문제에 관한 대중의 사고에 학자들이 영향을 미치는 때는 학문이 대중의 인종적 편견에 경험적 근거를 제공하기 위해 왜곡된 방식으로 인종 문제에 집중할 때뿐이었다. 다시 말해, 학자들의 학문적 관심은 머리속으로 상정한 인종간의 불평등한 자질에 따라 인간 등급을 분류하는 사고 범주를 대중적으로 정당화하는 일에만 동원되었을 뿐이다.

미국인들이 인종적 위계 관념, 또 그로부터 파생된 피부색 중심의 세계관을 확립하는 도구로 사용한 인종은 주로 흑인이었다. 식민지 미국인들은 검은색에 대한 엘리자베스 여왕 시대의 편견을 확대 해석해서 검은 피부의 아프리카인을 비천하고 흉악한 사람으로 간주하는 편견을 가진 채 아메리카 대륙에 이주했다. 그리고 도덕적, 심미적 차원에서 흑인과 정반대의 위치에 있는 백인은 덕성과 아름다움, 그리고 순결의 상징으로 간주되었다. 1620년 영국에서 널리 읽힌 한 편의 시는 이러한 대비를 다음과 같이 노래했다. 즉, 아프리카 사람은 '검고 볼품없는 정령(a black deformed Elfe)'으로 묘사한 반면, 영국의 백인은 '신의 모습 그 자체와 닮은 사람(like unto God himselfe)'으로 그렸다.[72]

18세기 초기에 이르러 미국인들은 흑인에 대한 인종적 편견을 노골적으로 드러냈다. 특히 남부에서 이러한 지적 전통은 경제적 이해관계와 결합하여 가장 극단적인 형태의 흑인 혐오증을 만들어 냈다. 흑인을 착취하는 것은 생활양식의 일부가 되었으며, 종종 흑인보다 수적으로 열세인 백인 사회가 불안감에 떨지 않기 위해서라도 흑인은 반드시 복속시켜야만 했다. 남부의 노예법을 통해서 흑인의 지위가 처음으로 유린되기 시작했으며, 이후 19세기에는 노예제도 폐지운동과 공화당이 주도하는 남북전쟁 이후의 연방 재

몽골인   아메리카 인디언

에티오피아인   카프카스인   말레이인

그림 1. 인종의 종류

이처럼 복합적으로 구성한 그림은 모두 학교의 어린이에게 '인종의 종류'라는 제목으로 소개된 것인데, 의심할 여지없이 백인은 우월하다는 이미지를 전달해주었다. (1877년에 학생이 사용한 교과서에서 발췌한) 그림 1을 보면 백인종은 조용하고 차분한 인상을 가진 고귀한 여성이 정면을 바라보는 모습으로 표현된 반면, 이와는 대조적으로 피부가 까무잡잡한 남성은 시선을 옆으로 돌리고 있다.

그림 2. 인종의 종류

백인은 위의 그림 2를 담은 책(1873년에 출판)에서 '정상적' 인종으로 묘사되었는데, 그림에서처럼 고전 시대의 인물들로 대표된 백인종은 보다 평범하면서도 얼굴 전면을 다 보여주는 잘 생긴 모습으로 그려져 있다. 반면 다른 인종은 거친 모습 아니면 먼 곳을 흐리멍덩하게 바라보는 맥 빠진 모습으로 그려 놓았다('몽골' 유형은 맥 빠진 모습은 아니지만 약간 미친 듯한 표정을 짓고 있다).[73]

건 정책에 대응하기 위해서 흑인이 선천적으로 열등하다는 주장을 격렬하게 전개했다. 남부의 민간 설화들은 흑인 노예를 폭도의 싹을 지닌 인간이나 음흉한 강간범으로 낙인찍었다. 그들은 철저하게 감시하거나 통제할 대상이며, 성범죄를 저질렀을 경우에는 거세 등의 가혹한 형벌로 위협하면서 꼼짝 못하게 묶어두어야 하는 대상이었다.

이러한 인종주의는 이미 남북전쟁 이전 시대부터 남부인들의 대외관에 영향을 끼쳤다. 백인과 흑인 간의 잡혼에 대한 그들의 공포심은 잡혼을 용인하고 잡혼의 퇴행적 결과를 사회적으로 겪고 있는 몇몇 외국에 대한 비난으로 자연스럽게 변질되었다. 안 그래도 흑인의 온순성을 의심하던 남부인들은 서인도제도의 노예들이 백인 주인들을 학살하는 것을 보고 경악했으며, 인류 평등이라는 급진 이념을 들고 나오는 영국의 노예제 폐지론자들(그리고 그 이후 활동한 유럽의 사회 혁명가들)을 보고 충격을 받았다. 남북전쟁 이후 전개된 흑인 노예 해방 운동이 인종간의 관계, 특히 인종을 차별하는 사회적 관행을 어느 정도 변화시킨 것은 사실이다. 그러나 흑인을 짐승처럼 보는 남부 백인들의 시각, 그리고 미국 국내외에서 전개되는 인종 평등 운동에 대처하기 위해 인종주의자들이 일깨우는 흑인에 대한 공포심과 인종주의적 판타지는 거의 변하지 않았다.

비록 백인사회 내부에서 때때로 '니그로 문제(the Negro question)'의 핵심이 무엇인가를 둘러싸고 감정적 대립까지 있었지만 근본 문제 즉, 백인과 흑인을 각각 우월한 인종과 열등한 인종으로 간주하는 점에서는 백인들 거의 모두가 같은 생각이었다. 20세기에 들어서는 순간까지도 미국에서 흑인 지위 문제는 흑인의 열등한 본성과 어두운 피부색을 자의적으로 결합시킨 3세기 전의 인종 관념과 동일한 토대에서 논의되었다. 이처럼 놀라울 정도로 지속된 인종간의 우열에 관한 미국 사회 내부의 합의는 당시의 학술 연구에도 반영되었지만 대중적 책자 속에 스며들기도 했다. 예컨대 학교 교재들은 본질적인 인종주의 메시지, 즉 백인이 지배하는 인종적 위계질서에서 흑인은 맨 밑바닥을 차지한다는 메시지를 여러 세대에 걸쳐 반복해서 주입했다. 한마디로 흑인은 '지능이 결여된' 존재였다. 1789년의 한 지리 교과서는 '흑인이란 매우 야비한 종족이며, 인간의 탈을 썼을 뿐 인간성이라곤 거의 찾아볼 데가 없는 것'이라는 견해를 매우 교묘하게 서술했다. 이러한 교재들은 기껏해야 흑인을 노예제의 적용 대상, 자력으로는 향상이 불가능한 인간, 백인들이 부모처럼 맡아 교육시킬 수는 있지만 그 후진성은 구제불능인 인간으로 제시되었을 뿐이다. 흑인에 관한 1900년대의 한 해설에서 다음과 같은 어두운 결론을 내렸을 때, 즉 "흑인을 교육시키려는 노력에도 불구하고 … 많은 흑인은 여전히 지독하게 무식한 상태로 남아 있다"는 결론을 내렸을 때, 그것은 그 당시의 백인들 다수가 흑인을 보는 태도를 대변한 것이었다.[74]

흑인과 백인을 양 극단에 놓고서 사고하는 이러한 인종적 편견은 미국 외교정책에 그대로 투영되었다. 그러한 편견은 외교정책을 논의하고 결정하는 자들의 사고방식을 장악하고, 언론 매체에 영향력을 행사했으며, 유권자의 마음을 사로잡는 방식을 통해 외국인에 대한 미국인들의 태도를 강력하게 규정했다. 이러한 인종주의는 비단 프랭클린 이전 시대의 아메리카 인디언에게만 적용된 것이 아니라, 미국의 외교정책을 독자적으로 전개해 나가는 동안 라틴아메리카인, 동아시아인, 그리고 유럽인들에게도 마찬가지로 적용되었다.

인종적 위계질서 관념이 특별히 매력적이었던 것은 그것이 세상을 언제라도 손쉽게 이해할 수 있는 개념적 수단을 제공해주기 때문이었다. 그것은 변화무쌍한 이 세계에서 안심하고 믿을 만한 튼튼하고도 안정된 틀을 제공했다. 또 그것은 이해하기 쉬웠고, 기분 좋게 편안한 마음으로 현실에 적용할 수 있었다. 외교정책에 관심이 있는 엘리트들은 이해하기 어려운 외국 문화들을 해독하기 위해 많은 시간을 투자할 필요가 없었다. 그렇게 많은 시간을 투자한다 손 치더라도 명확한 결론에 도달하지 못하기는 마찬가지였다. 대신 그들은 언제든 쉽게 접할 수 있는 인종적 위계질서라는 관념 속에서 외국인과 외국의 문화적 특성을 쉽게 이해할 수 있고 또 외국을 자신에게 익숙한 용어로 압축시켜주는 열쇠를 인종주의 속에서 발견했다. 이들에게 필요한 지식은 쉽게 포착할 수 있는 양극단의 인종 유형과 그들의 몇몇 피상적 특성, 즉 세상의 인종이란 서로 상이하고 불평등한 존재이며 일부는 더 개명되고, 더 진보적이지만, 일부는 더 미개하고, 더 뒤처진 상태에 있다는 지식뿐이었다. 그리고 이런 인종적 위계관념에 따라 앵글로색슨 계열의 미국인을 가장 진보된 인종으로 봄으로써 정책 엘리트들의 자긍심도 충족시켰고 '미국은 위대하다'는 미국 외교정책의 또 다른 중심축의 정당성도 제고할 수 있었다.

정책을 결정하고 실천하는 선택 받은 소수 엘리트의 관점에서 볼 때 인종적 위계질서 관념은 대중들의 생각과 조화를 이룬다는 또 다른 장점이 있었다. 미국인들은 신분의 고하를 막론하고 그들의 학교와 가정, 그리고 일터에서 인종적 편견을 배우고 터득했기 때문이다. 즉, 인종 관념은 모든 미국인들이 동의하는 핵심적인 문화 요소가 되었고, 외교정책에 인종 관념을 적용하면서 그것이 국내에서 논란을 유발할 가능성을 걱정할 필요도 전혀 없었기 때문이다.

미국의 인종적 편견은 북미 대륙과 태평양을 가로질러 위대한 미국을 건설해 나가는 도상에서 마주친 인종들을 통해 더 강화되고 더 정교해졌다. 이 도상에서 마주친 첫 번째 인종이 인디언이었다. '인디언'이라는 말은 서로 상이한 문화를 가진 북미의 수천 부족들을 싸잡아 일컫는 말로 쓰였다. 미국인들은 약 3백 년에 걸쳐 한때는 식민지 이주민으로 그 이후에는 독립 국가의 국민으로 인디언들과 전쟁을 하거나 동맹을 맺었고, 인디언과 조약을 체결하고 파기하는 행위를 반복함으로써 마침내 인디언의 어떤 도발도 물리칠 수 있는 지배자의 자리를 차지했다.

이런 과정이 진행되는 동안 인디언들은 엄청난 인명 손실을 입었다. 리오그란데 강 북쪽에는 오늘날 학자들이 약 천만 명으로 추산하는 콜럼버스 이전 시대의 인디언들이 훌륭한 단일 문명권을 형성해서 살았다. 그러나 유럽에서 유입된 전염병이 수백만에 달하는 인디언의 목숨을 앗아가 버렸다. 또한 전쟁과 미국 정부의 강제 소개정책(forced relocation) 때문에 인디언들은 굶주림에 허덕이고 외부 세계에 노출되기 시작했는데, 이런 과정이 진행되는 동안 인디언 사회는 더 심각하게 와해되었다. 19세기 초부터 1930년대 사이에 아메리카 대륙에서 거주했던 인디언의 숫자는 약 60만 명에서 거의 절반 수준으로 감소했다. 백인은 꾸며낸 이야기처럼 텅 빈 대륙을 물려받은 것이 결코 아니었다. 오히려 그들은 그곳을 점령하고 각종 정책을 통해 인디언을 깨끗이 몰아냈다고 봐야 한다.

새로운 토지를 값싸게 획득하는 데 인디언이 방해가 된다는 프랭클린의 시각은 프랭클린의 후속 세대에 대물림되었다. 남부의 백인들이 흑인을 혐오하는 악의적 발언을 쏟아냈던 것처럼 서부 변경 지역의 백인들 역시 인디언을 가장 강력하고 격렬하게 비난하는 증오심의 진원지였다. 백인들이 쓴 부당하고 폭력적인 방법이 인도주의 원칙 및 합법적 협정들과 상충함에도 불구하고 미국 연방정부와 (이렇게 말하는 것이 공정하다고 생각되는데) 대부분의 미국인들은 인디언을 몰살하고 제거하는 행위를 지지하거나 묵인했다. 남부의 조지아는 체로키족에게 '토지 약탈자'로 통한 주인데, 1830년에 조지아 주지사는 자신의 입장을 다음과 같이 밝혔다. "조약은 무식하고 완고한 야만인들에게 그들의 권리를 유혈 참사 없이 문명화된 인간들을 위해 포기하도록 요구할 수 있는 효과적 수단이다. … "[75] 좀 덜하기는 했지만 토머스 제퍼슨 역시 자신이 사랑하는 자작 농민에게 방대한 땅을 제공할 공격적 외교정책에 정성을 쏟았다. 이처럼 초기의 미국인들이 주장했던 신념, 즉 야만인은 조약이나 조약 이외의 방법을 통해 모두 제거해야 한다는 신념은 서쪽으로 팽창하면서 미국 국경 근처에서 살던 후속 세대의 미국인들에 의해 고스란히 간직되었다.

그러나 백인의 사리사욕을 정당화하는 이런 주장은 정의를 지키려는 양심의 명령을 완전히 유린했으며, 이렇게 만들어진 인디언

정책의 내적 모순은 식민지 시대부터 분명하게 드러났고, 미국 건국 시대에 이르기까지 계속되었다. 기독교 선교사들과 토머스 제퍼슨을 포함한 유명 정치인들은 인디언을 문화적으로 동화시킴으로써 이 모순을 해결하려고 했다. 인디언을 교육하고, 기독교도로 개종시키며, 사냥을 포기하고 사유지에서 농사를 짓게 하는 방안 등이 그 목표를 달성할 핵심 수단으로 선택되었다. 이런 동화정책은 미국의 명예도 지키고, 인디언 토착민의 파멸을 피하면서 그들의 생명을 보호할 실질적인 장점이 있었다. 아울러 서부의 방대한 토지를 좀 더 나은 용도로 사용할 조건을 보장할 수도 있었다. 그렇게 되면 인디언들도 그들 스스로 황무지의 일부를 농토로 개간하면서 나머지 땅을 백인이 구매할 수 있도록 허락할 것처럼 보였다.

그러나 이런 고상한 희망은 인디언 정책의 집행 태도, 또 백인들이 인디언들을 대할 때 보여준 조급성, 무자비한 행동, 폭력 때문에 번번이 좌절되었다. 또 미국 정부는 인디언 동화정책에 최소한의 자원만 할당했으며, 인디언과 체결한 조약을 제대로 이행하지 않는 바람에 그나마 축소된 인디언들의 경작지조차 보장해주지 않았다. 그러자 체로키족처럼 상당 수준으로 동화가 된 인디언들은 토지에 대한 백인들의 욕심이 끝이 없고, 백인의 욕망을 막을 길이 없다는 사실을 깨달았다. 토지를 둘러싸고 백인과 인디언 사이에서 지역 갈등이 전개될 때 주정부들은 물론 백인 편을 들었다. 인디언은 그들에게 우호적인 유럽 세력과 종종 동맹을 체결하면서 백인에게 저항했지만 결과는 언제나 인디언의 패배와 백인의 보복으로 끝나는 잔인한 국경 전쟁이었고, 전쟁의 승리자인 백인들은 패배자인 인디언들을 밀쳐냈다. 식민지 시대의 뉴잉글랜드인 및 버지니아인들은 인디언을 대하는 전형적 패턴을 확립했다. 그들은 인디언을 위험한 야만인으로 간주했기 때문에 더욱 철저히 감독하기 위해 그들을 격리시키거나 상호 교류가 불가능한 먼 지역으로 모두 몰아내야 한다고 생각했다. 아울러 인디언을 통제하려면 무력도 필요하지만, 잔인하지 않은 강제적 방법들을 사용할 채비도 갖춰야 한다고 생각했다.

앤드류 잭슨은 테네시 주 출신으로 변경 지역의 영토 확장열과 인디언 혐오증으로 먹고 산 상습적 부동산 투기꾼이었는데, 그는 위에서 서술한 인디언 처리 방식을 완성시켰으며, 또 이 방식을 실천하는 가운데 크리크족, 세미놀족, 그리고 그 밖의 미국 동남부 지역 인디언들을 파멸시킨 주범이 되었다. 잭슨은 1810년대에 있었던 일련의 전투와 강제 조약을 통해 인디언 세력을 분쇄했고, 광대한 인디언 영역 즉, 플로리다와 앨라배마의 3/4, 테네시의 1/3, 조지아와 미시시피의 1/5, 그리고 켄터키와 노스캐롤라이나 일부 지역을 강제로 개방시켜 백인의 투기와 이주가 가능하도록 만들었다. 이후 1830년대에 이르러서는 미국 대통령으로서 자신이 '개인의 자유를 존중할 뿐만 아니라 너그럽기까지 하다'고 평가한 정책, 즉 약 6만 명에 달하는 잔여 인디언까지 몰아내는 정책을 적극적으로 추진했다.[76] 그래서 1850년대에 이르면 미주리 동쪽의 인디언 문제는 백인이 만족할 만한 수준에서 '해결' 되기에 이른다.

인디언을 복속시키는 이런 과정은 19세기 후반 미주리 이서 지역에서도 그대로 반복되었다. 새로운 기술의 덕택으로, 특히 새로운 무기, 철도, 전신 등의 등장으로 아메리카 인디언을 파멸시키는 두 번째 라운드가 가차 없이 그리고 더욱 신속하게 전개되었다. 서부에서 오랫동안 거주한 인디언 부족들과 동부에서 서부로 내쫓겨 온 9만여 명의 인디언은 '농업용수가 흐르고 목초가 성장하는 동안'에는 인디언의 땅을 건드리지 않겠다고 약속하는 미국 연방정부를 믿고 조약을 체결했다. 그러나 이 조약들은 대부분 아주 체계적으로 파기되었다. 여러 지방에서 인디언의 땅을 잠식해 들어가자 또다시 긴장이 고조되었는데, 미국 연방군은 언제나 인디언에게 불리한 방식으로 문제를 해결했다. 어떤 인디언 부족은 이런 조치에 저항하지도 않았다. 캘리포니아 인디언이 그러한 경우인데, 그들의 인구는 1848년 현재 약 10만 명에 달했다. 그러나 백인으로부터 무참하게 짓밟힌 그들은 11년이 지난 후 약 3만 명으로 축소되었고, 1900년에 이르면 단지 1만 5천 명만 살아남았다. 다른 부족은 신중하게 퇴각한 이후 꾸준히 감소하는 그들의 세습 자산 중 일부만이라도 보호하기 위해서 조약을 다시 조정해보려고 노력했다. 반면 수족(the Sioux)과 같은 일부 부족들은 격렬하게 저항했다. 그러나 그들이 소규모의 일시적인 승리라도 성취하기 위해서는 백인의 무자비한 보복을 각오해야만 했다. 그리고 마침내 연방정부는 피폐한 상태로 전락한 모든 인디언을 연방정부가 지정한 인디언 특별 보호 지역(reservations)에 강제로 몰아넣었다. 인디언은 한 뙈기의 변두리 땅에서 미국 정부의 보호와 감시를 받으면서 살아가야만 했다. 인디언은 그들의 문화적 자율성을 유지할 수 있는 마지막 불씨를 보존하기 위해 노력했지만, 그들의 백인 감독관은 인디언의 오래된 '야만적 습성'과 유목민적 생활 습관을 뿌리 뽑고, 자신들이 책임 하에 있는 인디언을 새로운 문명과 기독교의 생활 방식에 적응시키기 위해서 노력했다.

미 서부 지역의 평화 수호와 인디언 치안을 담당했던 미국 서부군은 잭슨 시대의 민병대를 계승한 것이었다. 그들은 연대 책임 원칙 하에 인디언들을 다루었고, 인디언들의 배반과 사악한 신념을 당연한 것으로 간주했으며, 인디언들의 멸종을 기대했다. 서부군을 처음 지휘한 (그리고 그 이후 워싱턴에서 서부군의 전투 상황을 감독했던) 윌리엄 셔먼 장군은 1868년에 다음과 같은 기록을 남겼다. "올해 우리가 더 많은 인디언을 죽일수록 다음 전쟁에서는 좀 덜 죽여도 될 것이다. 이렇게 생각하는 까닭은 인디언을 살펴보면 볼수록 모두 죽이든지 아니면 부랑종족으로 만들어야 한다는 사실을 확신했기 때문이다. 문명인으로 거듭나려는 인디언의 노력 자체가 우스꽝스런 일에 지나지 않는다."[77] 이처럼 19세기 후반 미국 정부의 인디언 정책은 미국 역사 초기에 백인들이 인디언에게 저지른 잘못과 별 차이가 없었다. 그리고 인디언에 대한 미국 정부의 폭력을 비난하고 반대한 동북부 인도주의자들의 노력조차도 아무런 소용이 없었다.

　적어도 인디언 문제만 놓고 볼 때, 미국의 대륙 팽창 정책은 1870년대에 이미 완성 단계에 이른다. 1871년 연방의회는 인디언과의 새로운 조약의 체결을 금지했고, 그해 전부터 연방 대법원은 과거의 조약들이 더 이상 구속력이 없다고 판결했다. 연방정부의 권한이 확대되어 인디언 보호 지역의 생활까지 통제할 수 있게 되자 그곳 인디언들은 겨우 누려왔던 자율조차 금지되었다. 1887년의 도즈법(the Dawes Act of 1887)*은 인디언 부족의 토지를 분산시키고, 인디언 부족의 권력을 와해시키는 과정을 완성시켰다. 산발적으로 발생한 인디언의 폭동을 제외하면 당시 인디언 문제는 더 이상 국제 문제가 아니라 사소한 국내 문제로 간주할 수 있게 되었다. 그렇다고 해서 인디언 문제와 미국 외교정책 사이의 연결 고리가 끊어진 것은 아니었으며 단지 그 성격이 변화했을 뿐이다. 누군가의 재산을 약탈하고 또 그들의 패배를 정당화하는 논리는 이후에도 미국인들이 다른 인종보다 우수하고 그래서 그들을 지배할 수 있다는 주장의 논거로 또다시 동원될 수 있기 때문이다.

현실 세계에서 인디언들을 무참하게 짓밟아버리는 추세와 함께 인디언을 고상한 존재로 여기는 신화적 풍조가 대두하기도 했다. 즉, 19세기 이후의 백인들은 인디언에 대한 과거의 적개심을 대수롭지 않게 넘기면서 인종간의 위계 사다리에서 인디언의 자리를 높여주기 위해 승자의 특권인 관대함을 뽐내기도 했다. 그래서 백인들은 백인과의 전쟁에서 패배한 인디언들을 낭만적으로 회상하면서 인디언의 위상을 인종 간 위계질서의 최상층 근처, 즉 백인보다는 한 단계 아래지만 밑바닥에 있는 흑인보다는 훨씬 높은 단계로 격상시켰다. 인디언은 바로 그 위치에서 우울한 표정으로, 때로는 슬픈 표정마저 지으며 서 있게 된 것이다. 결국 인디언은 미국의 진보라는 추상적 사유의 제물이 되었다. 1813년에 채택된 한 학교 교재는 "인류의 번영을 위해서, 그리고 세계의 영광과 행복의 증진을

---

*   정확하게 '도스 단독 토지 소유법(Dawes Severalty Act)'이라고 부르는데, 이 법안의 요체는 인디언이 특별 보호 거주지의 토지를 공동으로 소유하던 관행을 폐지하고 대신 개인 소유자에게 할당하는 것이었다. 이 법안은 '19세기 후반 미국의 인디언 정책 역사에서 가장 중요한' 의미를 갖는데, '이 법에 의거해서 백인들은 가난하고 무식한 인디언들로부터 수천 에이커씩 토지를 살 수 있었고 이것이 인디언 보유 영토의 잠식과 궁극적으로는 인디언의 멸망을 초래했기 때문이다. 후일 하와이, 필리핀, 중미에 대한 미국의 토지정책도 이런 수법을 따랐다.' 자세한 내용은, 권용립, 『미국 대외정책사』(민음사, 1997), p. 263. —옮긴이

위해서"⁷⁸⁾ 인디언의 희생은 필연적이었다고 기록했다. 한때 황야의 아들이었던 인디언은 순박, 용감, 강인한 성품과 위엄 있는 품격을 고루 갖추었지만, 문명화의 추세 속에서 급변하는 세계로 진입하는 데 필요한 근면과 자기 절제의 자질을 체질적으로 결여하고 있으며, 문명이 다가오면 황야가 사라지는 것처럼 인종적 신화 속의 '고귀한 야만인' 인 인디언 또한 역사의 무대에서 사라지는 것이 마땅하다는 것이었다. 또 이는 두 인종이 충돌할 때 열등한 인종이 우월한 인종에 굴복하는 것은 자연 법칙에 순응하는 것이라는 말이기도 했다.

스페인어를 쓰는 아메리카인 즉, 라티노는 인종 간 위계질서의 중간쯤을 차지했다. 라티노에 대한 미국인들의 인식은 스페인 사람을 잔인하고 탐욕스런 인간으로 그려온 역사적 편견 즉, '블랙 레전드(Black Legend)' 의 영향을 받았다. '검은 전설' 을 뜻하는 이 말은 영국 개척민들이 신세계 아메리카로 갖고 온 지적 유산의 일부를 뜻하는 말이었는데, 19세기 초반에 미국 상인과 외교관들이 스페인 치하에서 갓 독립한 라틴아메리카 나라들과 접촉하는 과정에서 더 과장되었다. 중남미 문화에 대한 미국인들의 비판적 시각은 이 과정에서 형성되었는데, 학교 교재를 매개로 후대에 계속 전승되었으며, 만화를 통해 끊임없이 되풀이되면서 정책 결정자들의 관점에 영향을 주기도 했다. 이 결과 20세기 초반에 '블랙 레전드' 는 라틴 아메리카를 대하는 미국인들의 시각에 폭 넓은 영향력을 행사하기

그림 3.

여기에서 예시한 산화하는 인디언들 대하는 백인의 상식적 시각 두 가지를 보여준다. 1848년에 사용된 어린이 지리 교과서에서 발췌한 그림 3은 인디언들 잔인한 살인자로 그렸다.

그림 4. 미국인의 전진

1872년 존 개스트가 '미국의 전진(American Progress)'이란 제목으로 그린 그림 4는 인디언을 희생자로 그렸다. 즉, 그들은 문명의 힘 앞에서 황야의 여러 동물과 함께 뒤로 물러선다. 위에서 예시한 각각의 그림에서 고결한 백인 여성은 그림의 한가운데를 차지하면서 후속 세대의 가없은 수호자로, 그리고 거부할 수 없는 진보의 힘을 장엄하게 체현한 존재로 표현되었다.[79]

시작한다.

'블랙 레전드'라는 말은 좁게는 스페인 정복자들이 아메리카 대륙의 토착민을 대할 때 보여준 잔인성을 강조하는 반 스페인적 편견을 뜻한다. (1794년의 한 교과서의 표현대로) '전쟁터의 즐비한 시체와 약탈'을 광적으로 좋아한 스페인 탐험가들은 잔인한 행위와 기만술을 적절하게 섞어가면서 인디언들을 정복한 다음 무자비하게 착취했다는 것이다.[80]

그런데 넓게 보면 '블랙 레전드'는 신세계의 바람직스럽지 못한 특징들, 즉 신세계에 광범위하게 남아 있는 스페인의 우울한 유산을 뜻하는 말로 쓰였다. 스페인과 벌인 전쟁을 정당화하기 위해서 1898년에 쓰여진 미국의 한 문건도 당시 미국인들의 관념 속에 널리 유포된 이 유산을 적극 활용했다. "스페인은 역사의 법정에서 유죄가 입증되었다. 스페인의 종교는 매우 편협하며, 그 세례식과 성례를 거룩하게 만든 것은 화형과 고문이다. 스페인의 통치 스타일은 파렴치하기 짝이 없고, 그들의 외교는 위선으로 가득 차 있으며, 전쟁을 했다 하면 대량 학살을 일삼았다. 따라서 그들에게 패권을 주는 것은 곧 좌절과 저주를 의미한다. 그들은 대지를 황무지로 만들고, 거기 거주하는 자들을 죽음으로 몰아넣기 때문이다"는 것이다. 스페인과의 전쟁을 노골적으로 지지한 헨리 캐봇 로지는 미국의 적인 스페인을 '중세적 사악성을 지녔기 때문에 앞으로 멸망해야 마땅한 존재'로, 그리고 '세계의 다른 모든 지역보다 300년 뒤처진 국가'로 묘사했다. 또 쿠바 여행에서 돌아온 레드필드 프록터는 1898년 3월 상원의 한 주요 연설에서 스페인은 '자신이 아는 국가 중에서 최악의 악정에 시달리는 국가'라고 단호하게 비난했다.[81]

미국인이 라틴아메리카 인종과 자주 결부시킨 특성들, 예컨대 노예 근성, 무질서, 무기력, 그리고 편협함 등은 바로 이 '블랙 레전드'의 유산이 만든 것이다. 결국 라틴아메리카 정부들은 공화주의 원리를 구현했다고 주장하지만, 미국이 볼 때 그것은 단지 서투른 모방에 지나지 않았다. 버지니아 주 출신 하원의원 존 랜돌프는 1816년 남아메리카를 둘러보면서 남아메리카 사람들이 자유를 쟁취하려고 전개한 투쟁은 '결국 혐오스런 폭정'으로 끝날 것이라고 시큰둥하게 말하기도 했다. "스페인 정치문화 속에서 자유를 구가하기란 사실상 불가능하다"는 말이다. 당시 국무장관 존 퀸시 애덤스도 같은 견해를 소유하였는데, 1821년 그는 다음과 같이 얘기했다. "라틴아메리카인들은 훌륭한 정부나 자립적인 정부 운영에 가장 필요한 중요 요소를 결여하고 있습니다. 자의적 권력 행사, 군사력, 교회중심주의 등이 그들의 교육제도, 습관, 그 밖의 모든 제도에 깊이 각인되어 있기 때문입니다." 아직까지 잠에서 깨어나지 못한 그 지역 사람들은 전통의 유산 속에서 점차 쇠약해졌고, 열대성 기후의 영향으로 무기력한 상태에 빠져 있으며, 풍부한 천연 자원도 전혀 활용하지 못했고, 가톨릭의 종교적 신념에 빠져 지적 수동성의 늪에서 헤어나지 못했다는 것이다. 또 1813년에 제퍼슨은 "정신적으로 가톨릭 사제의 지배를 받는 사람들이 자유로운 시민 정부를 유지하기란 기대하기 어려운 일"이라고 예견하기도 했다.[82]

피부 색깔에 대한 이런 편견은 라티노를 대하는 미국인들의 시각에 또 다른 인종주의적 요소를 추가시켰다. 그것은 백인과 라티노간의 무분별한 성교에 대한 극도의 혐오감이었다. 라티노와의 성교가 실질적으로든 상징적으로든 백인의 피부색을 더 검게 만든다고 믿은 것이다. 미국인들이 볼 때 스페인 사람들은 흑인 노예나 토착 인디언들과의 무차별적 성교를 통해 퇴화한 튀기 자식들을 양산했다. 순수한 백인의 피부색에 집착하던 미국인들은 이 같은 인종 간의 성적 방종을 접하면서 극도의 혼란을 겪지 않을 수 없었다. 그들의 눈에는 라틴아메리카 도처에서 백인과 타 인종간의 성교가 초래한 끔찍한 결과들이 보였다. 그래서 느슨한 인종적 기준을 갖고 백인의 혈통을 오염시키면서도 그 사회적 파장을 개의치 않는 라틴아메리카의 모든 나라들은 당연히 비난 받아야만 했다. 그 중에서도 피부 색깔이 더 검은 나라에 대해서는 더 강하게 비난했다. 그래서 미국인들은 아프리카 노예들의 후손이 사는 아이티야말로 검은 피부색 인간들을 그냥 두면 주인을 살해하고 급기야 서로를 살해하는 지경에 이르게 됨을 보여주는 전형적인 사례라고 강조하곤 했다.

미국 사회 각 분야에 만연된 부정적 고정관념들이 '블랙 레전드'를 토대로 해서 형성되었다. 이러한 부정적 고정 관념들은 [성(the gender)을 따지자면] 주로 라틴아메리카의 남성들에 대한 것이었다. 상황에 따라서 그리고 미국인들의 문화적 편견에 따라 라틴아메리카 남성들은 미신에 사로잡힌 몽매한 인간, 고집쟁이, 겁쟁이, 실없고 건방진 녀석, 거짓말쟁이, 음탕한 놈, 세상 물정에 무지한 놈, 타락한 놈 등으로 묘사되었다. 그런데 까맣지는 않아도 가무잡잡하기는 한 라틴아메리카 남성들을 무력한 종자로 보는 미국 백인들의 지배적 인식과 함께 라틴아메리카인들에 대한 다소 긍정적인 인식 또한 대두했다. 라틴아메리카인들을 구원받을 수 있는 존재, 심지어는 바람직한 백인처럼 보는 인식이었다. 그런데 이처럼 전혀 다른 이미지로 비친 라틴아메리카인은 대개 잡종 사회의 열악한 처지에서 벗어나려는 하얀 피부색의 잘생긴 라티노 아가씨들인 '시뇨리타'였다. 미국인들이 라틴아메리카의 여성들에게만 부여한 이런 특징들은 초기의 미국인 관찰자들이 직접 만든 것이었다. 이 관찰자들은 거의 언제나 라틴아메리카를 홀로 여행한 남성들이었는데, 그들은 미국에 돌아온 후에도 여성 라티노들의 매력적 이미지를 마음 깊이 간직했다. 그러다가 라틴아메리카 여성들을 위험이나 외부 위협으로부터 구출할 시점이 도래하면 평소 꿈꾸던 이미지를 갑작스레 떠올렸다. 그래서 근육질의 미국을 상징하는 마초 기질의 엉클 샘은 맹렬히 돌진해서 '라티노 낭자'들을 혼혈 남편과 미주 대륙 바깥에서 온 사악한 침입자로부터 구해낸 다음, 아가씨들이 마땅히 누려야 할 문명화된 삶으로 인도한다는 식이었다.

    이처럼 미국인들은 주어진 상황에 적절한 라틴아메리카인의 이미지를 선택적으로 채택할 수 있었다. 미국이 미주 대륙 내부에서 팽창한 기간에는 더 우월한 종족을 위해 사라져야 마땅한 라틴아메리카 남성들의 부정적 이미지가 동원되었다. 예컨대 멕시코에 대한 미국의 관심이 증대하던 시대에는 멕시코 사람들을 굴욕적으로 묘사하는 이미지가 개발되었다. 1820년대 최초로 대규모로 멕시코를 방문했던 미국인들은 그곳에서 가무잡잡하고 겁이 많으면서도 무자비한, 그리고 도박에 빠진 채 도덕적으로 해이한 인간들을 목격했다고 전해진다. 초창기 멕시코시티에 약 10여 년간 머물렀던 한 여행자는 그곳에 거주하는 대부분의 사람이 '원숭이만도 못한 놈들'*이라고 단정했다. 초기 텍사스에 정착한 영국계 미국인들은 멕시코인에 대한 이 같은 거친 평가를 바로 접수했다. '깜둥이'와 '빨간 피부의 인디언 놈들'에 관한 민간 전래 일화들은 대부분 그들의 고향에서 남부의 국경 지방으로 옮겨온 것인데, 텍사스의 영국계 미국인들이 새롭게 마주친 또 다른 유색 인간이었던 멕시코인들을 경멸하게 된 것은 흑인과 인디언에 관한 일화들의 영향 때문이기도 했다. 텍사스와 미국 남서부 지역을 둘러싼 투쟁이 전개되면서 남부인을 비롯한 미국 국민은 멕시코인을 열등 종족으로 보는 편견을 미국의 주장을 정당화하는 수단으로 활용했다. 미시시피 주 출신의 영향력 있는 상원의원 로버트 워커는 1836년에 멕시코인과 같은 '잡종 유색인'은 텍사스에 거주할 자질을 갖추지 못했다고 주장했고, 10년 후에 텍사스 병합 논쟁이 전개되었을 때 펜실베이니아 주 출신의 상원의원이며, 머지않아 포크 행정부의 국무장관이 될 제임스 뷰캐넌은 '우둔하고 나태한 멕시코 종족'을 쓸어내 버리라고까지 요구했다.[83]

멕시코와의 전쟁이 발발하자마자 제임스 포크 대통령과 포크의 팽창 정책을 지지하는 자들은 인습적이고 경멸적인 표현, 예컨대 '무식하고, 편파적이며, 전혀 믿을 수 없는 종족' 등과 같은 표현을 사용하여 멕시코를 비판하면서 공격적 외교 노선을 정당화했다. 뉴욕의 한 신문도 동일한 정신에 입각해서 다음과 같이 선언했다. "멕

---

* 원문은 다음과 같다. "wan nothing but tails to be more brute than the apes." (원숭이보다 더욱 짐승처럼 보이게 하는 꼬리를 원했을 뿐이다) 이 문장의 의미를 헌트는 다음과 같이 해설해주었다. "the people in question (Mexicans) seem very much like monkeys. They are only missing a tail. And if they had a tail, they would in fact be lower than a monkey." 즉, 멕시코 사람은 꼬리가 달리지 않은 원숭이와 유사한데, 설혹 꼬리가 달렸더라도 원숭이보다 못한 존재에 지나지 않는다. 본문 번역은 원문 대신 헌트의 해설을 간략하게 요약하여 정리하는 방식을 택했다. —옮긴이

시코 사람들은 '토착 인디언'이다. 따라서 그들에게 주어진 인종적 숙명을 받아들여야만 한다." 이러한 부정적 고정 관념은 미국인 사회에 너무 넓게 퍼져 있었다. 따라서 멕시코 사람들을 정복해서 구원해야 한다는 주장에 반대하는 사람들조차도 멕시코인을 '반 미개인(half-savage)'으로 간주했으며, 그들을 개선시키거나 문명에 동화시키는 일이 불가능하지야 않겠지만 매우 어려울 것이라고 판단했다. 예컨대 당시 민주당 대통령 포크의 정책을 비판한 휘그당 정치인들도 멕시코인들을 '잡종', '칙칙한 혼혈인', '나태하고, 게으르며, 무식한 인종', 또는 그냥 '불쌍한 종족'으로 표현하면서 거침없이 조롱했다.[84]

이와 대조적으로 자신들을 착한 사람으로 자부해야 할 경우에 미국인들은 라틴아메리카 인들을 구원과 유혹을 가만히 앉아 기다리는 하얀 피부색의 처녀로 묘사하곤 했다. 특히 멕시코와의 전쟁 중에 멕시코 영토의 완전 병합을 주장한 자들이 이런 환상에 빠져 있었다. 애국심에 북받친 어떤 시인은 '정념의 눈빛을 발산하는 스페인 여성'과 양키 남성 사이의 결합을 마음속에 그리면서, "양키의 순결한 피와 건장한 두 팔은,/ 앳된 그녀의 매력을 껴안을 품이 아닌가"라고 노래했다. 일찍이 제퍼슨 시대부터 미국인의 영토 획득 본능을 자극한 쿠바는 라틴아메리카인들을 여성화시키는 미국인들의 이런 경향을 두드러지게 고무했다. 예컨대 1850년대쯤 쿠바 섬을 점령해야 한다는 주장이 고조되었을 때 이 주장을 열성적으로 지지한 어떤 인사는 쿠바를 엉클 샘이 사랑하는 "앤틸리스 열도의 여왕…, 향긋한 열대의 숨결을 가쁘게 내쉬며 달콤한 장밋빛 입술을 삐죽이 내민다"는 내용의 쿠바 랩소디를 썼다. 미국에서 쿠바의 여성적 이미지는 19세기 후반 스페인이 쿠바 독립 운동을 잔악하게 진압하려 할 때 다시 대두했다. 쿠바를 점령하려는 욕심에서라기보다는 피폐한 쿠바를 '블랙 레전드'의 포악성이 번득이는 스페인으로부터 필사적으로 구출하기 위해서였다.[85]

19세기 말, 서반구를 장악하려는 미국의 욕망은 라틴아메리카인에 대한 세 번째 이미지를 만들어냈다. 라틴아메리카인을 흑인 꼬마로 간주하는 이미지가 바로 그것이다. 스페인을 몰아내기 위해 쿠바 사태에 개입하고, 푸에르토리코를 점령했을 뿐만 아니라, 콜롬비아 정부와 싸우던 파나마 분리주의자들을 지원함으로써 파나마 운하에 대한 권리를 얻으려는 조치들을 자비로운 개입으로 생각했던 미국인들은 예상과 달리 이런 개입이 미국에 대한 분노와 저항을 초래하자 곤혹스럽고 초초한 마음을 달랠 길이 없었다. 게다가 라틴아메리카인들을 계속 미국의 배우자로 묘사할 경우에는 심리적으로 곤란한 문제가 야기된다는 것을 깨닫게 되면서 일이 더 복잡하게 되었다. 미국을 상징하는 엉클 샘을 라틴아메리카 여성과 밀착된 이미지로 그릴 경우에 풍기는 강한 성적 뉘앙스는 미국인들이 불편해 하는 인종간의 혼혈 가능성을 암시할 수 있기 때문이다. 그러나 라틴아메리카에 대한 지배권 주장을 철회하고 싶지 않았던 미국인들이 고심 끝에 마련한 돌파구가 라틴아메리카 사람들을 흑인 꼬마로 보는 방법이었다. 이 새로운 이미지는 기존의 두 고정 관념, 즉 인종적으로 퇴화한 라틴아메리카 남성과 수동적인 라틴아메리카 여성의 몇몇 주요 특징들을 추출해서 혼합시킨 결과였다.

이번에도 쿠바는 좋은 사례가 되었다. 미국인들은 처음에는 쿠바인을 스페인의 잔인한 행위와 식민 압제 아래 신음하는 불행한 희생자로 묘사했다. 쿠바 폭동 기간에 등장한 만화는 능욕당한 여성의 모습을 주로 그렸다. 반면 스페인 사령관['살인마' 와일러('Butcher' Wyler)]이 몰아붙인 쿠바 재점령 정책과 미국 군함 메인호 침몰 사건은 잔인하고 배반을 일삼는 스페인인들의 성격과 완전히 일치하는 것처럼 그려졌다. 그러나 스페인을 비판했다고 해서 미국이 스페인에 저항한 쿠바인들까지 존경하게 된 것은 아니다. 미국인들이 쿠바인을 미국인 근처에도 올 수 없는 하등 인종으로 취급했다는 것은 스페인과의 전쟁 발생 이전부터 정책 결정을 담당한 미국 백인들이 보여준 반응에서 확인이 가능하다. 클리블랜드와 맥킨리 행정부는 쿠바 자치 정부가 분명히 야기할 무질서보다는 질서 잡힌 스페인의 통치를 더 선호한다는 입장을 밝혔다. 전쟁이 발발하자 맥킨리는 쿠바인을 교전 당사자로 인정하기를 거부했으며, 결국 쿠바를 미군정 하에 두었다. 쿠바인들과 직접 접촉할 기회가 많아지면서 미국인들을 쿠바인의 피부색이 가무잡잡하고 검은색을 띠기도 한다는 사실을 깨달았다. 미국인들은 쿠바 군대가 시시한 하층민의 오합지졸이며(대부분 흑인이며 그 일부만이 개화된), 쿠바의 지도자는 미국의 구조 활동을 별로 고맙게 여기지 않는다고 보았다. 또한 쿠바인들이 독립을 원할 수는 있지만 그러나 그들이 자치할 경우에는 반드시 낭패를 볼 것이라고 확신했다.[86]

그래서 만화 속의 쿠바인도 성미가 까다로운 어린 아이로 금세 변했다. 흑인 아이의 검은 피부색이 풍기는 판에 박힌 특성과 민스트럴 쇼에 등장하는 흑인의 무식한 이미지(his minstrel drawl)*를 생각할 때 인종적 위계질서에서 쿠바인이 차지할 위치는 자명했다. 이처럼 쿠바인을 유치하게 그린 그림들은 외국의 개입과 통제에 맞선 쿠바인들의 저항을 미숙하고 난폭한 자들의 저항으로 묘사함으로써 쿠바를 미국에 종속적인 상태로 묶어두는 정책을 정당화하는 근거를 제공했다. 결국 여자 애인으로 간주했던 쿠바인의 이미지는 '매우 가난하고 지독하게 무식한' 남부 흑인의 이미지로 대체된 것이다. 1900년에 나온 한 교과서는 쿠바인에 관한 이처럼 새로운 이미지를 곧바로 채택했다. 다만 '적절한 지도를 받는다면 개선의 여지가 있다는 점'만은 인정하면서 말이다.[87]

결국 미국인들은 자신들의 뜻에 따라 마음대로 사용할 수 있는 세 종류의 라틴아메리카 이미지를 휴대한 채 20세기를 시작했다. 라틴아메리카인을 아메리카 인디언과 백인 간의 혼혈로 태어난 짐승 같은 인간으로 간주하는 첫 번째 이미지는 그들을 경멸하여 거리를 두거나 그들을 탐욕스럽게 공격해도 좋다는 생각을 야기할 수 있었다. 라틴아메리카인을 여성화시킨 두 번째 이미지는 미국이 정열적인 구혼자나 용감한 구원자의 역할을 맡게끔 했다. 라틴아메리카인을 유치한 인종, 그리고 때로는 니그로 인종으로 간주한 세 번째 이미지는 라틴아메리카에 대한 미국의 후견과 훈련을 정당화하

---

* 이 구절은 헌트의 해설을 참조하여 의역했다. "minstrel"은 민스트럴 쇼(minstrel shows)를 의미하고, "drawl"은 느리게 말한다는 뜻인데 여기서는 시골의 무식한 사람을 함축한다. 따라서 "minstrel drawl"은 미국인이 평소 민스트럴 쇼를 감상하면서 느낀 흑인들에 대한 부정적 이미지를 의미한다. 참고로 헌트의 해설도 함께 소개한다. "Minstrel shows were comedy performances using black songs and jokes. Usually the performers were white people who had made their face black for the performance and were dressed like blacks. drawl is a way of speaking slowly, and it's associated with poorly educated rural folk. So the cartoons that I refer to in Ideology and U.S. Foreign Policy had Cubans talking the way white audiences assumed blacks did based on their exposure to minstrel shows. The implication was that Cubans were just like the Blacks that Americans thought they knew from minstrel shows." —옮긴이

는 근거를 제공했다. 그리고 이 모든 이미지에서 미국인들은 라틴아메리카인들보다 우월자의 자리에 서 있었다.

이러한 세 가지 이미지는 스페인을 북아메리카에서 몰아낸 후에 멕시코 국경을 더 남쪽으로 밀어내려는 미국인들의 동기를 합리화시키는 데 이미 도움이 되었지만, 한걸음 더 나아가 미국이 아메리카 대륙의 국제 질서를 관리 감독하는 경찰관과 지도자 역할을 맡아야 한다는 주장이 무르익는 데도 도움이 되었다. 이런 주장을 구체적으로 표현한 것이 바로 먼로 독트린이다. 1823년에 발표된 이 독트린은 매우 대담한 구상과는 달리 실제로 미주 대륙으로 팽창하려는 유럽의 영향력을 완전히 저지시킬 수는 없었다. 그러나 먼로 독트린은 1890년대까지 미국 외교정책의 핵심 지도 원리로 꾸준히 진화했으며, 영국조차도 무시할 수 없는 원칙으로 자리 잡게 되었다. 미국의 정책 결정자들은 라틴아메리카인들에 대한 공허한 우월의식을 계승하면서, 또 그런 허세를 관철시킬 힘이 점차 증가하자 유럽을 교묘하게 배제하면서 지구의 반쪽을 미국 영역으로 만드는 작업을 꾸준히 실천해갔다. 쿠바, 푸에르토리코, 그리고 콜롬비아인들은 '블랙 레전드'에 사로잡힌 미국의 지배를 받는다는 것이 구체적으로 무엇을 뜻하는지 이미 알고 있었으며, '블랙 레전드'의 오명을 덮어쓴 그 밖의 라틴아메리카인들도 머지않아 미국으로부터 같은 종류의 혹독한 교육을 받는 처지가 된다.

때때로 '몽고 인종'으로도 불리지만 '동양인(Orientals)'으로 더

그림 5. 대공을 임명하는 아이티의 술로크 황제

이 만화 선집은 라틴아메리카인을 다양한 모습으로 그려냈다. 예컨대 머리가 둔한 흑인, 나쁜 행위를 일삼는 어린아이, 잔인한 짐승. 그리고 애원하는 여성 등이 그것이 그림이다. 1850년대에 어느 익명 작가가 중간한 아이티 풍자만화에서(그림 5) 경멸적인 태도를 취하는 미국인 거주자가 '니그로'와 미국의 공화주의가 결코 양립할 수 없다는 사실에 관해서 얘기를 나눴다.

159

그림 6.

1891년에 선보인 한 만화는(그림 6) 칠레를 청소년 범죄자로 묘사했다. 이 만화에서 엉클 샘은 상륙 허가 시간(shore leave)을 즐기던 미국 해군을 공격한 죄를 물어 청소년의 볼기를 때리려 했다.

160

그림 7. 짐승 같은 스페인 사람이 미국인을 칼로 베어 살인하는 일까지 추가했다.

스페인 사람을 야수로 묘사한 이 그림은 1898년 아바나 항구에서 '메인호'가 침몰한 직후 그려졌다. 작가는 스페인 사람을 무자비한 인간으로 간주하는 '블랙 레전드'의 초기 버전을 활용하여 이 그림의 강조점을 설정했다.

그림 8. 쿠바의 멜로드라마

1898년에 등장한 또 하나의 멜로드라마 작품은 엉클 샘이 애원하는 쿠바 여성과 스페인의 음흉한 악한 사이에 자의적으로 끼어드는 모습을 보여주었다.

그림 9. '미스 쿠바'가 미국의 초대를 수락하다.
'미스 컬럼비아'(가 이웃에 거주하는 매력적인 친구에게 말했다): "미국의 한 주(state)로 편입해서 46번째 주가 되지 않으시겠어요?"

그림 10. 엉클 샘이 포르토리코(Porto Rico) (푸에르토리코의 옛 이름을 말함―옮긴이)에게 다가가 다음과 같이 말했다: "저 불량소년이 머지않아 너와 형제가 될 거라는 점을 기억해두거라!"

미국의 영토 합병론자들은 스페인을 패배시킨 후 쿠바를 "이웃에 거주하는 매력적인 여인"으로 묘사하기 시작했다(그림 9). 그러나 다른 미국인은 쿠바를 방탕하고 위험스런 소년으로 간주했다. 그의 피부색과 옷매무새, 몸가짐은 청결하고 품행이 바른 푸에르토리코 소년의 모습과 극명하게 대비된다(그림 10).[88]

널리 알려진 동아시아인들이 미국인들의 생각 속에 부동의 자리를 차지하기 시작한 것은 19세기 후반부다. 이즈음에 동아시아인들은 라티노와 마찬가지로 미국이 만든 인종 사다리의 중간쯤에 자리 잡았다. 그러나 라티노와 마찬가지로 동아시아인의 이미지도 불안정했기 때문에 그 위치를 정확하게 가늠하기란 어려운 일이었다.

크게 보면 미국인의 눈에 비친 동양인은 수수께끼 같은 표정에 졸린 듯한 얼굴을 한 사람이었다. 만약 이런 이미지를 긍정적인 방향으로만 발전시킨다면 동양인은 정체된 문화 전통을 떨쳐내서 인종의 위계질서 내의 위상을 스스로 개선시키려고 희망하는 인종으로 보일 수도 있었다. 그런 시각에서 보면 동양인은 놀라울 정도로 신뢰할 수 있고 청결하며 근면한 사람으로 보일 수 있었다. 그러나 동양인의 이미지는 불온하고, 때로는 위험스러우며, 모순으로 가득 찬 모습으로 보일 수도 있었다. 이 경우에 동양인은 인간 이하의 존재이면서도 교활한 면모를 갖췄고, 감각이 무딘 사람이면서도 끓어오르는 분노를 마음속에 감췄으며, 겁 많고 타락했으면서도 대규모의 정복을 감행할 수 있는 존재로 간주되었다. 이렇게 부정적인 탈을 덮어씌우게 되면 동양인은 가장 사악한 악이 몸에 배어 있고, 자유로운 정치 제도를 구성하려는 생각이 전혀 없으며, 주위의 모든 것을 이내 오염시키는 인종이 되었다.

그래서 미국인은 두 개의 상이한 동양인의 이미지를 만들었는데, 이는 라틴아메리카인과 인디언을 대할 때 취했던 태도와 같은 것이었다. 즉, 미국이 온정주의와 자애심으로 충만한 평화로운 시대에는 동양인의 긍정적 이미지를, 미국이 힘을 남용하고 팽창하는 긴장의 시대에는 부정적인 이미지를 적절하게 사용했다.

미국인들의 시야에 최초로 들어온 동양인은 중국인이었다. 미국인들은 처음에는 유럽인이 서술한 여행기 등을 통해서 간접적으로 중국인을 접했다. 당시 유럽은 계몽주의적 선입견에 물들어 있었는데도 불구하고 중국의 제국주의적 속성을 걸러낸 긍정적 이미지를 주로 전했다. 먼 곳에서 바라본 중국은 고대 문명의 발상지였고, 중국인의 교양과 뛰어난 예술 작품, 그리고 백성에게 자애로운 중국의 전제 정부 등은 동경의 대상이었다. 이처럼 미국의 엘리트들이 널리 공유하던 긍정적 시각과는 달리, 중국인을 비판적으로 깔보는 심리적 습관도 자리를 잡았다. 이런 시각에서 보면 중국인은 자유 무역을 거부하고, 외국인을 의심스런 눈초리로 감시하려 들며, 이교도적 의례와 영아 살해 및 일부다처제와 같은 비도덕적 관행에 찌든 인간들에 지나지 않았다. 이렇게 부정적인 시각을 담은 1784년의 한 지리 교과서는 중국인을 '세상에서 가장 신뢰할 수 없고, 저급하며, 훔치기를 좋아하는 사람'으로 묘사했다.[89]

19세기 초만 하더라도 미국인들이 간직한 중국의 이미지는 아득히 멀리 떨어진 나라, 그러면서도 우아함과 이국적 정취가 넘치는 나라였다. 그러나 미국 여행자들, 특히 자기주장이 강한 많은 선교사들이 중국에서 관찰한 인상을 미국에 전하면서 중국은 혐오감을 불러일으키는 나라, 복고적 성향에 종교를 믿지 않는 미개의 나라로 변질되기 시작했다. 중국을 최초로 여행했던 선교사들은 중국을 '도덕적 혼돈에 빠져 있는 나라', 그곳에 사는 중국인은 전반적으로 무식하고, 부패에 절어 있으며, 불결하기 짝이 없는 인간이라고 전했다.[90] 그로부터 얼마 지나지 않아서, 그러니까 1850년대 이후부터 중국 이민자들이 미국 서부의 부족한 노동력을 충당하기 위해 대거 몰려들면서 중국인에 대한 미국인의 부정적인 시각은 결정적으로 강화되었다. 미국인이 다른 외국인들을 접했을 때 그랬던 것처럼 중국에서 건너온 이방인을 가까이서 접하면 접할수록, 그리고 접하는 중국인이 많으면 많을수록 미국인들은 중국에 대한 시각을 더 부정적으로, 그리고 더 정교하게 다듬어 나갔다. 1880년경 미국 거주 중국인 숫자가 만 명을 넘어서자 중국인이 많이 거주하는 미국 서부에서는 강력한 국수주의가 꿈틀대기 시작했다. 중국인을 추방하라는 요구가 드세졌으며, 성난 군중들은 자신들의 목적 달성을 위해 폭력을 행사하고 미국 정부 요로에 정치적 압력을 꾸준히 가했다.

국수주의적 신념의 선동가들은 중국인을 무시하거나 아예 관심조차 없었던 수많은 미국인들에게 영향을 미치기 시작했다. 선동가들이 퍼뜨린 것은 선천적으로 열등하고 미국인들이 용서할 수 없는 이질적 요소를 지닌 '절반만 개화된 인접 제국'의 인간들이 '벌떼처럼' 미국에 쏟아져 들어오는 이미지였다. 이런 이미지를 가진 중국인들은 다양한 위협을 제기할 인간들이었다. 그들은 미국에서 노예나 다름없는 '쿨리'로 살아갔지만 백인 노동자의 존엄성을 파괴하고 그들의 생활 터전을 빼앗을 수 있었다. 중국인들은 전염병이 창궐하는 빈민가에서 '쥐새끼들처럼 … 다닥다닥 모여' 살았다. 그래서 '차이나타운'은 백인 전체의 건강과 복지를 위험에 빠뜨릴 수 있었다. 미국인들이 보기에 이 동양인들의 외면적 평온함 이면에는 광적인 성욕이 도사리고 있었다. '중국 놈'은 제 딸을 매음굴로 내몰아 돈을 벌어오게 하는 것도 모자라서 유혹에 빠지기 쉬운 백인 여성까지 타락시키려 한다고 보았다. '적'에 대한 미국인들의 성적 판타지가 바로 이런 것이었다. 중국인에 대해 극도의 불안감을 지닌 비판자들은 몰려드는 중국인의 물결 속에서 미국 대륙 전체를 휩쓸지도 모르는 거대한 황색 파도를 처음 목격하게 되었다.[91]

국수주의 운동이 미국의 서부를 휩쓸었다. 중국인을 비난하는 목소리는 백악관을 포함한 미국 각처에서 적극적 지지를 이끌어낼 만큼 강력했다. 1888년에 대통령 그로버 클리블랜드(Stephen Grover Cleveland)는 중국인들이 "미국의 평화와 복지를 위협한다"고 선언했다. 그의 정적인 공화당의 벤자민 해리슨도 거의 동일한 용어를 사용하면서 중국인을 비난했다. 즉, 중국인은 완전히 '이질적인' 인종이기 때문에 미국인과의 융화는 "가능하지도 않고 바람직하지도 않다"고 했다.[92] 미국은 1880년과 1904년 사이에 체결한 일련의 조약과 의회의 제반 조치들을 통해서 중국인 이민을 거부할 수 있는 법률을 만들었다. 국수주의 운동이 만든 중국 이민의 부정적 이미지는 그 목표를 성취한 이후에도 미국인들의 뇌리에 오랫동안 남아 있었다.

그러나 중국인에 대한 미국인들의 부정적 해석을 유포한 것은 미국 내의 국수주의만이 아니다. 중국에 자리 잡은 미국인들의 숫자와 영향력도 19세기 내내 꾸준히 증가했는데, 이들 또한 중국의 취약성과 후진성 등 중국인의 부정적 특질을 계속 강조했다. 그들의 이런 평가는 미국 국수주의자들이 유포했던 메시지를 더 강화시켰다. 그러나 중국에서 활동한 미국인들의 궁극적 관심은 다른 데 있었다. 그들은 중국을 미국의 보호를 받는 국가, 그리고 미국의 금융, 무역, 선교 활동을 적극 펼쳐나갈 수 있는 국가로 만들고자 했다. 열정적으로 개혁을 주장한 그들은 중국이 보유한 무한한 발전

가능성을 옹호하는 주장을 폈다. 그런 발전 가능성은 미국의 위대한 가치를 구현할 활동 무대를 끊임없이 갈구했던 미국인 동포들의 관심을 강렬하게 끌었으며, 서쪽으로 문명을 전파하려는 기대감을 실현시킬 절대 조건이 되었다. 예컨대 그들의 논리는 이랬다. "아시아를 변화시킬 수 있다. 그러려면 중국을 변화의 주축으로 삼아야 한다. 미국이 먼저 도움을 제공하자." 이처럼 미국인들은 한 입으로는 혐오스런 존재인 중국인을 어떤 희생을 치르더라도 격리시켜야 한다고 말하면서도, 다른 입으로는 중국의 발전 가능성이 충분하므로 미국이 그들을 가르치고 위험으로부터 보호하며 잘못된 행위에 대해서 처벌할 수 있는 특별한 책임이 있다고도 말했다.

미국 외교정책이 한동안 이상한 형태로 분열된 것은 이처럼 서로 다른 두 시각이 공존하는 상황, 즉 중국의 발전 가능성에 초점을 맞춘 문호개방 정책과 중국인을 배척하는 정책이 어색하게 공존하는 상황 하에서는 당연한 것이었다. 그러나 1910년대에 이 두 경쟁적 정책 노선 간의 긴장은 최종적으로 해소된다. 중국인에 대한 전면 배제 정책의 승리로 인해 정치적 이슈로서의 반 중국 국수주의는 설자리를 잃게 되었고, 중국과의 특별한 문호개방 관계유지를 주장하는 자들이 득세하는 아이러니가 발생한 것이다. 이들의 논조는 미국과 중국을 동일시하면서 중국이 승리하면 함께 기뻐하고 중국이 실패하면 함께 슬퍼하자는 식이었다. 미국인들이 중국인들과 처음 접한 이후 거의 한 세기가 지난 20세기 초반에야 미국인들은 중국인을 좀 더 긍정적인 시각에서 바라보기 시작한 것이다.

일본인은 미국인의 지속적 관심을 끈 또 다른 '동양' 사람이었다. 중국인과 마찬가지로 일본인에 대한 미국인들의 평가도 부침을 거듭했다. 19세기에 처음으로 미국인들의 의식 속에 등장한 일본인의 모습은 신비에 가득 찼고, 중국보다 더 철저한 쇄국정책을 견지하면서 빗장을 굳게 걸어 잠근 나라였다. 조난당한 미국인 선원을 심하게 학대한 사건은 일본인 역시 인류 보편의 양심과 국제법에 둔감한 야만인이라는 사실을 시사했다. 그러나 페리의 원정을 계기로 이러한 인상은 모두 바뀌는 듯했다. 1854년 페리는 일본의 문호를 개방시키는 데 성공했다. 그가 성공한 주요인은 문호개방 시기를 잘 맞추었기 때문인데, 아무튼 페리의 성공은 미국 내에서 일본의 전면적 혁신 필요성을 알리는 중요한 신호탄으로 간주되면서 대대적 환영을 받았다. 1890년대에 이르면 문호개방 과정이 거의 마무리되는데, 그 당시 일본인은 미국인들이 볼 때 서구 문명의 대열에 참여한 유일한 아시아 국가로 자리 잡았다. 당시 일본이 성취한 여러 업적들, 특히 광범위한 국내 개혁을 성공적으로 완수한 메이지 유신, 세계를 깜짝 놀라게 한 1894년의 청일전쟁과 10년 후의 러일전쟁에서 거둔 일본의 승리 는 미국인들의 칭찬과 감탄, 그리고 눈에 보이지 않는 경계심을 동시에 불러일으켰다. 이처럼 새롭게 떠오르는 아시아의 강국 일본이 앞으로 어느 수준까지 발전할 것인가? 그리고 그 발전이 태평양 지역에서 미국이 추구하는 야망에 어떤 결과를 초래할 것인가?

그런데 1900년대에 일본 이민이 미국에 밀려들어오자 중국 이민이 미국에 몰려왔을 때와 마찬가지로 미국 국내 여론은 급격히 선회했다. 중국과 일본의 사례는 단순히 유사한 경향성을 보이는 데 그치지 않고 서로 긴밀하게 연결되어 있었다. 캘리포니아의 노동자와 캘리포니아 민주당 간의 동일한 동맹이 선도했던 반중 토착주의

그림 11. 미국인이 차이나타운의 중국인에게 가한 첫 번째 타격

중국인을 묘사하는 이런 만화는 미국인의 사고방식 속에 존재하는 '동양인'에 대한 다양한 편견을 보여준다. 어떤 만화는 (1877년에 등장한 그림 11에서 확인할 수 있는 것처럼) 중국인 이민 금지 정책을 지지하기 위한 목적과 상관없이 중국인 이민자의 모습을 매우 우스꽝스럽게 묘사했다. 그런가 하면 (토머스 네이스트가 1869년에 그린 그림 12처럼) 미국인 국수주의자의 난폭한 행동을 비판하는 경우도 있다.

그림 12. 태평양 지역에서 기사도 정신을 발휘하는 미국인

그림 13

그림 14. 이것이 바로 제국주의인가?

1900년에 그려진 두 장의 만화(그림 13과 그림 14)는 엉클 샘이 스스로 떠맡은 기본적인 역할 두 가지를 보여준다. 즉, 국제 사회와 거리를 두면서도 미국에 호의적인 태도를 취하는 아시아의 신생 국가 앞에 확신에 가득 찬 보호자로 자처하며 나서는 역할과 함께, 맥킨리 대통령의 영도 하에 서구 문명을 거부하는 아시아 국가의 난폭한 행동을(이 경우 중국의 국수주의자였던 의화단의 난을 뜻한다) 응징하기 위해 맹렬하게 진격하는 역할이 그것이다.

그림 15. 엉클 샘을 마구 짓밟는 중국 어린이.

    그림 15는 중국이 미국의 이민 금지 정책에 저항하기 위해서 1905년 미국 상품 불매 운동을 채택하자 이를 비난하면서 그린 만화다. 여기에서 동양인은 막무가내로 미국인을 학대하는 버릇없고 배은망덕한 아이로 묘사되었다. 지금까지 예시한 만화는 미국인이 간직한 중국인에 대한 고정관념 중에서 가장 중요한 특징이랄 수 있는 변발과 헐렁헐렁한 옷차림을 보여준다. 그러면서 나이 먹은 '중국놈'을 경멸적으로 취급하고, 중국의 어린이는 미국인이 생색내면서 돌봐야 할 대상으로 묘사한다. 이 두 그림에서 중국인의 얼굴은 원인을 알 수 없는 공포심과 걱정에 휩싸인 일그러진 모습으로 나타난다.[93]

가 동일한 지역에서, 동일한 방법에 의해—산발적인 국지적 폭력 사태부터 반 이민적 입법 로비까지 망라하여—반일 토착주의로 부활했다. 미국의 다른 지역들은 서부의 토착주의를 묵인했으며, 이로부터 약 20년 후 절정에 달한 반일 토착주의는 인종주의적 견지에서 일본인을 철저히 배척하는 지경에 이르렀다.

이전에는 중국인 집단을 비판하는 데 동원된 논리가 이제 일본인을 비판하는 논리로 손쉽게 전용되었다. 미국의 임금 노동자가 차지해야 할 이익을 '아시아 놈들과의 경쟁(Asiatic competition)'에서 반드시 지켜야 하고, 타락한 인종으로부터 백인의 도덕을 수호해야 한다는 것이었다. 새로운 세대의 국수주의자들은 '순결한 캘리포니아 아가씨들'에게 일본인의 위험성을 일깨우려고 부심했다. 그들의 걱정은 '비열함과 음탕함이 인종적 특성과 생활양식 때문에 증폭되고 강화된 나이든 일본 아이들'과 백인 소녀들이 학교에서 나란히 앉아 공부하는 것이었다. 백인 처녀들이 그들과 결혼하는 것은 그들이 볼 때 '문명의 원천 그 자체를 오염'시키는 일이었다. 그리고 태평양에서도 경계심을 늦춰서는 안 된다는 목소리가 고조되었다. 태평양은 아주 교활한 녀석들, 그 중에서도 특히 유럽 강대국인 러시아를 패배시키고, 뻔뻔스럽게 영국을 동맹국으로 내세우며 나대는 놈들(일본인—옮긴이)이 언제든 미국을 공격할 수 있는 곳이기 때문이었다.[94]

19세기에서 20세기로 넘어오는 전환기에 중국과 일본을 바라보는 미국의 이미지 사이에는 묘한 관계가 형성되었다. 개별적으로 보면 중국과 일본은 미국인의 평가 속에서 각각 부침을 거듭했지만 두 나라의 이미지는 같은 시기에 같은 방향으로 움직이지 않았다. 그보다는 오히려 일종의 보정의 원리(compensatory principle)가 작동하는 것처럼 보였다. (19세기 말처럼) 중국 민족이 치유 불가능한 노쇠한 민족으로, 개별적 중국인은 혐오감을 불러일으키는 인간으로 비칠 당시의 일본은 아시아를 개화시키려는 미국의 희망을 구현해줄 나라였다. 반면 일본의 평판이 악화되면서부터는(이런 추세는 20세기 초반부터 드러나기 시작했다), 중국이 찬양을 받을 나라로 치켜세워졌다. 바로 여기서 우리는 하나의 동일한 인종 즉, 동양인의 두 하위 인종들(중국인, 일본인)이 인종의 사다리를 서로 반대 방향으로 동시에 오르내리는 신기한 광경을 확인할 수 있다. 미국인들은 두 종류의 동양인을 병치시킴으로써 동양인에 대한 희망과 우려를 평형 상태로 유지한 것으로 보인다. 다시 말해 악한 동양인은 미국인들이 갖고 있는 인종적 공포심의 제물로 전락했지만, 좀 나은 동양인은 번영하고 안정적인 민주적 동아시아 건설이라는 미국의 자유주의적 꿈을 일깨우는 역할을 하게 된 것이다.

　인종에 관한 미국인의 사고 구조에서 핵심적인 것은 앵글로색슨주의다. 그것은 미국인과 영국인이 비범한 자질과 공통의 이해관계를 공유한 동일한 인종이라는 믿음이다. 19세기 전반기까지 미국인들은 대서양의 양안에 걸쳐 있는 영어 사용 권역에서 미국이 차지하는 비중을 자랑스럽게 내세우기 시작했다. 미국 혁명으로 촉발되었던 동족상잔의 비극이 미국인들의 기억에서 희미해지면서 앵글로색슨주의는 확고한 형태의 민족의식으로 점차 부상할 수 있는 여건도 조성되었다. 학교 교재들은 대서양을 가로지르는 미국과 영국의 유대감을 찬양하기 시작했다. 1830년대와 1840년대에 걸쳐 여러 차례 출판된 한편의 시는 '미국인과 영국인'을 다음과 같이 찬양하였다. "피를 나눈 형제의 목소리가 온 세계에 떨칠 거라네, / 그 소리는 실제보다 더 크게 들릴 거라네, / **우리는 하나!**" 이와 동시에 미국인이 인종적으로 앵글로색슨족의 계보라는 긍지는 미국의 공적 담론에서 영예로운 중심 주제의 하나로 자리 잡았다. "이 세계의 모든 거주민 가운데 … 선택된 인종이 색슨족이요, 그 중에서도 가장 고귀한 인종은 브리튼족이라, 이 브리튼의 혈통이 미국인의 혈통이다"[95]라는 식이었다.

 19세기 말에 이르자 앵글로색슨이라는 마법은 미국인의 사고를 더 강하게 지배했다. 당시 인종 차별주의는 적당히 감동을 주는 사이비 과학 용어로 윤색되어 널리 유포되었다. 그리고 그러한 사고방식은 영국계 미국인의 연대감과 우월성이라는 기존의 인종 중심주의를 더 그럴싸하게 포장해주었다. 미국인들은 이제 영국과 미국 두 국민이 보유한 인종적 특성을 뛰어난 근면성, 날카로운 지적 능력, 도덕적 목표에 매우 민감하게 반응하는 감수성, 그리고 효율적인 정부를 구성할 수 있는 능력 등으로 규정했다. 이들이 국제 사회에서 우월한 지위를 차지할 수 있었던 것도 이런 자질을 두루 갖추었기 때문이라는 말이다. 이미 영국은 많은 것을 성취했다. 대영 제국은 지구 표면의 1/5과 세계 인구의 1/4을 차지했다. 그리고 영국 해군은 세계의 대양을 지배한다. 미국인들은 아직 영국이 성취한 영광으로부터 반사되는 빛을 쬐는 상태에 있지만 자신들이 대영 제국의 유산을 상속 받은 자손이라는 것, 그리고 모국의 부와 권력은 점차 쇠퇴의 길을 걷는 중이라는 사실 또한 잘 알았다. 민족주의 색채를 강하게 띤 앵글로색슨주의자였던 앨버트 비버리지는 다음과 같이 선언했다. 앞으로 미국은 틀림없이 '영국보다 더 고귀한, 더 위대한 영국'으로 성장할 것이다.96)

해외에서 수많은 이민이 혼란스럽게 미국에 몰려오면서 유럽 백인들 간의 인종적 차이에 관한 차별의식도 더 날카로워졌다. 남북전쟁 이전 시대에 만연했던 미국 국수주의는 주로 아일랜드나 독일에서 새로 들어오는 이민자들에 대한 배척을 통해 영국계 미국인의 문화적 패권을 수호하려는 단호한 의지를 바탕으로 하고 있었다. 그러나 19세기 말 미국인들의 더 큰 걱정은 아일랜드나 독일보다 훨씬 더 이질적인 백인들이 남동부 유럽으로부터 대거 몰려든다는 사실이었다. 이런 상황에서 방어적 입장이면서도 문화적으로는 지배적 위치에 있던 영국계 미국 엘리트들은 인종간의 차이를 비교한 자료를 작성했고, 이 자료는 백인들 가운데서도 분명히 고정된 계층 간의 서열(pecking order)이 존재한다는 것을 보여주었다.

영국계 미국인 엘리트들이 백인들 간의 차이에 대해 갖는 선입견은 세계 문제를 바라보는 사고방식에도 영향을 미쳤다. 무엇보다 앵글로색슨족이 국제무대를 확실하게 장악했다. 독일인은 그 다음 자리를 차지한다. 그들은 앵글로색슨족과 인종적으로 사촌 관계에 있기 때문에 동일한 자질을 보유한다. 그러나 한 가지 중요한 차이점은 독일인의 경우 자유를 사랑하는 자질을 결여하고 있다는 점이다. 이렇게 심각한 하나의 결함 때문에 독일인은 앵글로색슨족의 울타리 밖에 두어야 했다. 그럼에도 불구하고 그러한 결함이 여전히 강력한 독일인을 세계의 질서를 위협하는 경쟁자로 만들었기 때문에 항시 철저하게 감시해야만 한다고 생각했다. 20세기로 넘어오는 전환기까지 미국인들은 독일인을 군사 독재 체제의 전형적인 특성인 공격적 행동과 때때로 잔인한 행동을 일삼는 현대판 훈족 정도로 보았다. 반은 유럽인이고 반은 아시아인이라고 할 수 있는 슬라브족 역시 국제무대의 경쟁 상대인 두려운 인종이었다. 고도로 통제된 사회 속에서 생활고에 시달리는 농민이 대부분인 그들은 (지적 능력과 무언가를 혁신할 수 있는 요령은 부족했지만) 놀라울 정도의 지구력과 끈기, 그리고 강인한 체력을 소유한다. 그런 사실은 그들이 천천히 그러나 결코 물러서는 일 없이 유라시아 대륙의 넓은 영역에 세력을 확장하는 행위에서 쉽게 확인할 수 있었다.

인종간 위계질서에서 더 아래로 내려가면 프랑스와 이탈리아, 그리고 스페인 사람 등으로 구성된 라틴계 유럽인을 만날 수 있다. 그들은 우선 활력이 없다. 그 대신 감상적이고, 규율이 없으며, 미신에 사로잡혀 있다. 따라서 그들은 국제 정치 세계에서 미미한 역할만 할 뿐이다. 변변치 못한 인종들의 위계질서를 좀 더 내려가면 유대인과 마주치는데, 미국의 엘리트들은 이들을 매우 노골적인 인종주의적 언어와 반유대주의적 언어를 동원하여 묘사했다. 위계질서의 맨 아래에는 예상대로 아프리카인들이 있다. 19세기 말엽에 유포된 통속 문학에서 아프리카의 '검은 대륙'은 '야만적인 짐승, 짐승 같은 야만인'의 매력적인 고향으로 등장하기 시작했다.[97] 다른 어떤 지역보다도 아프리카는 백인들의 지배를 자초했다.

진화론이 대중적 인기를 끌면서 미국인들은 스스로 다른 인종과 비교해서 더 경쟁력이 있는 인종이라고 믿는 습성과 앵글로색슨 공동체의 일원이라고 자부하는 태도 등을 더욱 굳혀 나갔다. 앵글로색슨족의 우월성을 믿는 기존 사고방식은 다윈의 진화론을 입맛대로 왜곡한 개념들을 통해 더 강화되었다. 산업의 진보, 군인의 용맹한 행동, 국제 사회의 영향력과 통제력 등을 기준으로 평가할 때 앵글로색슨족이 인종들 가운데 최고 지위를 차지하는 것은 지극히 당연한 일이었다. 이렇게 높은 지위에 도달한 앵글로색슨은 역사상 전례 없는 세계 평화와 번영의 시대를 열어 나갈 수 있는 길을 제시할 수 있었다. 그리고 앵글로색슨족을 경외하고 앵글로색슨에게 감사하는 그 밖의 열등한 인종들은 앵글로색슨의 지도를 따라야만 하고, 그렇지 않으면 맨 밑바닥 인종으로 굴러 떨어져 멸종의 참화를 당하는 운명을 맛볼 것이라고 미국인들은 생각했다.

그러나 앵글로색슨주의자인 당대의 어떤 논자는 진화론에 근거하면서도 한층 더 칙칙한 결론을 도출하기도 했다. 국제 정치 무대에서 인종간의 경쟁이 전개되면 품위 있고 평화를 사랑하는 자들이 승리하는 것이 아니라 도덕관념도 없고 교활하며 상상력이 풍부한 사람, 특히 권력을 갈구하는 자들이 승리하기 마련이다. 이 때문에 영국계 미국인들이 앞장서서 인종간의 연대 의식과 협력을 증진할 필요가 있다. 그래서 야만인의 무자비한 힘을 궁지에 몰아넣고 단단히 붙들어 매어놓은 다음 개별적으로 격파할 수 있어야 한다는 논지였다.

미국인과 영국인에게 공유된 우월성을 굳게 믿는 이러한 세계관은 유명한 전략가이면서 해군의 역사를 연구한 알프레드 세이어 머핸의 시각에 전형적으로 반영되어 있다. 1880년대와 1890년대에 걸쳐 머핸은 미국과 영국의 협력 필요성을 꾸준히 주장했다. 왜냐하면 "미국과 영국은 정치적 전통과 혈통에서 유사한 친척 관계지만 나머지 인종들은 다른 종에 속하기 때문이다." 머핸은 앵글로색슨에서 파생된 영국과 미국 두 민족의 결합, 그리고 '인종의 발전 단계에서 아직 초기 단계'에 머물러 있어 자치 능력이 부족한 다양한 민족들에 대한 앵글로색슨의 통제력 확산이 '세계의 희망'이라고 보았다. 또 머핸은 1897년에 독일이 의심받을 만한 국제 정치적 잘못*을 범했음에도 불구하고 독일인이 유럽인 중에 가장 진보한 인종이라고 생각했으며, 슬라브족은 잔인하고 미개한 인종이라고 확신했다. 또한 러시아 인종은 '무자비한 에너지'와 '아시아인 특유의 파렴치한 술수'를 융합시킨 존재라고 판단했기 때문에 각별히 경계했다. 프랑스인은 변덕스럽고 믿을 수 없는 작자며, (넋을 빼앗을 만큼 아름다운 여성을 제외한) 라틴아메리카인들은 후진 인종이라고 비난했다. 또 중국인은 불쌍하게시리 무력하면서도 위험스러 우리만큼 야만적인 인종으로 보았다. 따라서 머핸은 중국인들에 대한 미국 선교사들의 훈육 정책을 지지하면서도 그와 동시에 하와이와 미국 서해안에 걸친 문명의 전초 기지들로부터 중국인을 엄격히 배제하는 정책을 지지했다. 그는 필리핀인을 어린아이로 분류했으며, 그래서 약간의 망설임 끝에 미국의 필리핀 병합 정책을 지지했다. '동양인' 중에서 머핸의 호감을 얻은 인종은 서구화에 성공한 일본인뿐이었다. 머핸은 일본인이 "우리 튜튼족 선조들의 경험을 반복했다"고 말했다. 흑인은 머핸이 구상한 인종적 위계질서에서 맨 아래 바닥에 위치했다. 머핸은 어렸을 때부터 흑인을 '깜둥이'

---

*   1897년 11월 중국의 교주만(膠洲灣)을 점령한 독일의 행위를 의미한다. 이후 서구 열강의 중국 침략이 본격화되었다. —옮긴이

와 '니그로'로 생각했으며 노예제도 폐지론자로 전향한 이후에도 지구상의 모든 인종 가운데 흑인이 가장 원시 인종이라는 그의 신념을 포기하지 않았다.[98]

1890년대쯤 되면 앵글로색슨주의, 그리고 여타 인종(특히 유색인)을 열등한 인종으로 간주하는 사고방식은 극적으로 뚜렷하게 나타났다. 미국 본토에서는 남부인들이 흑인을 열등한 지위에 영원히 고정시킬 일종의 카스트 제도를 만들려고 노력했다. 미국 연방의회는 중국인 이민을 금지하는 새로운 법안을 통과시켰고, 유럽 인종 가운데 일부에 대해서도 이민 금지법을 적용하기 위한 토론을 시작했다. 미국 연방정부는 인디언 저항세력의 마지막 불씨까지 잠재워 버렸다. 또한 앞에서 검토한 바와 같이 미국이 쿠바와 중국에 개입한 사실은 미국인의 사고방식에 깊이 뿌리박힌 인종주의적 전제가 미국 외교정책에서 어떻게 작동했는지를 보여준 좋은 사례다. 미국의 개입 정책이 노골적 병합 정책으로 변질된 하와이와 필리핀에는 인종 문제가 더 뚜렷한 형태로 나타났다. 인종주의적 사고방식은 뚜렷하고도 폭 넓은 영향력을 행사했기 때문에 인종주의는 하와이와 필리핀의 병합을 둘러싼 찬반 양론에 똑 같이 나타났다. 다시 말해서 1840년대와 1850년대의 영토 병합 논쟁에서처럼 '인종'은 조심스러운 외교정책을 주장하는 자들의 명분도 되었지만, 다른 한편으로는 대담하고도 공격적인 외교정책을 정당화하는 근거로도 이용되었다.

하와이의 경우를 보자. 미 연방의회는 1950년대 이후 하와이의 미래에 관해 간헐적이지만 계속 논의해왔는데, 하와이를 둘러싼 논의에서 인종주의는 경제나 군사 전략, 그리고 정치체제만큼 중요한 요인으로 작용했다. 논쟁의 한쪽에는 뉴잉글랜드 상인들과 미 해군, 그리고 미국 선교사들이 하와이 진출의 디딤돌을 마련했다는 사실, 또 비록 소수이긴 하지만 그들의 후손들이 하와이의 상업과 정치를 지배하게 되었다는 사실에서 앵글로색슨의 힘과 우월성을 명백하게 볼 수 있다고 주장하는 자들이 있었다. 그들이 보기에 인종적으로 열등한 종족은 인디언처럼 그저 굴복하는 길밖에 없었다. 병합론자들은 하와이의 미국 백인들이 하와이의 병합을 원한다는 사실, 또 하와이에 잔존하는 원주민들이 개명될 필요가 있다는 사실을 미국 연방정부가 받아들이는 것이 논리적 귀결이라고 믿었다. 그러나 하와이 병합 반대론자들은 유색인을 미국 국민으로 대량 흡수할 경우에 예상되는 일들을 우려했다. 그래서 그들은 멍청한 튀기를 양산할 상이한 인종 간의 잡혼 위험성을 경고하는 한편, 하와이 원주민은 선천적으로 열등하기 때문에 책임 있는 시민으로 성장할 가능성이 전혀 없다고 강조했다. 그들은 하와이 원주민들은 피지배자로만 머무르고 싶은 존재들이며 동화가 불가능하기 때문에 미국을 영원히 짓누를 무거운 멍에가 될 것이라면서 하와이 병합에 반대했다. 결국 1893년 하와이 병합을 둘러싼 최초의 커다란 논쟁에서는 반대론자들이 승리했지만, 미국과 스페인 전쟁의 열기가 정점에 도달하면서 인종주의적 제국주의가 쉽사리 득세한 1898년 여름이 되면서부터는 병합 반대론자들 역시 자신의 입장을 스스로 뒤집고 있었다.

    1898년 후반에 대두한 필리핀 병합 문제도 미국 내부에서 상충되는 주장들이 동시에 나오는 계기가 되었다. 필리핀 병합론자들은 이번에도 앵글로색슨족의 필리핀 정복에 찬성했는데, 오직 앵글로색슨만이 타 종족을 지배해서 그 정신을 고양시킬 능력이 있다고 믿었기 때문이다. 비버리지는 필리핀을 방문한 후 상원에 출두해서 다음과 같이 단호하게 말했다. 필리핀인은 "퇴락한 인종"입니다. 그들은 "스페인 식민지 가운데서도 가장 열등한 곳에서 스페인의 훈육을 받아온 어린애"에 불과합니다. 맥킨리도 다음과 같이 말했다. 미국은 "야만인의 나태한 습관에 젖어 있는" 필리핀 사람을 구원하고, "그들이 세계에서 가장 우수한 문명을 향해 나갈 수 있도록 방향을 잡아주어야 할" 명백한 사명이 있습니다. 필리핀 사람들을 '갈색 피부의 꼬마 형제들'로 불렀던 윌리엄 하워드 태프트는 필리핀 사람들을 처음 만나 본 이후 필리핀 병합 문제를 사실상 필리핀에 대한 후견의 세기(a century of tutelage)를 시작하는 문제로 받아들였다. 한편, 필리핀 병합 반대론자들은 사전에 잘 준비해둔 인종주의적 견해를 동원해서 반대 의견을 제시했다. 즉, 필리핀인은 기력을 약화시키는 열대 기후 속에서 산다. 백인들조차도 백인의 정체성을 해치지 않으면서 그런 기후에 오랜 기간 적응하기란 불가능하다. 더욱이 필리핀 사람의 몸에는 스페인으로부터 300년 동안 잘못된 통치를 받으면서 물려받은 흔적이 여전히 남아 있다. 하다못해 하와이는 약 50년간 미국의 감화를 받는 혜택을 누리기라도 했지만, 필리핀인들은 외부인이 처리하기 곤란한 온갖 종류의 불쾌한 자질들을 몸에 지니고 있다. 그들은 무식하고 흑인 같은 노예근성이 몸에 배어 있다. 또 비실용적이고 유치한 점에서는 라티노들과 같고 인디언처럼 야만적이고 동양인처럼 무디다.[99] 이상이 필리핀 병합에 대한 반대론자들의 논거였다.

만일 필리핀 병합 문제가 인종 논쟁의 결과에 따라서만 결정되었다면 병합 반대론자들이 맥킨리 행정부의 병합 정책을 방해하는 일이 그리 어렵지 않았을 것이다. 그러나 스페인과의 전쟁에서 승리한 미국 군대가 맥킨리의 명령 하에 필리핀 진출 발판을 마련하면서 논쟁의 성격은 근본적으로 뒤바뀌었다. 이제 병합론자들은 앵글로색슨의 인종적 자긍심을 더욱 직접적으로 과시할 수 있게 되었다. 필리핀 군도를 스페인에게 돌려준다는 것은 이제 비인간적이고 잔인한 행동을 의미했다. 필리핀 사람에게 충고나 도움도 주지 않고 그들 멋대로 내버려둔다면 무책임하고 불명예스러운 일이 아닐 수 없었다. 미국인의 인종적 우월성에 부과된 의무는 반드시 수행해야 하며, 그 의무를 포기하는 일은 미국인의 인종적 우월성 그 자체를 의심하는 대가를 치러야만 가능할 것으로 생각되었다. 이런 생각들은 유색인종에 대한 미국의 공언된 의무를 완수하려고 애쓰던 미국의 이전 역사와 다소 상충되기도 했다. 그러나 인간이란 편리하게도 필요한 것만 선별하여 짧은 기간만 기억하는 법이라는 사실은 이번에도 다시 한 번 입증되었다. 그래서 병합론자들은 또다시 승리했다.

벤자민 프랭클린이 마음속에 품었고 그 이후 미국의 후속 세대들이 꾸준히 계승했던 인종주의적 사고방식은 미국의 발명품이 아니었으며 미국의 독점물도 아니었다. 인종문제에 관한 미국의 경험, 그리고 그 경험과 긴밀한 연관 속에서 형성된 노예제도 경험은 수천 년간 인류 역사와 다양한 문화권에 두루 존재해온 각양각색

그림 16. 제국주의 정책이 초래할 수 있는 골칫거리.

당시 유행했던 만화는 필리핀인들과 새롭게 발견한 여타 열등 인종을 다양한 모습으로 그려냈다. 예컨대 소란을 피우는 원주민으로, 엉클 샘의 엄격한 지도를 받아야 할 학생으로, 또는 정성스런 양육을 필요로 하는 흑인 아이의 모습 등으로 그려졌다. 앞의 만화 두 개에서 필리핀인은 야만스런 모습으로 묘사되었다. 반제국주의적 감정을 표현한 그림 16은 끈질긴 필리핀 대표로부터 포위 공격을 당하는 미국 하원 의장을 보여준다.

그림 17. 제국주의를 강력하게 반대하는 시위.

반면 그림 17은 반 제국주의자이면서도 회사를 소유한 정치인 윌리엄 제닝스 브라이언을 조롱하는 장면을 보여준다.

그림 18. 자치 기술을 가르치는 엉클 샘의 새로운 학급

그림 18은 초등학교의 작은 교실 풍경을 보여준다. 그림을 잘 관찰하면 필리핀의 저항운동의 지도자인 에밀리오 아귀날도가 한쪽 구석에 서 있고, 과거에 게릴라 활동을 했던 두 명의 쿠바인이 서로 싸우는 모습을 볼 수 있다. 그림 18은 이들에 대한 두 번째 이미지에 기초해서 그린 그림이다.

그림 19. 에밀리오 아귀날도

　그림 18에서 보여주는 아귀날도의 캐리커처는 머리가 부스스하고, 뾰로통한 비행 소년의 모습이다. 이 모습과 당시 아귀날도를 직접 찍은 사진(그림 19)을 비교해보라. 그림 19에서 아귀날도는 차분하고, 반듯하며, 옷을 단정하게 차려 입은 모습이다. 미국에 저항하지 않았던 하와이와 푸에르토리코, 그리고 미국 당국에 협력했던 쿠바의 장군 멕시모 고메즈는 그림 18에서 실물보다 좋게 보이도록 그려졌다. 즉, 그들은 모두 더 성숙했고 하얀 피부를 갖고 있다. 하지만 그들 역시 양순한 태도로 미국의 교육을 받아야만 했다.

그림 20. 점점 늘어나는 가족을 돌보는 미국

이 만화들(그림 20~22)은 의존적인 흑인 어린이의 이미지 즉, 라틴아메리카인에 대한 세 번째 이미지를 보여준다. 이 만화들은 맥킨리 대통령, 쿠바의 군정 장관 레너드 우드, 그리고 엉클 샘이 당황하는 모습, 성실하게 헌신하는 모습, 마음씨 좋은 사람이 짐짓 겸손한 체하면서 자신의 의무를 수행하는 모습을 각각 보여준다.

그림 21. 우드 장군이 쿠바에서 평판이 좋지 않다면 그 까닭은 충분히 짐작할 수 있다.

그림 22. 쿠바에 자유가 도래형 낙도 그리 멀지 않았다

그림 23. 백인의 책무

때로는 앞에서 열거한 여러 이미지가 뒤섞이는 경우도 있다. 예컨대 마지막 만화(그림 23)는 미국 군인이 원주민을 강제로 어깨에 들쳐 메고 초등학교로 달려가는 모습이다.[100]

의 신념과 행동 패턴이 확장된 것으로 이해해볼 필요가 있다. 그렇기는 하지만 미국의 사례는 쉽게 일반화하기도 어렵고, 또 미국의 사례를 다른 사례와 쉽게 비교할 기준도 존재하지 않는다. 한 가지 분명한 것은 미국인들이 결코 독특한 존재가 아니라는 사실이다. 미국인들은 인류 보편의 가치로 포장된 자민족 중심주의의 충동에 사로잡혀 있었다. 따라서 그들은 인종적 편견을 동원하여 이질적인 타 종족의 위험을 차단할 방어벽을 쌓았고, 인종간의 경계선을 설정하고 인종간의 접촉 조건을 통제하는 관행을 정당화시켰다. 미국인들은 착취 본능이나 다를 바 없는 힘에 이끌려 '지배 계급'이 취하는 관행, 즉 인종적 속성을 동원하여 흑인 노예나 인디언 미성년자, 또는 필리핀 백성과 같은 '열등한 종족'의 정치적 복종을 정당화시키는 작태를 그대로 답습했다. 끝으로 미국인들은 평소에 엄격히 억제된 성적 욕구와 기타 환상들을 해소하기 위한 방편으로 인종적 편견에서 파생된 개념들을 사용함으로써 인류의 보편적 가치를 배반했다.

 미국인들은 그들의 유럽 선조들로부터 인종적 사고방식을 구성할 풍부한 유산을 물려받았다. 15세기에 '제3세계'의 인간들과 접촉하기 시작한 서구인은 그때부터 이미 인종적 편견의 조짐을 드러내기 시작했다. 영국인들은 북미 대륙에 첫발을 내딛기 훨씬 이전부터 엘리자베스 시대에 유통되었던 흑인에 대한 신화에 흠뻑 젖어 있었으며, 따라서 이 신화를 백인 이외의 인종들에게 쉽게 적용할 수 있었다. 영국계 미국인들이 그 밖의 유럽 이주민과 아메리카 원주민, 심지어는 아시아인들과 신대륙을 둘러싼 경쟁을 시작하자 미국에 전승된 인종주의적 시각은 극도로 예민해졌다. 야망은 품었지만 초기에는 고립된 상태였던 영국의 식민 개척자들에게 피부색의 밝기와 인종의 본질적 가치를 결합시키는 구도가 매력적으로 보인 것은 충분히 이해할 만하다. 만일 엘리자베스 시대에 만들어진 이러한 인종주의가 존재하지 않았다면 영국의 개척자들은 그것을 스스로라도 만들어내야 했을 것이다. 그들은 인종적 위계질서의 개념을 이용하여 그들이 원한 토지의 권리를 주장할 근거를 마련했다. 그래서 그 토지를 확보하면 다시 그 위계질서 개념을 이용해서 영국계 미국인의 문화적 가치와 제도를 강제하는 것은 물론, 열등 종족을 추방하거나 정치 경제적 복속을 정당화시켰다. 백인의 (그 중에서도 특히 영국계 미국인의) 패권을 추구하다보면 불가피하게 잘못된 행동을 저지를 수도 있고, 광범위한 영역에서 착취와 인간성 말살 행위를 반복할 수밖에 없었다. 인종 개념은 바로 이러한 문제에 대한 양심의 가책을 치유할 일종의 진통제를 제공해주었다.

인종에 대한 미국인들의 태도는 흑인과 백인간의 국내 문제, 인디언과 이민자들이 등장하는 국제 문제와 국내 문제의 간극에서 나온 것이었다. 그런데 미국인들의 인종주의적 태도는 미국의 여러 지역에서 발생한 인종문제들을 끌어 모아 만든 일종의 모자이크 같은 것이었다. 각 지역마다 독자적 방식으로 경제적 이권, 저항 세력의 성격, 세력 간의 힘의 불균형을 반영하면서 인종적 패권을 차지하기 위한 전쟁을 벌여야만 했다. 아직 영국 식민지였던 1680년대의 뉴잉글랜드에서 인디언의 영토를 탈취하던 방식과 남북전쟁 직전 시대에 남부인들이 흑인을 통제한 방식은 서로 다른 것이었다. 또 남서부에서 멕시코를 쫓아내고 라틴아메리카 주민들을 굴복시켰던 방식과 19세기 말에 미국 동부 대도시로 밀려왔던 이민 물결을 통제하기 위해 싸운 방식도 서로 달랐다.

그러나 이 모자이크의 전체적 패턴만은 확실하다. 밝은 피부색의 아메리카인, 특히 영국계 아메리카인들은 타민족을 재단하는데 필요한 본질적 범주이자 타민족을 평가할 수 있는 근본적 토대라고 할 수 있는 인종 개념에 집착했다. 달리 말하면 인종은 그들의 세계관 한복판에 있었다. 미국 역사의 시초부터 국내정책 전반, 그리고 몇몇 외교정책들은 인종주의적 사고의 중심적 역할을 반영했다. 그리고 미국인들은 19세기 말경 점점 더 다양한 민족들과 접촉하게 되면서 인종주의적 가정과 전제 하에 타민족들을 대했다. 더 강력한 외교정책을 주장하는 자들은 앵글로색슨 인종의 활력을 증진시킬 필요성을 역설했고, 또 우등 민족이 열등 민족에 대해 갖는 양육의 의무를 존중하라고 역설했다. 반면 십자군식 해외전쟁과 식민지 획득에 반대하는 자들은 자신들을 배신자로 욕하는 팽창론자들의 비난에 맞서 싸우면서, 미국이 도저히 어찌할 수 없는 후진 종족들과 얽힐 가능성을 더 두려워했다. 어쨌든 19세기 말에 이르러 인종 개념은 미국 국내질서뿐만 아니라 승승장구하는 미국 외교정책에서 빠트릴 수 없는 중요한 요소로 자리 잡았으며, 거의 저항이 불가능한 유산처럼 20세기의 미국인들에게 계승되었다.

제4장

★

혁명은 위험하다

4 혁명은 위험하다

> 자유의 문은 좁고 그 문으로 가는 길도 좁다. 그 길을 찾은 나라는 아직 없다.   — **존 애덤스** (1821)[101]

> 유럽 사회가 공화주의 정치를 감당할 수 있는 상황인지에 대해 나는 의구심을 가져왔고, (지금도) 갖고 있다.
> — **토머스 제퍼슨** (1823)[102]

    미국은 혁명의 시대에 태어난 나라다. 그리고 이 혁명 시대의 거친 격랑을 존 애덤스와 토머스 제퍼슨만큼 가까이서 지켜본 미국인은 없다. 미국 독립혁명에 투신한 혁명가이기도 했던 그들은 각각 1780년대 런던과 파리의 미국 공사관에서 프랑스 대혁명의 첫 전율을 목격했다. 귀국 후에는 프랑스 대혁명의 혼란이 심화되면서 유럽 전역으로 확산되는 과정을 지켜보았다. 그리고 나중에는 둘 다 각각 미국의 제2대, 제3대 대통령으로서 프랑스 대혁명으로 인해 불기 시작한 국내외의 풍파를 미국이 뚫고 나가는 데 한몫을 했다. 끝으로, 정계에서 은퇴한 뒤 70대 노인이 된 그들은 둘 사이의 오랜 애증을 다시 한 번 추스르면서 지나간 시대의 혁명들과 당시의 혁명들을 논하는 주목할 만한 서신 교환을 시작했다. 1813년 중반에 애덤스가 제퍼슨에게 보낸 첫 편지에는 "당신이나 나나 서로에게 자기 생각을 다 설명하기 전에 죽게 될 것"이라고 쓰여 있었고, 그 답신에서 제퍼슨은 특유의 방식으로 논쟁 욕구를 감춘 채 "그 이유는 평생에 걸친 탐구와 성찰에서 나온 각자의 견해를 바꾸기에 우리 둘 다 너무 늙었기 때문"이라고 응수했다.[103]

존 애덤스와 토머스 제퍼슨은 각각 평생 동안 간직했던 혁명관이 있었고, 어찌 보면 이 때문에 아주 대조적인 연구 대상이 된다. 혁명에 대해 강박증에 가까운 두려움이 있었던 애덤스는 정치적 격변에 대해 극도로 신중했으며, 기존 사회질서에 대한 공격을 혐오했다. 그가 혁명을 비난하면서 혁명이 갖추어야 할 조건으로 부과한 안전장치들도 너무나 많았다. 사실상 애덤스는 불사신도 아닌 인간의 수준으로는 도달할 수 없는 수준의 혁명만을 혁명으로 인정한 것이다. 그가 혁명에 대해 이런 입장을 갖게 된 것은 선례와 질서, 절차적 정밀성에 대한 보수적 집착을 존중하는 정신을 키워준 법률 공부 경력과 그 자신이 물려받은 캘빈주의적 유산이 결합된 결과다. 거기다가 애덤스 자신의 성격도 한몫 했다. '미국 역사상 가장 얇은 피부에 가장 거친 마모직 셔츠'를 걸치고 다닌 애덤스는 천성적으로 범상한 사람을 싫어했고, 동료들을 경계했으며, 심지어 자기 자신에 대해서까지 경계심을 가졌다. 항상 과거를 되짚어보는 성격에다가 냉정하면서도 자극적인 성격의 애덤스는 격동, 열기, 불확실성에 대한 어떤 예감 속에서 혁명을, 심지어 먼 곳에서 일어난 혁명까지 주시하고 있었다. 또 자신의 고매한 기준을 충족시키는 정치가를 거의 볼 수 없었던 평생의 정치적 경험도 인간 본성에

관한 그의 비관론과 정치적 소요에 관한 우려를 심화시켰다.[104)]

애덤스의 혁명관은 그가 1790년과 1791년 사이에 펴낸 일련의 에세이에 가장 잘 드러나 있다.[105)] 그는 혁명이 성공하려면 혁명 지도자들이 세 가지 중요한 요점, 즉 모든 인간은 본래 결함을 가진 존재라는 것, 인간들 간의 차이는 없앨 수 없다는 것, 그리고 정부의 형태를 결정할 때는 이 두 가지 전제 조건을 실제로 감안해야 한다는 것을 알아야 된다고 했다. 혁명이 결코 이상적인 완벽성을 추구해서는 안 된다는 말이다.

> 앞으로도 추위는 여전히 세상을 꽁꽁 얼어붙게 만들 것이고, 불은 여전히 무언가를 계속 태울 것이다. 또 질병과 부도덕은 인류를 계속 혼란에 빠트릴 것이며, 죽음은 계속 인간을 두렵게 만들 것이다. 자기 보존 본능과도 같은 인간의 경쟁심도 앞으로 영원히 인간 행위의 위대한 원천이 될 터인데, 이 경쟁심이 위험한 야망, 규칙도 없는 경쟁, 파괴적인 당파 놀이, 불필요한 선동, 그리고 피비린내 나는 내전으로 타락하는 것을 막을 유일한 길은 제대로 질서 잡힌 정부가 균형을 잡아주는 것뿐이다.

애덤스에 따르면 모든 사람들은 자신의 동료들로부터 인정받고 싶은 허영심이 있기 때문에 결국에는 사회에 영합하고 만다. 따라서 개인의 가치는 사회의 통념에 따라 결정되기 마련이다. 그러나 개인이 가진 자질의 성격과 수준은 사람마다 크게 다르기 때문에 사회 속에서 각 개인의 상대적 지위도 불가피하게 차이가 날 수밖에 없다. 이런 생각에 바탕을 두었기 때문에 그가 습관적으로 입에 올리곤 했던 '통치의 과학(the science of government)'이 해야 할 책무란 위법 행위를 규제하고 사회에 득이 되는 방향으로 격정을 유도하는 일이라고 했다.

그는 이 책무를 완수하려면 정부 내부에 '힘의 균형(an equilibrium of power)'이 먼저 수립되어야 한다고 보았다. 우선, 의회의 구성은 일반 국민 다수와 부유하고 귀족적인 배경을 가진 일부 사회 구성원들이 서로 균형을 이룰 수 있도록 해야 했다. 그렇게 되면 빈자와 부자가 의회 내에 따로 원(chambers)을 구성해서 각각 자기네 원 내에서 탁월함을 추구하거나 다양한 이익들을 개진할 수 있을 것이다. 이와 동시에 의회 내의 빈자 집단과 부자 집단은 각각 따로 행정부를 두어 '사심 없는 중재자'의 역할과 '개인 상호간의 악행과 어리석은 행위를 막아주는' 역할을 하게 만들 필요가 있었다. 이렇게 함으로써 사회의 양대 집단인 부자들과 빈자들은 각각 자신의 이익과 열정을 배출하면서도 절제할 수 있게 되고, 그 결과 어떤 집단도 우세를 점하여 '자의적으로나 압제적으로' 행동할 수 없게 된다는 것이다.

애덤스가 생각하기에 혁명의 궁극적 책무는 이런 정부, 그리고 이런 정부가 보장해줄 자유에 이르는 길을 닦는 것이었다. 그러나 역사를 아무리 뒤져봐도, 또 자신의 오랜 경험을 돌이켜봐도 이런 책무에서 잠시라도 성공한 혁명은 거의 없다고 애덤스는 못박았다. 그는 정치적 변혁을 지지하는 자들은 인간의 한계와 '통치의 과학'에 대한 오해를 반복해서 저질러왔으며, 유럽에서는 오직 영국만이 건강한 정치 체제 즉 '인간의 발명품 중에 가장 훌륭한 체제'를 만들었다고 보았다.[106] 또 미국도 영국과 비슷한 균형 체제를 채택하기 위해 잘 해왔지만, 그렇다고 이 사실이 미국인들의 정치적 덕성을 그냥 보호해주는 것은 아니라고 보았다.

애덤스에 따르면 새로운 체제의 건설 단계에 도달하기 한참 전에 혁명은 대부분 문제에 봉착하게 된다. 무엇보다도 혁명은 '권력 남용과 초법적 폭력'에 대항해서만 일어나야 하지만, 그보다는 '합법적 권위'에 대한 도전만 더 자주 일어났다. 또 혁명은 인민과 혁명 지도자 모두에게 '덕성과 양식'을 요구하지만, 혁명이 낳은 것은 경제의 균등을 외치는 대중의 절규와 균등화를 도덕적으로 용서하는 도덕적 면허증뿐이었다. 따라서 건전한 사회의 바탕이 무엇인지 알기 위해 애쓰기보다는 자기 자신과 세상의 격정을 불태우기 위해서만 더 애를 쓰는 강퍅한 지도자들 때문에 혁명은 세상 질서를 바꾸고 재능, 부, 명성과 같은 자연스런 불평등까지 뿌리 뽑으려는 시도로 전락하면서 미리 정해진 운명을 향해 치닫게 된다는 것이다. 또 절제와 온건, 사려의 미덕은 사라지고 우상 파괴 운동과 종교적 도덕적 전통에 대한 공격으로 인해 사회 질서의 방벽도 허물어진다는 것이다. 애덤스의 우울한 결론은 혁명에는 너무나 심각하고 또 너무 많은 위험이 따르기 때문에 혁명은 '자유를 향한 공정한 질서와 자유로운 체제'를 신속하게 구현하고 무정부 상태를 오래 끌지 않을 경우에만 정당화될 수 있다는 것이다. 그리고 그는 이러한 자신의 판단을 따르지 않는 자들은 '차라리 한 명의 폭군이 천 명의 폭군보다는 더 낫다'는 것을 곧 알게 될 것이라고 경고했다.[107]

애덤스의 이러한 혁명관은 토머스 제퍼슨의 혁명관과 대조시켜 볼 만하다. 애덤스는 혁명에 적대적이었지만 제퍼슨은 열정적인 혁명 찬양론자였다. 제퍼슨은 혁명의 동향에 매료되었고 희망에 차 있었다. 거스를 수 없는 자유의 진보, 그리고 이성의 지배를 가능케

할 인간의 능력을 신뢰한 제퍼슨은 혁명의 격동을 보고 애덤스처럼 우울해 하지도 않았다. 제퍼슨에게 혁명은 인류의 진보를 저해하는 인위적 제약을 떨쳐버릴 수단이었다. 다만 그는 '전제정치에서 자유로 이행하는 과정이 깃털 침대처럼'[108] 안락하기를 바라서는 안 된다고 했다. 일단 도전을 받게 되면 기득권을 가진 귀족들은 자신의 이익을 지키기 위해 반드시 저항할 것이고, 평민들은 어떤 대가를 치르더라도 그 저항을 물리치고 압제를 종식시키는 것 말고는 다른 대안이 없기 때문이다.

그래서 제퍼슨에게 혁명은 그 폭력성 때문에 부정하고 두려워할 대상이 아니라 상서로운 자연 질서의 불가피한 부분이었다. 제퍼슨은 정치적 해악들로 구름이 잔뜩 낀 하늘을 한 번씩 청소하는 천둥에다 혁명을 비유하곤 했다. 또 그는 자유의 나무가 건강하게 생장하는 데 필수적인 비료에다 혁명을 비유하기도 했다. 천둥도 때로는 해를 입히는 것처럼 혁명도 때로 실패할 수 있지만, 자유를 향한 모든 시도는 자유라는 이름의 큰 상금을 조금이라도 더 손에 넣기 쉽게 해준다. 결국 '자유와 전제 사이를 한 번씩 오갈 때마다 하나라도 더 얻는 쪽은 자유다. 백성이 조금이라도 더 깨일수록 지배자들은 백성을 조금이라도 더 존중할 수밖에 없기 때문이다' 라고 본 것이다. 제퍼슨의 긴 안목에서 볼 때는 미국 혁명이야말로 인간이 성취한 진보의 증거이며, 다른 나라 백성들이 모두 받아들이도록 운명 지워진 정치적 유산의 상징이었다.[109]

혁명에 대한 애덤스와 제퍼슨의 사고방식은 이처럼 서로 달랐다. 그러나 양자의 간극을 너무 지나치게 강조하면 안 된다. 은퇴한 이후 서로 혁명에 대해 한가하게 논할 즈음에 두 사람의 견해는 놀랄 만큼 수렴되었기 때문이다. 물론 두 사람 사이에 오래 묵은 견해 차의 흔적은 여전히 남아 있었다. 자신의 정당성을 과시하고 싶은 해묵은 욕구를 억제하지 못한 채 애덤스는 여전히 자기 자신은 프랑스 혁명 초기부터 혁명의 위험성을 간파했지만 '철학적 평온 속에서 일찌감치 잠들어버린' 제퍼슨은 프랑스 혁명에 대해 '거칠고도 낙관적인 전망'110)만 했다고 말했으며, 제퍼슨은 제퍼슨대로 궁극적으로 이로운 혁명의 결과와 자유에 대한 자신의 신념을 여전히 조용히 읊조리고 있었다.

그러나 각자의 인생을 뒤돌아보기 시작하면서 두 사람의 종전 견해는 완화될 수밖에 없었다. 우선 미국의 정치적 실험이 예상보다 훨씬 더 좋은 결과를 낳으면서 세계를 확고히 감화시키고 체제 창조의 모범이 되었다는 확신을 갖게 되면서 혁명에 대한 애덤스의 우려는 감소했다. 그런가 하면 미국에서 타오른 자유의 불꽃이 대서양을 건너가서 피바다에 빠져 꺼지는 것을 본 제퍼슨도 혁명에 대한 찬사 일변도의 태도를 누그러뜨렸다. 언젠가 혁명의 불꽃으로 '스러져가는 전제주의의 힘'을 다 소진시킬 것이라던 그의 낙관론은 물론 여전했지만, '빛과 자유'가 진보하는 데는 훨씬 더 많은 시간과 더 큰 대가가 필요하다는 사실을 제퍼슨도 깨닫게 된 것이다. 그래서 그는 "유럽과 라틴아메리카에서는 적어도 다섯 세대 이상의 세월이 흐를 동안 피는 계속 강처럼 흐를 것이고 비참한 세월은 계속될 것"111)이라고 말하기도 했다.

인간의 혁명 능력에 대한 두 노 사상가의 견해 또한 세월이 흐르면서 서로 비슷해졌다. 먼저 애덤스는 인간은 타락한 존재라는 확고한 선입견에서 탈피해서 민족마다 기질이 어떻게 다른지 탐구하기 시작했다. 애덤스가 보기에 이 기질의 차이는 자유를 얻고 지키는 능력 면에서 차별화된 각 민족의 능력을 측정할 근거였다. 그런가 하면 제퍼슨도 어떤 민족들의 경우에는 눈에 보이지 않는 왕권과 교권의 결탁으로 인해 그 민족의 합리적 사고 능력이 저해되고, 그 때문에 혁명을 만족스럽게 끝맺을 능력도 훼손되었음을 인정하게 되었다. 이성과 열정은 추상의 상태로 존재하는 것이 아니라 각각 대단히 다른 민족적 특성 안에서 작동한다는 것을 두 사람은 뒤늦게나마 제대로 인식하게 된 것이다.

노년의 애덤스와 제퍼슨이 혁명에 대해 가졌던 이런 생각들로부터 우리는 그들의 세련된 관점을 형성하고 긴 세월에 걸쳐 미국적 혁명관의 기초를 제공한 몇 가지 요점을 뽑아볼 수 있다. 이들의 견해는 주로 미국 독립혁명의 기억을 바탕으로 해서 형성된 것이다. 젊은 시절의 애덤스와 제퍼슨이 가담했던 미국 독립혁명은 혁명을 오염시키는 사회적 폭력과 급진성의 기미가 전혀 없었던 혁명이었고, 그래서 독립혁명은 미국 민족주의 신화에서뿐만 아니라 사상이 무르익은 후일의 두 사람에게도 혁명의 중용과 지혜를 보여주는 모델이었다. 그리고 외세의 지배에 저항하든 내부의 폭군에 저항하든 '자유를 위한 모든 투쟁은 미국 독립혁명을 잣대로 평가하게 되었다.

애덤스와 제퍼슨이 정한 원칙에 따르면 무엇보다도 혁명을 꿈꾸는 자들은 시민의 권리나 재산권을 지속적으로 침해하거나 다수의 뜻을 배반하고 거역함으로써 정통성을 잃은 권위에 대해서만 대항하는 신중함이 있어야 한다. 또 일단 시작된 혁명의 운명은 그 혁명이 온건 노선을 얼마나 철저히 따르느냐에 달려 있다. 그리고 "한

정부 형태가 다른 정부 형태로 변환하는 데 뒤따르는 위험"[112)]이라고 제퍼슨이 말한 난관들을 혁명이 무사히 뚫고 나갈지 여부는 국민의 자질 즉, 불요불굴의 정신, 성실성, 교양, 정의감, 재능에 달려 있다. 유럽인들은 이 점에서 가장 유리한 조건을 갖고 있으며, 유럽 문명의 줄기에서 벗어나 있는 라틴아메리카나 슬라브인들의 혁명은 이 점에서 승산이 없었다. 그러나 혁명의 성공 여부를 판가름하는 또 다른 요인은 어떤 나라의 혁명이든 상층 계급이 주도해야 한다는 것이다. 그렇지 않으면 공포정치의 고삐를 풀게 만들 무서운 힘을 가진 도시 폭도들이 혁명의 주도권을 잡게 되고, 이런 상황은 또다시 새로운 전제정치가 등장함으로써만 끝날 수 있기 때문이다.

또 애덤스와 제퍼슨은 혁명을 성공리에 완결하고 싶다면 헌정체제를 갖추는 일에도 충분한 주의를 기우려야 한다는 점에 공감했다. 즉, 서로 충돌하는 정치적 이익을 조정하고 특정 조직이나 특정 부처에 권력이 집중되는 일을 막으려면, 그래서 마땅히 정부의 보호를 받아야 할 사람들에 대한, 그리고 그들의 재산에 대한 권력자의 권력 남용을 막으려면 '잘 조율된 헌법'(1788년에 제퍼슨이 쓴 표현을 빌리자면)이 필수적이었다. 그러나 애덤스가 제퍼슨에게 상기시킨 것처럼 이러한 성문헌법 체제의 작동 방식을 조직하는 일은 '배우기도 어렵고 실현하기는 더 어려운 예술이거나 수수께끼'[113)]였다. 어쨌든 외국의 책임감 있는 학도들이라면 미국 헌법을 그 모델로 삼아야 할 것이고, 자유를 사랑하는 체제를 건설하려는 노력의 성공 여부도 그들이 미국의 모델을 얼마나 따르는가에 따라 판단해야 했다.

마지막으로 애덤스와 제퍼슨은 혁명의 정신은 전염성이 강하기 때문에 좋든 싫든 혁명은 시발점을 훨씬 넘어 멀리까지 확산된다는 점에 의견을 같이했다. 비록 미국 국민이 그들 자신의 혁명은 확실하게 지켜냈지만, 미국 바깥의 혁명에 대한 면역성은 여전히 없고 따라서 외국의 혁명에 대해 무관심해서도 안 되었다. 다른 나라 국민들이 질서 있는 자유를 획득하는 것은 미국이 자유민의 안전한 세계를 이끌고 있다는 것을 미국 국민들에게 확인시켜주는 일이었다. 반면, 빗나간 혁명은 무언가 거부당한 느낌, 고립감, 그리고 불안감만 미국 국민에게 주는 것이었다. 그래서 미국은 비록 먼 데서 일어났다 할지라도 모든 새로운 혁명의 발발을 주의 깊게 지켜보아야 할 의무가 있다고 보았다.

★ ★ ★

18세기 말에서 19세기 초까지 밀어닥친 혁명 시대의 첫 물결에 대한 미국인들의 태도는 애덤스와 제퍼슨의 사상에 나타난 바와 같이 대단히 양면적이었다. 미국이 자유를 향한 소중한 투쟁을 헌정 체제 수립으로 이끄는 데 성공한 바로 그 시점에 프랑스에서도 혁명이 시작되었다. 그래서 미국인들은 미국이 영국으로부터 자유를 얻는 데 도움을 주었던 바로 그 프랑스가 이제는 미국의 모범을 따를 것으로 생각했다. 그러나 프랑스 대혁명의 진로가 엇나가기 시작하면서 미국인들은 초기의 낙관론을 포기하고 그 대신 혁명의 위험성에 대한 불안감을 품기 시작했다. 그리고 프랑스 대혁명의 절정에 뒤이어 일어난 라틴아메리카의 혁명 즉, 스페인의 압제에서 벗어나 자유를 얻으려는 라틴아메리카인들의 투쟁을 보면서 혁명에 대한 미국인들의 견해는 더욱 음울해졌다.

미국인들에게 프랑스 대혁명은 핵심적이고도 충격적인 경험이었다. 처음의 희망이 나중의 실망으로 변하는 과정은 후일의 다른 혁명들에 대해서도 계속 되풀이하게 될 터였지만, 프랑스 대혁명이야말로 혁명에 대한 미국인들의 신념을 최초로 실험해볼 기회였다. 따라서 프랑스 대혁명을 지켜보는 미국인들은 그 후의 어떤 혁명에서도 볼 수 없을 정도의 집중력을 가지고 혁명의 결말과 그 중차대한 의미를 지켜보고 있었다. 처음부터 미국인들은 프랑스 대혁명 드라마의 각 단계를 대서양 건너편의 다른 나라들에게 자유의 궁극적 운명을 미리 보여주는 조짐으로 간주했다. 즉, 1789년 7월의 바스티유 감옥 파괴로부터 1793년 대륙 연합군과 프랑스 혁명정부 간의 전쟁이 발발할 때까지는 모든 조짐이 괜찮았다. 큰 유혈 사태 없이 국민 의회가 구성되었고, 왕권이 제한되었으며, 공화정을 수립하고 반동 세력도 물리쳤다. 그래서 미국 주요 도시의 민주주의 단체들은 프랑스 대혁명의 성취를 축하하면서 미국도 프랑스를 본받아 미국 국내의 자유를 더 진작시키자고 주장하기도 했다.

제퍼슨도 당시의 대중적 열광에 동참했다. 제퍼슨은 처음부터 프랑스 대혁명을 긴 세월에 걸친 불의를 바로 잡으려는 합법적 시도로 보고 찬양했다. 대혁명의 성공을 의심치 않았던 그는 혁명의 성공은 전 유럽 해방의 시작일 뿐이며 미국의 자유도 강화시킬 것이라고 생각했다. 그가 혁명이 발발한 1789년 8월 프랑스에서 쓴 편지에도 "나는 인간의 양식과 인간의 자치 능력에 대한 강한 확신이 있기 때문에, 이성이 자신의 힘을 자유롭게 행사할 수 있는 문제들에 대해서 두려움이 전혀 없다"라고 적혀 있다. 다만 "프랑스에서 모든 일이 훌륭하게 결말을 맺지 않는다면 나는 거짓 예언자로 돌팔매를 맞아도 좋다. 또 혁명은 프랑스에서 끝나지 않을 것이다. 이 혁명은 유럽 자유의 역사에서 다만 그 첫 장일 뿐이다"라고 덧붙인 점에서만 신중하지 못했을 뿐이다. 또 1793년에는 "프랑스 혁명의 실패를 목격하느니 나는 차라리 지구의 절반이 황량한 황야로 변하는 것을 보고 싶다"[114]라고 말하기까지 했다.

그러나 프랑스 대혁명 초기 단계부터 혁명의 목표가 프랑스인들의 정치적 역량을 앞질러가지는 않을까 하고 제퍼슨이 우려했다는 증거도 있다. 제퍼슨은 특히 농민은 무지한 데다가 정치적 수동성에 길들여 있다고 강조했다. 더구나 자유란 프랑스 국민 모두에게 생소한 것이었다. 그래서 제퍼슨은 자신과 교류하던 프랑스 인사들에게 만약 사려분별이 있다면 혁명 초기에는 정치적 변화의 수단으로 온건한 방법만 써야 할 것이라고 반복해서 경고하기도 했다. 제퍼슨이 보기에는 절제된 권력의 행사 방식이 내장된 미국식 양원제가 당시 프랑스의 요구에 가장 부합하는 것이었다. 제퍼슨은 바스티유 감옥이 파괴되기 이전인 1789년 3월에 이미 혁명을 향해 치닫는 사태 진전을 미리 막아 프랑스 국민이 좀 더 자치 경험을 쌓고 미래에 올 완전한 자유에 대비할 수 있도록 하고 싶었을 것이다. 물론 1790년대 중반까지는 대혁명으로 인한 프랑스의 격변을 칭송하는 표현들을 계속했지만, 이런 찬양조의 논평 뒤에는 완전히 감추기 힘든 불안감이 항상 도사리고 있었던 것이다.

1793년 이후로 대혁명이 더욱 급진적이고 폭력적 경향을 띠게 되자 많은 미국인들은 대혁명이 정당한 한계를 벗어났다고 간주했고, 루이 16세의 처형, 온건 지롱드파에 대한 급진 쟈코뱅파의 승리,

그리고 그 절정인 로베스피에르의 공포정치에 화가 난 미국의 비판자들은 대혁명을 대놓고 비난하기 시작했다. 당시 미국의 두 정파 가운데 연방파가 이 비난을 주도했는데, 연방파는 정적인 공화파에게 프랑스 대혁명에 대한 입장을 밝히라고 요구함으로써 미국에서 대두하고 있는 두 정파간의 싸움이 먼 나라 프랑스에서 일어나고 있는 정치 투쟁과 겹쳐 보이게끔 만들기도 했다.

연방파의 지도자들은 엇나가고 있는 프랑스 혁명을 핑계 삼아 그들에게는 자코뱅파나 마찬가지인 정적 공화파의 영향력을 견제하려고 했다. 그래서 연방파의 알렉산더 해밀턴은 마라와 로베스피에르가 프랑스에서 저지른 '무시무시하고도 구역질나는 광경들' 즉 암살, 내부 반란, 일체의 사회적 도덕적 연대감의 실종 현상을 비난하면서 프랑스에서 "자유의 참된 대의는 깊은 상처를 입었다"고 선언했다. 처음에는 프랑스 대혁명이 미국 독립혁명의 후예이며 유럽의 운명을 뒤바꿀 것이라고 보았던 조지 워싱턴도 나중에는 해밀턴의 비관론을 따르게 되었다. 그렇다고 워싱턴이 프랑스 대혁명에 대한 해밀턴의 경악에 대해서까지 공감한 것은 아니었지만 말이다. 어쨌든 워싱턴은 애초부터 프랑스 사람들이 '방종'과 '전제적 압제'라는 쌍둥이 위험을 피해 진로를 찾아낼 만큼 '충분히 냉정하고 온건한' 국민은 아니라고 우려했었다. 그리고 파리의 '격렬한 주민'들과 '정신착란 증세를 가진 사악한 꿍꿍이들'이 혁명을 장악해서 파산시켰다고 보았다. 그리고 파리에서 보낸 서한을 통해 미국 연방파에게 영향력을 미쳤던 연방파의 또 다른 거물 거버너 모리스는 프랑스인들이 '천둥 속의 소 떼'와 같다고 하면서, 자유를 추구하는 과정에서 프랑스인들은 정치적 절제와 사유재산의 양대 방벽인 종교와 도덕 모두를 위험에 빠뜨렸다고 단언했다. 모리스의 결론에 따르면 이처럼 '촐싹대는 민중' 115) 때문에 위태롭게 된 프랑스 사회가 질서를 회복하는 방법은 누군가에 의한 독재뿐이었다.

연방파 인사들 가운데 프랑스 대혁명의 나쁜 선례를 가장 먼저 비난한 사람은, 그리고 프랑스 대혁명이 반항적 기질이 너무나 뚜렷한 미국 국민에게 끼칠 선동 효과를 가장 먼저 비난하고 나선 사람은 애덤스였다. 대혁명 초기에 애덤스는 프랑스인들이 종교를 조롱하고 인격과 재산의 평등이라는 환상을 쫓는다고 비난한 바 있었다. 또 프랑스가 단원제 의회를 통해 정부 형태를 결정한 것도 애덤스가 말한 '통치의 과학'을 무시하는 어리석음을 범한 것이었고, 이 때문에 지독한 정치 사회적 재앙 즉, 무정부상태, 방종, 폭정, 전쟁, 질병과 기근이 뒤따를 게 뻔하다고 보았다. 애덤스는 1790년에 이미 프랑스인들이 "평등한 법, 개인의 자유, 재산과 생명의 권리를 누리지 못할 것"이라고 예언한 바 있다. 그리고 그 후 몇 년간 프랑스에서 벌어진 일들은 애덤스의 이런 음울한 판단을 전혀 변화시킬 수 없는 음울한 일들이었다. 그야말로 '분쟁의 씨가 뿌려진 프랑스에 괴물이 나타난' 116) 것이었다.

1790년대 말쯤 되면 프랑스 대혁명에 대한 연방파의 반대 입장과 그들의 반대 입장에 동조하는 미국인들의 견해는 폭 넓은 지지를 받게 되었다. 공해상에서 프랑스 정부가 미국 상선에 대해 취한 공세적 정책, 그리고 악명 높은 'XYZ 사건'*을 통해 미국 외교관들이 받은 수모를 최대한 활용한 연방파는 1798년 중반 반 프랑스 감

---

* XYZ 사건에 대해서는 87쪽 각주 참조. ―옮긴이

정의 광기가 미국 내에서 일어나도록 선동했다. 프랑스와 전쟁이 뒤따를지도 모른다는 공포심을 대중들이 갖게 된 상황에서 연방파는 미국 국내에서 '쟈코뱅'으로 의심되는 자들의 시민권을 제약하고 선동적인 사상을 탄압할 수 있는 여러 법안을 제정했다. 민주주의를 지지하는 단체들과 프랑스 대혁명 지지자들은 치안을 방해하는 자들로 지탄받았고 결국 침묵할 수밖에 없었다.

한때 자신만만했던 제퍼슨은 이제 프랑스 대혁명의 지나친 양상을 탄식하기 시작했고, 프랑스 대혁명 덕에 연방파가 진정한 자유의 벗인 공화파를 공격할 기회를 잡았다는 사실을 슬퍼했다. 그리고 1799년 나폴레옹의 등장과 더불어 사실상 끝장난 프랑스 대혁명에 대해 제퍼슨은 더 이상 변호할 책임을 느끼지 않게 되었다. 그리고 후일 그는 프랑스 대혁명과 그 혁명의 후유증은 '공포', '광기', '범죄', '인간적 참상', '치명적 오류'에 뒤덮인 개탄할 만한 인류사의 한 시대였다고 회상하게 된다. 제퍼슨이 보기에 프랑스의 자유를 궁극적으로 짓밟은 것은 '원칙은 없고 유혈만 낭자한 로베스피에르의 폭정과 이에 못지않게 무원칙하고 광기어린 보나파르트 나폴레옹의 독재'였다. 1802년에 제퍼슨은 "프랑스 국민이 혁명을 감당하지 못할 것이라고 과연 누가 생각이나 할 수 있었겠는가"라고 자문했고, 이 질문에 대한 답은 나중에 애덤스와의 서신 교환을 통해 나오게 된다.[117]

프랑스 혁명을 통해 사회 혁명의 위험성이 확실히 입증되었다면, 당시 아메리카 대륙에서 프랑스와 스페인, 포르투갈에 대항해서 일어나고 있던 반란들 또한 반 식민 투쟁의 한계를 내비치고 있었다. 오랜 외국의 압제를 겪은 민족은 자유를 원하는 법이지만 그들을 얽매고 있던 기존의 상황 때문에 그들은 자유를 쟁취하고 지킬 능력을 잃어버린 상태였다. 식민지인들의 열망과 능력 사이에 존재하는 이런 명백한 모순을 더 크게 강조한 사람은 제퍼슨이었다.

제퍼슨은 1787년에는 라틴아메리카에 자유의 불꽃으로 타오르기 직전 상태의 '가연성 물질'이 있다고 확신했다. 그러나 1791년 카리브 해의 산토도밍고에서 혁명이 터지자 그는 두려움에 떨며 주춤했다. 산토도밍고에서는 '유색인' 즉, 하층민인 흑인 노예들과 해방 노예들이 철저히 프랑스 대혁명의 교리에 따라 일으킨 반란에서 그들을 지배해온 프랑스인 농장주들을 학살했다. 이 학살을 피해 1793년 미국 해안에 상륙한 백인 피난민들을 보고 제퍼슨은 그들의 곤경에 동정심을 갖기도 했지만, 이미 프랑스에서 카리브 해로 전염된 혁명의 기운이 곧 미국 남부까지 도달해서 훨씬 더 심한 '유혈이 낭자한 광경'[118]을 만들어내지 않을까 깊이 우려하기 시작했다.

미국인들은 혁명의 기운이 미국으로 오는 것을 다시 막으려고 했다. 남부 주들은 서인도 제도 흑인 노예의 수입을 제한했고, 노예법을 엄격하게 제정해서 미국 국내의 노예 반란을 막으려 했다. 또 산토도밍고의 소름끼치는 상황이 남부 흑인들의 귀에까지 들어가지 않도록 산토도밍고 반란에 대해 공공연히 떠드는 것도 금기시되었다. 그러나 해를 이어 반복되는 서인도 제도의 잔학상이 가져다준 충격은 남부에 국한되지 않았다. 펜실베이니아 출신의 한 연방 하원의원은 산토도밍고의 폭력 혁명의 최종 결과로 흑인 노예들이 세운 1804년의 흑인 공화국은 기껏해야 "흑인 독재요 흑인에 의한 권력 강탈"이며 문명국들은 이 공화국을 천민, 부랑자로 대해야 한다고 공언하기도 했다. 그리고 이후 반세기에 걸쳐 미국의 역대 대통령들은 이 말에 동조라도 하듯 산토도밍고 반란의 산물인 아이티 공화국에 대한 승인을 보류했다.[119]

중남미의 스페인 식민지에서 일어난 1810년대의 혁명들은 미국이 보기에 사정이 조금 나았다. 1811년 새로운 소요 사태가 라틴아메리카에서 발생했다는 소식을 듣자마자 제퍼슨은 "이는 인간이 스스로 일어서서 압제의 사슬을 끊어버리는 또 다른 사례"라고 만족스럽게 말했다. 스페인인들은 프랑스인들과 달리 정치적 변화를 온건하게 추구할 만한 양식을 가졌으며, 또 아이티 흑인들과 달리 인종 학살을 회피할 만한 양식도 갖고 있다고 믿었던 것이다. 그럼에도 불구하고 애덤스와 제퍼슨을 비롯한 미국의 관측통들은 라틴아메리카인들이 아직 자유를 맞이할 준비가 되지 않은 게 아닌가라는 의구심을 갖게 되었다. 이들이 보기에는 스페인 전제정의 유산으로 물려받은 맹신적 가톨릭주의와 '블랙 레전드'의 핵심 내용인 혼혈 인구가 자유의 진보를 가로막을 심각한 장애물이었다. 제퍼슨은 애덤스가 자주 사용한 문구들과 놀랄 만큼 비슷한 어투로 이 점을 지적했다. 즉, 라틴아메리카인들은 "극도의 무지에 빠져 있고 완고한 신앙과 미신에 사로잡혀 잔인해졌으며", 이 때문에 "어린 애들처럼 자치 능력이 없다"고 했다. 그래서 스페인의 압제를 대체할 것으로 제퍼슨이 바랄 수 있는 것은 '군사 독재' 뿐이었다. 그리고 그는 라틴아메리카인들이 '질서 정연한 자유'에 적응하려면 수 세대에 걸친 교육, 미국의 본보기와 지원이 필요할 것이며 심지어 여러 세대에 걸쳐 스페인의 보호령으로 지낼 필요가 있다고

도 말했다.[120)]

　북부의 뉴잉글랜드를 기반으로 한 연방파의 보수주의가 남부의 예민한 인종주의와 결합되면서 형성된 1820년대와 1830년대 미국의 혁명관은 도대체 라틴아메리카에서 자유가 존재할 수 있는지에 대한 의구심을 가졌던 제퍼슨의 심각한 회의론과 점점 가까워졌다. 물론 1821년부터 1824년에 걸쳐 포르투갈의 식민지인 브라질과 스페인 식민지들은 독립을 했고 미국으로부터 외교적 승인도 받았다. 그러나 당시 미국의 먼로 행정부는 이들이 좋아서 승인한 것이 아니었다. 신생국 승인을 둘러싸고 벌어진 치열한 논쟁에서 신생국과의 교역 증진이나 중남미에서의 유럽 세력 축출에 수반될 현실적 이익을 내세운 승인파의 주장에 밀렸기 때문이다. 스페인과 협상을 타결하느라고, 또 스페인에 대해 반란을 일으킨 라틴아메리카 토착 정치 세력들이 과연 살아남을 수 있을지를 판단하느라고 한동안 분주했던 국무장관 존 퀸시 애덤스(John Quincy Adams)만 하더라도, 그가 행정부 내에서 끈질기게 제기했던 문제는 라틴아메리카 신생국들은 미국과 같은 공화정도 아니고 자유의 모델로 내세울 만한 것이 거의 없다는 것이었다. 라틴아메리카인의 나쁜 점에 대한 퀸시 애덤스의 생각이 공개된 것은 보스턴의 〈북아메리카 리뷰〉(*North American Review*)를 통해서인데, 1821년 이 권위 있는 잡지가 "혈통도 법률도 인습도 종교도 다른 국민들한테 미국 국민은 어떻게 공감과 관심을 보낼 수 있겠는가?"라고 물었을 때 퀸시 애덤스의 대답은 "라틴아메리카인들의 폭력성과 나태성은 혼혈 인종이 폭정과 열대성 기후 조건에 시달려 타락하면서 생긴 자연스런 결과다"라고 답했다. 신생국 승인을 둘러싼 논쟁에서 퀸시 애덤스의 반대편에서 승인을 주장했던 헨리 클레이(Henry Clay)조차도 라틴아메리카인들의 무지와 미신 숭배가 스페인의 '못된 폭정' 하에서 살아온 결과라는 현실을 인정했다. 폭정이 끝나면 세상은 진보할 것이라는 신념을 갖기는 했지만 헨리 클레이 같은 사람들조차도 때때로는 혁명에 대한 인내심을 잃었고, 1821년에는 갓 독립한 멕시코를 "전제와 예속의 나라, 종교 재판과 미신의 나라"[121]라고 비난했다.

더구나 대부분의 미국인은 클레이가 가졌던 진보에 대한 낙관론과 인내심을 유지할 수 없었다. 그리고 신생 독립국들의 행태는 그들의 암울한 전망을 사실로 확인시켜주었다. 신생국들은 군주제로 접근해갔고(브라질은 실제로 군주제를 택했고 멕시코도 한동안 군주제를 택했다) 유럽의 구세계와 유대를 계속 가졌으며 노예제를 폐지하는가 하면(미국에서는 아직 노예제에 대한 논쟁이 일어나기 이전임—옮긴이) 군부 독재와 대중의 무지와 허영에 짓눌려 가라앉기 시작했다. 물론 라틴아메리카 사정이 혁명 이전보다는 나아졌지만, 자유를 향한 실험을 성공리에 끝맺는 과업을 수행하는 데는 라틴아메리카인들이 유럽인들보다 나을 게 없고, 그게 라틴아메리카인들의 결함 때문이라는 것은 더 이상 의심할 여지가 없어 보였다.

혁명 시대의 첫 물결은 1820년대 초에 잦아든다. 라틴아메리카의 자유는 처음부터 실패작이었음이 드러났다. 프랑스인들은 자유를 갖고 장난치다가 결국 보나파르트 나폴레옹처럼 강력한 힘을 가진 자만이 없앨 수 있는 괴물을 만들어냈었다. 그리고 끝내 나폴레옹이 패배함으로써 유럽에서는 비인 회의의 주관 하에 지긋지긋한 구질서가 다시 복구되었다. 자유의 자손으로 아직 살아남은 것은 북아메리카뿐이었다. 미국인들은 이제 자유 국민으로서 그들이 거둔 성공이 다른 나라의 미래 세대 애국자들을 고취함으로써 협소해진 자유의 땅을 언젠가 다시 넓혀주기만을 바랄 뿐이었다. 그러나 프랑스 대혁명의 유혈 사태가 오래 지속되면서 미국인들의 정치의식 속에 깊게 새겨놓은 고통스런 기억은 자유를 향한 혁명의 노정이 얼마나 위험으로 둘러싸여 있는지를 일깨우는 각성제로 자리 잡게 되었다.

미국인들이 목격한 두 번째 혁명의 물결은 19세기 중반에 일어났다가 스러졌다. 그 절정은 1848년 유럽의 혁명들이었고 1871년의 파리 코뮌에서 그 비극적 대단원을 맞이했다. 혁명시대의 두 번째 물결에 대해서도 미국은 그 이전의 반응 패턴을 반복했다. 미국의 민족주의자들은 미국 독립혁명이 '역사상 가장 위대한 정치적 사건'이며, 따라서 '세계의 정치적 부흥을 위한 당연한 대리인'이라고 찬미했다. 또 그들은 어떻게 해야 혁명이 자유 정부 수립으로 이어지는 것인지에 대해 계속 모범을 보여줌으로써 미국은 '지구상의 모든 피압박 민족들에게 미국처럼 행동해서 미국만큼 자유롭고 행복해지라는 초대장을 보내고 있다'고 생각했다. 이 말은 1852년 연방 상원의원 루이스 카스(Lewiss Cass)가 한 말이지만, 자유를 위한 세계적 투쟁을 지지하고 미국의 모범적 역할을 강조하는 말과 행동들이 반복되었던 미 연방의회와 대중적 집회에서 수천 번 넘게 메아리친 정서이기도 했다. 그리고 실제로 자유를 대의로 택한 외국에 대해 미국인들은 존 애덤스와 토머스 제퍼슨 시대로부터 내려온 엄격한 기준을 그대로 적용했다. 또 미국의 기준을 얼마나 엄격히 적용할지에 대해 이견은 있었지만, 19세기 중반의 미국인들은 그 이전 세대처럼 자유를 향한 여러 나라의 노력이 난폭하지는 않지만 최소한 실망스런 결과를 맺었다고 반복해서 공언하곤 했다.[122]

유럽에서 다시 혁명이 가동되기 시작한 이 시대의 서곡은 그리스와 폴란드에서 연주되기 시작했다. 1821년 오토만 제국의 지배에 대항해서 시작된 그리스인들의 투쟁은 미국인들에게 비상한 호소력을 지녔다. 그것은 이교도에 대한 기독교인들의 싸움이었고, 그리스 독립의 가장 열렬한 옹호자였던 에드워드 에버렛(Edward Everett)의 말대로 '십자가와 초승달(즉 기독교와 이슬람—옮긴이)의 전쟁'이었다. 더구나 그리스인들은 '현자와 영웅들이 찬란한 별자리처럼 모여 있던' 고대의 후손이라는 정서적 호소력을 지니고 있었으며, 이 때문에 고전 교육을 받은 애덤스와 제퍼슨과 여타 인사들은 자유를 위한 그리스인들의 투쟁에 대해 '소명의식에 기반한 열정'을 가졌다. 그리스 혁명에 대한 미국 대중의 열광은 1823년에서 1824년에 걸친 겨울과 1827년에 절정에 달했는데, 신문과 대중집회를 통해, 그리고 뉴욕, 보스턴, 필라델피아, 뉴욕 주 올바니, 오하이오 주 신시내티 등지에서 열린 모금 활동으로 표출되었다. 그러나 미국인들을 적잖게 실망시킨 1830년 이후에는 헬레니즘에 대한 이런 열광도 끝났다. 1830년 러시아, 영국, 프랑스가 그리스인들이 쟁취하기 위해 싸워왔고 또 미국인들이 응원해온 그리스의 독립을 찾아주기는 했지만, 그리스인들이 질서 있는 자유 체제를 수립하기보다는 오래 묵은 고질적 당파 싸움만 계속하는 바람에 세 강대국이 다시 개입하여 바바리아 왕족을 그리스의 왕으로 삼고, 결국 평온은 회복했지만 그리스는 다시 군주국이 되고 만 것이다. 그래서 미국인들이 볼 때 외국 군주의 전제가 또 다른 외국 군주의 전제로 바뀐 데 불과한 그리스의 사정은 별로 나아진 게 없었다.[123]

전제정치에 시달리고 있던 또 다른 용감한 민족 폴란드인들의 혁명도 실망으로 끝난 그리스 독립혁명의 드라마를 보상할 만한 것이었지만, 결국 그리스보다 더 실망스런 결말만 맺었다. 1795년에 러시아, 프로이아, 오스트리아에 의해 분할된 폴란드의 러시아 관할 지역에서 1830년에 반란이 일어났지만, 열 달 이후 이 반란은 진압되었고 러시아는 압도적 군사력으로 폴란드에 대한 통제의 고삐를 더욱 단단히 쥐게 된 것이다. 짓밟혀 신음하던 민족이 미국을 모범 삼아 행동하면서 자유를 손에 곧 넣을 듯했던 그 짧은 열 달 동안 미국인들은 다시 대도시에서 집회를 개최하고 모금 활동을 하면서 미국 독립혁명의 유산이 얼마나 소중한지를 마음에 새겼다. 그래서 미국 소설가 제임스 페니모어 쿠퍼는 폴란드 혁명이 마지막 단말마의 숨을 쉬기 시작한 1831년에도 "이 세상 가장 먼 구석이라 할지라도 자유인은 결코 쓰러지지 않는다는 것을, 그리고 당신들의 고귀한 과업에 동참한 형제들은 단 한 사람도 당신들을 버리지 않을 것임을 기억하라"[124]고 외쳤던 것이다.

1848년과 1849년에 걸쳐 유럽을 휩쓴 혁명의 물결은 미국인들의 희망을 최고조에 달하게 만들었다. 새로 탄생한 젊은 공화국들은 비틀거리는 유럽의 낡은 왕조들을 쓸어버릴 기세였고 또 그런 것처럼 보였다. 프랑스에서는 다시 한 번 왕정이 붕괴되었고, 이탈리아와 헝가리 그리고 체코는 합스부르크 왕가에 반기를 들었다. 로마인들은 교황을 몰아냈고, 독일인 즉 오스트리아와 프러시아인들은 각각 자기 나라의 권위주의 체제에 공세를 가했다. 그리고 영국도 잠시나마 혁명의 기미로 인해 동요했다. 당시 미국은 멕시코와 치른 전쟁에서 이겨 땅을 빼앗고 또 영국과 힘든 협상 끝에 영토를 늘린 직후여서 원기왕성하고 자신감에 찬 상태였는데, 유럽에서 일어난 혁명의 파도는 이런 미국의 분위기를 더 고조시켰다. 유럽 전역이 전제왕정의 굴레를 떨쳐버리려고 하는 장관을 보면서 미국인들은 자유의 사도로서 또 혁명적 진보의 모델로서 미국이 부여 받은 사명을 다시 한 번 상기하게 되었다. 또 노예제 폐지 문제를 둘러싼 미국의 정치적 분열을 우려하던 인사들도 유럽에서 일어난 자유주의 혁명을 긴장 국면을 전환하기 위한 어떤 계기로 받아들였다.

1848년에 일어난 혁명들 중에서 미국인들을 가장 사로잡은 것은 프랑스와 헝가리의 혁명이었다. 1849년 4월에 수립된 헝가리 공화국은 러시아의 지원을 받은 오스트리아군에 의해 4개월 만에 무너졌지만, 헝가리 혁명의 정신은 미국으로 망명한 혁명 지도자 루이스 코슈트 덕분에 미국에서 계속 살아남았다. 1851년 12월 그가 뉴욕에 도착하자 미국이 유례없는 흥분에 휩싸인 것도 그가 극단적 상황 속에서 자유를 위해 투쟁한 인물이었기 때문이다. 그러나 1852년 중반 무렵 열기는 식기 시작했고 공화정을 찬양하는 집회도 끝났다. 코슈트는 그의 원대한 미국 순회 여행에서 특별한 것을 보여주지 못한 채 영구 망명을 위해 영국으로 가는 배에 올랐다. 그러나 그리스나 폴란드의 혁명이 그랬던 것처럼 헝가리에 대한 미국인들의 꿈도 그 꿈을 꾸는 동안은 달콤한 것이었다.

이와 대조적으로 프랑스에서 일어난 1848년 2월 혁명은 또다시 정치적 악몽이었다. 이미 미국인들은 1789년 대혁명 발발에 뒤따른 과도한 폭력과 광기가 나폴레옹의 제정으로 가는 길을 닦았으며 결국에는 왕정복고로 귀결되었다는 것을 기억하고 있었다. 그런데 이처럼 대혁명 이후 정치적 사변을 계속 겪어야 했던 프랑스인들은 1830년에 마침내 부르봉 왕가를 축출하고 루이 필립을 왕으로 세워 입헌군주제를 수립함으로써 온건한 정치 개혁을 시작했었고, 미국인들은 이 과정에서 양식 있는 프랑스 지도자 라파이예트가 맡은 두드러진 역할, 프랑스인들이 훌륭히 지킨 질서, 입헌군주제가 가져다주는 제한적인 소득에 만족하는 프랑스인들의 건전한 판단력을 지켜보면서 안도하고 있었다. 미국 일반 대중이 1830년 7월의 프랑스 혁명을 축하하는 가운데 앤드류 잭슨 대통령은 '혁명으로부터 공포를 추방시킨 영웅적 절제'에 대해 프랑스 국민에게 축하를 보내기도 했다.[125]

 그런데 루이 필립의 입헌 왕정을 무너뜨리고 공화정을 수립한 1848년의 2월 혁명이 발발하자 미국인들은 프랑스가 또다시 무정부 상태에 빠져들고 새로운 독재자가 나타날 것이라는 우려를 감출 수 없었다. 그리고 이 우려는 현실이 되었다. 잠깐 동안 파리를 동요시킨 대중적 소요 사태인 '6월 사태'는 폭력 진압을 불렀고 루이 나폴레옹이라는 새로운 별이 떠오르는 계기가 되었다. 그리고 1852년 루이 나폴레옹은 다시 제정을 선포했다. 프랑스인들의 정치적 역량에 대한 미국의 신념은 이제 바닥에 떨어졌다. 그래서 1852년 12월 보스턴의 잡지 〈보스턴 쿠리어〉(*Boston Courier*)는 "프랑스인들은 … 피와 돈을 한없이 퍼붓고도 프랑스 역사의 한 페이지를 가없는 몽매와 죄악으로 물들였다. 그러나 그들은 그러고도 아무것도 배우지 못했다"[126]라고 격앙된 어조로 썼는데, 이는 존 애덤스가 살아 있다면 했을 법한 말이었다.

제퍼슨의 신념을 물려받은 인사들 또한 프랑스에서 자유가 또다시 후퇴했다는 것을 인정했다. 다만 다소 믿음이 약해지기는 했지만, 그들은 여전히 자유의 대의가 때가 되면 그 필연적인 진보를 이룩할 것이라고 주장했다.

그러나 이런 절제된 낙관론을 지탱하기 어렵게 만들고, 프랑스인들은 체질적으로 정치적 열병의 발작을 일으키기 쉬운 민족이라는 결론을 강화시킨 것은 1871년 파리 시가지에서 일어난 사건들이었다. 프로이센 군대에 패배함으로써 나폴레옹 시대의 흔적도 다 사라진 상황에서, 또 평화 협상이 진행되는 와중에 정치적 혼란 상태에 빠진 1871년 3월 파리에서 봉기가 일어난 것이다. 파리에서는 자체 군대를 가진 코뮌 정부가 곧 수립되었고 가톨릭교회에 대한 공격, 지대와 임차료 폐지, 재산 몰수와 같은 일련의 급진적 정책들이 시행되었다. 5월 하순에 무력 진압을 당하기 이전까지 파리 코뮌이 미국인들에게 제공해준 것은 아무리 따져보아도 비난할 수밖에 없는 공포스러운 조치들의 긴 목록이었다. '방탕하고 사악한 도시' 파리는 다시 한 번 더 '반란과 시가지 바리케이드를 향한 억누를 수 없는 열정만 가진' 폭도들만 낳은 것이다. 그래서 이제 한결같이 파리 코뮌에 적대적이 되었고, 파리 코뮌에 대한 무력 진압에 유별나게 안도의 한숨을 내쉰 미국 언론들은 '1789년 대혁명의 최악의 장면들'에 대한 기억과 '불만에 가득 찬 폭도'가 일으킨 1848년 2월의 '약탈 혁명'에 대한 기억을 툭하면 상기하게 되었다. 그리고 이처럼 주기적으로 발작하는 혁명을 따라 세운 프랑스 공화국이지만,

마지막으로 미국인들이 그처럼 오랫동안 가르쳐주려고 애쓴 '온건한 정치'의 교훈에 주의를 기울이도록 해달라고 신에게 기도하는 것 말고는 다른 방법이 없었다.[127]

파리 코뮌에 대한 미국인들의 강력한 반응이 전적으로 프랑스인들의 정치적 미숙성과 경험적 학습 능력 부재에 대한 실망에 그쳤다고 보는 것은 옳지 않다. 파리에서의 사태 전개는 미국에서 정치적 신경과민 증상까지 유발한 것이다. 파리 코뮌 사태 발발 직후 〈뉴욕타임즈〉는 사설에서 파리 코뮌이 '모든 현대 사회에 잠복해 있는 뿌리 깊은 폭발력'이 어떤 것인지를 보여주었다고 솔직히 인정했다.[128] 미국의 대도시들은 파리의 코뮌주의자들을 고취시킨 무정부주의나 사회주의와 동일한 이념을 갖고 건너 온 유럽 이민자들이 대다수인 '불만에 가득 찬 군중'으로 채워지고 있었으며, 이민 때문에 노동 세력이 크게 불어나 재산권에 도전하고 계급 갈등을 선동하는 일이 시작되었다 해도 놀랄 일이 아니라는 것이었다. 그리고 보수주의자들과 토착주의자들은 바로 이런 현상이 미국 땅에 혁명의 씨앗을 뿌리는 것이라고 소리치면서 경계하기 시작했다. 그리고 이 씨앗이 발아하는 사태를 막으려면 이민을 제한하고 노동자들의 요구를 물리치고 불온한 사상을 철저히 감시해야 한다고 주장하기도 했다.

혁명 시대의 두 번째 물결이 끝나갈 즈음 미국인들은 그 어느 때보다 더 혁명의 잠재적 위험성을 확신하고 있었다. 그러나 그 신념의 강도는 사람마다 균일하지 않았다. 애덤스와 제퍼슨의 예를 통해 본 것처럼 혁명의 위험성에 대한 확신의 강도 차이는 각 개인의 철학과 기질 차이로 볼 수 있었다. 그런가 하면 이 차이는 정치적 차원에서 나타나기도 했다. 즉, 혁명에 대한 건국 초기 연방파의 적개심은 후일 휘그당* 보수파에게 상속되어 급진적 정책에 대한 의구심으로 나타났으며, 혁명에 대한 건국 초기 공화파의 열광은 노예제 확대에 반대하는 자신들의 투쟁을 유럽 혁명이 반영한다고 본 1840년대 후반과 1859년대 초의 자유토지당(Free Soilers)을 통해 부활했던 것이다. 또 인종과 계급에 따른 차이도 나타났는데, 비교적 근래에 정착한 이민 공동체, 특히 독일인과 아일랜드인들은 조국의 해방만을 바라면서 '신성한 재산권'이라는 개념에 별로 구애받지 않았지만, 영국 혈통의 미국인들은 해외의 혁명을 성원하는 하층 외국 이민자들이 위험한 존재가 될 수 있다는 사실을 재빨리 간파했다.

또 혁명에 관한 미국인들의 견해는 지역적으로도 차이가 났다. 정치적 질서와 사회적 보수주의의 보루는 뉴잉글랜드와 남부였다. 예를 들면 이 두 지역은 1848년 프랑스의 2월 혁명을 별다른 흥분 없이 환영했으며 나중에 남부는 헝가리 혁명 지도자 코슈트가 남부를 순회할 때에도 눈에 띌 정도로 환대를 하지 않았다. 사회적으로 위계질서가 강하고 지켜야 할 재산(노예를 뜻함—옮긴이)의 성격이 특별한 것이었기 때문에 남부인들은 평등을 부르짖는 유럽의 혁명가들을 멀리했다. 그리고 1848년, 프랑스령 식민지에서 노예제를 철폐한다는 프랑스 정부의 칙령은 급진적 정치 교리가 생산해낼 것이라고 남부인들이 두려워했던 바로 그것이었다. 반면 중서부는 혁명에 더 호의적이었다. 중서부에는 이민자의 비율이 압도적으로 높

---

* 휘그당에 대해서는 99쪽 각주 참조.—옮긴이

았고, 또 연방의회에서 중서부를 대변한 루이스 카스(Lewis Cass), 스티븐 더글라스(Stephen Douglas), 시드니 브리즈(Sidney Breese) 등은 '영 아메리카'라는 단체를 결성해서 1848년에 유럽 혁명과 미 공화국의 영토 확장이 동시에 일어난 것을 자유가 세계를 휩쓸 징조로 받아들이고 있었다. 그리고 코슈트의 방문을 국제도시인 뉴욕만큼 열렬히 반긴 곳도 중서부뿐이었다.

이러한 지역별 차이는 남북전쟁 이후에도 계속되었다. 그래서 1871년의 파리 코뮌에 대해서도 중서부는 남부나 뉴잉글랜드에 비해 덜 경악했다. 그리고 버지니아, 펜실베이니아, 메릴랜드 등 대서양 연안의 중부 주에 있는 신흥 도시들은 그 중간이었는데, 이들 도시에서는 급진적인 정치사회적 변혁에 거부감이 없는 외국 태생의 대규모 노동 계급 진용과 주로 영국 출신의 군건한 엘리트층으로 그들이 잡고 있는 지역 헤게모니에 대한 도전의 증대를 우려하는 진용이 서로 맞대고 있었기 때문이다.

미국인들이 목격한 혁명의 세 번째 물결은 1890년대에 시작되어 1910년대 후반 그 절정에 이르러 산산조각 났다. 격변의 장면은 구유럽의 중심부로부터 혁명이나 자유가 일어나리라고는 미국인들이 생각하지 못한 유럽의 주변부로 옮겨갔다. 이번에도 미국인들은 희망이 실망으로 변하는 과정을 맛보게 되지만, 처음으로 워싱턴의 정책 결정자들이 직접 나서서 혁명의 전개 과정을 유심히 관찰하고 혁명을 안전한 울타리 속에 가둬두려고 하는 경향을 보인 것은 이

때부터다. 미국은 더 이상 유럽에서 멀리 떨어져 있으려 한 1790년대의 연약하고 취약한 나라가 아니었으며, 19세기 중반처럼 멋진 유럽의 혁명에 대해 찬사나 보내고, 혁명정부를 재빨리 승인이나 하고, 혁명이 실패했을 때 몰락한 영웅에게 피난처나 제공하는 일 말고는 아무 것도 하지 않을 정도로 미국 인접 지역의 문제에만 매몰된 나라도 아니었다. 특히 19세기 후반의 미국인들이 라틴아메리카와 동아시아 그리고 유럽에서 공적, 사적 이권을 개발하게 되면서 세계 각지의 변란이 미국의 이런 이권들을 건드리게 되자, 미국이 지금까지 취했던 소극적인 정책은 더 이상 아무 쓸모가 없어지게 되었다. 그래서 혁명의 오랜 쌍둥이 요괴인 폭력과 급진주의가 위협적으로 보이는 경우에 미국의 정책 결정자들은 그들이 쓸 수 있는 모든 수단을 화려하게 동원하기 시작했다. 그래서 무기 수출, 재정 원조, 외교적 승인 등을 무기로 쓸 수도 있었고, 혁명 세력 중 미국과 미국이 선호하는 질서에 동조하는 분파와 내밀한 거래를 할 수도 있었으며, 다른 강대국들과 이런 행동을 함께 할 수도 있었다. 그리고 심지어는 미군을 직접 파병하게 될 수도 있었다.

혁명의 새로운 시대를 알리는 첫 번째 진동은 쿠바와 필리핀으로부터 울려왔다. 적어도 1898년에 미국이 쿠바 사태에 개입하고 또 쿠바를 점령해서 스페인의 통치를 종식시키고 워싱턴 행정부의 상황 인식을 바꾸어 놓기 이전에는 자유를 쟁취하려는 쿠바인들의 투쟁도 미국의 동정심을 유발했다. 그러나 이제 미국의 정책결정자들은 라티노들의 정치적 미성숙을 우려하는 인종주의적 의구심을 그대로 간직한 채 자유를 향한 쿠바인들의 열망과 미국의 전략적, 경제적 이익을 저울질해야만 했다. 그리고 이처럼 상충되는 두 가지 충동을 서로 타협시킨 절충책은 '지도와 보호가 필요한 연약한 신생국에는 이에 적합한 제한적 독립'을 부여한다는 것이었다. 또 필리핀에서도 스페인 식민 통치에 대항한 혁명이 미국이 생각한 범위를 넘어서면서 미군이 개입하고 사태를 장악했지만, 필리핀에서 차지할 미국의 이익과 후견자로서의 의무는 자유와 독립을 원하는 필리핀 '토착민'의 요구와는 상반되었다. 즉, 필리핀 혁명은 해방군으로서의 미군에 대한 대항으로 선회함으로써 혁명으로서 가치를 잃게 되었으며, 이미 필리핀의 명목상 독립에도 반대했던 미국 정부는 필리핀의 '무법상태'가 진압되고 정치적 질서를 향한 진전의 증거가 있을 때까지 필리핀의 운명에 관한 공식 결정을 미룬다고 선언했다.

미국은 필리핀 및 쿠바 혁명과 씨름한 지 10년도 지나지 않아 또 다른 혁명들, 즉 중국에서 시작되어 멕시코, 러시아로 확산된 혁명들에 직면했다. 이 세 나라 모두에서 구질서가 급격하게 그리고 철저하게 붕괴되고 있었으며, 그래서 미국은 자유의 진보라는 해묵은 달콤한 꿈을 꾸고 싶은 유혹을 느끼기도 했다. 그러나 오래지 않아 이 혁명들 모두가 '엇나가기 시작하자' 혁명에 대한 미국인들의 오래 묵은 편견이 다시 고개를 쳐들게 된다.

세 나라의 혁명 중에서 중국의 신해혁명이 그나마 제일 덜 심란했다. 1911년 말에서 1912년 초까지 중국인들이 큰 난리 없이 청 왕조를 몰아내고 공화국을 수립했을 때 미국은 이를 환영했다. 미국인들이 보기에 정체된 전통과 외세 침탈에 대한 취약성, 그리고 가난과 무지와 악으로 만연된 사회인 구 중국이 이제 미국이 걸었던 길로 들어서는 것처럼 보였기 때문이다. 그래서 중국 선교사들을 필두로 한 미국의 친중파 인사들은 이제 경제 개발과 민주주의의 시대가 열릴 것이며 지구상에서 가장 오래된 공화국과 가장 젊은 공화국의 협력 시대가 열릴 것이라고 예언했다. 한 선교단체 대변인의 말처럼 "이제 중국 인민은 잠에서 깨어난"[129] 것이다. 선교단체들은 중국에서 문명과 기독교를 진작시킬 새로운 기회를 기대하고 있었기 때문에 새로운 중국 정부를 속히 승인하라고 요구했다. 그러나 여론과 의회의 압력에도 불구하고 태프트 대통령은 동아시아에서 활동 중인 강대국들과 협조 정책을 우선시하면서 중국을 승인하지 않고 있었다.

이렇게 2년이 지난 후 우드로 윌슨이 대통령에 당선됨으로써 미국의 중국 정책은 마침내 '중국을 돕고 싶은 열망'을 진하게 느끼던 사람의 수중에 들어가게 된다. 윌슨은 미국이 중국인들의 '친구요 모범'이며, '중국인들이 그렇게 오랫동안 열망하고 준비해온 자유'를 독려할 의무를 가졌다고 믿었다. 그래서 1914년 초에 중국의 새 혁명정부를 승인했다. 또 중국 혁명정부에 대한 지지를 강조하기 위해서 자신이 보기에 새 중국 정부를 착취하고 있는 은행들의 컨소시엄에 대한 미국 정부의 공식 지원을 철회하기도 했다.[130]

그러나 중국 혁명정부가 중국에 주재하는 미국 선교사들과 기업들의 안전에 필요한 최소한의 정치적 안정도 달성하기 어렵다는 징조들이 속속 나타나기 시작하면서 신해혁명을 지지하던 인사들은 잠복해 있는 중국의 강력한 무정부 상태를 미리 막아줄 강자를 찾기 시작했다. 청 왕조 시대의 마지막 강자요, 이름만 공화국인 중화민국의 총통 위안스카이가 바로 그 강자였다. 위안스카이와 그 후계자들은 중국을 강력하게 장악하지는 못했지만 외국인들의 재산과 생명만은 적극 보호해주었다. 이제 미국은 혁명으로 중국이 변한 것이 거의 없다는 사실을 깨닫고 꿈에서 깨어났으며, 기대 수준을 낮춘 미국으로서는 중국이 최소한의 정치적 안정만 달성하면 그것만으로 만족해야 했다.

멕시코 혁명은 중국 혁명보다 더 관심을 끌었지만 곧 중국 혁명보다 더 골치 아픈 혁명이 되었다. 멕시코 혁명이 '올바른 혁명'의 규범에서 점점 더 멀어지면서 미국이 개입해야 한다는 목소리도 점점 커졌다. 특히 1차 세계대전에 이미 참전 중인 독일과의 전쟁 가능성이 커지던 시점에서 접경 지역의 안정은 더욱 더 전략적 관심사였기 때문에, 미국과 접경해 있다는 사실 때문에라도 멕시코 사태에 개입해야 한다는 목소리가 더 커진 것이다. 게다가 혁명으로 촉발된 멕시코 군벌들 간의 싸움 때문에 멕시코가 황폐화된 것도 미국이 스스로 자임해온 아메리카 대륙의 경찰 역할을 맡도록 자극했다. 멕시코 혁명은 혼란을 야기했을 뿐만 아니라 급진성까지 띠게 되었는데, 이 급진성은 가톨릭 교권을 부인하는 정책, 지하 채굴권을 국유화하는 경제정책 목표, 외국인 소유 광산을 규제하는 정책, 최소 임금제와 토지 개혁 정책 등으로 나타났다. 이런 혼란과 급진성은 멕시코에 있는 대규모의 미국인 사회(1910년 당시 약 5만)의 생명을 위협했으며, 미국의 가톨릭 교단을 분노하게 만들었고, 허스트(William Randolph Hearst), 구겐하임(Meyer Guggenheim) 같은 미국 투자가들과 멕시코 국가 경제의 상당 부분을 함께 장악하고 있던 유에스 스틸(United States Steel Corporation), 아나콘다 코퍼, 스탠더드 오일(Standard Oil) 같은 기업들의 이권을 위협했다.[131]

멕시코 혁명은 일련의 급격한 정치 변동으로 시작되었다. 1911년 5월, 독재자 포르피리오 디아즈(Porfirio Diaz)가 축출되었고, 멕시코 공화국의 대통령으로 프란시스코 마데로(Francisco Madero)가 당선되는가 했더니, 1913년 2월에는 빅토리아노 우에르타(Victoriano Huerta)가 다시 마데로를 암살했다. 그리고 우에르타가 권력을 장악하면서 멕시코는 더 큰 혼란에 빠져들었다. 미국의 태프트 정부는 이러한 소요 사태에 대해 비교적 침착하게 대응했다. 태프트 대통령은 개인적으로는 멕시코처럼 가난하고 무지한 나라에는 디아즈처럼 강력한 지도자가 적격이라고 생각하고 디아즈의 축출을 아쉬워했지만, 그가 쫓겨난 마당에 마데로의 새 정부를 승인할 수밖에 없었고, 미국의 대규모 군사 개입 가능성도 배제했다. 왜냐하면 군사 개입과 같은 극적 조치는 국내에서 지지를 받지 못할 것이며 멕시코에 사는 미국인들과 멕시코에 투자한 미국의 이권을 결국 위험에 빠트릴 것으로 생각했기 때문이다. 그래서 최소한 멕시코 혁명을 진정시키는 효과를 내기 위해서 공화당 대통령 태프트는 1911년 3월 실험적으로 멕시코와의 접경지대에 군대를 배치하는 쇼를 연출했다. 그러나 이런 신중한 중도적 방안으로는 멕시코 정국을 안정시키지도 못했고 국내의 비판을 잠재우지도 못했다. 공화당 내에서는 더 강력한 조치를 요구하는 목소리가 나오는가 하면, 다른 한쪽에서는 이런 무력시위는 도가 지나칠 뿐만 아니라 부유한 투자자들의 이익에만 도움이 된다는 비판이 나왔다.

멕시코 혁명은 새로 당선된 대통령 윌슨이 보기에도 해결책 없는 수수께끼였다. 중국에서와 마찬가지로 윌슨은 미국을 멕시코 혁명의 지원 세력 겸 모델로 설정했다. 그런데 중국 신해혁명 초기까지는 혁명의 전개 과정을 낙관했던 윌슨도 멕시코 혁명의 전개 과정에 대해서는 취임 초기부터 심기가 불편했다. 윌슨은 수동적이고 무지한 멕시코 국민이나 멕시코의 지도자를 자처하고 나선 이기적인 야만인들과 야심만만한 미개인들이 남의 도움 없이 자유주의 정부를 수립할 준비가 되어 있는지에 대해 의구심을 가졌다. 그래서 멕시코인들을 '조용한 길로, 그리고 번영으로' 인도할 임무는 '이 대륙의 위대한 나라'인 미국이 맡아야 했다. 윌슨이 내뱉듯이 한 말이긴 하지만 미국은 '그들이 원할 때 언제라도 도움을 줄 것'이라는 말이다. 멕시코의 자유 획득 과정에서 결정적인 열쇠는 헌법을 제정한 다음 그 헌법을 존중 받게 만드는 일이었다. 또 정치 질서를 그런 식으로 확립하고 나면 윌슨이 점점 더 혁명의 원인으로 지목하게 된 경제적 사회적 문제점들을 해결하기 위해 멕시코인들이 나설 것으로 보였다.[132]

윌슨 자신은 멕시코의 주권을 존중한다고 수없이 맹세했다. 또 그는 멕시코 혁명에 적대적인 이기적 미국인들의 경제적 권익에 대한 반감도 표시했다. 그러나 멕시코에 대한 윌슨의 가부장적 온정주의 때문에 미국의 정책은 멕시코에 대한 개입으로 재빨리 선회했다. 그리고 멕시코 혁명을 개화된 혁명으로 지도하려는 윌슨의 결심 때문에 미국은 멕시코의 주권을 대대적으로 침해하게 된다. 그리고 미국의 이 조치로 인해 '이기적인' 미국 투자가들이 가장 증오하던 멕시코의 민족주의 세력들마저 윌슨에게 등을 돌리게 된다.

멕시코의 질서를 회복하고 헌정체제 수립을 위한 과정의 첫 단계로 윌슨은 우에르타의 '백정 정권'을 축출하기로 결심했다. 이 목표를 위해 윌슨은 여러 계책을 썼는데 그 절정은 1914년 멕시코의 베라 크루즈에 미군을 상륙시킨 일이다. 윌슨은 '자신의 동기는 이기적인 것이 아니며' 멕시코가 '제멋대로 구는 지배자 가문을 바로잡는' 일을 도와주는 데 국한된다고 주장했지만, 이런 주장으로 멕시코나 미국 여론의 대대적인 비난을 막을 수는 없었다. 윌슨에게 그나마 위안이 된 것은 헨리 캐벗 롯지를 필두로 한 공화당의 소수 개입주의자들이 윌슨의 무력시위에 찬성했다는 사실이다.[133]

그런데 우에르타가 1914년 7월에 멕시코를 탈출했다고 해서 문제가 해결된 것은 아니었다. 승리한 멕시코 입헌주의 세력은 곧 분열했고, 3년간의 내전이 시작되었다. 윌슨은 처음에는 입헌주의자들의 명목상 지도자인 베누스티아노 카란짜(Venustiano Carranza)가 미국의 지도를 따를 협력 가능한 인물이라고 지목했지만, 곧 그렇지 않다는 것을 알았다. 그래서 변덕스런 성격에 미국에서는 로빈 후드 같은 인물로 알려진 멕시코 북부의 군벌 판초 빌라에 기대를 걸었다. 그리고 판초 빌라가 카란짜를 몰아내서 질서를 회복하고 헌정체제 수립의 토대를 마련해주기를 기대했다. 그러나 1916년 판초 빌라가 그러기는커녕 멕시코 국경을 넘어 미국을 여러 차례 부당하게 침범하자 윌슨은 또다시 미군을 동원했다.

윌슨의 이런 결정은 판초 빌라의 침략 행위가 개입주의 정서를 자극한 탓이기도 했고, 1916년 가을에 있을 선거에서 민주당의 승리 가능성을 높이고 싶었기 때문이었을 것이다. 그리고 상당수의 신문(주로 허스트가의 신문들), 로마 가톨릭의 대변인, 공화당 지도자들, 그리고 언제나 입심 좋은 시어도어 루즈벨트는 한결같이 멕시코의 혼돈이 이제 구제불능 상태이며, 그런 상태를 방치한 윌슨의 자제력이 혼돈 상황을 부추겼다고 비난했다. 판초 빌라의 미국 침공을 두고 심지어는 '멕시코처럼 조그맣고 보잘것없고 경멸스런 강도 나라'가 감히 미국에 도전한다는 분노의 언사들이 터져 나오기도 했다.[134] 어쨌든 판초 빌라에 대한 윌슨의 군사 공격은 1만 2천 명이나 되는 미군으로 하여금 멕시코 국경을 넘어 3백 마일까지 진격하게 했고 양국은 전쟁 일보 직전의 상황으로 치달았지만, 윌슨과 카란짜 둘 다 결국 자제력을 발휘했다. 그래서 1917년 초 윌슨은 멕시코에 대한 십자군 전쟁을 중지하고 미군을 불러들였다. 멕시코와 일어날 수 있는 전면전 가능성 때문에 멕시코의 국경 침공에 대해 분노한 미국 여론의 기세가 꺾인 탓도 있었고, 다른 한편으로 윌슨 대통령과 일반 여론 모두가 당시 점증하고 있던 독일과 미국 간의 위기에 눈을 돌리고 있었기 때문이다.

러시아에서 일어난 혁명은 멕시코 못지않게 다루기 어려운 혁명이었고, 종국에는 멕시코 혁명보다 훨씬 더 당혹스런 혁명이 되었다. 러시아는 '질서 잡힌 자유'를 누릴 후보로 여겨지지도 않는 나라였고, 오래 전부터 미국인들은 러시아 제정 즉, 짜르 체제를 정치적 반동의 최고봉으로 규정하고 있었다. 또 유럽에서 러시아는 계속 민족 자결주의의 적이었으며, 국내적으로는 전제 정치적 경직성과 압제의 모범이었다. 1852년 페테르스부르그 주재 미국 공사가 보낸 보고서에도 러시아 정부는 '자유로운 제도에 대한 적개심에 사로잡혀 있는데, 이 적개심은 타협도 모르고 완화될 기미도 없다'고 할 정도였다. 게다가 슬라브족의 성격 또한 정치적 진보를 가로막고 있었다. 그래서 1833년에 러시아 주재 미국 공사 제임스 뷰캐넌은 앤드류 잭슨 대통령에게 보낸 보고서에서 러시아 민중을 '무지하고 미신적인 미개인'이며 '정치적 자유와는 어울리지 않는' 사람들로 정형화시키기도 했다. 그렇다면 이처럼 '어떤 형태의 자유에도 철저히 반대하는' 민족이 구원받을 길은 정말 있을 것인가?[135]

미국이 러시아인들의 급진적 성향을 당혹스럽게 예감하고 러시아의 혁명 잠재력을 처음으로 깨닫게 된 것은 1905년이었다. '피의 일요일' 즉, 1905년 1월 22일 러시아 황제의 군대는 자유화를 요구하는 데모 군중을 학살했고, 이로 인해 구질서에 대한 반대와 선동은 더 격해졌다. 이러한 러시아 혁명의 초기 국면에 대해 미국 관측통들이 행한 논평은 뻔한 것들이었다. 러시아의 니콜라스 2세는 사악한 독재자이며, 극도로 반동적인 황제의 통치가 대중의 요구를 억눌렀기 때문에 억압받던 러시아 민중들에게 남은 유일한 수단은 혁명뿐이고, 이는 마치 1776년 미국 식민지인들에게 남은 수단이 혁명뿐이었던 것과 마찬가지라는 것이었다. 그래서 '영향력 있는 시민' 즉, 기업가, 법률가, 교수들이 앞장선 가운데 러시아인들도 곧 시민권과 입헌 민주주의를 확보하게 될 것으로 기대했다. 말하자면 '패트릭 헨리의 정신이 짜르의 나라에 널리 퍼진'[136] 것이다.

그런데 1905년 말경 미국에서는 러시아 혁명의 소요 사태에 대한 초기의 열광은 사라지고 환멸이 그 자리를 대신하게 된다. 그리고 일각에서는 아예 러시아 혁명에 대한 노골적 적대감도 감추지 않았다. 우선 1월만 해도 압도적으로 혁명을 지지하던 미국 언론들은 12월에는 러시아 혁명이 민주주의가 아니라 사회주의를 지향한다는 사실과 선량한 부르주아가 아니라 '붉은 무정부주의자'들이 혁명을 지도한다는 사실을 깨닫고는 입장을 극적으로 선회했다. 또 러시아 정부가 양보했음에도 불구하고 러시아에서는 여러 위험 요인들이 노동 불안, 농민 봉기, 군대의 반란을 계속 부추기고 있었으며 심지어는 테러가 자행되기도 했다. 이제 미국의 평론가들과 여론 지도층은 혼란스럽고 폭력적인 대결 양상으로 치닫기 시작한 러시아 혁명에 대해 진저리를 치기 시작했다.

정치적 영향력이 있고 사회적으로 보수적인 미국인들은 이런 여론의 반전을 내심 기대하고 있었으며, 어쩌면 짜르 독재의 전도사들을 이용해서 여론을 반전시키는 데 일조하기도 했다. 시어도어 루즈벨트, 존 헤이, 엘라이후 루트, 그리고 주 러시아 대사인 조지 폰 메이어 등은 폭력적인 변혁을 사회주의와 동일시하면서 불신했고, 슬라브인은 게으르고 문맹인 데다가 후진적이라서 민주주의보다는 제한적인 전제정치에 더 적합하다고 생각했다. 시어도어 루즈벨트의 경우를 보자면, 1905년 9월만 해도 그는 러시아 국민이 '자치와 질서 잡힌 자유'를 향해 나아갈 것이라는 희망과 '부패하고 대부분 무능한 관료 조직에 바탕을 둔 러시아 전제정치'가 자유로 가는 길을 막을 것이라는 의구심 사이를 오갔지만, 11월 중순 결국 의구심이 승리했고, 그때부터 온건한 러시아 혁명에 대한 모든 희망을 접었다. 그에게는 '정치 개혁과 마찬가지로, 사회 경제적 개혁에서도 오만하고 집요한 반동 세력이 질서의 가장 큰 적이라면 폭력적인 극렬 혁명가들은 자유의 가장 큰 적'이었다. 그 이듬해 루즈벨트는 1905년의 러시아 혁명을 회상하면서 혁명이 궁극적으로 실패한 것은 '히스테리칼한 성격을 가진' 혁명 지도자들이 너무 많았기 때문이라고 했다. 그에게 러시아 혁명은 마라와 로베스피에르에 의해 빗나가는 바람에 '자유를 듣기만 해도 공포로 오싹해지는 단어로 만든' [137) 또 하나의 혁명에 대한 기억을 다시 일깨운 것이다.

1905년 말에 있은 혁명 잔재에 대한 야만적 탄압 이후 러시아가 질서를 회복하자 미국에서도 안도의 한숨이 대대적으로 흘러나왔다. 분노로 이글거리는 눈매의 러시아 데모 군중은 이제 응분의 대가를 치르는 중이었고, 그들이 러시아에서 저지른 잘못은 세계산업노동자연맹(IWW)이나 미국 사회당처럼 법과 질서를 위협하는 미국 국내의 적들을 경계할 필요성을 일깨운 유익한 각성제가 되었다. 사상 문제로 한동안 짜르 정부에 의해 투옥된 바 있는 명망 있는 러시아 작가 막심 고리키(Maxim Gorky)가 1906년 4월에 혁명 기금 모금과 동정 여론 조성을 위해 미국에 도착했을 때는 이미 미국 여론이 반대편으로 한참 기운 다음이었다. 더구나 고리키는 코슈트처럼 외국의 압제에 대항한 민족해방 혁명이 아니라 사회혁명을 대변한 인물이었다. 이 사실을 알게 된 미국인들의 반응은 뻔한 것이었다. 그래서 고리키가 투옥된 두 명의 전미광산노조(UMW) 지도자들과의 연대감을 표명했을 때도 미국인들은 그를 남의 내정에 간섭하는 외국 급진주의자로 매도했다. 더구나 고리키가 동반한 여인이 고리키의 정식 부인이 아니라는 사실이 밝혀지면서 부도덕성에 대한 비난까지 추가되었다. 미국 언론이 고리키를 공격하자 고리키의 미국 방문을 주선한 후원자는 도망쳐버렸고, 뉴욕의 호텔들은 이처럼 위험하고 방탕한 자에게 방을 줄 수 없다고 투숙을 거절하기도 했다.

그로부터 10여 년 뒤, 1917년에 일어난 러시아의 두 번째 혁명도 희망에서 실망으로 가는 과정을 똑같이 겪게 된다. 1917년 3월 짜르 정부가 무너지고 임시 정부가 수립되자 미국은 다시 열광했다. 미국인들에게 러시아 민중은 갑자기 자유에 대한 본능적 성향을 지닌 사람들이 되었으며, 그래서 미국인들이 보기에 러시아 민중은 '거대하고 무서운 난공불락의 요새 같은 독재의 마지막 아성'을 몰락시키고 자신을 도와줄 가장 자유로운 나라로 미국을 바라보고 있었다.[138] 이 혁명에 대한 미국인들의 흥분을 더 고조시킨 것은 1차 세계대전 중의 전시 위기감이었다. 러시아인들이 자유를 위해 헌신하고 있다는 사실이 밝혀짐으로써 독일의 압제에 대항하는 민주주의 국가들의 십자군 전쟁 또한 강화될 것이라고 보았기 때문이다. 그러나 전선의 러시아 군대가 붕괴 기미를 보이고, 정권을 장악한 볼셰비키가 1차 세계대전에서 빠질 수순을 밟기 시작하자 1917년 혁명에 대한 미국인들의 믿음은 곧 무너지기 시작한다. 이미 1905년 혁명 당시부터 위험한 급진주의자들로 알려져 있었던 볼셰비키는 이제 미국인들의 눈에도 혁명의 배신자로 낙인찍히게 된다. 레닌과 그 일파는 독일의 보호 하에 망명지에서 러시아로 돌아왔고, 이는 레닌이 러시아를 포함한 연합국의 연합 전선을 붕괴시키는 데 혈안이 된 독일의 첩자라는 인상을 주기도 했다. 그래서 미국인들이 보기에는 자유를 위해 서툴게 투쟁하다가 독일의 보수나 받는 레닌 같은 극단주의자에게 러시아 혁명을 갖다 바치느니 차라리 강력한 권력자가 러시아를 철저히 장악하는 게 더 나았다.

  1917년 11월에 볼셰비키가 정권을 장악하면서 미국인들이 가장 두려워하던 결과들이 나타나기 시작했다. 무정부 상태가 러시아를 휩쓸었고, 예상했던 대로 레닌과 트로츠키는 1918년에 항복하다시피 해서 독일과 화친 조약을 맺었다. 당시 많은 발행 부수를 자랑한 〈새터데이 이브닝 포스트〉지가 말한 것처럼 '인간쓰레기들의 전제

정치'인 볼셰비즘이 대중의 반발을 초래할 것이라고 기대를 건 사람들도 있기는 했다. '볼셰비키의 파괴적인 조치들'을 견뎌내고 러시아를 입헌주의와 동맹국들의 편으로 복귀시킬 온건하고도 강력한 지도자가 나타나 러시아 국민이 다시 뭉칠 것으로 기대한 것이다. 또 이들보다 러시아의 자구 능력을 덜 신뢰한 사람들은 아예 개입을 주장했다. 1917년 12월 〈뉴욕타임즈〉는 볼셰비키가 '미국의 사악하고도 위험한 적'이라고 선언했다. 또 두 달 후에는 미국의 개입을 촉구하면서 "이 문제는 러시아를 구하는 문제만이 아니다. 문명의 안전에 관한 문제다"[139]라고 주장했다.

자신의 임기 중에 직면한 이 세 번째 혁명에 대한 윌슨의 대응은 일반 여론과 마찬가지로 독일과의 전시 상황이라는 현실 때문에 크게 영향 받았다. 그는 1917년의 1차 혁명 즉, 3월 혁명에 대해서는 혁명이 민주주의의 십자군 전쟁에서 러시아를 미국의 '적당한 파트너'로 만들어줄 것이라고 환영한 바 있었다. 실제로 미국은 3월 혁명 직후 수립된 러시아 임시정부를 승인한 최초의 국가였으며, 윌슨은 공동의 적인 독일과 싸우는 러시아 국민의 '순결하고도 장엄한 행위'를 공개적으로 찬양했다. 윌슨에 따르면 러시아인들은 '항상 민주적인 가슴을 지녔으며' 그들이 전복시킨 짜르의 전제정치는 사실 '그 기원이나 성격과 지향에서 러시아적이지 않은 것'이었다.[140] 그리고 윌슨은 혁명 이후 휘청거리는 러시아의 대독 전쟁 의욕을 북돋기 위해 차관을 제공하고 현지 사정 조사를 위해 노 정치가인 엘라이후 루트를 파견하기도 했다. 그리고 볼셰비키가 1차 세계대전에서 빠진 이후에 미국의 동맹국들은 대독전쟁에서 러시아가 맡았던 동부 전선을 되살리려고 끈질기게 미국에 대해 로비를 해댔지만, 윌슨은 한동안 대응 조치를 거부했다. 그러다가 마침내 1918년 7월에야 윌슨은 러시아에서 작전 중인 연합군과 합세할 미군의 파병에 동의했다. 결국 만 명의 미군이 러시아의 극동 해안 지방에서, 그리고 오천 명의 미군은 그 반대편 끝인 무르만스크 지역에서 작전에 돌입했다. 그리고 1차 세계대전의 승리로 평화를 회복한 후인 1920년 초에는 볼셰비키와 백군의 내전이 여전히 치열한 상황에서 미군을 본국으로 불러들였다.

이처럼 윌슨이 겉보기에는 멕시코 혁명에 대해 취했던 대응 과정을 그대로 반복한 것 같지만, 반드시 그런 것은 아니었다. 물론 멕시코나 중국 혁명에서와 마찬가지로 윌슨은 러시아 혁명에 대해서도 자신이 러시아인의 친구이며 진보에 대한 그들의 열망을 본능적으로 이해한다고 말했다. 또 그 이전과 마찬가지로 러시아 혁명의 지도자들이 시대가 요구하는 숭고한 역할을 맡기에는 그릇이 너무 작다는 것도 발견했다. 그러나 윌슨은 무엇이든 휩쓸고 지나가는 혁명의 진로를 조종하기가 어렵다는 것, 즉 제한적으로만 개입해도 도움을 주려 했던 바로 그 사람들의 분노를 촉발시키는가 하면, 국내적 논란 또한 야기한다는 것을 멕시코 혁명을 통해 배운 바 있었다. 그래서 "러시아에 대한 나의 정책은 멕시코 정책과 대단히 비슷하다. 나는 그들이 한동안 무정부 상태에 빠져 들더라도 그들 스스로 자신을 구원할 수 있도록 내버려두는 것이 옳다고 믿는다"[141]라고 말했던 것이다.

물론 1918년 가을에 했던 윌슨의 이 말은 과거 멕시코 혁명에 대한 윌슨의 대응이나 러시아 혁명에 대한 당시의 정책을 정확히 표현한 말은 아니다. 그러나 이 말은 윌슨이 그동안 어떤 노선을 선호하게 되었는지를 분명히 암시하는 말이었고, 또 웬만큼 강력한 압력 요인이 없다면 윌슨은 이 불개입 노선을 고수할 태세였다. 게다가 멕시코 혁명을 통해 생생한 경험을 했기 때문에 강력한 압력 요인이 있어도 웬만하면 개입하지 않으려고 했다. 다만 1918년 7월에 결국 러시아 혁명에 개입하게 된 것은 개입하라는 수많은 주장들이 터져 나오는 현실에 대해서까지 면역이 될 만큼 불개입 의지가 강하지는 않았기 때문이다. 윌슨의 보좌진과 대부분의 언론이 주장한 개입론에는 전쟁 물자가 독일 손에 들어가지 않도록 하는 정책, 시베리아 철도를 따라 체코군의 러시아 철수를 돕는 조치, 그리고 윌슨이 이미 수년 전부터 간파한 아시아 대륙에 대한 일본의 영토적 야심에 제동을 걸 정책도 포함되어 있었다. 그러나 개입을 결심하게 한 결정적 요인은 1차 세계대전의 동맹국들이 미국에 대해 가한 집요한 압력이었다. 그리고 일단 러시아에 미군을 파병한 이상 미군을 함부로 빼낼 수 없었던 것은 그렇게 하면 평화를 위해 함께 노력하는 동맹국들과의 관계도 훼손되고, 일본 또한 러시아에서 마음 놓고 행동하게 될 것이기 때문이었다. 그런 가운데 윌슨은 장기화된 러시아 내전과 최악의 제정 시대에나 있었던 '유혈 공포' 때문에 고통 받는 러시아 민족의 운명을 탄식하고만 있을 뿐이었다. 그리고 권력이 '낡았지만 뛰어난 기술을 가진' 독재자로부터 '서툴고 잔인한' 독재자로 이양되면서 자유를 향한 인민의 갈증이 대규모 혼란과 파괴로 귀결된 현실을 슬퍼하며[142] 1921년 초에 퇴임했다.

 볼셰비키 혁명에 대해 당시 미국의 유력 인사들이 가졌던 고도의 경계심과 비교해볼 때 윌슨의 정책은 온건한 편이었다. 당시 미국의 유력 인사들이 가진 경계심은 1918년 말부터 1919년 초에 그 절정에 달했다. 1차 세계대전이 끝나면서 볼셰비키가 대독 전선에서 이탈한 것은 더 이상 중요한 문제가 아니었지만 그 대신 러시아혁명의 급진성이 더 크게 부각되기 시작한 것이다. 미국의 논평가들은 정치적 종교적 권리와 재산권을 부정하고, 자유연애와 무신론을 주창하며, 러시아 국내뿐만 아니라 해외에서까지 계급전쟁을 독려하는 광신자들의 체제를 혐오했다. 윌슨의 국무장관으로 워싱턴에서 가장 강력한 반 볼셰비키주의자의 한 사람이었던 로버트 랜싱은 볼셰비키 체제 하의 러시아 상황을 '제정 러시아 초기의 아시아적 전제정치'와 프랑스 대혁명 시대의 공포정치에 비유했다. 그에 따르면 '인간 심리가 만들어낸 가장 무섭고도 괴물 같은 존재'인 볼셰비즘 때문에 러시아에는 '도덕의 붕괴와 내전, 그리고 경제의 붕괴'라는 저주가 내린 것이다. 그리고 연방 상원의 한 소위원회는 한술 더 떠서 "볼셰비키의 행위는 현대 문명을 송두리째 부정하는 행위"라고 못박았다.[143]

볼셰비키 혁명은 미국적 가치에 대한 직접적인 도전이었기 때문에 혁명이 일어난 시점 또한 최악이었다. 1차 세계대전 중의 경제적 번영과 과장된 애국주의의 시대가 끝나가고 경제 위기와 노동시장의 불안이 도래하고 있는 상황에서 미국의 국가적 자신감이 위기를 맞는 시점이었던 것이다. 볼셰비키 혁명이라는 '질병'이 독일과 헝가리로 파급되는 것을 보고, 또 소비에트 러시아가 제3 인터내셔널 결성을 진두지휘하는 것을 보고 경악한 미국인들은 미국도 이제 안전하지 않다는 느낌을 갖게 되었다. 즉, 이 현상이 앞으로 닥쳐올 긴 세월에 걸친 반란과 선동의 시작일 뿐이며 미국도 이를 피할 수 없을 것이라는 느낌이었다. 러시아 적십자사에서 근무한 적이 있는 레이먼드 로빈스이라는 사람은 미국 기업가들에게 볼셰비즘은 "우리 체제—즉 당신들의 체제—를 폭파시켜 프랑스 절대 왕조인 부르봉 시대나 이집트의 파라오 시대와 같은 영원한 과거로 만들어버릴 수 있는 폭탄"이라고 말하기도 했다. 또 1919년 1월에 〈뉴욕타임즈〉는 로빈스의 말과 같은 맥락에서 "볼셰비키들이 유럽을 점령한 다음 그들의 독재를 또 다른 곳으로 전파할 때까지 우리는 그냥 기다려야 하는가?"라고 노골적인 질문을 던졌다. 또 이미 1918년 가을에는 윌슨도 "볼셰비즘의 정신은 어디든 숨어 있다"고 말했고, 이듬해에는 혁명의 독이 "우리 미국에 거주하는 자유 국민의 피 속까지 스며들었다"[144]고 말하기까지 했다.

이제 다시 한 번 토착주의자들과 보수주의자들은 힘을 합쳐 조국을 혁명이라는 전염병으로부터 구하기 위한 운동을 시작했다. 1919년부터 1920년까지 공산주의에 대한 공포는 미국을 휩쓸었고, 연방정부는 물론 주정부와 지방정부들까지 나서서 파업을 무차별 진압하고 급진주의자들을 검거했으며, '혁명적' 행위에 연루된 외국인들에 대한 추방을 시도했다. 그리고 이 모든 소동에 대해 법원은 침묵했다. 당시의 전국적인 반공 히스테리는 법무장관 미첼 파머가 33개 도시에서 4천 명의 급진주의 혐의자들을 투망 단속 방식으로 검거하는 과정에서 대대적으로 인권을 침해한 1920년 1월의 사건 이후에야 수그러들었다. 그리고 이때는 유럽이 공산주의를 물리칠 것이고, 미국에 대한 공산주의의 위협이 크게 과장되었다는 사실이 명백해졌을 때다. 어쨌든 미국 국내의 좌파들은 숨을 죽이고 있어야만 했다. 그리고 1921년 무렵 미 '공화국'은 안전해졌다. 그러나 이와 동시에 레닌의 소비에트 체제 또한 안전해졌다. 그래서 쟈코뱅과 파리의 무정부주의자들을 계승한 적자인 볼셰비키가 제기할 위협은 두고두고 '상류계급'의 뇌리를 떠나지 않게 될 참이었다.

★ ★ ★

20세기 초까지 미국인들은 세 번에 걸친 혁명의 물결을 목격했으며 혁명에 대한 희망이 실망으로, 그리고 경우에 따라서는 적나라한 적개심으로까지 변하는 과정을 직접 겪어보았다. 혁명에 대한 섣부른 열광이 미국인들에게 하나의 패턴으로 자리 잡은 것은 미국인들이 해외의 현지 사정에 어두웠다는 것, 그리고 혁명적 소요 사태를 둘러싸고 일어나는 혼란에 대해 정확한 정보를 얻기가 어려웠다는 사실로도 어느 정도는 설명이 가능하다. 더구나 농민 문제, 진을 빼는 장기간의 전쟁, 외국의 지배로 인해 야기된 적개심 등 혁명 원인으로 작용한 것들은 미국인들에게는 낯선 일이거나 점점 더 먼 나라 일로 보인 것들이었다. 그리고 구질서의 방어자든 신질서의 주창자든 간에 미국으로 건너온 모든 망명자 집단의 선전 선동 때문에 혁명에 대한 미국인들의 판단은 더 혼란스러웠다. 현지 혁명의 정황에 대한 무지와 잘못된 정보가 쌓인 결과를 확실히 보여주는 사례를 보려면 대부분의 경우에는 냉철한 논조를 가진 〈뉴욕타임즈〉가 러시아 혁명을 어떻게 다루었는지를 보면 된다. 2년이 넘는 기간에 〈뉴욕타임즈〉는 볼셰비키 혁명이 실패할 것이라는 예측을 아흔한 번이나 내놓았으며, 레닌과 트로츠키가 도망가거나, 죽거나, 은퇴하거나, 투옥되었다는 기사를 열세 번이나 내보냈다.[145]

〈뉴욕타임즈〉 그리고 그 독자들까지 차례로 속았던 것이다.

그러나 단순한 오해 때문만은 아니다. 외국의 혁명에 대해 희망을 가졌다가 환멸을 느끼는 패턴이 끈질기게 지속된 사실을 설명할 수 있는 요인으로 더 중요한 것은 애덤스와 제퍼슨 시대부터 미국인들이 혁명에 대해 적용해온 엄격한 잣대다. 즉, 혁명은 숭고한 과업이며, 무질서를 최소화한 상태에서 진행해야 하며, 덕망 있는 인사들이 지도해야 하며, 정치적 목표를 온건하게 설정해야 하며, 생명권과 재산권 보호에 필수적인 균형 잡힌 헌정체제가 확보된 후에 행복한 결말을 맞아야 한다는 것이 미국의 기준이었다. 달리 말하면 미국인들이 보기에 성공한 혁명은 미국 독립혁명과 비슷한 방법과 목표를 가진 혁명뿐만 아니라 미국식 정치문화와 어긋나지 않는 혁명과 하나로 꽉 묶여 있었다.

왜 혁명은 거의 예외 없이 자기 파괴적인 경향을 띠게 되는 것인지를 설명하기 위해서 미국인들은 외국의 혁명 지도자들의 개인적 결함과 그들 국민의 불행한 특성들에 주목했다. 실패한 혁명의 지도자들은 독재의 성향, 이기적인 야심, 그리고 기질적 나약성과 무능이 결합된 탓에 실패한 것으로 치부되었다. 반면, 그 국민들이 혁명과 자유의 시험대를 통과하지 못한 것에 대해서는 주로 미국인들에게 익숙한 인종적 위계 관념을 들어 설명했다. 즉, 그들이 보기에 앵글로색슨과 비교했을 때 흑인종들은 무슨 일을 할 때든 인종적 부담이 가장 큰 종족이었다. 동양인과 라티노도 흑인종보다 별반 나을 게 없었다. 미군이 필리핀 혁명을 짓밟은 것은 필리핀인들이 자유를 누릴 자격이 전혀 없다고 보았기 때문이며, 중국인들도 공화국 수립 시도 자체를 스스로 엉망으로 만들어 버렸다. 또 멕시코인들은 그 이전의 쿠바인과 마찬가지로 입헌 정부를 기대할 수 있었지만, 라티노들이 가진 결점 때문에 이 목표의 달성도 요원한 일이었고, 꼭 달성하려면 미국의 지도 감독 하에서나 해야 한다는 것이었다. 심지어는 유럽의 혁명도 기록이 좋지 않았다. 코카서스 인종 가운데 가장 게으른 슬라브 인종이 혁명을 가장 늦게 일으키고 또 비참하게 실패한 것은 이해할 만했다. 또 인종 사다리에서 앵글로색슨에 가장 근접한 프랑스인들도 상급생인 앵글로색슨의 성공에 필적하기 위해 무던히 애는 썼지만, 이 경우에도 상대적으로 사소한 국민성의 차이 때문에 정치적 행위의 성숙도 면에서 큰 차이가 벌어졌다는 것이다.

또한 실패한 혁명들을 평가하면서 미국인들은 혁명의 종류가 다양하다는 사실에도 주목했다. 첫 번째 유형의 혁명 즉, 외국의 지배에 대항하는 경우에 혁명의 운명을 결정하는 것은 주로 민족적 의지와 압제에 대항해서 그 민족이 결집할 수 있는 힘이었다. 그리고 폴란드나 헝가리 혁명처럼 이런 혁명이 야만적 무력에 의해 탄압받는 경우에는 혁명이 실패했다 해도 특별한 의문이 남을 게 없었다. 미국인들을 당혹스럽게 만든 것은 두 번째 유형의 혁명, 즉 지도자들의 변심이나 대중의 무책임 때문에 통제 불능의 상태로 치닫게 된 사회 혁명이었다. 이 유형의 혁명이 무서운 것은 만연된 폭력, 독재적인 행태, 급진적 교리가 서로 결합해서 개인의 자유와 사적 소유권을 정면으로 공격하기 때문이었다. 또 절대적인 평등을 부르짖는 선동가들에 대항해서 개인의 생명과 재산을 지키지 못하면 미국인들이 생각하는 자유는 도저히 살아남을 수 없기 때문이었다.

그런데 미국인들은 이 두 번째 유형의 혁명이 상당히 일정한 패턴을 따라 전개된다는 것을 간파했다. 먼저 체제, 종교, 가문, 도덕

률로 뒷받침되던 정치적 사회적 구속력이 헐거워지면서 생명과 재산이 점점 더 위태로워지는 단계가 있다. 다음, 이어지는 혁명시대의 공포 분위기 속에서 토지와 재산이 재분배되고 구 지배세력에 대한 가차 없는 공격이 이뤄지는 단계가 온다. 혁명 사이클에서 이 단계의 이미지는 여자들을 강간하고 노인들을 살해하고 어린 아이들을 칼로 찌르고 고명한 시민들을 밑바닥으로 끌어내리는 잔인하고도 몰상식한 무차별 폭력의 장면들로 각인되어 있다. 그 다음 단계로 이렇게 요동친 세상은 머지않아 질서를 회복시켜줄 강력한 인물 즉, 보나파르트 나폴레옹 같은 인물을 필사적으로 찾게 된다. 그리고 이런 혁명은 자유보다는 생존을 더 큰 가치로 만들어버리면서 결국 끝나버리게 된다. 1790년대의 프랑스는 혁명 전개 과정의 이런 패턴을 처음으로 드라마틱하게 보여주었고, 마치 미국인들에게 확실한 인상을 남기기라도 하려는 것처럼 1848년과 1871년에도 짧은 기간이나마 이런 패턴으로 전개되는 혁명들을 보여주었다. 그리고 러시아 혁명은 이런 패턴이 프랑스만의 전매특허가 아니라는 것, 그리고 어느 곳에서든 되풀이되면서 무서운 결과를 가져올 수 있음을 입증하였다.

　이상의 관찰은 해외 문제에 관심을 가진 미국인 대다수가 갖고 있는 특징적인 생각이다. 그러나 이들은 존 애덤스와 토머스 제퍼슨이 그랬던 것처럼 혁명으로 인한 난리를 어느 선까지 용인할 것인가를 둘러싸고 의견이 갈라졌다. 랜싱처럼 애덤스의 견해를 따르는 사람들은 오류투성이일 수밖에 없는 인간의 지휘, 그것도 외국인의 지휘를 받는 혁명적 충동은 너무나 쉽게 타락하는 법이며, 신속히 제어하지 않으면 사회의 기반을 약화시키고 자유를 파괴한다

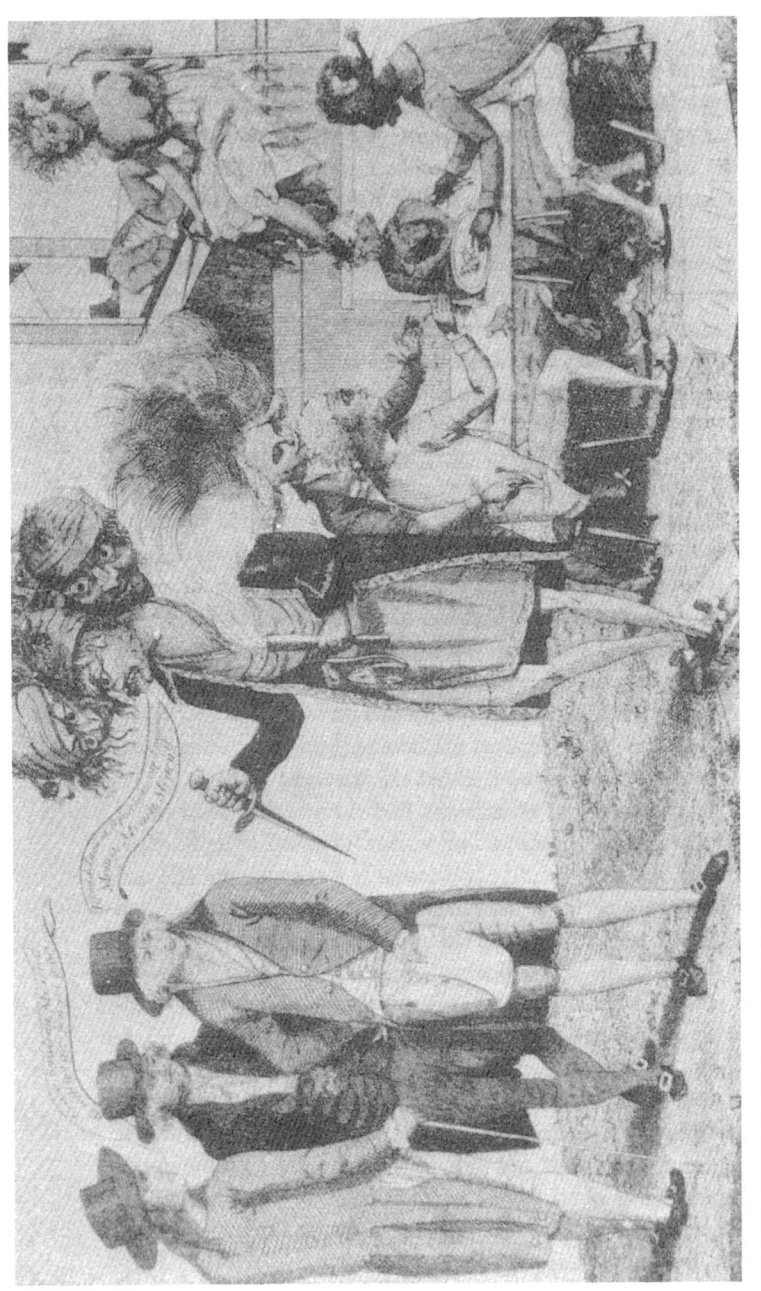

그림 24. 다섯 개의 머리를 가진 파리의 괴물

위 그림들은 사회 혁명에 대한 미국인들의 반응을 지배한 반감을 보여준다. 여기서 이런 사회 혁명은 도덕 질서와 개인의 안전에 대한 위협으로 그려져 있다. 그림 24는 1798년 프랑스 정부가 세 명의 미국 외교관에게 뇌물을 요구하자 외교관들이 이를 거절한 사건 이후 그려진 것인데, 당시 프랑스 정부를 단검과 횃불을 든 5개의 머리를 가진 머리와 흉악한 괴물로 그리고 있다. 그림 오른쪽에는 자코뱅주의자와 악마와 흑인이 개구리를 가지고 혁명의 '시민적 연회'를 즐기고 있으며, 그 뒤에는 타락한 마녀 같은 자유의 여신이 기요틴에 희생된 그녀의 제물 곁에 앉아 있다.

그림 25. '노동 해방'과 정직한 노동자들

1871년의 파리 코뮌과 제1인터내셔널 활동은 둘 다 미국인들에게 불편한 느낌을 주었다. 토머스 내스트가 1874년에 그린 그림 25는 공산주의를 유령처럼 그리고 있는데, '프랑스식 질병'이라고 쓴 완장을 차고 미국 노동자의 정직한 마음을 없애려는 장면이다.

그림 26. 러시아 정부

그림 26부터 그림 28까지는 볼셰비키 혁명에 대해 그린 1919년부터 1920년까지의 만화들인데 사회 혁명과 무차별 살상 및 파괴를 계속 동일시하고 있다. 새로운 소비에트 정부는 국내에서는 폭력 수단에 의존하고 있으며 해외에서는 문명과 미국 방식에 대한 붉은 '적군'의 위협이 야만적이고 전형적으로 슬라브적인 형태로 그려져 있다.[146]

그림 27. 문턱까지 왔네!

그림 28. 그놈들을 내쫓아서 들어오지 못하게 하라.

고 재빨리 결론지었다. 볼세비즘을 분석한 랜싱은 볼세비즘이 '인간의 어리석고 야만적인 본성에 호소해서 지혜로운 자와 성공한 자의 권리와 재산을 강탈하고 그들을 노예 상태로 몰락시킨다'는 사실을 깨달은 것이다. 반면 윌슨처럼 자유가 결국 승리하리라고 굳게 확신한 제퍼슨주의자들은 전 인류의 해방이 가능할뿐더러 이미 목전에 와 있다고 믿었기 때문에 혁명의 와중에 일어나는 지나친 일들을 좀 더 용서하자는 입장이었다. 모든 인류가 자유를 갈망하고 있으니 곧 자유를 얻게 될 것이라는 입장이었다. 물론 그 과정에서 인간들이 '지나친 일들'은 저지르지만, 결국에는 '자제력과 질서 잡힌 통치 절차를 지키는 법'을 학습하게 될 것이라고 보았다. 따라서 제퍼슨이 프랑스를 포기할 준비가 되어 있지 않았던 것처럼 윌슨도 러시아에 대해 쉽사리 절망할 태세는 취하지 않았다.[147]

제퍼슨과 윌슨이 혁명을 지도하기 위한 대외 개입에 찬성했던 것은 모든 인간에게는 자유를 누릴 능력이 본래 있다는 믿음 때문이었다. 이와 대조적으로 애덤스와 랜싱은 혁명을 완전히 중지시키기 위한 개입을 원했다. 무질서를 어느 정도 용인하고 자유의 확산에 헌신하려 했던 제퍼슨과 윌슨이 혁명을 통제해줄 '강자'의 출현을 애덤스나 랜싱에 비해 별로 반기지 않은 것은 이런 이유 때문이다. 제퍼슨과 윌슨이 보기에는 '강자'의 등장은 혁명이 진통을 겪을 징조였으며, 혁명을 원래 궤도에 복귀시키는 일만 끝내고 물러날 경우에만 강자의 출현을 환영했다. 반면 애덤스나 랜싱이 보기에 강자는 혼돈 속에서 질서를 확립해줄 반가운 인물이었다. 이들이 보기에 혁명의 우울한 사이클에서 강자의 등장은 당연히 예상할 만한 일이며, 강자의 출현은 프랑스 혁명에서 처음 있었고, 후일 러시아에서도 되풀이되었다. 처음의 온건 노선이 공포정치로 바뀌고, 공포정치는 다시 "(랜싱의 표현을 빌리자면)새로운 폭정에 대한 반란, 그리고 자의적인 군부 세력에 의한 질서 회복"[148]으로 바뀌는 순서를 밟게 되기 때문이다.

혁명에 대한 미국인들의 의견은 그 이전과 마찬가지로 1910년대에도 대체로 통일되어 있었지만, 이처럼 내부적으로 약간의 견해 차이는 있었다. 그런데 이것은 단순히 개인의 성격이나 정치사상의 차이 때문만은 아니었다. 일반 대중들도 그랬지만 외교 문제에 적극적으로 관여한 소수의 미국인들 사이에서는 사회경제적 수준(그리고 이 수준을 반영하는 인종적 배경)도 혁명에 대한 의견 형성에 항상 명백하게 그런 것은 아니지만 강력한 역할을 했다. 사실 미국에 건너온 지 얼마 안 된 유럽 이민자들을 대거 포함하는 미국 사회의 하층민들은 혁명 및 혁명에 연관된 급진적 정치 이념에 대해 별다른 공포심을 느끼지 않았다. 반면, 문화적으로 자신을 영국과 동일시하던 부유층과 상류층에게는 애덤스 류의 견해가 먹혀들었다. 그들은 모든 혁명에 내포된 잠재적 급진성을 두려워했고, 또 혁명이 질서의 원칙에 대해 제기할 도전에 대해, 더 중요하게는 혁명이 재산의 존엄성에 대해 제기할 암묵적인 도전에 대해 두려움을 가졌던 것이다.

이 특권 엘리트 계층은 토착주의자들과 손잡고 무질서를 야기하는 세력들에 대한 감시를 독려했으며, 새롭게 대두하는 모든 위협에 대항하려고 대중을 동원했다.[149] 언론, 교육, 대학, 교회에 대한 압도적 영향력을 이용해서 그들은 혁명적 봉기나 재산권의 침해를 적대시하는 정치문화를 고착시키려고 애썼다. 알렉시스 토크빌이 예리하게 지적한 바와 같이 "이 세상 어떤 나라도 재산에 대한 애착이 미국만큼 적극적이고 간절한 나라는 없다. 또 어떤 식으로든 재산 관련법을 바꿀 위험성이 있는 정치 원칙들에 대해 국민 대다수가 내켜 하지 않는 나라도 미국밖에 없는 것"[150]이다. 아무리 심해도 부의 불평등은 자연스런 현상이며, 세상의 진보를 위해 필수적인 것이며 또 기꺼이 참아야 한다는 것이다. 또 정치적 변화는 물론 있을 수 있지만, 서서히 그리고 기존 체제 내에서 일어나야 하며, 이런 신념에 도전하는 자들은 정치적으로 존중 받을 수 있는 한계를 스스로 벗어난 사람들이라고 간주한 것이다. 미국의 엘리트들은 혁명이라는 전염병에 대한 예방주사를 미국 사회에 접종하려고 애썼을 뿐만 아니라 전염병에 걸린 다른 나라의 혁명에 대해 근원적인 조치를 취하려 하기도 했다. 또 그들은 신분과 부 그리고 여가를 활용하여 고위 공직을 차지했고, 그 자리에 앉아서 혁명에 대한 미국의 정책과 혁명에 대한 공론의 조건들을 결정하기도 했다.

이처럼 미국의 부유한 엘리트 사회 내에서 가장 두드러진 것이 혁명의 위험성에 대한 끈질긴 선입견이다. 그리고 이 선입견이야말로 미국 외교의 핵심을 이루는 3대 이념을 모두 아우르고 있다. 해외에서 정치적 이단 사상이 터져 나오는 것까지 걱정하는 이런 태도는 그 자체로도 중요하지만, 무엇보다 앵글로색슨 인종의 우월한 지위에 대한 신념과 미국은 위대하다는 민족주의자들의 주장을 강화시켰던 것이다. 또 적절한 혁명적 행위가 무엇인가에 대한, 또 진보적 정치 이념이 어떤 것인가에 대한 미국만의 특별한 이해 방식은 미국인들이 특출한 재능을 가졌다는 사실을 확인시켜주는 것이었고, 미국이 다른 나라 국민을 판단하고 지도할 권리가 있다는 주장만 강화시켰다. 또 미국이 해외에서 자기주장을 내세우고 나서는 것이 국내에 나쁜 영향을 끼칠 수도 있다는 두려움을 완화시키는 데 일조하기도 했다. 그리고 다른 나라들이 혁명에 실패한 것은 그들의 문화적 인종적 열등성을 입증한 것이며 미국이 그들을 후견해야 할 필요성을 부각시켰다. 혁명 그 자체에 대한 이런 선입견, 또 구체적으로 볼셰비키의 유령에 대한 선입견은 이렇게 해서 고착되었다. 그리고 이렇게 고착된 혁명에 대한 선입견은 미국 정책 결정자들의 사고방식 속에 살아남아서 20세기 중반에 터져 나오게 될 네 번째 혁명의 물결에 대한 미국 정책 결정자들의 대응 방식을 구체화시키게 된다.

제5장

★

이데올로기와 20세기 미국 외교

이데올로기와 20세기 미국 외교

> 역사는 결코 당신 생각대로 흘러가지 않는다. 당신은 단지 역사를 기억할 수 있을 뿐이다. 그렇게 기억되지 않는 역사는 모두 거짓에 불과하다.
>
> —월터 셀러, 로버트 이트만,
> 『1066년까지, 그리고 그 이후 영국의 모든 역사』[151]

    지금까지 많은 학자들이 20세기의 미국 외교를 연구했고 또 그에 관해 많은 저술을 하였다. 어떤 이들은 미국 외교를 미국의 정치적 안정과 경제적 번영을 유지하는 데 필수적인 해외 시장의 확충이라는 관점에서 설명했다. 또 어떤 학자들은 미국 외교가 국제정치의 현실에 눈 밝은 현실주의자들과 흐리멍덩한 도덕주의자, 기회주의적 정치인, 변덕스런 대중 간의 투쟁의 연장으로 파악하기도 했다. 이런 접근 방법들은 나름의 장점을 지니고 있긴 하지만 대단히 불완전한 것이라고밖에 평가할 수 없는데, 그 까닭은 미국 외교를 구성하는 가장 중요한 특징 하나를 전적으로 간과했기 때문이다. 즉 이런 연구 방법을 택한 학자들은 18세기와 19세기를 거치면서 뿌리 내린 이데올로기가 미국 외교의 영혼에 행사한 강력한 영향력에는 전혀 주목하지 못했다. 사실상 역사에서 이데올로기가 행사하는 힘과 지속성은 그동안 충분히 연구되지 못했다. 따라서 나는 이 장에서 이데올로기의 힘과 지속성 그 자체를 집중적으로 고찰해보고자 한다. 나의 이 연구를 계기로 삼아 20세기 미국 외교— 구체적으로 이 장에서 다룰 1901년부터 1965까지 전개된 미국 외교—를 연구하는 학자들이 앞으로 각자의 결론을 도출할 때 이데올로기라는 요소에도 눈을 돌리는 풍토가 정착되길 희망한다.

20세기가 시작될 무렵 미국인들은 하나의 일관된 외교 이데올로기를 내면화시킨 상태에 있었다. 그들은 이 이데올로기가 미국 외교의 빛나는 승리를 꾸준히 보장해주었다고 확신했다. 미국의 위대성과 자유에 대한 신념, 위계적 인종관과 보수적 혁명관을 확고하게 견지했던 제1세대 정치 지도자들은 영국과 프랑스가 각축하는 국제정치의 격랑 속에서 미국을 안전하게 이끌었다. 아울러 그들은 북미 대륙에서 지배권을 추구하면서 유럽 열강과 멕시코, 그리고 수많은 토착민들의 권리를 재빨리 박탈했다. 20세기가 시작될 무렵에 해외로 눈을 돌리기 시작한 미국 지도자들은 이와 같은 선대의 외교적 성취를 그들 자신이 선조 못지않게 이룩하게 될 대단한 성취의 당연한 예비단계로 여기면서 미국 외교의 지난 역사를 돌아보고 있었다.

18세기와 19세기에 걸쳐 미국 외교에 크게 기여한 미국 외교의 이데올로기는 미국-스페인 전쟁부터 1차 세계대전의 종전에 이르는 격동의 시기에 그대로 계승되어 미국 외교 엘리트들에게 국제정치를 헤쳐 나갈 나침반이 되었고 더 위대한 업적을 이루라고 그들을 격려하는 자극제가 되기도 했다. 이 시기를 대표하는 두 명의 정치 지도자인 시어도어 루즈벨트와 우드로 윌슨을 보면 이 이데올로기의 영향력이 얼마나 강한지, 또 이 이데올로기들이 얼마나 서로 다른 견해들을 종합해서 포용할 수 있는지를 알 수 있다. 자신을 해밀턴주의자로 선언한 바 있는 시어도어 루즈벨트와 토머스 제퍼슨에게 강하게 끌린 윌슨이 각각 연주한 변주곡도 당연히 서로 다른 것이었다. 그러나 그 변주곡의 주제는 공통된 것으로서 미국인들에게 너무나 친숙한 것이었다.[152]

끝없는 호기심과 활력과 자신감으로 충만한 뉴욕 명문가 출신의 루즈벨트는 미국이 '세계적 강대국으로 부상' 하는 것 자체가 미국 외교의 핵심 이념을 구현하는 것이라는 사실을 드라마틱하게 보여준 인물이다. 그는 미국의 사명에 대한 신념을 확고히 신봉했다. 루즈벨트는 '미국의 소명'에 의구심을 품은 일부 미국 국민에게 단호하고도 직설적인 어조로 말했다. "미국의 영향력이 커질수록 그리스도의 품에서 태어나지 못한 불행한 미개인들의 삶은 고양됩니다. 이것을 믿지 않는 미국인은 밥값도 못하는 인간일 뿐입니다."[153]

그러나 '위대한 미국'을 추구하다보면 계속 투쟁할 수밖에 없는데, 루즈벨트도 이런 사정을 잘 알고 있었다. 어려서부터 사물을 구별하지 않고서는 못 배기는 성벽을 지녔던 루즈벨트는 한평생 내내 자연의 질서와 자연 질서에 내포된 경쟁적 특성에 깊은 관심을 보였다. 1880년대까지 루즈벨트는 열렬한 진화론자의 시각에서 국제정치를 파악했다(국내 정치를 바라보는 시각 또한 마찬가지였다). 이 시각에서 볼 때 국가 간의 갈등은 지극히 자연스런 것이었다. 국제질서에 적응한 국가는 번성할 것이고, 그렇지 못한 약소국은 패자로 전락해서 땅 위에서 사라질 것으로 보았다. 루즈벨트는 "언제나 인류의 역사를 지배한 인종은 전투적인 인종이었다"고 쉽게 결론을 내려버렸다.[154] 아울러 미국은 경쟁이 치열하고 때때로 폭력이 난무하는 세계에 둘러싸여 있기 때문에 하나의 고귀한 의무를 수행해야만 하는데, 수시로 닥쳐오는 도전을 색출하고 제압함으로써 미국의 생존에 필수적인 불요불굴의 정신을 북돋우는 것이 바로 그 의무라고 생각했다. 루즈벨트는 이러한 진화론적 사상을 고상한 캘빈주의처럼 보이는 어떤 이념과 융합시켰는데, 캘빈주의는 루즈벨트로 하여금 미국의 도덕적 타락을 경계하도록 만든 이념이다. 그래서 그는 미국인들이 사사로운 이익만 쫓다가 도덕적으로 타락할 가능성을 막기 위해서 공적 책임과 개인의 희생정신을 드높여 주장했다. 그러나 도덕적 해이가 만연할 경우 개인은 말할 것도 없고 국가의 운명 또한 파멸로 치달을 게 뻔했다. 따라서 상업과 산업의 진흥이 필요한 건 사실이지만, 상업과 산업은 어디까지나 미국의 국제적 희생과 이타심을 통해 통제되어야 하는 저급한 가치에 지나지 않았다. 그가 보기에 미국 국민의 활력과 미국의 위대성에 대한 자부심을 유지하는 길은 적대국에 분연히 대적하면서 타락의 늪에 빠진 여러 민족을 구원하는 책임을 떠맡는 길뿐이었다.

　루즈벨트가 '끈질기게 고수한' 미국의 위대성이란 관념은 그의 비뚤어진 인종관과 아주 잘 맞아 떨어졌다. 그는 평소 인종 관련 서적을 열심히 읽었으며, 인종과 관련된 여러 글들을 직접 쓰기도 했다. 특히 그는 대중적 담론에서 사용되는 조잡한 용어들을 비롯한 피상적인 사이비 과학 용어들을 동원해서 글을 썼다. 루즈벨트에게 이 세계는 국가뿐만 아니라 인종들도 서로 투쟁하는 무대였다. 이런 세계에서 개명된 인종과 야만적 인종이 투쟁하는 것은 지극히 자연스런 것이며, 인류 문명의 진보는 개명된 인종이 '주변의 야만적 인종을 복속시키는' 경우에 한해서만 비로소 성취될 수 있다고 주장했다. 따라서 루즈벨트가 앵글로색슨족을(그는 나중에 '영어를 사용하는' 인종이란 용어를 더 선호했지만) 가장 진보한 인종으로 간주한 것은 별로 놀라운 일이 아니다. 예컨대 그는 1881년에 집필한 처녀작에서 앵글로색슨족을 '두둑한 배짱, 강인한 정신력, 냉철한 지성'을 두루 갖춘 뛰어난 인종으로 묘사했다. 특히 앵글로색슨족의 한 줄기로 뻗어 나온 미국인은 열등 인종들을 '천연의 먹이'로 삼은 서부 개척을 통해 더 강인한 인종으로 성장할 수 있었다고 했다. 또 프런티어가 사라진 이후로는 사촌뻘인 영국과 함께 해외 영토 경쟁에 참여하는 한편, 주로 동유럽과 라틴아메리카 인종, 흑인종처럼 저급한 다산 인종들을 상대로 '요람 속의 전쟁'에 참여함으로써 미국인 특유의 기질을 재확인했다고 설명했다.[155]

　루즈벨트는 '저급 인종'에 대해 좋게 말한 적이 별로 없다. 그는 중국인[경멸적으로 '칭크스(Chinks)'라고 불렀는데]의 몸에 밴 수동성, 무절제한 행동, 우둔함을 경멸할 수밖에 없었다. 필리핀인 역시 야만인과 크게 다를 바 없기 때문에 자력으로는 '야만과 폭력이 판치는 혼돈의 암흑 상태에서' 헤어날 수 없는 종족이라고 보았다. 동양인 중에서는 오직 일본인만이 루즈벨트의 혹평에서 벗어날 수 있었다. 실제로 청일전쟁(1894~1895)에서 일본이 승리하고, 10년 후에 러일전쟁에서 또다시 승리하자 루즈벨트는 일본의 용맹성에 점차 감탄하기 시작했다. 한편, 루즈벨트는 라틴아메리카인[경멸적으로 '데이고스(dagoes)'라고 부르기도 함]에 대해서는 다혈질이지만 실제로는 겁쟁이에 불과하며, 정치적으로 무능할뿐더러 흑백 혼혈이 엄청나게 진행된 인종이라는 상투적 평가를 그대로 수용했다. 또한 루즈벨트는 '너저분한 야만인' 모습을 한 인디언을 보고 적지 않은 충격을 받았다. 따라서 미국 같은 문명국이 그들과 같은 퇴보 인종을 점령하는 일은 불가피한 운명이라고 보았다. 루즈벨트가 보기에 인디언이 구원 받을 길은 오직 인디언의 남성적 기질과 호전성을 적극 활용하는 길뿐이었다. 또 루즈벨트는 자신이 만든 인종의 위계질서 맨 밑바닥에 흑인을 배치시켰다. 그가 볼 때 흑인은 지적 능력과 도덕적 활력을 결여한 존재였으며, '오직 최근 몇 세대만이 황폐한 야만 상태에서 벗어날 수 있었던' 인종이었다. 미국의 선조들이 그랬던 것처럼 루즈벨트는 아이티의 '반 미개 상태의 흑인종'을 증거로 들면서 모든 '검둥이'가 정치적으로 무능하다는 주장을 일반화시켰다.[156)]

　루즈벨트의 혁명관 역시 미국 사회에 뿌리박힌 이데올로기를 그대로 반영한 편견에서 파생되었다. 그것은 그 자신의 출신 계급이 오랜 기간 숙성시켜온 보수주의와도 맥이 통했다(부유한 명문가에서 태어난 루즈벨트는 가정교사 교육을 받으면서 성장했고, 청년기에는 하버드에서 공부했다. 또한 젊은 시절 세계의 여러 지역을 두루 여행했으며, 보스턴에 있는 상류계층의 가문에 장가들었다).[157)] 이처럼 보수적 혁명관을 견지했던 루즈벨트가 볼 때 후진국의 혁명은 문명국의 지배에 저항하는 혁명이든 사회경제적 변혁을 추진하는 혁명이든 모두 막지 않으면 총체적 파국을 가져다줄 것이라고 경고했다. 다시 말해서 그는 자신이 미국의 필리핀 정책으로 지지한 식민지 후견 제도 같은 것이 민족 자결주의보다 훨씬 더 나은 정책이라고 생각했다. 또한 대중교육과 온건한 정치개혁 프로그램에 입각한 점진적 개혁이 사회 진보를 성취하는 가장 현실적인 방법이라고 주장했다. 그는 급진적으로 전개되다가 파국으로 끝난 1905년의 러시아 혁명만 봐도 자신의 보수적 시각이 옳다는 것을 분명히 이해할 것이라고 말했다. 요컨대 급진적인 사회 혁명은 사회적 파멸과 역사적 퇴보만 앞당길 뿐이라는 것이다. 루즈벨트처럼 국제적 대결의 핵심 요인은 인종이며, 인종 간의 갈등이 국가의 생존에 대한 근본 도전이라고 믿는 사람에게는 계급 이익이나 계급 갈등 같은 말은 거부감만 일으킬 뿐이었다. 이렇게 보면 루즈벨트가 납득할 수 있는 유일한 혁명은 우수한 인종이 열등한 인종의 지배에 항거하는 혁명뿐이었다. 어쨌든 그가 제시한 정당한 혁명의 조건(우월한 인종이 열등한 인종의 지배에 항거하는 것—옮긴이) 자체가 이례적인 것처럼, 루즈벨트에게 혁명이란(물론 그는 미국 혁명의 사례를 염두에 두고 혁명을 말했지만) 근본적으로 이례적인 현상이었다.

이런 시각을 가진 루즈벨트가 활력 넘치는 뉴욕의 정치인으로서 1880년대와 1890년대의 공격적인 미국 외교정책을 지지한 것은 지극히 당연했다. 예컨대 루즈벨트는 사모아에 대한 지배권을 주장하는 독일인들, 난폭하고 무례하기 짝이 없는 칠레인들, 하와이 병합에 반대하는 도덕적 책임 회피론자들, 사사건건 미국에 간섭하는 영국 등의 도전을 막아내면서 외부 세력의 도발을 철저하게 퇴치하려면 미국이 세계의 보안관 역할과 식민지 지배자 역할을 적절하게 수행해야 한다고 주장했다. 이를 위해 미국은 우선 유럽 열강과 대등한 힘을 길러야 하고, '혼돈을 질서로 바꾸는' 국제적 노력에 동참할 수 있어야 하며, 미국에게 새롭게 부과된 국제적 책임을 적절히 수행할 해군력을 육성해야 한다고 강조했다. 1899년 필리핀 병합문제를 둘러싼 논쟁이 절정에 달했을 때 루즈벨트는 평소 여러 차례 강조한 자신의 주장, 즉 미국인의 우월성을 확인하고 유지하려면 국제적으로 '강인한 삶'이 필요하다는 주장을 되풀이했다. "국제사회에서 미국은 몰락한 중국처럼 살아서는 안 됩니다. 설사 그렇게 하고 싶어도 그래서는 안 됩니다. 그저 미국의 국경선 안에 틀어박혀 서서히 타락해가는 것도 모른 채 수치스런 삶을 살아가는 데 만족해서도 안 됩니다…"라고 하면서, 미국이 '비호전적이고 폐쇄적인' 태도를 취할 경우 "남성다운 용맹과 모험을 선호하는 국가에게 정복당하는 운명을 피할 수 없을 것입니다. 따라서 진정 위대한 국민이 되기를 원한다면 세계의 무대에서 위대한 역할을 성실하게 수행하는 노력을 아끼지 말아야 하는 것입니다"[158]라고 역설했다.

우드로 윌슨도 루즈벨트처럼 미국 사회에 뿌리내린 이데올로기를 답습했다. 그런데 그는 남부의 독특한 취향을 가미해서 그것을 새롭게 변형시켰다. 남북전쟁 이전에 남부 버지니아 주에서 태어난 윌슨은 명망 있는 지역 장로교 목사들과 긴밀한 관계인 가문의 전통을 기반으로 해서 사회적 지위를 획득할 수 있었다. 그는 남부에서 중부의 대서양 연안 지대로 점차 이동하면서 학창시절을 보냈는데, 거기서 학문적 훈련을 받으면서 학자로 활약하는 데 필요한 능력을 키웠다. 또한 프린스턴대학교에서 총장을 역임했고 거기서 주 정치와 연방 정치에 진출할 발판을 마련했다. 그래서 윌슨은 대통령 선거에 도전할 수 있었고, 50대 후반인 1913년에 마침내 백악관에 입성했다.

윌슨은 공격적 외교정책이 위대한 미국을 건설하는 데 결정적인 열쇠라는 생각을 뒤늦게 받아들였다. 이 점에서 그는 대부분의 남부인과 마찬가지였고 또 시어도어 루즈벨트와 크게 대조적이었다. 윌슨은 미국과 스페인 전쟁이 발발하기 이전까지는 국제정치에 피상적인 관심조차도 갖지 않았다. 윌슨은 처음에는 필리핀 병합의 타당성을 믿지 않는 수많은 남부인들과 견해를 같이한 것으로 보인다. 그러나 1898년 11월경에 윌슨은 필리핀의 지배자가 스페인에서 독일이나 러시아 같은 유럽 열강으로 교체되는 것보다는 미국으로 교체되는 것이 훨씬 낫다는 생각을 결국 수용한 것 같다. 미국은 '밝은 빛의 표상이지만 유럽 열강은 어두운 빛의 표상'[159]이라고 믿었기 때문이다.

    윌슨이 평소에 무심코 내뱉은 말로 짐작해보면 그는 원래 미국의 공격적 외교정책에 대해 의구심이 있었다. 그러나 1899년에 미국 연방 상원이 맥킨리 대통령의 필리핀 병합을 승인하고, 그 이듬해에 맥킨리가 대통령에 재선되자 윌슨은 자신의 모든 의구심을 한꺼번에 떨쳐버렸다. 이제 윌슨은 미국이 과거의 고립주의를 뒤로 던져놓고 세계정치에서 '중요한 과업'을 시작할 분수령을 넘어섰다는 당시의 일반적 사고방식을 수용하기 시작했다. 윌슨은 이러한 미국 외교정책의 전환을 '불가피하고 자연스런 것으로' 간주했다. 또한 미국은 프런티어를 상실했기 때문에 새로운 시장이 필요하며, 점차 좁아지는 지구촌에서 치열한 경쟁을 뚫고 살아가야 한다고 내다보았다. 팽창주의 외교에 점차 마음을 주게 된 윌슨은 루즈벨트와 유사한 발언을 종종 내뱉기 시작했다. 예를 들면 이런 식이었다. 앞으로 세계는 '격동의 시대'로 진입하게 될 것입니다. 왜냐하면 '강대국'으로 성장한 미국이 영국과 함께 '정치적으로 아동기에 머물러 있는 저개발 국가들을' 참을성 있게 가르치는 가정교사 역할을 할 것이기 때문입니다. 또 1904년에는 앵글로색슨이 세계를 그들 자신의 이미지에 들어맞는 형태로 개조하는 작업에 착수했다고 선언했다. 그러면서 "만일 이 작업에서 손을 뗀다면 앵글로색슨에게 커다란 수치가 돌아올 것"[160]이라는 경고도 잊지 않았다.

그러나 윌슨은 루즈벨트와 달리 국제정치를 강대국 간의 경쟁과 인종 간의 투쟁이 난무하는 세계로만 보지는 않았다. 자신의 지적 신조에 충실했던 윌슨은 약자와 고통 속에서 신음하는 자들을 조용히 도와주면서 미국의 정신을 세련시킬 도덕적 봉사활동을 더 중시했다. 미국의 해외 자선활동이 '미국인의 정치적 성격, 정치적 능력, 정치 철학, 심지어는 정치 조직까지' 시험하는 시험대가 된다고 강조했던 것은 그 때문이다. 특히 윌슨은 자신의 도덕적 본능을 정치적 혼란에 휩싸인 아시아를 돕는 일에 사용하려 했다. 미국은 "동아시아를 개방시키고 개혁하는 역할을 주도해야 할 의무가 있다"고 주장했다. 예를 들면 윌슨의 관심을 처음 태평양으로 기울게 만든 필리핀에 대해 언급하면서, 미국이 식민지 통치 능력을 습득하고, 질서를 유지하며, 자치 정부를 '오랫동안 훈련시키는 방식'을 통해 '필리핀 원주민'을 깨우치고 가르쳐줌으로써 '미국은 진심으로 필리핀의 복지에만 관심이 있다'는 것[161]을 보여줄 필요성이 있다고 말했다.

토머스 제퍼슨과 마찬가지로 자유의 가치와 자유주의 정치제도를 열렬히 사랑했던 윌슨의 사상은 혁명을 대하는 그의 태도에서도 분명하게 확인할 수 있다. 윌슨은 자유를 열렬히 사랑했기 때문에 자유를 쟁취하려고 봉기한 세계 각지의 혁명을 관심 있게 지켜봤으며, 때로는 혁명의 친구가 되기도 했다. 루즈벨트라면 이럴 수 없었을 것이다. 남북전쟁이 터지고 전쟁 후에 남부 여러 주가 연방에 다시 통합되는 시대적 배경 속에서 자존심 센 남부인으로 성장한 윌슨은 민족 자결권을 거부당한 사람들에게 본능적인 연민을 갖고 있었다. 그는 세계의 모든 국민이 자유를 갈구한다는 것을 확신하면서 자유를 향한 그들의 갈망은 마치 '오랜 기간 축적된 열정'이 한꺼번에 폭발하는 불꽃처럼 타오른다고 말했다. 그 불꽃이 어떤 지역에서 잠시 진화되면 다른 지역에서 또다시 타오를 것이라고 했다. 또 윌슨은 영미의 정치 제도와 정치적 가치가 모든 인류에게 보편적으로 타당하다고 확신했다. 정치학자 출신이었던 윌슨은 자유가 영미 문화의 꽃이라고 찬양했고, 영미 문화의 점진적 발전 방식이 인류 문명의 표준적인 진보 양식이라고 주장했으며, 미국에서 제정한 헌법이 인류의 가장 위대한 성취 가운데 하나라고 강조했다. 그는 영국의 의회 제도를 가장 이상적인 정치 제도로 간주했으며, 미국 혁명은 '세계의 수많은 인민에게 자유를 추구할 수 있는 용기를 불어 넣은'[162] 획기적 사건이라고 평가했다.

그러나 윌슨이 볼 때 프랑스 혁명은 너무 많은 자유를 너무 성급하게 쟁취하려 들 경우 참담한 결과를 초래할 수도 있다는 위험성을 일깨워준 사례였다. 이런 견해는 루즈벨트의 견해와도 크게 다르지 않다. 파리 꼬뮌의 기억이 아직도 생생한 23세의 나이에 윌슨은 혁명이 프랑스에서 만성적으로 발발하는 까닭을 탐구한 바 있는데, 그 해답을 '반 노예상태로 태어나서 성장한' 프랑스인의 국민성에서 찾았다. 즉 프랑스인은 '타인에게 전면적으로 복종하거나 타인을 전면적으로 정복시키는 삶만 알 뿐'이라고 보았다. 그 후 15

년이 지난 1894년에 윌슨은 에드먼드 버크가 쓴 책*의 영향을 받아 프랑스 혁명이 '대단히 사악하고 타락한' 사상을 세계로 확산시킨 원천이라고 비판했다. 그러면서 사회의 질서가 유지되지 않는다면 자유와 진보 또한 존재할 수 없다는 것을 프랑스 국민이 극적으로 입증했다고 강조했다. 그러나 말년의 제퍼슨이 그랬던 것처럼 윌슨도 나중에는 성숙한 사고를 거쳐 프랑스 혁명을 재평가하게 되었다. 즉, 프랑스 혁명은 수많은 단점을 드러냈지만 몇 가지 긍정적 측면도 보유했다고 평가했는데, 프랑스 구체제를 소멸시키고 유럽 전역에 새롭고 자유로운 정치제도가 확산될 수 있는 길을 결정적으로 열어준 점이 바로 그것이다.[163]

윌슨은 지구상의 모든 인민이 자유를 희구할 수는 있지만 실제로 자유를 획득하고 유지할 수 있느냐 없느냐는 인종적 자질에 달려 있다고 보았다. 인종적 자질은 윌슨주의 이데올로기를 구성하는 세 번째 중요 요소였다. 인종적 자질을 평가하는 윌슨의 시각 역시 남부의 지방색과 제퍼슨의 영향을 크게 받았다. 윌슨은 학자로서 활동할 때나 대통령직을 수행할 때나 항시 흑인에 대한 온정주의적 감정과 우월의식을 지니고 있었는데, 노예제도가 정착된 사회 환경에서 어린 시절을 보내고, 성장해서는 흑인 차별 법안을 의심 없이 받아들인 사람이라면 누구나 윌슨과 같은 사고방식을 가질 수 있었다. 그는 인류의 진보를 평가하는 중요 척도인 자유는 여전히 흑인의 능력 밖에 존재한다고 보았다. 이래저래 윌슨은 흑인이 열등한

---

*   보수주의적 시각에서 프랑스 혁명의 급진적 성격을 비판적으로 성찰한 『프랑스 혁명의 성찰』(*Reflections on the Revolution in France*, 1790년 출간)을 의미한다. —옮긴이

인종이라고 확신했기 때문에 자신의 고정관념 속에 존재하는 인종의 위계질서 맨 밑바닥으로 흑인을 내려 앉혔다(그리고 흑인은 월슨 자신이 잘 한다는 평판을 받은 '검둥이' 이야기의 주 공격 대상이었다). 흑인에 대한 평가 기준과 동일한 기준으로 평가할 경우 맨 윗자리를 차지한 것은 앵글로색슨이다. 무엇보다 월슨은 앵글로색슨이 인류의 자유 증진에 독창적 기여를 했다는 점을 높게 평가했다. 월슨은 영국계 인종으로 붐볐던 자신의 고향 분위기 때문에 영국을 지나치게 편애하는 습성을 가졌는데, 이 습성의 흔적은 미국 정치제도보다 영국 정치제도를 더 우수한 것으로 찬양한 월슨의 학술 논문에서도 쉽게 확인할 수 있다. 영국 풍물을 좋아한 월슨의 습성은 영국의 예의범절과 영국 문학, 그리고 영국 철학 영역으로 확대되었다.[164]

월슨은 자신이 구상한 인종의 사다리 중간 단계를 차지하는 종족에 대해서는 평가를 다양하게 내렸는데, 그가 평가 기준으로 삼은 것은 미국의 보호 감독을 인내심을 갖고 수용하거나 미국 정치제도를 모방해서 자유주의 가치와 정치제도를 정착시킬 능력의 보유 여부였다. 이런 기준에서 보면 총체적으로 실패한 인종은 인디언이었다. 진부한 표현이긴 하지만 인디언은 백인의 '정당한' 영토적 욕구 앞에 굴복해야 하는 불쌍한 희생양일 뿐이었다. 또 선교사들의 저작을 통해 알게 된 중국인에 대해서는 건전하지 못한 정체된 삶의 양식에 결박되어 하루하루를 살아가는 고대인이라고 평가했다. 그러나 월슨은 중국인이 '가르치기 편한' 속성을 지녔다는 사실을 간파하고 활력이 넘치는 서양의 힘을 빌린다면 중국이 충분히 개혁될 수 있을 것으로 판단했다. 반면, 월슨은 서양 문명을 훌륭하게 학습한 일본인에 대해서는 존경심을 가졌다. 그는 일본인이 "보기 드물게 현명하고, 남들보다 빠르게 보고 배우는 능력을 온 세상에 보여주었다"고 말했다. 그러나 라틴아메리카인들은 윌슨의 관심을 끌어내지 못했던 것 같다(설사 관심을 끌었다 해도 남부 출신인 윌슨이 라틴아메리카에 만연된 인종 간의 잡혼 풍습을 봤다면 루즈벨트보다 더 큰 충격을 받았을 것이다).[165]

루즈벨트와 윌슨은 각각 백악관에 입성한 후에 중요한 이해가 걸린 세 개의 핵심 지역, 즉 라틴아메리카와 동아시아, 그리고 유럽에 각각 적용할 외교정책을 수립했는데, 그 정책은 과거의 외교정책 아이디어를 계승한 측면도 있고 그 아이디어를 새롭게 결합하고 적용해서 변형된 측면도 있다. 그래서 세계적인 해군, 세계로 뻗어나간 미국의 새로운 국경을 순찰하는 데 필요한 원정군, 전문 외교정책 관료기구를 두루 갖춘 루즈벨트와 윌슨은 전례 없는 열성과 대담성으로 세계정치에 관여하기 시작했다.

루즈벨트와 윌슨은 서로 다른 점도 많았지만, 라틴아메리카 정책의 방향은 놀라울 만큼 비슷했다. 그들 바로 전에 재임한 대통령들도 라틴아메리카 지배 계획을 수립할 때 미국의 위대성과 인종적 우월감, 그리고 정치적 무질서에 대한 전통적 반감을 바탕 삼아 정책 방향을 정립했다. 1895년에 리처드 올니 국무장관은 영국과 유럽 열강이 시시콜콜 간섭하는 작태를 결코 좌시하지 않겠다고 경고함으로써 라틴아메리카 정책의 포문을 열었다. 훗날 올니는 다음과 같이 회고했다. 그 당시는 미국이 "지구상에서 존재하는 모든 열강 중에서 가장 위대한 국가로 성장하고, 또 위대한 국가에 따르는 모든 장점과 책임을 적극적으로 끌어안으면서 위대한 국가만이 누릴 수 있는 지도적 위치를 기꺼이 수용해야 할"[166] 때였다고 말이다. 이런 분위기를 감안할 때 미국이 라틴아메리카 정책의 두 번째 수순으로 쿠바 분쟁에 개입하고 또 쿠바 및 푸에르토리코를 점령까지 한 것은 지극히 자연스런 일이었다.

시어도어 루즈벨트는 미국이 라틴아메리카에 대한 후견인과 감독자 역할을 수행해야 한다고 계속 주장했다. 그는 라틴아메리카인들이 자신들의 사회를 끝없이 타락시키고, 아메리카 신대륙 문명의 진보를 방해하며, 도덕적 파산을 해외에 노출시킴으로써 유럽 열강들이 개입할 빌미를 제공하는 것을 용납하지 않으려 했다. 루즈벨트는 쿠바에서 미군을 철수시키는 대신 쿠바를 미국의 보호령으로 만들어버렸다. 콜롬비아의 지도자가 파나마 운하를 건설하려는 루즈벨트의 계획을 방해하자 루즈벨트는 파나마를 미국의 두 번째 보호령으로 삼아버렸다. 루즈벨트는 '콜롬비아 수도 보고타에서 활동하면서 살인을 일삼는 어리석고 부패한 관리들'(그는 이들을 종종 '치사하고 쩨쩨한 새끼들', '멍청한 도적들'로 부르기도 했다)을 모두 제거한 후에 미국 보호령인 파나마 국민이 콜롬비아를 상대로 일으킨 혁명이 성공하고, 이로 인해 파나마 운하에 대한 루즈벨트의 권리 주장이 자연스럽게 확보되는 일련의 사태를 느긋하게 지켜보았다. 뉴욕 경찰국장 출신인 루즈벨트는 1904년 무렵 서반구 전체를 자신의 순찰 구역으로 간주했다. 그는 자신의 먼로 독트린 추론(his corollary to the Monroe Doctrine)*을 통해 무절제한 라틴아

---

* '먼로 독트린 추론'이란 유럽의 열강이 라틴아메리카 지역에 개입하는 것을 방지하기 위해서 제시된 먼로 독트린을 루즈벨트가 재해석하여 제시한 것인데, 라틴아메리카 국가 중 상습적인 비행을 저지르는 국가가 있다면 미국이 그 국가의 국내 문제에도 개입

메리카인들을 '문명사회의 중요한 법질서에 강제로 복종시킬 수 있는' 권리가 미국에게 있다고 주장했다. 루즈벨트는 라틴아메리카를 '정치적으로 안정되고, 사회의 질서가 유지되며, 경제적으로 번영하는 지역'으로 개조시키겠다고 굳게 마음먹었다.[167]

윌슨은 라틴아메리카에 펼쳐진 미국 세력권을 더 강화했다. 그는 자신의 외교정책 처리 방식이 루즈벨트의 '강압' 스타일이나 윌리엄 하워드 태프트의 '달러 외교'와 비교할 때 훨씬 더 이타적이라고 생각했다. 윌슨은 자신이 라틴아메리카를 상대로 이웃사촌의 의무를 다하고 있으며, 그들에게 좋은 정치 지도자를 선출하는 방법까지 일깨워준다고 종종 말하곤 했다. 그러나 분노의 눈빛에 불타는 멕시코의 혁명가들과 휘어잡기 힘든 아이티의 거친 흑인들이 정치적으로 어리석은 짓을 할지도 모른다는 걱정과 독선이 결합되면서 윌슨의 외교정책은 대단히 독선적인 방향으로 나아갔다. 윌슨은 약 17회에 걸쳐 군대를 파병하여 정치적 불안정과 무지 몽매 상태에서 헤어나지 못하는 라틴아메리카의 고질적인 악의 무리들을 쫓아냈다. 또한 전시 돌발 상황을 우려한 윌슨은 덴마크 소유의 버진 아일랜드를 신속하게 점령해버렸는데, 이로 인해 독일과 같은 '구세계의 악마'들은 더 이상 그곳을 넘볼 수 없게 되었다.

미국에서 멀리 떨어진 제국주의의 각축장 동아시아에서도 미국은 1890년대 말부터 적극적으로 행동하기 시작했다. 그들은 하와이를 병합했고, 필리핀을 점령했으며, 중국에서 문호개방을 선언했다.

할 수 있다고 선언한 것이다. 이러한 조치는 유럽의 열강이 라틴아메리카 국가의 악정을 해결한다는 구실로 그 지역에 개입할 수 있는 가능성을 사전에 차단하기 위해 마련된 것이었다. ─옮긴이

그러나 질풍처럼 시작된 동아시아 정책은 불확실성의 시대가 도래했음을 알리는 신호탄이었다. 루즈벨트는 태평양을 미국의 호수로, 그리고 동아시아를 미국의 새로운 서부로 규정하면서 백악관에 입성했다. 그는 지금까지 미국이 북미 대륙 내부의 프런티어에서 그 역량을 테스트 받았다면 이제는 동아시아라는 새로운 프런티어에서 테스트를 받을 것이라고 전망했다. 그래서 "미국은 크게 성공하거나 크게 실패할 것"[168)]이라고 했다. 그러나 루즈벨트는 이처럼 장대한 비전을 실현하기에는 미국의 역량이 턱없이 부족하다는 사실을 이내 깨달았다. 그래서 어느 정도 서구화에 성공하고 또 동아시아 지역의 강대국으로 부상한 일본의 지배적 지위를 인정하는 쪽으로 방향을 수정하기 시작했다. 이것은 중국 사회의 치안을 유지하고 중국인을 계몽시키는 일차적 책임을 미국 대신 일본이 떠맡아야 한다는 것을 뜻했다.* 루즈벨트는 이런 식으로 정책 방향을 수정하면서 문호개방의 중요성을 상대적으로 축소시키는 한편, 제국주의 열강의 분쟁에 휩싸인 쇠락한 중국에 대한 온정적 개입을 사실상 포기했다. 그래서 실현 가능성이 희박한 문호개방 정책을 회피함과 동시에 미국의 동아시아 전략상 취약점이었던 필리핀에서 챙길 수 있는 미국의 이권에 대해 일본으로부터 보장을 받는 데 성공했다.**

그러나 루즈벨트가 동아시아에서 전개한 '현실주의 외교

---

* 미국인의 마음속에서 평가된 중국과 일본의 이미지가 서로 상충하는 역사적 패턴(compensatory principle)을 보였다는 헌트의 설명(이 책의 제3장 176~177쪽)도 함께 참조할 것. —옮긴이

** 1905년 미국과 일본 사이에 체결한 카스라-태프트 조약을 의미한다. 이 조약을 통해서 미국이 한반도에 대한 일본의 지배권을 인정하는 대신 일본은 필리핀에 대한 미국의 지배권을 인정했다. —옮긴이

(realpolitik)'는 한계가 있었다. 외교정책을 결정하는 과정에서는 일본이 중국에서 차지하는 우월한 지위를 인정하지 않을 수 없었지만, 장기적 관점에서 볼 때 루즈벨트는 미국이 어떻게든 중국의 보호자가 되거나 중국이 미국의 중요한 해외시장이 되어야 한다는 확고한 믿음을 공공연히 부인할 수 없었다. 그는 필리핀이 '미국의 아킬레스건'이라는 사실을 깨달은 다음에도 필리핀을 포기하려 하지 않았다. 미국이 필리핀을 포기하면 '미국은 위대하다'는 자부심에 손상을 입을 수 있고, '필리핀 자신의 운명을 필리핀인 스스로 구제해야 하는 현실적으로 불가능한 과제'를 필리핀인들에게 전가하는 모양새가 될 것으로 봤기 때문이다. 루즈벨트는 필리핀의 토착 정부에게 정권을 떠맡기는 순간부터 필리핀 사회는 '폭정과 무정부 사이에서 격렬한 요동'을 시작할 것으로 보았다. 따라서 그는 이런 상황에서 미국이 선택할 길은 한 가지 밖에 없다는 결론을 내렸다. 즉, 미국이 필리핀을 문명화시키는 데 필요한 20~40년 동안 필리핀을 점령하면서 필리핀에 대한 일본의 간섭을 막기에 충분한 막강 해군력을 필리핀에 주둔시키는 정책이 바로 그것이었다.[169]

윌슨은 미국의 태평양 시대가 열렸다고 호소하는 정책이 미국의 체면을 구기면서까지 일본을 달래는 정책보다 훨씬 더 미국 국민의 심금을 울린다는 것을 깨달았다. 이 점에서 그는 시어도어 루즈벨트와는 달랐다. 또 윌슨은 중국인이 기독교도로 개종하고 민주적 시민으로 개화하도록 도와주면서 일본으로부터 보호해야 한다는 책임감을 느꼈다. 당시 점증하는 유럽의 위기가 윌슨의 신경을 분산시키기는 했지만, 선교사적 사명에 입각해서 동아시아 정책을 추진하려는 그의 성향까지 바꾸지는 못했다. 그러나 루즈벨트와 달리 윌슨은 미국의 전략적 한계를 돌파할 방책을 찾지 못했다. 따라서 윌슨은 중국에 대한 감상적 관심만 계속 표명했을 뿐, 그것을 실제로 이행하는 경우는 거의 없었다.

20세기 초엽 미국의 정치 지도자들은 세계정치에 몰두해 있었지만, 유럽에 대해서는 아시아나 라틴아메리카보다 더 거리를 두었다. 그러나 20세기가 시작된 지 20년도 되지 않아 미국이 영국과 독일의 싸움에 개입하면서(1914년 1차 세계대전 발발과 1917년 미국의 참전 사실을 의미함―옮긴이) 유럽 정세의 여파는 미국 외교의 최전선에 몰아칠 것처럼 보였다. 당시 국제정세가 이처럼 극적으로 전개된 결정적 이유는 미국 정책 엘리트의 감정을 지배한 앵글로색슨주의가 미국과 영국 간의 역사적인 화해를 고취했기 때문이다. 미국의 정치 엘리트들은 질서 정연한 자유, 자유 무역, 국제 세계의 진보와 안정 등에 헌신하는 영국인을 친족처럼 느꼈다. 또 갑자기 강대국으로 떠오른 호전적 전제국가인 독일이 미국과 영국이 힘을 합쳐 싸워야 할 공동의 적이라는 확신으로 인해서 영국이 친척이라는 감상적 관념은 강력한 군사전략적 의미까지 갖게 되었다. 미국 관리들은 독일이 사모아, 중국, 필리핀, 라틴아메리카에서 획책하는 음모를―그것이 실제든 가공이든―걱정하기 시작했다. 반면 영국은 미국으로부터 호감을 사기 위한 방책을 조심스럽게 모색하기 시작했다.[170]

시어도어 루즈벨트는 이처럼 '미국이 유럽 정치에 개입하는 정책'을 미국과 영국의 영속적인 외교적 우호관계로 '번역'하는 작업에 착수했다. 그는 자신의 대통령 재임 초기에 영국이 남북 아메리카에서 전략적으로 철수함으로써 득을 보게 되자, 1905년에 발생한 모로코 위기 때는 독일을 견제함으로써 영국에 보답했다. 루즈벨트는 모로코 위기를 해결하기 위해 개최된 알헤시라스 회의(Algeciras Conference, 1906. 1. 16~4. 17)에 중재자 자격으로 참가했지만 실제로는 영국과 프랑스 간의 협조체제를 물밑에서 지원하고, 당시 국제사회의 말썽꾼으로 통했던 독일 황제 빌헬름 2세를 좌절시키려고 노력한 것이 분명하다.

그러나 유럽에 진출하기 시작한 루즈벨트의 외교정책은 루즈벨트 못지않게 영국을 좋아한 윌슨의 적극적 외교와 비교해보면 윌슨의 등장을 예고하는 서막에 불과했다. 1차 세계대전이 발발하자 윌슨은 자신의 정책 고문 에드워드 하우스와 로버트 랜싱의 권고를 받아들여 미국의 전시 중립정책을 영국에 유리한 방향으로 수정했다. 또한 미국의 중립정책을 영국 해군보다 독일 해군에게 더 엄격하게 적용함으로써 독일을 곤란하게 만들었다. 그러면서 윌슨은 '전문적인 국제법 원리가 아니라 국가 간의 공정한 행동과 인류애를 요구하는 본질적 권리'가 자신의 외교정책을 지도하는 핵심 원리라는 것을 스스로 밝혔다. 이 기준에서 판단하면 영국이 독일보다 더 '올바른' 국가였다. 윌슨은 미국이 가진 중립국의 권리를 훼손할 수도 있는 영국의 '경제 전쟁'은 부드럽게 눈감아주면서도 독일의 잠수함 공격에 대해서는 "엄격하게 책임을 묻겠다"고 경고하고 전쟁도 불사하겠다는 속내를 비치는 대조적 태도를 취했다.[171] 요컨대 윌슨의 정책은 영국의 전략과는 궁합이 매우 잘 맞았지만 (영국의 해상 봉쇄 때문에 많은 사상자가 발생한) 독일의 분노를 자아내기에 충분했으며, 유럽에 대한 개입에 반대하는 소수 견해를 대변하던 윌리엄 제닝스 브라이언이 내각에서 물러나도록 만들기도 했다.

독일은 1917년 1월에 무제한 잠수함 작전에 돌입했다. 그러나 윌슨은 1차 세계대전 참전을 즉각 결심하지 못했다. 그는 잔인한 유럽 전쟁에 미국이 참전해서 성공할지 여전히 확신하지 못했다. 그러나 4월에 윌슨은 미국이 유럽 민주국가들과 함께 빌헬름 2세가 이끄는 야만적 독일과 싸우면서 '미국의 피와 힘을 기꺼이 희생하는 특권' 을 행사할 수 있다는 결정을 내렸으며, 곧바로 의회에 대독일 선전 포고를 요청했다.[172] 그러나 윌슨은 내심 독일에 대한 승리보다 더 큰 것을 추구하고 있었다. 그의 궁극적 목표는 독일로 상징되는 제국주의, 군국주의, 독재처럼 인류를 파멸시킬 여러 요인들을 근원적으로 제거하는 것이었다. 따라서 윌슨에게 1차 세계대전의 승리는 세계 정치 개혁의 서막에 불과했다. 세계 정치 개혁을 통해 평화의 서광이 온 세상에 비쳐야만 전선에서 피 흘린 희생자들도 구원받을 것이고, 의심과 증오와 갈등을 반복해온 지긋지긋한 역사의 수레바퀴를 영원히 멈출 것으로 기대했다.

윌슨은 1918~1919년에 개최된 전후 협상에서 더 좋은 세계를 건설하기 위해 자신이 제안한 '14개 조항'이 채택되게끔 애썼다. 미국의 이데올로기를 거의 완벽하게 구현한 이것은 미국의 위대성과 인류를 위한 자유를 표방하면서 국제정치 문제를 해결하고자 했던 미국의 전통적 책임감에 새로운 지평을 열었다. 무엇보다 윌슨의 14개 조항은 앵글로색슨 문화가 국제 사회의 패권을 장악하고, 영국과 미국 간의 외교적 협력 시대를 기대한 것이다. 윌슨이 설계한 국제사회는 무역의 자유, 군비경쟁의 종식, 동맹국 간의 비밀외교 및 무시무시한 대량학살의 추방, 제국의 해체가 달성된 세상이었으며, 특히 유럽 전역의 민족 자결주의가 선양된 세상이었다. 윌슨은 독일, 러시아, 오스트리아-헝가리 제국에서 해방된 국가들에서 온건하고 민주적이며 헌법을 새롭게 제정하는 혁명이 일어날 것으로 기대했다. 아울러 그런 혁명을 통해 새롭게 태어난 국가들과 평화를 사랑하는 기존의 민주 국가들이 제휴하여 국제적 연맹을 결성하면 국제사회에 만연된 테러, 폭정, 침략 행위를 종식시킬 수 있고 정의를 요구하는 많은 민족들의 '항구적 불만'을 진정시킬 것으로 전망했다.[173)]

그러나 윌슨이 설계한 새 질서는 결국 실현되지 못했다. 윌슨의 기대와 달리 그의 동맹국들은 윌슨의 말을 듣지 않았다. 또 그들은 눈앞의 이익만 좇았다. 볼셰비즘이 독일과 헝가리로 확산되자 윌슨은 '자유로운 국제질서'를 건설하는 과제가 난관에 봉착했음을 깨달았으며, 러시아에서 볼셰비즘이 살아 있는 동안에는 미국 국민들이 미국의 정치적 이상과 상충되는 골치 아픈 혁명들과 대적해야 한다는 것을 깨달았다. 그뿐만이 아니다. 윌슨은 자신의 계획을 실현하는 데 필요한 국민의 지지를 얻을 기회를 여러 번 망쳐버렸다. 그는 민주당과 공화당의 초당적 연합을 구축하는 데 필요한 정치적 타협을 선택하는 대신 전후 처리 문제를 다룬 파리 강화회의에서 열강들이 결정한 조건을 고집스럽게 밀어붙였다. 윌슨에 대해 의구심을 갖고 있던 미국 연방 상원이 마침내 윌슨의 평화안을 거부했고, 윌슨은 1919년 가을 '미국 국민'에게 직접 호소하기 시작했다. 그러나 전쟁과 평화의 문제만 끊임없이 제기하다가 몸져눕고 말았다. 건강을 해친 윌슨은 병상에 홀로 누워서도 자신의 꿈을 건질 각종 계획을 계속 꾸며냈지만 결국 1921년 3월 심신이 다 쇠약한 패배자로서 대통령 임기를 마쳤다.

★ ★ ★

　윌슨을 제물로 삼은 비판 세력은 하나도 아니고 둘이었다. 하나는 일찍이 제퍼슨이 주창한 공화주의 비전을 수용한 소규모 세력이었다. 이들은 미국인들이 합의한 이데올로기의 바깥에 서서 윌슨을 공격했다. 1917년 윌슨이 세계대전 참전을 요구하자 이 집단에 속한 몇 사람이 최초로 반대 입장을 표명했다. (당시 상원에서 반대표를 던진 인원은 고작 6명에 불과했으며, 하원에서는 15명에 불과했다.) 그 중 한 사람인 네브래스카의 공화당 의원 조지 노리스는 앵글로색슨계 이외의 종족이 다수 거주하는 미국 중서부 농촌 지역의 여론을 반영하여 친영적 엘리트들이 '황금을 독점하려는 전쟁의 수렁 속으로' [174] 미국을 몰아넣는다고 비판했다. 다시 말해서 동맹국들에게 빌려줄 대규모 대부금을 비축한 은행가들, 영국이 전쟁을 계속할수록 이득을 챙길 군수업자들, 그리고 이기적 욕망을 이타적 언어로 포장하기 위해 고용된 선동가들이 공모해서 전쟁터에서 싸우다가 죽는 고통을 감수해야 하는 보통 국민을 배신했다고 주장했다. 전쟁의 열기에 휩쓸리지 않은 소수 지식인 중 한 사람이었던 랜돌프 본은 윌슨주의자들이 민주주의를 위한 성전(a holy war for democracy)을 부르짖을 때 동원한 모든 위선적 용어는 미국인이 자기 나라의 민주주의는 무시하면서 다른 나라 일에 참견하지 못해 안달복달하는 것을 뜻할 뿐이라고 주장했다.
　윌슨의 평화 계획을 둘러싼 논쟁에서 노리스, 로버트 라 폴레트(위스콘신 출신의 공화당 의원), 그리고 그들과 유사한 생각을 가진 상원의원들은 줄기차게 제퍼슨의 공화주의 비전에 호소했다. 그들은 해외에서 미국의 민족적 위대성을 추구하는 정책을 펼칠 경우 미국의 정치개혁은 말살되고 미국인의 자유 또한 극도의 억압을 받을 것이라고 주장했다. 한때 "미국은 국제정치에 적극 개입하면서 민족적 위대성을 추구해야 한다"고 강력하게 주장한 앨버트 비버리지조차도 이 반대에 동참했다. 그가 갑작스레 마음을 바꾼 이유는 여러 가지다. 그 자신이 정치 개혁을 추구한 데다가 전쟁을 겪으면서 영국을 더 혐오하게 되었고, 특히 기업가와 금융 자본가들이 이해관계에 따라 정치 개혁을 방해하고 미국 외교를 막후에서 조종한다는 사실을 새롭게 깨달았기 때문이다. 비버리지는 미국이 자신의 역량을 국내문제 해결에 집중할 경우 더 생산적인 결과를 도출할 수 있다고 주장했는데, 그가 볼 때는 '위대한 미국 국민의 복지 사업과 광대한 북아메리카 대륙을 개발하는 사업만으로도' 미국인의 도전의식을 자극하기에 충분했다. 마침내 그는 '진취적이면서도 자기 절제의 규범을 준수하는 자유를 향유하면서 인간의 행복과 복지를 증진시킬 수 있다는 사실을 인류에게 보여주는 것'이 곧 미국의 사명이라는 새로운 정의를 제시했다. 비버리지는 미국이 윌슨의 '잡종 국제주의(mongrel internationalism)'를 전면 폐기하고 유럽의 분쟁에서 빠져나와야 하며, 유럽 문제에 더 이상 개입하지 말고 세계의 귀감이 될 모범 국가 역할을 다하는 것만이 최선이라고 주장했다.[175]

1920년에 치러진 대통령 선거는 윌슨이 기대한 것만큼 국제연맹의 창설을 지지하는 '위대하고 장엄한 국민투표'가 되지 못했다. 그 대신 윌슨의 외교를 비판한 인사들의 불만 중 일부가 유권자에게 먹혀들어갔다는 것만 보여주었다. 1차 세계대전 당시 윌슨의 외교가 영국과 프랑스 쪽으로 기울었을 때 미국 국민 7명 중 1명은 심각한 좌절감을 느꼈는데, 그 까닭은 미국 국민 중 약 1,300만 명이 독일이나 아일랜드 출신 아니면 그곳에서 태어난 사람들의 자손이었기 때문이다. 전쟁 중에는 미국의 모든 국민이 희생과 전시 통제를 별 수 없이 견뎌야 했지만, 막상 전쟁이 끝나고 동원해제가 이루어지면서부터는 경기침체 때문에 더 힘든 삶을 살아가야 했는데, 특히 노동자와 농민이 타격을 입었다. 그래서 미국 국민은 국제연맹 참여를 둘러싼 논쟁이 시작되자 적극 참여를 주장한 윌슨에 대해 의심의 눈초리를 보내기 시작했는데, 전후 유럽이 과거의 퇴행적 행태를 반복하자 이들의 의구심은 더욱 커졌다. 대부분의 미국 국민이 민주당의 윌슨 외교에 대해 불만을 품었다는 증거는 1920년에 치러진 대통령 선거에서 공화당의 워렌 하딩이 압도적 표차로 (유권자의 61%를 득표함) 승리했다는 사실로도 알 수 있다. 1930년대에 들어서서 유럽이 분열되면서부터는 더 많은 미국 국민들이 유럽에서 전개한 윌슨의 십자군 전쟁은 너무 많은 희생을 치렀고(1천억 달러의 비용과 10만 명 이상의 인명 피해가 발생함), 미국의 금융 엘리트와 산업 엘리트만 득을 보았다는 신제퍼슨주의자들의 주장에 귀를 기울이게 되었다. 1937년 초반에 실시된 여론조사를 보면 1차 세계대전이 되풀이되는 것에 대해 미국 국민의 반감이 여전히 컸다는 것을 알 수 있다. 즉 미국 국민의 70%가 1차 세계대전에 참전한 윌슨의 결정은 잘못된 것이라고 '낙인' 찍었기 때문이다.[176]

윌슨의 비판자들은 이처럼 대중적인 공감대의 확산에 힘입어 윌슨의 독선적 외교를 더 적극적으로 공격하기 시작했다. 이들을 대변하는 일은 처음에는 윌리엄 보라가 맡았는데, 그는 아이다호 주 출신의 공화당 상원의원으로서 1925년부터 1933년까지 미국외교위원회 위원장이었다. 보라는 미국이 진정 국제사회의 도덕적 모범이 되려면 국제사회로부터 초연한 태도를 취해야 한다고 판단했다. 미국이 국제분쟁에 개입하거나 군비경쟁을 시작할 경우 미국의 국내정치는 독재정치와 군국주의로 흘러갈 수밖에 없다고 보았기 때문이다. 따라서 보라는 미국 외교정책이 국가 간 무역과 군비통제를 증진시키는 데 주력하는 한편, 미국의 눈으로 라틴아메리카인이나 러시아인들의 독특한 민족주의나 그들의 혁명 방식을 평가하려 하지 말고 그들 고유의 삶의 양식을 자연스럽게 영위할 수 있도록 돕는 데 힘써야 한다고 주장했다. 그 후 1930년대 중반에는 보라의 후임으로 나선 제럴드 나이가 윌슨 외교를 주도적으로 비판하는 역할을 맡았다. 노스다코타 주 출신의 공화당 상원의원 및 외교위원회의 위원장으로 활약하면서 그는 미국의 은행과 군수산업계를 조사했는데, 그 결과 '죽음의 상인들(merchants of death, 전쟁으로 득을 보는 군수업자들―옮긴이)'이 순진무구한 미국 국민을 전쟁의 수렁으로 몰아넣었다는 의구심을 뒷받침하는 보고서를 펴냈고 또 그런 믿음을 대중적으로 확산시켰다.

1930년대에 평화단체, 진보주의자, 급진적 농지 개혁주의자, 중서부의 소수 민족 등과 느슨한 연대를 이룬 제럴드 나이와 그의 동료들은 유럽이 또 다른 전쟁에 휘말릴지도 모른다는 경고를 접하면서 크게 놀랐다. 그래서 그들은 친영파 엘리트들의 주장에 대해 미국 국민이 등을 돌리도록 만들기 위한, 그리고 대통령이 정책 결정의 자유를 남용하지 못하도록 제한하기 위한 노력을 배가하기 시작했다. 윌슨 같은 사람이 또 나타나서 미국을 유럽의 분쟁에 몰아넣는 일을 막아야겠다고 결심한 그들은 강제 중립 법안이 의회에서 통과되도록 힘썼고, 일부는 대통령이 참전을 요구할 경우 반드시 국민투표로 참전 여부를 결정하는 법을 제정하자고 주장하기도 했다. 1937년 무렵에는 국민투표를 거쳐 전쟁을 결정하자는 제안에 대해 미국 국민 10명 중 7명이, 그리고 상당수 연방의회 의원들까지 지지하게 되었다. 이제 당분간은 미국이 또 다른 세계 전쟁에 '영광스럽게' 참전할 의사는 없는 듯 보였다.

그러나 공격적 외교를 주장하는 자들은 미국에서 여전히 영향력이 컸다. 이들의 선두에 선 인사들은 공화당 중진들이었다. 그 중에는 일라이후 루트, 윌리엄 하워드 태프트, 필랜더 녹스, 헨리 캐봇 롯지, 찰스 에반스 휴즈, 프랭크 켈로그, 헨리 스팀슨이 포함되어 있었다. 이들은 미국 역사에서 약 150년 넘는 세월 동안 외교정책을 결정해온 엘리트 집단의 특성을 고스란히 계승하고 있었다. 모두 백인 남성이며, 훌륭한 가문, 빼어난 혈통, 일류 학교, 상류사회 사교와 같은 축복을 누리며 성장했다. 이들은 자신의 인종적 계보가 영국계 미국인이라고 믿었으며, 예외 없이 영국 국교나 장로교를 믿는 신교도였다. 20세기에 들어서면서 이 전통적 엘리트 집단을 대변하게 된 것은 주로 북부와 동부, 특히 점점 더 동북부 도시 출신 엘리트들이었다. 이들은 사립학교와 아이비리그 대학, 그리고 법과대학원에서 정규 교육을 받았으며, 영국과 유럽 대륙 여행과 같은 비정규 교육과정을 통해 국제적 안목을 기르기도 했다. 그들은 대개 대통령의 임명을 받고 공직에 취임했는데, 그 전에는 기업체에 근무하면서 법률 실무 능력을 연마했다. 또 그들은 엘리트 집단, 일류 학교, 상류사회의 클럽과 조직, 특히 그 중에서 가장 중요한 미국 외교협회(Council on Foreign Relations, 1921년에 창립됨)가 함양하는 미국적 가치를 신봉했기 때문에 외교 문제를 처리하는 자신들의 방식이 지극히 옳다고 확신했다.[177]

국제연맹 가입을 둘러싼 논쟁에서 윌슨을 공격한 두 번째 세력은 이처럼 걸출한 공화당 인사들이었다. 그러나 그들이 윌슨과 벌인 싸움은 적어도 이데올로기 차원에서 보면 미국의 위대성을 가장 잘 실현할 방법을 놓고 벌인 일종의 '집안싸움'에 지나지 않았다. 윌슨과 마찬가지로 그들도 고립주의를 신봉하지는 않았다. 크게 보면 그들은 미국이 국제사회에서 이미 명성을 획득했고, 그 명성과 함께 더 질서 있고 더 정의로우며 더 자유로운 세계체제를 건설할 의무가 있다는 윌슨의 견해에 동의했다. 다만 그들이 윌슨과 의견을 달리한 점은 세부 정책 사항이었다. 그들은 국제연맹 규약 제10조가 미국 헌법에 규정되지 않은 모호한 의무까지 강제한다는 사실, 즉 국제연맹 회원국이 어떤 형태로든 침략을 받을 경우 모든 회원국이 참전해서 침략을 격퇴해야 한다는 의무까지 받아들일 수는 없었다. 그러면서도 그들은 필요에 따라 새로운 국제적 약속을 하는 데 전혀 부담을 느끼지 않았다. 실제로 롯지, 루트, 녹스 등은 새롭게 부활한 독일에 대처하기 위해 '미국의 방어벽이자 전초기지'로 간주된 프랑스와 방어 동맹을 체결하려는 시도까지 했다.[178]

미국외교위원회 의장 겸 원로 정치인인 헨리 캐봇 롯지는 1919년에 미국의 국제연맹 가입 반대를 주도한 인물이다. 미국이 국제연맹에 가입하면 미국의 주권과 의회의 권한이 침해될 수 있고, 원하지 않는 전쟁에 말려들 가능성이 크다고 판단했기 때문이다. 그러나 이런 평소 신념과 달리 롯지 역시 국제무대에서 미국의 위대성을 추구해야 한다는 윌슨의 주장과 비슷한 노선을 용인했다. 그는 직전에 치른 두 차례의 전쟁으로 미국 외교의 성격이 변화했다고 판단했다. 롯지는 미국이 스페인과 싸운 전쟁은 "미국의 역사상 유례가 없을 정도로 국제문제에 깊숙이 개입하는 신호탄이었습니다. 이 전쟁은 불가피했을 뿐만 아니라 돌이킬 수 없는 단계의 시작이었습니다…"라고 말했다. 또 미국은 1차 세계대전에 참전함으로써 '세계에 대한 새로운 책임감'을 자각하기 시작했음을 세계만방에 과시했다고 보았다. 이제 미국은 이 두 전쟁의 결과 '세계 평화와 인류 복지에 가장 크게 기여할' [179] 방식을 스스로 결정할 위치에 도달했다는 것이 롯지의 판단이었다.

이 공화당 의원들은 윌슨이 희망한 개입 정책을 좌절시킨 이후 자신들의 구상을 밀고 나갔다. 이들은 1920년 대통령 선거전 당시 공화당 후보인 하딩에게 유럽 문제에 적극 개입하고 국제연맹 및 국제 사법 재판소와 긴밀한 유대관계를 형성하겠다는 공약을 채결하라고 채근했지만 별 성공을 거두지는 못했다. 하지만 이들은 하딩의 승리로 공화당이 정권을 되찾게 되면서 1921년부터 12년간 자신의 정책을 밀고 나갈 기회를 잡았다. 1921년부터 차례로 국무장관을 역임하게 될 휴즈, 켈로그, 스팀슨은 외교적 경험과 관심이 부족한 하딩 행정부에서 큰 영향력을 행사했다. 이들 세 사람 모두 미국은 새로운 국제기구인 국제연맹과 공식 관계를 유지해야 한다고 주장했고, 대서양 건너편의 유럽 외상들과 긴밀한 외교적 유대관계를 유지했다. 윌슨처럼 거창한 단어를 들먹이면서 외교 목표를 설정하지는 않았지만, 이들은 국제 정치의 큰 문제들, 예컨대 군축문제나 긴장완화 문제, 그리고 경제 부흥과 정치적 안정에 대해서는 끊임없이 관심을 기울였다. 게다가 미국의 산업 및 경제력이 사상 유례없이 신장되면서 유럽에 대한 미국의 영향력은 1차 세계대전 이전에는 결코 도달한 적이 없는 수준으로 치솟았다.

1차 세계대전 종전 이후부터 2차 세계대전 발발 직전까지 미국의 정책 결정 집단은 공화당 의원들과 그 뒤를 이은 민주당 의원들이었다. 이들은 미국의 위대성과 해외에서 일어나는 혁명들을 그들에게 친숙한 미국의 지적 전통에 입각해서 바라보았다. 그들이 소속된 사회 계급에게는 언제나 그렇듯 사회주의 혁명은 한마디로 저주의 대상이었다. 러시아 혁명을 목격한 허버트 후버는 혁명이란 "하늘을 깨끗하게 청소하는 한여름의 천둥"이 아니라 "수많은 집들을 파괴하면서 수백만 여성과 어린아이들의 목숨을 앗아가는 태풍"일 뿐이라고 주장했다. 1930년대의 라틴아메리카에서 분출된 정치적 혼란상을 목격하고 충격을 받은 아돌프 벌 2세 역시 "나는 원래 혁명을 싫어한다"고 딱 잘라 말했다.[180]

공화당 인사들은 소비에트 체제의 정당성을 부인한 윌슨의 정책을 계속 밀고 나갔다. 소련을 고립시키면 그토록 부자연스런 정치 체제를 쉽게 몰락시킬 수 있을지 모르고, 설혹 그렇게까지 하지는 못하더라도 최소한 소련의 가증스런 선전과 음모가 전 세계에 유포되는 것은 막을 것으로 기대했기 때문이다. 캘빈 쿨리지는 소비에트 정부가 '우리와 함께 협력해서 인류 문명을 책임지겠다는' 의지를 보이지 않는 한 결코 그들과 상대하지 않겠다고 단호히 선언했는데, 사실상 이 선언은 볼셰비키 혁명 이후 16년간 미국 사회를 지배한 공식 견해를 나타낸 것이다.[181]

그러나 1933년 프랭클린 루즈벨트는 소련을 공식 승인했다. 그는 소련이 미국의 상품 시장 및 일본 견제 세력으로서의 역할을 동시에 해낼 중요 국가라고 판단했다. 그러나 소련을 외교적으로 승인했다고 해서 미국 외교정책 부서들이 오랫동안 예민하게 느껴온 소련에 대한 불신감까지 해소할 수는 없었다. 소련이 어쨌든 건재했을 뿐만 아니라, '후진' 지역에 볼셰비즘을 퍼뜨려 위험스런 혁명적 열정을 부추기는 것처럼 보였기 때문이다. 켈로그 국무장관의 경우 중국에 거주하는 외국인에 대한 공격 음모를 배후에서 꾸민 것이 볼셰비즘이라는 생각을 중국에서 근무한 미국 외교관으로부터 의심 없이 받아들였다. 또 미국 외교정책가들은 '소비에트 체제 수립'에 투신한 세력이 1920년대와 1930년대에 걸쳐 미국, 쿠바, 멕시코 등지로 잠입해서 정치적 소요나 반미를 선동하고, 미국의 바로 뒷마당에 '공산주의 정권 수립'을 획책함으로써 미국을 위협한다고 보았다.[182]

미국은 볼셰비키 선동가들이 저개발 국가에 잠입해서 무식하고 수동적인 인민을 교묘히 이용한다고 판단될 때마다 해당 지역의 독재자를 지원해서 볼셰비즘에 대처하는 방식을 선호했다. 예컨대 이탈리아와 중국에서 극렬 좌익 세력이 활개 치는 정치 상황을 우려한 켈로그는 무솔리니와 장개석이 정계 실력자로 부상하는 것을 환영했다. 또 그는 니카라과에 공산주의가 침투할 가능성을 차단하려고 스팀슨을 파견했는데, 스팀슨이 맡은 과제는 소모사 일가의 집권을 도와주는 것, 그리고 니카라과의 대중 교육과 사회 정의를 구현하는 대신에 그 이후 40여 년간 니카라과의 정치적 안정을 유지할 길을 닦는 것이었다. 미국 외교의 이런 패턴은 1930년대까지 계속 유지되었다. 미국 국무부에서 파견한 대표들은 1933년 쿠바에서 발생한 좌익 혁명을 좌절시키고, 바티스타에게 1950년대 말까지 집권할 수 있는 발판을 마련해주었다. 코민테른이 스페인 정부와 그리스 정부를 전복시킬지도 모른다고 우려했기 때문에 미국은 마드리드의 프랑코나 아테네의 메타사스 같은 군부 독재자들도 심정적으로 지지했다.

인종을 대하는 미국의 전통적 태도도 1차 세계대전부터 2차 세계대전에 이르기까지 거의 변하지 않은 채 지속되었다. 인종적 편견은 1920년대를 거치면서 토착주의의 형태로 부활했는데, 한마디로 그것은 1차 세계대전 당시 미국을 휩쓴 과도한 애국주의의 재탕이었으며 전쟁 수행에 걸림돌로 여겨진 외국계 미국인들에 대한 원색적 공격으로 표출되었다. 미국의 전통적 혈통과 가치를 옹호하려고 작심한 인사들은 미국 국민 가운데 외국 태생과 그 자손이 놀라울 만큼 큰 비율(1/5 이상)을 차지한다는 것을 확인하자 곧바로 행동에 돌입했다. 미국 의회는 일본인, 필리핀인, 남부 및 동부 유럽인과 같은 바람직하지 못한 이민의 미국 유입을 차단하는 법안을 압도적 표차로 통과시켰다. 미국 남부, 중서부, 남서부, 극서 지역에서는 약 5백만 명이 쿠 클럭스 클랜(3K단)*에 가입했는데, 3K단이 이처럼 많은 사람을 끌어 모을 수 있었던 것은 백인 우월주의 교리를 표방했기 때문이며, 가톨릭과 유대인과 외국인을 공격하면서 미국 국민을 사로잡았기 때문이다. 당시 미국 사회에 퍼져 있던 인종적

---

* 백인 지상주의 비밀 결사를 말한다. 남북전쟁 이후에는 흑인과 흑인 해방세력을 배척했고, 1차 세계대전 이후에는 가톨릭교도, 유대인 등을 배척했다. ―옮긴이

증오심은 흑인에 대해 가장 격렬하게 표출되었는데, 흑인에게 가한 린치는 흑인에게 배당된 인종적 지위를 상기시키는 각종 수단 가운데 가장 잔인한 것이었다.

따라서 미국인들의 지배적 세계관 속에 기존의 인종적 위계질서가 건재한다는 사실은 그리 놀라운 일이 아니었다. 앵글로색슨족이 여전히 위계질서의 최상단을 차지했으며, 그 바로 아래는 서유럽 인종이 차지했다. 기타 유럽 인종은 더 낮은 단계로 밀려났다. 그리고 그보다 한 계단 아래에 위치한 라틴 인종과 아시아 인종에 대한 미국인들의 관점도 놀라우리만큼 변하지 않았다. 애초부터 미국인들의 인종적 편견을 조장해온 주요 원천인 영화는 이 편견을 더 세련시켰는데, 영화는 노골적인 정치 풍자 만화로는 표현할 수 없는 박진감을 제공함으로써 인종적 편견을 더 심화시켰다. 영화에 등장하는 라틴 인종은 대체로 예측 불가능하고, 쉽게 흥분하며, 성미가 급한 사람이었다. 라틴 남성과 여성을 구분하던 오랜 편견으로부터 한 치도 벗어나지 않은 채 영화 속 라틴 남성은 혐오스런 '라틴 놈들'이었고, 영화 속 라틴 여성은 영국계 애인을 녹여놓는 관능적 요부로 등장했다. 1920년대 영화에 등장한 아시아 인종은 대체로 범죄와 악행(대표적인 것이 아편 흡입)을 일삼고, 백인 여자를 탐내는 야만적 인물로 묘사되었다. 1930년대 영화들은 아시아 인종을 약간 세분해서 묘사하기 시작했는데, 태평양 전쟁이 진행되는 동안에도 이런 경향이 유지되었다. 즉 1930년대 말까지 일본인은 동양인의 특성 가운데 타락하고 야만적인 측면을 상징한 반면, 중국인은 일본인과 대조적인 인물로 부상하기 시작했다. 이처럼 중국인의 이미지가 긍정적으로 반전된 까닭은 1937년 펄벅의 『대지』(*The Good*

Earth)가 영화화되었기 때문이며, 또 이 영화만큼 인기를 끈 찰리 챈 시리즈(Charlie Chan series, 중국계 미국인 형사 이야기를 다룬 소설과 영화―옮긴이)를 통해 이런 경향이 지속되었기 때문이다.[183]

인종적 편견은 간간히 드러나는 정책 결정자들의 생색내기나 경멸적인 태도를 통해서 적나라하게 나타났다. 라틴아메리카 국가들을 선린 외교(Good Neighbor policy)의 대상으로 본 프랭클린 루즈벨트조차도 '이 남미 것들' 에 대한 빈정대는 찬사를 늘어놓음으로써 부지불식간에 인종적 우월의식을 드러내곤 했다. 예컨대 "남미인들은 자기들이 미국인 못지않게 좋은 사람들이라고 생각하지"라고 운을 뗀 후에, 선심 쓰듯 "하기야 그들 중 많은 사람이 사실 그렇기는 해!" 라는 식이었다. 1933년에 루즈벨트가 '쿠바에서 창궐하는 기근과 정치적 혼란' 을 방지하는 것이 '미국의 의무' 라고 판단하고, 이 판단에 입각해서 즉각 행동한 것 역시 그의 영혼 속에 녹아든 가부장적 개입주의를 보여준 사례였다. 워싱턴의 정책가들은 미국 대중의 왜곡된 시선과 유사한 관점으로 중국을 바라보았으며, 미국의 아시아 전문가들조차도 중국인을 줏대 없고 수동적이며 미국의 도움이 필요한 인종으로 간주했다. 반면 일본인은 정신분열증 환자나 마찬가지라고 보았다. 롯지가 표현한 대로 일본인은 '동방의 프러시아인' 인 동시에 동양에서 앵글로색슨 문명을 가장 훌륭하게 습득한 학생이기도 했기 때문이다. 이처럼 분열된 일본 국민성에서 '프러시아적 성격' 을 형성한 것은 일본의 오랜 무사 전통이라고 그들은 믿었다. 그래서 근대 무기로 무장한 일본의 간악한 군부 지도자들은 '쉽사리 감정적인 일본 대중' 을 통제하면서 테러와 정복을 일삼는 외교정책을 적극 추구할 수 있다고 믿었다. 그들은 또 일본

그림 29. 라틴아메리카의 소식에 주목하다

영화와 마찬가지로 미국의 10대부터 30대까지 즐겨 보는 만화들은 그들에게 친숙한 인종적 편견을 다양하게 드러냈다. 라틴인들은 여전히 피부색이 검고 나태한 남자 아이들로 묘사되거나(그림 29), 얼굴빛이 맑고 아름다운 여자 아이들 즉 '시뇨리타'로 묘사되었다(그림 30). 미국은 이처럼 '나태한 남자아이들'과 '시뇨리타'를 각각 적절히 다룰 방법을 알고 있었다.

295

그림 30. 어머나! 우리 아가씨가 벌써 이렇게 크셨네!

그림 31.

아시아인 역시 미국인들이 즐겨 보는 만화에서 매우 진부한 모습으로 등장했다. 그림 31과 그림 32에서 확인할 수 있는 것처럼 1930년대에 유통된 만화에서 중국인은 불쌍하고 활력이 없는 이미지로 자리 잡았으며(그림 31은 중국인을 일본 군국주의에 정복된 모습으로, 그리고 그림 32는 육중한 공룡으로 각각 묘사하고 있다). 반면 일본인은 감정을 억제하지 못하는 무자비한 광신자 모습으로 자리 잡아갔다.[185]

그림 32. 잠자던 거인이 통증을 느끼기 시작했다.

국민성에 내포된 '앵글로색슨적 측면'은 미래 지향적이고 서구 지향적인 일본의 문민 정치인들이 국제협력에 매진하는 전통을 통해 나타난다고 보았다.[184]

1931년에 일본이 만주를 점령하고, 1937년에는 중국 본토를 침략하자 동아시아에서 앵글로색슨주의를 옹호한 미국인들이 서서히 불편해지기 시작했다. 처음에는 스팀슨이 그리고 나중에는 프랭클린 루즈벨트와 그의 국무장관 코델 헐이 일본 군국주의의 대두를 우려했다. 그러나 미국의 대다수 정치 지도자들은 일본의 문민 지도자들이 미국의 정책적 충고를 따르고 일본 군국주의에 반대하는 미국의 강경 태도를 보고 힘을 얻는다면 그들이 일본 정치를 다시 장악해서 공격적 외교 추세를 뒤집을 가능성이 있다고 판단했다. 필리핀에 근무하면서 '동양의 정신'을 꿰뚫어 보는 통찰력을 터득했다고 확신한 스팀슨은 '고결한 정신'에 충만한 미국의 중국정책과 동아시아의 국제질서를 굳건히 지키겠다고 결심했다. 스팀슨이 볼 때는 일본의 정치를 장악한 '사실상 미친개들'이 동아시아의 국제질서와 미국의 중국정책을 위협하고 있었다. 그는 일본의 외교정책에 공공연히 반대했을 뿐만 아니라 사적으로는 미국 주재 일본 외교관들을 들볶으면서 거세게 몰아붙였다. 그리고 1930년대 말 코델 헐은 일본인들이 인류 문명을 중세 암흑시대로 퇴행시키려는 히틀러의 야심에 적극 동참한 야만인이라고 최종적으로 결론지었다. 또 프랭클린 루즈벨트 대통령은 일본 외교관들 면전에서 "당신네 외교가 평화와 국제질서의 근간을 파괴하고 있단 말이요!"라고 퉁명스럽게 내뱉었다. 그는 참모들과 있을 때는 더 심한 말을 내뱉었는데, 예를 들면 일본 놈들은 확실히 "동양의 프러시아 놈들이야!"

그놈들은 "뻔뻔하고 공공연하게 약탈을 일삼는 족속 중 하나지. 따라서 그놈들은 미국이 추구하는 이상과 근본적으로 다른 가치를 추구하고 있네!"라든가 일본놈들은 "항시 정복의 꿈에 젖어 있단 말이야!"라는 식이었다. 따라서 루즈벨트가 보기에 '인류의 예속과 해방'이 격돌하는 세계적 차원의 투쟁, 즉 '이교도적 잔인성과 기독교의 이상'이 충돌하는 투쟁에서 일본이 가담할 진영이 어느 쪽인지는 확실했다.[186]

루즈벨트 행정부는 도쿄에 대한 압력을 증대시키기 시작했다. 일본인은 힘을 숭상하기 때문에 미국의 강경한 정책에 쉽게 굴복할 것으로 믿었기 때문이다. 그러나 경제 재제, 해군 증강, 중국에 대한 원조, 태평양 함대를 더욱 공격적인 태세로 전환한 정책 등은 그들이 기대한 것처럼 일본을 후퇴시키거나 일본의 침략을 완화시키기는커녕 예상치 못한 일본의 진주만 공습만 초래했다. 진주만을 '몰래 공격한 행위'를 목격한 미국 국민은 격노했다(동양인을 '교활한 놈들'로 보는 미국의 인종적 편견을 생각한다면 그렇게 몰래 공격한 행위는 놀랄 일이 아닌데도 불구하고). 미국인들이 보기에 동양의 열등한 하나의 민족이 스스로 인류 문명의 중재자 역을 맡고 있는 우수한 민족에게 대놓고 그리고 잠시나마 성공적으로 도전한 것이다.

미국이 당시 유럽의 국제 위기에 대응한 방식도 인종적 편견의 영향을 받았다. 미국인들은 적에 포위당한 영국의 형제들을 목격하면서 점차 동정심을 보이기 시작했다. 1941년 말경에는 전체 미국인 가운데 2/3 이상은 참전만 아니라면 영국을 구하기 위한 어떤 조치도 적극 지지했다.[187] 그러나 당시 마각을 드러내기 시작한 히틀러의 유태인 말살정책에 대해서는 반유태주의적 분위기 때문에 무관심했다. 의회와 노동 세력, 그리고 1938년에 조사된 미국 대중의 4/5는 유태인 난민의 수용을 거부했다. 2차 세계대전에 참전하는 것도 유태인 난민을 거부하는 태도를 완화시키지는 못했다. 미국의 외교 부처는 이민 규정을 매우 엄격히 해석했기 때문에 미국에 이민 올 수 있는 유럽계 유태인의 숫자는 극소수에 불과했다. 루즈벨트 행정부는 영국이 원하는 경우에는 법적 행정적 장애를 쉽게 빠져나갔지만, 열등 민족을 구제해야 할 경우에는 법적 제도적 장애들을 극복할 수 없는 것처럼 하면서 태도를 바꾸었다.[188]

2차 세계대전으로 인한 위기가 고조되면서 미국의 위대성을 적극적으로 구현하려는 사상이 또다시 미국 외교를 장악하게 되었다. 한때 미국 사회를 휩쓸었던 이 사상은 윌슨이 추구한 지나친 십자군 전쟁으로 타격을 입은 바 있지만, 1차 세계대전 이후의 공화당 의원들을 매개로 회생했고 이제 프랭클린 루즈벨트라는 인물을 통해 강력한 챔피언 자리를 탈환하게 되었다. 사고방식을 보면 루즈벨트는 윌슨과 비슷한 점이 매우 많았다. 루즈벨트도 윌슨과 마찬가지로 평화를 사랑하는 보통 사람의 본능을 따르는 민주주의 국가가 세계 평화를 증진시킬 진정한 주체라고 믿었다. 또한 국제 사회에서 심각한 문제가 발생하는 까닭은 군국주의나 전제주의 국가들이 계몽된 일반 대중의 의사를 무시하거나 짓밟고 또 침략과 정복을 선호하는 소수 독재자들에 의해 좌지우지되기 때문이라고 생각했다. 따라서 민주주의 국가들이 단결해서 이들의 위협에 대처하고 이들의 침략 행위가 더 이상 탄탄대로를 걷지 못하게 만들어야 한다고 주장했다. 세계 평화와 자유를 위한 투쟁에서 미국이 반드시 선두를 지켜야 한다는 점도 강조했다. 그러나 루즈벨트는 윌슨을 그대로 모방한 '복사판'은 아니었다. 그는 권력과 술수를 사랑하는 자신의 면모를 숨김없이 보여주곤 했다. 더욱이 루즈벨트는 윌슨이 보여준 고루한 정직성과 과도한 신중성도 없었다. 정책 결정자로서 루즈벨트는 변덕스럽고 즉흥적인 면모를 보여주었으며, 심지어는 주변 사람들을 미치게 할 만큼 모호하고 일관성 없는 태도를 보이기도 했다.

루즈벨트는 공격적인 미국 외교정책을 염두에 두고 대통령에 취임하지는 않았다. 오히려 아시아와 유럽 문제를 제쳐두고 거들떠보려고도 하지 않았다. 대공황의 여파로 인해 루즈벨트의 관심은 온통 국내 문제 해결과 경기 회복에 쏠려 있었다. 그리고 1차 세계대전의 참상에 대한 기억 때문에 루즈벨트는 바깥 문제에는 관심을 두려고 하지 않았다.

나는 부상병이 피를 흘리는 모습을 본 적이 있습니다. 독가스에 질식된 병사들도 보았습니다. 진흙탕에 처박힌 시체들도 보았지요. 무참하게 파괴된 도시들이 아직도 제 눈에 선합니다. 전선에서 후송된 약 2백 명의 군인들이 기진맥진한 채 절뚝거리며 걸어가는 모습도 기억납니다. 이들은 불과 48시간 전에 전선으로 진격한 1천 명의 연대병력 가운데 겨우 살아남은 생존자들이었습니다. 어린이들이 굶어 죽는 모습도 선명하게 기억합니다. 수많은 아이들의 엄마와 병사들의 아내가 전쟁의 참상 속에서 절규하는 모습도 눈에 선합니다. 나는 전쟁을 증오합니다.

1936년 8월에 전쟁의 참상을 이렇듯 감동적으로 비난했던 루즈벨트는 이어서 같은 해에 미국은 아직까지 인류의 자유를 수호할 책임을 지고 있지만 미국의 외교 활동은 서반구(즉 미주대륙—옮긴이)로 제한할 필요가 있다는 선언도 했다.

> 민주주의는 지금도 여전히 인류의 희망입니다. 만일 우리 세대에 미국이 민주주의를 남북 아메리카 대륙에 성공적으로 전파할 수 있다면 우리 이후에도 그 밖의 세계로 계속해서 전파되어 민주주의 이외의 통치 방식들을 하나씩 대체해 나갈 것입니다….[189]

그러나 루즈벨트는 1937년부터 1941년에 이르는 기간에 자신의 신중한 외교 노선을 하나씩 폐기하기 시작했다. 독일과 싸우는 영국을 지원하기 위해 정치적 캠페인을 시작하고, 동아시아에서 패권을 주장하는 일본을 심정적으로 거부하기 시작하면서 그의 무의식 속에 숨어 있던 세계관과 각종 편견들이 모습을 드러내기 시작했다. 그는 국제질서를 파괴하는 악의 나라가 등장해서 동부 유럽과 중부 유럽의 작고 힘없는 국가들, 서유럽의 민주주의 국가들, 동남아시아의 유럽 식민지들, 무방비 상태에 처한 늙고 병든 중국 가운데 어떤 나라라도 침략하는 행위를 용납할 수 없다고 선언했다. 물론 루즈벨트는 미국이 20세기의 두 번째 세계대전에 참전할 경우 막대한 희생을 치르게 되리라는 점을 인정했다. 그러나 미국이 참전하면 윌슨이 실패한 목표, 즉 불완전하기 짝이 없는 국제체제의 근본적 개혁이라는 목표를 달성할 제2의 기회를 포착할 것으로 확신했다. 1941년 8월에 루즈벨트와 윈스턴 처칠이 선언한 대서양 헌장은 정의로운 평화, 모든 민족의 자결권, 자유 무역, 국제질서를 파괴하는 국가가 다시 등장할 경우에 효과적으로 대처할 새로운 국제적 연맹의 창설과 같은 친숙한 용어들을 사용하면서 영국과 미국이 추구하는 국제정치 목표를 설정하였다.

그러나 루즈벨트가 운전하는 기차가 윌슨이 지어놓은 정거장에 도달하기는 그렇게 쉬운 일이 아니었다. 루즈벨트는 여행이 진척되는 동안 자신의 지적 유산 중 일부를 상실했다가 다시 회복하는 과정을 겪었다. 뉴욕 토박이 가문의 후손으로 태어나면서부터 돈방석에 앉게 된 루즈벨트는 그로튼고등학교(미국 동부의 명문 사립고등학교―옮긴이)와 하버드대학교를 다녔으며, 세계를 널리 여행하면서 견문을 넓혔고, 공직에 쉽게 진출할 기반이 되는 수많은 유력자들과 교류하면서 그들을 자신의 출세수단으로 활용했다. 프랭클린 루즈벨트는 자신의 사촌인 동시에 그 자신이 매우 존경한 시어도어 루즈벨트와 마찬가지로 높은 지위에 수반되는 도덕적 의무(noblesse oblige)를 예민하게 의식하면서 자신감에 넘친 정치가였다. 또 프랭클린 루즈벨트는 먼로 독트린을 적극 옹호했을 뿐만 아니라 머핸의 추종자로서 열렬한 해군 제일주의자였는데, 그는 시어도어 루즈벨트가 거쳐 간 해군 차관보로 근무하기도 했다. 1차 세계대전이 한창일 때는 해군 차관보로 재임하면서 개입주의자 관점을 강력하게 표명하기도 했다. 민주당 부통령 지명자가 된 1920년에는 국제연맹을 위해 힘겹게 싸우던 윌슨을 지원했다. 그러나 대통령이 되려는 야망을 불태우던 루즈벨트는 윌슨의 패배를 목격하면서 해외에서 모험을 추구하는 정책이 대통령 선거에 불리하다는 것을 깨달았다. 그리고 루즈벨트는 미국이 유럽 전쟁에 참여하면서 큰 비용을 치렀다는 것, 그리고 전후 어렵게 획득한 평화가 결함투성이라는 것을 깨닫게 되면서 자신이 견지해왔던 개입주의적 관점을 일부 수정해야만 했다.

그러나 1930년대에 들어서면서 독일과 이탈리아, 그리고 일본의 침략이 드세지면서 루즈벨트는 미국 외교의 전통적 신념으로 복귀했다. "국제질서를 파괴하는 악당 국가의 확산을 방지해야 한다"고 주장한 루즈벨트의 1937년 10월 연설은 1941년의 대서양 헌장을 준비하는 기초가 되었다. 이러한 외교 노선은 세계를 정복하기 위해 혈안이 된 야만 국가들을 공공연히 비난하던 그의 평소 신념, 그리고 문명의 이름으로 야만 국가들에 저항할 것을 한층 더 강력히 요구하던 그의 태도를 감안하면 쉽게 이해할 수 있다. 루즈벨트가 추구하는 외교 목표는 그의 외교적 수사를 통해 간명하게 천명되었다. 루즈벨트의 표현을 빌리면 1941년 가을 무렵 미국은 군수 물자를 영국에 지원하고, 선전포고 없이 독일 해군과 싸우는 한편, 일본에게 심각한 타격을 줄 석유 수출 금지 조치를 강화하는 등 '민주주의의 병기고(the arsenal of democracy)'가 이미 되어 있었다.[190]

이처럼 윌슨의 신념을 수용하기 시작하자 루즈벨트는 새로운 도전에 직면해야만 했는데, '고립주의자들(isolationist)'의 거센 저항이 바로 그것이었다. 루즈벨트에게 가장 적대적인 집단은 '아메리카 퍼스트(America First)'라고 불리는 고립주의 단체였다. 이 단체의 가장 유명한 대변자는 외부 활동을 꺼리기로 유명한 비행사 찰스 린드버그였다. 1940년 가을, 2차 세계대전으로 점점 빠져드는 분위기에 반기를 들면서 결집된 '아메리카 퍼스트'는 주로 중서부 상류층과 미국 전역에 산재한 비 영국계 미국인들의 지지를 받았다. 중서부와 비 영국계는 바로 린드버그의 텃밭이기도 했다. 린드버그의 아버지는 미네소타 주의 급진적 농지 개혁론자로 활동한 스웨덴 태생의 미국인이었는데 그는 노리스 및 라폴레트와 함께 미국의 1차 세계대전 참전에 반대하는 운동에 가담했다. 부모 세대와 마찬가지로 젊은 린드버그도 피로 물든 유럽의 전쟁터로 미군이 진격하는 데 반대했고, 미국 농촌이 추구하는 소박한 가치를 적극 옹호했다. 이 가치는 미국의 참전을 강력히 주장한 대도시 주민들이나 동부의 국제주의자들이 추구한 가치와는 크게 상충하는 것이었다.

린드버그가 루즈벨트의 십자군 외교에 적대적 태도를 취한 까닭은 그가 십자군적 신념을 비판했던 토머스 제퍼슨의 전통에 물들어 있었기 때문이다. 그런데 이런 제퍼슨적 태도를 더욱 강화시킨 것이 바로 미국 외교의 지배 이데올로기에서 도출된 인종적 편견과 혁명에 대한 반감이었으니, 그야말로 아이러니가 아닐 수 없었다. 린드버그는 1936년부터 1938년까지 수차례 유럽을 여행하면서 유럽 대륙에 가득한 자기파괴 본능을 목격했다. 그리고 '우글거리는 수백만의 아시아 인종'이 유럽 문명을 위협하고 있음을 유럽인 스스로 깨닫지 못하는 것을 보면서 크게 실망했다. 그는 소비에트 러시아를 보면 이 위협을 분명히 확인할 수 있다고 주장했다. 소련에서 횡행하는 '잔인한 행위, 유혈 참사, 야만적 행동은 근대 세계사에서 유례가 없기' 때문이라는 것이다. 비록 러시아인들이 현실과 괴리된 공산주의에 짓눌려 있기는 하지만, 러시아인들이 가진 '유사 아시아적 문화(semi-Asiatic culture)'는 분열된 유럽을 황폐화시킬 수도 있고, "미국이 물려받은 유산 가운데 가장 소중한 유럽 혈통을 파괴할지도 모른다"고 경고했다. 린드버그는 영국이 유럽을 분열시키며 혼란에 빠트린다고 비난하기도 했다. 그가 볼 때 영국은 자신의 제국 질서가 쇠퇴하는 사태를 감수하지도 못했고, '유럽과 아시아의 완충국' 역할과 유럽의 '인종적 자살행위'를 막는 보증인 역할을 동시에 할 수 있는 독일과 협력하지도 못했다.[191]

린드버그는 미국이 유럽의 이러한 위기 상황에 직면해서 할 일이 있다면 '대단히 지적이고 유능한' 독일과 협력해서 볼셰비키의 공세에 대비하는 한편, 2차 세계대전의 전후 처리 과정에서 야기될 불공정성을 바로잡는 일이라고 주장했다. 따라서 미국이 영국을 부추겨서 독일과 대적하도록 만드는 정책은 근본적으로 잘못된 것이라고 비판했다. 그러면서 "이제는 미국이 참전을 중단하고 다시금 백인을 보호할 성벽을 쌓아야 할 때입니다. …"라고 역설했다. 그러나 유럽이 자기 파괴적인 전쟁에 골몰해 있음이 입증되는 경우에 미국이 선택할 길은 그 전쟁에 가담하지 않는 것뿐이라고 했다. 유럽이 야만적 전쟁을 치르면서 중세 암흑 시대로 퇴행하는 동안 미국은 서양 문명의 마지막 보루가 되어 서반구의 안보를 최종 책임져야 한다는 주장이었다. 미국의 공군력이 증강되었기 때문에 미주 대륙을 방어하는 일도 과거 어느 때보다 쉬워졌다는 게 린드버그의 판단이었다. 또한 대서양은 유럽 전쟁의 해악으로부터 서구 문명의 마지막 유산을 보호해줄 해자(垓子, moat)가 될 것으로 믿었다.[192]

1939년 9월 초 린드버그는 공개석상에 나가서 전쟁으로 갈가리 찢겨지고 독재정부의 압제에 신음하는 세계에서 미국이 피난처를 제공하고 인류의 모범이 되는 모습을 보여주어야 한다고 호소했다. 그러자면 미국 국민의 자유 신장이라는 과제를 우선 해결해야 한다고 역설했다. 1차 세계대전의 경험이 입증한 것처럼 미국의 자유는 외국의 전쟁에 참여해서 신장되는 것이 아니라 미국 국내정치를 개혁함으로써 신장될 수 있다고 주장했다. 린드버그는 '강력한 국가, 부채 없는 국가, 유럽 구세계의 문제에 뒤엉켜 흔들리지 않을 만큼 강인한 미국의 국민성'을 후손에게 물려주려면 무엇보다 먼저 당장 직면한 사회 문제, 인종 문제, 산업 문제의 해결이 필요하다고 역설했다. 강인한 국민성과 건실한 정치제도를 가진 국가는 외국의 침략을 두려워할 필요가 없다고 생각했기 때문이다. 그럼에도 불구하고 어리석기 짝이 없고 국제적 불화나 일으키기에 안성맞춤인 루즈벨트의 외교정책과 바로 그 루즈벨트와 한통속이 되어 '유럽에서 들끓는 반목과 증오의 감정을 우리의 심장 한가운데에 주입시키는' 개입주의적 동맹국들을 미국 국민이 따라야 할 까닭이 무엇이란 말인가? 이것이 린드버그가 던진 질문이었다. 린드버그는 미국 대중을 부채질하는 사람들, 예컨대 국제사회에서 상실한 패권을 회복하기 위해 필사적으로 몸부림치는 영국인들, 미국에서 활동하는 친영파 정치인들, 유태인이 장악한 미국의 언론 매체 등이 편협하고 이기적인 목적을 위해 루즈벨트의 외교정책을 지지한다고 폭로했다.[193]

린드버그는 루즈벨트가 외국의 어떤 위협보다 더 치명적인 위협을 미국 민주주의에 가할 수 있는 '협잡과 선동'을 통해 개입주의 정책을 밀고 나간다고 비난했다. 또한 루즈벨트 외교는 겉으로 보면 미국 민주주의를 구하려는 정책처럼 보이지만 실제로는 미국 민주주의를 파괴하는 정책일 뿐이라고 주장했다. 전쟁은 수백만에 달하는 미국인의 목숨을 앗아갈 뿐만 아니라 국내의 경제적 자유와 정치적 자유를 전복시킬 전시 동원 체제를 요구하는 것이며, 후손의 허리를 휘게 만들 막대한 국가 부채를 누적시킨다고 보았기 때문이다. 1940년 8월 린드버그는 결국 "미국은 자신의 한계를 너무 모르는 것 같단 말이야…"라면서 "미국인들이 지금처럼 허영심, 맹목적 열정, 공허한 이상주의에 빠져 있다면 결국 미래를 기약하기 힘든 분쟁의 나락으로 빠져들지 않겠는가?"[194]라고 씁쓸하게 내뱉었다.

한편, 프랭클린 루즈벨트는 세계적 위기가 점차 고조되기 때문에 국제사회에서 미국의 위대성을 적극적으로 추구하는 외교를 다시 전개할 필요가 있다는 자신의 견해를 지지하는 유력 인사들의 지원 하에 린드버그의 비판과 린드버그를 지지하는 세력을 뚫고 나가려 했다. 1940년 5월 루즈벨트의 지원 하에 창립된 '동맹국 지원을 통해 미국을 수호하는 위원회(The Committee to Defend America by Aiding the Allies)'는 주로 동부의 법률가들과 교수들이 참여한 가운데 미국 전역에 걸쳐 회원을 확보한 전국 조직으로 떠올랐다. 루즈벨트의 개입주의를 지지한 또 다른 주요 단체로 '센추리 그룹(Century Group)'도 있는데, 1940년 6월에 결성된 이 단체는 견고한 결속력을 가지고 주로 막후에서 활동했다. 이 단체의 핵심 인사들도 미국 동부 해안 지역 출신 엘리트들이 대부분이었는데, 사실상 동부 해안 지역은 오래 전부터 미국의 저명한 외교정책 집단 및 외교정책 신념의 산실이었다. 센추리 그룹은 미국의 신속한 선전포고를 원했지만, 일단 루즈벨트에게 압력을 가해 영국에 대한 지원을 증대하도록 하는 선에서 만족했다.

개입주의자들의 단체는 이처럼 이데올로기적 세계관에 깊이 뿌리박힌 정책을 적극 옹호했다. 그들이 당시의 국제 위기를 진단할 때 안보적 차원을 중시한 것은 지극히 당연한 일이었다. 그들이 보기에 대서양은 이제 미국의 안전을 보장하는 완충지대가 아니라 외국의 침략을 용이하게 하는 탄탄대로가 되었기 때문에 대서양의 영국 해군을 보호하고 유럽의 세력균형을 유지해야만 미국 안보도 보장받을 수 있었다. 그런데 독일이 유럽의 균형을 파괴하기 때문에 미국으로서는 영국과 협력해서 무너진 세력균형을 다시 복원시키는 정책을 선택할 수밖에 없다는 게 그들의 판단이었다. 그러나 이런 현실주의 논법보다 개입주의자들의 사고방식을 더 오래 전부터 강력하게 지배한 것이 있다. 그것은 영국에 대한 평소의 친밀감, 국제법이 준수되고 민주주의가 번성하는 건강한 국제질서를 건설하겠다는 구상, 미국이 영국과 손을 잡으면 그런 구상을 실현할 수 있다는 확신 등이다. 요컨대 그들은 계몽된 국제질서 속에서 평화롭게 살아가는 자유민주주의 국가들의 공동체를 건설하려 했던 윌슨의 꿈을 실현하고자 했다.

개입주의자들은 미국의 외교를 자신들의 신념에 따라 결정하겠다고 마음먹었기 때문에 반대세력의 도전을 가차 없이 물리쳤다. 루즈벨트 행정부는 1940년 '아메리카 퍼스트'의 등장을 크게 우려했다. 개입주의자들은 '아메리카 퍼스트'의 영향력을 약화시키고, 그 지도자들의 평판을 추락시키기 위해 그들의 반대를 미국에 대한 반역으로 간주하는 중상모략 운동을 대대적으로 전개했다. 미국의 단결이 필요한 바로 그 시점에 영국을 극단적으로 혐오하는 자들, 나치에 동조하는 자들, 공산주의에 물든 자들, 겁쟁이 새끼들, 유대인을 혐오하는 놈들이 활개를 치며 미국의 분열을 조장한다고 선전했다. 루즈벨트 행정부의 내무장관 해럴드 익스는 린드버그가 미국에서 활동하는 '나치 협력자 가운데 넘버 원'이라고 공개적으로 낙인 찍어버렸다. 루즈벨트 역시 '린드버그가 나치의 끄나풀'이라는 사실을 절대적으로 확신' 했다. 자신의 비판세력에 대한 수사를 원한 루즈벨트는 마침내 1940년 12월 그들에게 미국 정부를 전복하려는 '사악한 세력'을 대변하는 자들이라는 누명을 공개적으로 씌우고 말았다.[195]

루즈벨트와 그의 지지자들은 1941년 가을 무렵 반대 세력을 물리치는 데 성공했다. 루즈벨트는 이제 누구도 흠 잡을 수 없는 영국과 중국 지원 정책을 손에 들고 참전의 벼랑 끝으로 성큼 다가갔다. 그가 2차 세계대전의 수렁으로 뛰어들기를 자진해서 원했는지는 아직까지 분명하지 않다. 어쨌든 미국 일반 대중은—어쩌면 루즈벨트 자신도—전쟁에 뛰어들기를 주저했지만, 1941년 12월 일본의 진주만 공습은 결국 참전을 최종 결심하게 만들었다. 윌슨식 십자군 전쟁의 재발을 가로막아온 마지막 장애물이 진주만 공습으로 무너져버린 것이다. 루즈벨트는 충격에 빠진 미국 국민을 향해 "지난 10년간 계속된 국제 사회의 악이 마침내 절정에 달했다"고 선포하면서 미국이 "국제 사회를 휩쓰는 야만적 행위의 원천"을 철저히 그리고 영원히 근절시키는 일 그 자체에 전념해야 할 때가 바로 지금이라고 외쳤다.[196]

2차 세계대전 참전을 계기로 미국은 사상 유례없는 장기적 동원체제의 수립과 군사력 배치 작업에 돌입했다. 그리고 정치 지도자들은 추축국에 대한 승리를 확신하면서부터 즉시 전후 세계 정치

경제 질서를 안정시키고 개혁하기 위한 준비에 착수했다. 그러나 소련이 그 질서를 심각하게 위협한다는 것을 깨닫고서는 소련 봉쇄 작업도 곧바로 착수했다. 그래서 1950년 말경에는 냉전의 패턴이 정착하게 된다. 즉 미국의 군사비가 폭증하고 대외 원조 프로그램과 동맹국이 크게 불어나는 한편, 미군은 한국에서 최초의 제한 전쟁(limited war)을 수행하게 되고 또 향후 인도차이나에서 발생할 두 번째 제한 전쟁(월남전—옮긴이)에 말려들 빌미가 될 약속을 하는 일들이 벌어지게 된다.

1940년대에 다시 채택한 미국의 독단적이고도 공격적인 외교로 인해 세계에서 미국이 차지하는 위상에 큰 변화가 생겼지만 과거로부터 물려받은 미국 외교의 이데올로기 자체는 변하지 않았다. 미국 외교정책은 여전히 동부 프로테스탄트 가문의 엘리트들이 독점했는데, 이들은 사회봉사를 자신의 고유한 의무로 받아들인 것처럼 미국의 외교 이념을 자신의 태생적 권리처럼 받아들였다. 이 엘리트 그룹은 친밀한 친족 집단의 특성을 지녔다. 이들은 주로 뉴욕, 보스턴, 워싱턴에 모여 살았다. 애버럴 해리먼, 딘 애치슨, 록펠러 형제, 덜레스, 번디 등이 새로 등장한 이들 세대 중에서 최고위직에 올랐지만 이 외교정책 엘리트들이 가장 존경하는 선대의 인물은 여전히 루트나 스팀슨이었다. 이들은 개입주의자인 동시에 세계 정치 개혁가인 프랭클린 루즈벨트의 지휘 하에 함께 싸웠으며, 일부는 윌슨이 주장한 십자군 전쟁을 적극 옹호하기까지 했다. 이들은 주로 미국의 주요 재단, 대학, 외교 부처에 몸담고 있으면서 케네디와 로스토우 형제, 그리고 딘 러스크처럼 타고난 재능을 지닌 아웃사이더들을 스카우트했으며, '무식'한 대중들 속에서 좀체 사라지지 않는 '고립주의자들'의 반대를 물리치기 위해 혼신의 노력을 다했다. 또한 대통령 선거 때 발생한 급격한 역전과 정치적 우연 덕분에 대통령직에 오를 수 있었던 해리 트루먼이나 린든 존슨 대통령 같은 인물들을 붙잡고 미주알고주알 따지고 캐묻기를 좋아했다.

그런데 미국 외교의 전통적 이데올로기는 미국 외교를 새로 떠맡은 이들 세대에게 더욱 강력한 영향을 미치게 된다. 그것은 미국 외교를 새로운 방식으로 정의하는 두 가지 정형화 작업이 이뤄졌기 때문이다. 하나는 미국의 전통적 외교 이데올로기가 옳다는 것을 입증하는 역사적 사례들과 그 교훈을 정형화하는 작업이었다. 1940년대와 그 이후에 활동한 외교정책가들을 지배한 역사적 교훈은 대주기론(the great-cycle theory)으로 알려진 역사적 신화에서 나온 것이다. 역사적 교훈을 통해 배워야 한다고 주장한 사람들은 미국이 미국의 이상적 가치와 증대하는 국력에 걸맞게끔 성숙하고도 단호한 외교를 전개하기 시작한 1차 세계대전을 그리워하면서 1차 세계대전이 미국에게 큰 기회를 제공했지만 그것을 놓치고 만 것을 못내 아쉬워했다. 평화로운 국제질서 건설 기회가 눈앞에 다가왔는데도 유감스럽게 찬스를 놓쳐버렸다고 판단했기 때문이다. 그들은 윌슨 대통령의 서툰 전후 처리(특히 초당적 합의 도출에 실패한 것) 탓이 크다고 보았으며, 또 옹졸한 마음과 기회주의적인 태도로 윌슨의 외교를 방해한 유명 인사들에게도 책임이 있다고 보았다. 그들이 보기에는 미국 일반 대중도 책임이 있었다. 일반 대중은 국제정세도 잘 모르고 변덕스러운 데다가 상원의원 캐봇 롯지나 윌리엄 보라, 그리고 그 후에는 린드버그 같은 자들의 선동에 휘둘렸기 때문이다. 그 때문에 미국은 1차 세계대전 전후 처리를 책임져야 할 바로 그 중차대한 시점에 오히려 순진하게도 결국 커다란 대가(히틀러의 등장과 2차 세계대전의 발발—옮긴이)를 치르게 만든 나약한 고립주의의 수렁에 빠져 들었다고 주장했다.

대주기론은 미국이 2차 대전의 절정기를 지나면서 곧바로 유행하기 시작했다. 미국이 또다시 고립주의에 빠져 들 경우에 초래될 위험을 경고하기 위해서였다. 미국의 정책 결정자들은 미국이 2차 세계대전 이후에도 고립주의로 후퇴하면 또 다른 세계 전쟁이 초래될 것으로 믿었다. 뮌헨에서 떠도는 히틀러의 망령과 진주만 공격을 계획한 도조 히데키에 대한 기억에 시달리면서 미국의 냉전 전사들은 마치 주문이라도 외우듯 '무방비'(진주만 공격에 대한 무방비—옮긴이)와 '유화'(히틀러를 달래서 세계대전을 방지하려다가 실패한 영국의 정책—옮긴이)가 초래할 위험을 강조했다. 그들이 보기에는 히틀러나 도조 히데키 같은 침략자의 야심을 묵인하는 일은 더 커다란 불법행위를 저지르도록 만드는 것이었다. 위기가 증대하는 상황에 처음 마주쳤을 때는 소심하던 프랭클린 루즈벨트도 마침내 침략자의 의지를 묵인해서는 안 된다는 이 진리를 깨닫게 되면서 윌슨이 개척해 놓은 길로 미국 국민을 인도하기 시작했다. 그리고 이 길로 미국을 이끌고 가는 임무는 이제 루즈벨트 후임자들의 몫이 되었다.

마치 전설처럼 포장된 이 대주기론에는 윌슨 대통령이 남긴 주장과 윌슨 이전부터 존재해온 정형화된 이데올로기가 스며들어 있었다. 그 이데올로기란 곧 평화롭고 자유로운 국제질서의 건설 여부는 국제사회를 구성하는 국가들의 정치체제가 어떤 성격을 띠느냐에 따라서 결정된다는 견해다. 우선 미국과 같은 민주주의 국가는 지나치리만치 평화를 사랑하는 본성이 있다고 믿었다. 그런 믿음의 전제는 (해리 트루먼의 말을 빌리면) "국가 정책에 대한 국민의 목소리가 커질수록 그 나라가 다른 나라를 침략할 위험은 줄어든다"는 것이다. 반면 비민주주의 국가들은—공산주의, 파시스트, 나치 등 어떤 것이든—국내정책을 강압적으로 추진하듯 국제적으로도 적대적이고 팽창적인 정책을 추구할 가능성이 크다는 것이다. 그래서 1948년에 트루먼 대통령의 실세 국방장관 제임스 포레스털은 "모든 형태의 전제 정치는 언제나 무자비한 침략 야욕에 불탄다"고 말했다. 평화롭고 안전한 세계를 건설하려면 민족자결주의와 자유에 헌신하는 국가들로 구성된 공동체의 건설이 필요하다는 말이다. 또 강압적인 정치체제를 가진 나라가 이웃 나라에 대해 습관적으로 제기하는 위험을 확실히 그리고 항구적으로 해소할 유일한 해법은 억압적인 체제를 가진 나라를 민주주의 국가로 개조하는 것뿐이라고 역설했다.[197]

미국 외교의 전통적 이데올로기를 더 강화시킨 두 번째 방식은 지정학적 사고를 정형화하는 것이었다. 2차 세계대전 직후에는 관료사회의 규모나 사회과학 연구자들의 수가 크게 증가했는데, 이들 가운데서 태동한 것이 미국의 제1세대 외교 전문가 집단이다. 그런데 이 제1세대 외교 전문가 집단 및 2차 세계대전 이후에 부활한 유명한 윌슨주의자들에게 단호하고도 사이비 과학적인 용어들을 제공하면서 미국 외교의 이데올로기에 내포된 거창한 주장들, 특히 감상적이며 도덕주의적 주장을 뒷받침해준 것이 바로 지정학이다. 일찍부터 개입주의자들의 주장을 통해 뚜렷이 나타난 바 있는 지정학적 사고는 새로운 기술이 나라 사이의 물리적 거리를 축소시켰기 때문에 지구 반대편의 사건이 과거와는 달리 미국의 안보에 치명적 타격을 줄 수 있다는 전제에서 출발했다. 딘 러스크는 지정학의 근본 원칙을 이렇게 풀이했다. "당신이 주변부에 관심을 기울이지 않는다면 주변부는 변하기 시작할 것입니다. 따라서 당신은 주변부가 변해서 중심부가 될 수 있다는 것을 제일 먼저 깨달아야 합니다." 그리고 러스크는 지정학의 실질적인 함의를 "한 곳에서 발생한 사건은 다른 곳에서 발생할 사건에 영향을 줄 수밖에 없다"고 정리했다. 린든 존슨 대통령은 이런 의미에서 "미국이 지구상의 어떤 곳에서 굴복하면 다른 모든 곳에서도 패배할 가능성이 있음을 알았다"고 말했다. 따라서 지정학으로 바라보는 세계는 일종의 체스 판이었다.* 이 체스 판에서 강대국들은 최대한 넓은 영토를 지배하기 위해 혈안이 되어 있다. 더 넓은 영토를 지배할수록 인구와 천연자원을 늘릴 수 있고, 그렇게 늘어난 국부는 다시 더 많은 영토를 획득할 힘과 능력이 될 수 있으며, 그 힘과 능력으로 다시 경쟁국을 약화시키고 고립시키는 하나의 순환주기가 성립하는 것이다. 이처럼 철저한 강대국 정치가 판치는 세계라면 언젠가 전 지구를 정복하는 날도 실제로 올 것처럼 보였다.[198]

이 시기에 활약한 지정학자들은 대주기론을 보완하기 위해 그 직전의 역사를 고찰했다. 그들은 대서양과 태평양 덕분에 미국의 고립과 공짜 안보가 보장되던 시기는 영원히 사라졌다고 보았다. 전쟁 무기들이 과거 어느 때보다 정교하게 발달했기 때문에 대서양

---

* 지정학적 시각에 입각해서 세계를 강대국 중심의 체스 판으로 파악하는 사고방식은 최근까지도 여전히 살아 있다. 다음 책을 참고하라. Z. 브레진스키, 김명섭 역 『거대한 체스 판: 21세기 미국의 세계전략과 유라시아』(삼인, 2000). —옮긴이

과 태평양은 조그만 연못이 되어버렸고, 따라서 미국 국민이 외국의 공격에 쉽게 노출되는 상황이 조성되었다고 보았다. 지정학자들은 공격적인 해군을 육성해야 한다고 주장한 시어도어 루즈벨트와 알프레드 세이어 머핸이 이러한 새로운 전략 질서를 오래 전에 예언한 선각자라고 주장했다. 반면 그들이 보기에 윌슨은 독일의 카이저가 대서양 공동체에 제기한 위험을 뒤늦게 간파하고서야 마지못해 지정학을 응용해서 집단안보(collective security)* 개념을 개발한 지정학의 어정쩡한 문하생에 불과했다. 그들이 볼 때 프랭클린 루즈벨트도 시어도어 루즈벨트나 머핸과 같은 예언자들의 통찰에 입각해서 행동했다. 프랭클린 루즈벨트가 대서양과 태평양의 안전을 확보하기 위해 노력했고, 유라시아 대륙의 측면에서 추축국이 공격해오려는 시도를 좌절시키려 했으며, 집단안보 개념을 부활시키기 위해 노력한 점 등이 그것이다. 그러나 앞으로 전개될 냉전과 비교하면 지난 두 차례의 세계대전은 사소한 분쟁처럼 보였다. 광대한 유라시아 대륙을 지배하면서 이미 그 주변까지 훑기 시작한 소련이 전혀 새로운 차원의 전략적 위협으로 다가오고 있었기 때문이다. 따라서 미국이 소련의 전략적 포위망을 뚫고 자유세계의 희

---

* '집단안보'란 국제 사회의 평화를 유지하기 위해 구축된 국제기구를 말한다. 국제 사회의 평화가 위협 받을 경우 집단안보 기구에 참여한 모든 국가는 자국의 위협으로 간주하여 집단적으로 대응한다. 대표적인 집단안보 기구로는 국제연맹과 국제연합 등을 꼽을 수 있으며, 한국 전쟁 당시 유엔군이 참전한 사건은 집단안보가 실제로 발효된 사례로 이해할 수 있다. 집단안보와 유사한 개념으로 '집단방어(collective defense)'라는 개념이 있는데, 이는 국제 사회에서 제기될 수 있는 어떤 위협에 대해서 조약 등으로 결속된 국가들이 집단적으로 방어하는 것을 의미한다. 소련 공산주의 위협에 대처하기 위해 결성된 NATO가 집단방위 기구의 대표적 사례라고 할 수 있다. 그러나 냉전이 종식되면서 NATO가 겨냥했던 소련 공산주의의 위협이 사라지자 NATO는 기존의 집단방위 기구에서 유럽의 평화를 유지하는 집단안보 기구로 변신하여 여전히 존속하고 있다. —옮긴이

망을 꾸준히 보존할 수 있으려면 '지정학적 현실'에 따라 행동하는 길밖에 없다고 확신했다.

이처럼 대주기론과 지정학에 의해 이중으로 강화된 미국 외교의 전통적 이데올로기가 미국의 냉전 정책을 만들었고, 또 냉전 정책의 핵심 철학인 봉쇄 원칙(doctrine of containment)에 관한 영감을 제공했다. 봉쇄정책의 옹호자들은 이제 미국 외교의 이데올로기에 기초해서 시급히 해결할 과제를 설정했다. '전 세계의 자유를 보존하는 것'이 그 과제였다. 또한 미국이 당연히 싸워야 할 '소련 공산주의'를 세계의 자유를 위협하는 주적으로 정의하게끔 만든 것도 이 이데올로기였다. 봉쇄정책에 내포된 소련과의 이념적 긴장은 손꼽히는 냉전 전사들 특히 봉쇄정책의 아버지로 일컬어지는 조지 케넌의 사고방식에서 뚜렷이 드러났다. 소련 외교정책에 대한 매우 비판적인 시각, 또 소련 정치 체제의 억압적 성격에 대해 케넌이 가진 강한 반감은 그가 1920년대 말부터 1930년대 초까지 반볼셰비즘의 온상인 베를린과 발트해 연안의 항구도시 리가에서 전문 외교관으로서 자질을 연마하면서 형성된 것인데, 냉전이 시작될 무렵 케넌의 이러한 사고방식은 절정에 달해 있었다.

케넌은 1946년 2월 모스크바 주재 미국 대사관에서 소련 외교정책 행태를 분석한 장문의 전보를 워싱턴으로 타전하면서 일약 유명인사가 되었다. 케넌은 이 전보 덕분에 귀국 티켓을 거머쥘 수 있었고, 소련 전문가라는 명성을 얻었다. 그러나 그가 쓴 다른 글들처럼 이 전보 역시 소련에 대한 획일적이고도 그럴듯한 개괄이었을 뿐이며, 이미 워싱턴을 장악한 반공 정서를 한몫 거들면서 반공 이데올로기에 지적인 깊이만 제공해주었을 뿐이다. '케넌의 전보'는 미국인들이 외국을 분석할 때 상투적으로 쓰는 구분법, 즉 한편에 무지몽매하거나 사악한 통치자를 배치하고, 다른 한편에 이런 통치자들이 잘못 인도한 백성이나 순진무구한 백성들을 배치한 후, 후자가 자유에 대한 열망을 불태우고 있으며 그 열망에 미국이 특별한 책임감을 느낀다는 기본 구도로 시작되었다. 케넌은 일찍이 윌슨이 그랬던 것처럼 무자비하고 부도덕한 소련 정치 지도자들이 '러시아 국민의 생각을 있는 그대로' 대표하지 못한다고 주장했다. 그는 소련 정치 지도자들을 제대로 이해하려면 공산 혁명의 이데올로기에 착안할 필요가 있다면서 특히 '동양의 전통적 비밀주의와 음모'로 요약되는 슬라브적 유산과 결합되어 만들어진 혁명 이데올로기 속의 '신경과민적 세계관'을 투시해야만 한다고 역설했다. 과거의 제정 러시아 황제들과 마찬가지로 크레믈린의 정치 지도자들은 서방의 경제와 정치가 러시아보다 우월하다는 사실을 매우 예민하게 받아들이고 있으며, '전통적으로 안보 불안을 느껴온 러시아인들의 본능'에 따라 행동할 뿐만 아니라 국제관계에서 오직 '힘의 논리'만을 숭상하는 본성을 지녔다고 강조했다. 케넌은 소련이 정치적 타협과 이성에 호소하는 방법만으로는 결코 해결할 수 없는 세계적 규모의 위협을 제기한다고 주장했다. 그러나 소련이 군사력을 동원해서 서방 세계를 직접 공격할 것 같지는 않다고 전망했다. 대신 모스크바는 간접 전쟁을 은밀하게 수행하면서 '인류 역사상 유례를 찾아볼 수 없을 만큼 뛰어난 반체제 운동의 경험과 기술'에 빛나는 국제 공산주의 네트워크를 광범위하게 구축할 가능성이 높다고 전망했다. 그리고 이 네트워크가 일단 '병든 근육 조직'에 자리 잡기만 하면 '악성 기생충'처럼 번식하는 것은 시간문제라고 주장했

다.[199]

충분히 예상된 일이지만 케넌이 1947년 6월 미국 외교협회에서 발행하는 〈포린 어페어즈〉(*Foreign Affairs*)라는 저널에 봉쇄정책을 자세히 해설한 글을 발표한 이후 그의 명성은 외교 관료들에 국한되지 않고 미국 지식인과 대중 전체로 확산되었다. 비록 잠깐이었지만 'X'라는 필명으로 자신의 정체를 감춘 케넌은 미국이 새롭게 시행해야 할 외교정책 목표들을 박력 있고 폼 나는 지정학 용어를 써가면서 다음과 같이 기술했다. "소련 외교정책의 현란한 변신과 기묘한 책략에 따라 계속 위치가 뒤바뀌는 소련의 지정학적 거점과 정치적 거점에 대한 대항 세력을 배치해서 소련을 능수능란하게 경계해야 한다."[200]

케넌은 평소에 영향력 있는 독자층에 접근하고 싶어 했는데, 이 논문은 미국의 영향력 있는 독자층이 오래전부터 친숙하게 지내온 도덕적 수사들을 가득 담고 있었다. 케넌이 볼 때 '소련이 서방의 자유 민주주의 체제에 가하는 압력은 국제사회의 한 국가로서 미국이 추구하는 전반적 가치에 대한 시험'이었다. 그리고 이 시험에 직면한 미국 국민은 "신의 섭리에 … 감사해야 한다"고 말했다. 즉 미국 국민은 자신들이 직면한 '소련의 무자비한 도전'을 성공적으로 퇴치함으로써 '역사가 미국 국민에게 부과한 도덕적 리더십과 정치적 리더십의 책임'을 충분히 감당할 수 있음을 입증해 보여야 한다고 주장했다. 또 그 책임을 묵묵히 감당하다 보면 미국은 결국 '소련의 힘을 붕괴시키거나 점진적으로 순화시키는' 보상을 받을 것이라고 말했다. 케넌이 볼 때 인류 보편의 가치인 자유를 부정한 모든 정치체제와 마찬가지로 소련의 정치체제 역시 이미 '그 자체에 퇴보의 씨앗을 품고 있는 것'이 분명했다. 케넌은 "이 씨앗에서 이미 싹이 돋아나 자란다"고도 했는데, 이는 기본적으로 1917년 이후 볼셰비키의 반대자들이 꾸준히 표명해온 낙관적 견해를 반영했다. 그는 일단 체제의 붕괴가 시작되면 "세계 최강 국가의 반열에 오른 소련은 하루아침에 국제사회에서 가장 비참한 약소국으로 전락하고 말 것"이라고 예언했다.[201]

케넌의 사고에 나타난 이데올로기적 색채는 1945년 이후 워싱턴 정가에서 활약한 인사들의 사고에서도 두드러지게 나타나기 시작했다. 1945년 4월 초 프랭클린 루즈벨트가 사망한 이후 러시아 세력권(spheres-of-influence)을 인정해온 루즈벨트의 정책 때문에 억제되었던 반소 풍조가 갑작스럽게 분출되기 시작했다. 2차 세계대전 중에 루즈벨트는 이중 플레이를 하는 일이 많았는데, 예컨대 공식적으로는 윌슨주의자처럼 행동하면서도 사적으로는 미국의 힘의 한계를 인정하면서 소련과 영국의 권역별 이해관계는 물론 중국의 지역적 이해관계까지 일정 부분 인정하는 정책을 폈다. 학창시절 우등생이었던 루즈벨트는 국제정치를 공부하면서 미국이 이 세계의 모든 인간을 민주주의자로 만들 수 없을 뿐만 아니라 세계 방방곡곡을 순찰하는 경찰관처럼 행동할 수도 없다는 사실을 배웠다. 지금 우리로서는 루즈벨트가 자신의 공적 수사와 사적 계산 사이에 내재된 긴장을 어떤 방식으로 해결하고자 했는지 알 수 없다. 그러나 그의 후임으로 등장한 트루먼이 루즈벨트의 신중한 계산을 내던져버리고 곧바로 윌슨식 외교정책을 택했다는 것만은 분명하다.

트루먼 대통령이 무엇을 선호하는가는 취임 초기 트루먼이 참모들과 의견을 나눈 몇 차례의 회의에서 뚜렷이 나타났다. 루즈벨트의 사망 소식을 듣고 모스크바에서 워싱턴으로 날아온 애버렐 해리먼 모스크바 주재 미국 대사는 2차 세계대전 말 소련의 붉은 군대가 독일로 진격한 행위를 '야만인의 유럽 침입'이라고 말했다. 해리먼은 또 제임스 포레스털(당시 해군장관), 에드워드 스테티니어스 국무장관, 참모총장 윌리엄 레이히 제독 등과 한 목소리로 소련이 민족자결 원칙과 국제협력에 대해 적대적인 태도를 취한다는 사실은 폴란드의 공산화로 입증되었다고 주장했다. 토론이 진행되는 동안 트루먼은 앞으로 소련에 맞서 용감히 싸울 것이며 "루즈벨트처럼 소련의 호감을 사기 위해 미국의 원칙과 전통을 양보하는 일은 절대 없을 것"이라는 결의를 되풀이해서 천명했다. 루즈벨트의 측근으로 활동해왔던 인사들이 강경한 트루먼을 만류하려 했지만 소용없었다. 육군 장관 스팀슨과 참모총장 조지 마셜 장군은 미국이 소련과 직접 맞붙는다 해도 소련은 동유럽의 '사활적인' 이익을 포기하지 않을 것이며, 오히려 미국만 태평양 전쟁의 마지막 고비를 넘기기 위해 반드시 필요한 소련의 군사적 지원을 잃게 될 것이라고 경고했지만 트루먼의 참모 진영에서 이미 소수파로 전락한 이 늙은 파수꾼들은 얼마 지나지 않아 퇴직하거나 몇 차례 사건을 계기로 워싱턴 정계에서 퇴진하고 말았다.[202]

그러나 트루먼도 자신의 감정을 일관된 외교정책으로 즉각 '번역'하지는 못했다. 그는 먼저 유럽 문제를 원만히 해결해야 했고, 미국 국내의 동원해제 압력과 감세 압력에 손발이 묶여 소련 문제에 집중할 수 없었다. 특히 트루먼 행정부에 유포된 대소 불안감을 한층 뚜렷하게 보여준 것은 미국의 정책 결정자들이 향후 수십 년간이나 지속될 대소 적대노선을 채택했다는 사실이다. 몇몇 인사들은 모스크바가 급진적 혁명 독트린의 근원이며 볼셰비키들이 그랬던 것처럼 크레믈린 사람들도 테러, 선동, 체제전복에 조예가 깊은 비밀스럽고 음흉한 인물이라고 단정했다. 또 '불충하고, 오염되고, 정치적으로 미숙한 불평분자'로 구성된 해외 여러 나라의 좌파 정당들이 크레믈린의 지지기반이라고 단정지었는데, 이는 국무장관으로 임명된 조지 마셜이 워싱턴으로 귀환한 직후인 1947년 초에 내린 결론이기도 하다. 또 1949년과 1950년에는 트루먼 대통령의 법무장관 하워드 맥그래스가 일찍이 미국 사회를 휩쓴 바 있는 적색 공포를 암시라도 하듯 공산주의자는 모두 "자신의 몸에 세상을 죽음으로 내모는 병원균을 지니고 있다"고 경고했다.[203]

트루먼 행정부의 또 다른 인사들은 러시아가 서구 문명의 생존을 위협할 정도로 거대한 군사력을 장악한 괴물 폭정 국가라고 말했다. 그들이 보기에 스탈린은 새로운 히틀러였으며, 소련의 붉은 군대가 동유럽으로 진격한 사건은 히틀러의 독일군이 독일과 프랑스 사이의 비무장지대인 라인란트를 침공한 사건이나 마찬가지였다. 독일이 일본과 손잡고 세계 정복을 획책한 것처럼 소련도 자국의 지정학적 이점을 활용해서 세계를 정복하려는 계획이 틀림없다고 단정했다. 훗날 딘 애치슨이 회고한 바대로 '이데올로기적 열정과 전쟁의 역량'을 결합하는 잠재력을 가진 소련은 '수세기 전 이슬람 문명이 서유럽 문명에 제기했던 위협'과 맞먹는 위협을 서유럽에 다시 제기한 셈이었다.[204]

이러한 다양한 견해들 가운데 트루먼의 견해가 물론 가장 중요한데, 트루먼은 정책 조언자를 선택할 때나 정책을 구상할 때마다 자기 자신에게 의지했기 때문이다. 까칠한 성격에 걸핏하면 화를 내는 시골뜨기 트루먼은 자신의 부족한 자질을 민감하게 느끼면서 대통령직을 마지못해 떠맡았다. 사실 트루먼은 외교 경험이 전혀 없었기 때문에 투박한 윌슨주의와 인습적인 사고에 기댈 수밖에 없었다. 인습적 사고에 젖은 트루먼이 볼 때 1차 세계대전은 미국이 참전함으로써 유럽을 야만으로부터 구출한 전쟁이 되었으며, 바로 이 전쟁에서 자신이 유럽 서부전선의 포병장교로 근무하면서 미력이나마 미국에 기여한 사실을 자랑스레 여겼다. 훗날 트루먼은 군에서 복무한 경험이 자신의 "심장과 영혼에 불을 지폈다"고 회고했다. 그리고 그는 미국이 1차 세계대전 이후 "시계 바늘을 거꾸로 돌려버렸다"(미국이 국제연맹 가입을 거부하면서 고립주의로 회귀한 선택을 의미함―옮긴이)고 한탄했다. 프랭클린 루즈벨트의 개입주의를 열렬히 지지한 트루먼은 1939년 초반부터 독일과 이탈리아는 물론 러시아까지 싸잡아서 '원시적 야만상태와 크게 다르지 않는 사회규범'에 얽매인 국가로 비난했다. 동시에 트루먼은 린드버그에게도 적대감을 보였는데, 윌슨 시대처럼 또다시 고립주의의 열기가 되살아나 미국이 '세계 강대국의 책임'을 짊어질 절호의 기회를 갉춰해 갈지 모른다고 우려했다. 미국이 2차 세계대전에 참전하자마자 트루먼은 상원 연설에서 새로운 국제 연맹의 결성을 지지했는데, 그래야만 민주주의 국가들이 협력해서 붕괴 직전에 있는 유럽의 강대국 중심 체제를 완전히 끝장낼 수 있다고 믿었기 때문이다.[205]

트루먼은 소련에 대해 극심한 편견이 있었다. 그는 1941년 12월 소련 사람들을 '히틀러나 알 카포네처럼 신뢰 못할 인간들'로 묘사했다. 또 독일이 소련을 침공한 직후인 1941년 6월에 행한 유명한 연설에서는 미국이 독일과 소련을 서로 싸우게 만들어 "그들 서로 가급적 많은 인명을 살상하도록 하는 정책을 펴야 한다"고도 했다. 트루먼이 볼 때 볼셰비키 혁명은 무자비한 엘리트를 또 다른 무자비한 엘리트로 단순 교체했을 뿐이며, 평화를 사랑하는 러시아 국민들은 여전히 압제에 시달리게 만들었다. 또 제정 러시아의 황제와 귀족들은 사라진 지 오래지만 러시아는 여전히 '철저한 경찰국가'이며 '특권의 온상'이라고 보았다. 1945년에 대통령직을 승계한 직후 트루먼은 미국이 협상 테이블에서 강경한 태도를 취하면 스탈린과 모종의 합의를 도출할 수 있을 것이라는 기대를 한동안 갖고 있었다. 그러나 1946년 초 소련이 동유럽을 공산화시킨 후 여타 지역으로 팽창하려는 의도를 분명히 드러내자 트루먼은 '소련을 어르고 달래는 데 지치기' 시작했고, 오래전부터 간직해온 소련에 대한 그의 적대감이 점차 수면 위로 떠오르면서 외교와 협상으로 소련을 상대하려던 의지를 잃어가기 시작했다. 그때부터 트루먼은 "소련은 오직 한 가지 말, 즉 '당신들은 몇 개 사단을 보유하고 있느냐?' 라는 질문에만 귀를 기울인단 말이야!"라고 중얼거리기 시작했다. 결국 트루먼은 소련의 정치체제와 히틀러의 정치체제 사이에 '어떤 차이점도' 존재하지 않는다고 확신하게 되었다. 두 정치체제는 똑같이 '전체주의 국가 내지 경찰국가를 대변할 뿐'이라는 게 트루먼의 판단이었다. 1948년경에 트루먼은 한 발 더 나아가서 크레믈린의 '프랑켄슈타인 독재정권'은 히틀러의 제3제국('히틀러의 제3제국'은 그가 명시적으로 표현한 것임)을 포함해서 "인류 역사상 어떤 정권보다 더 사악한 정권"이라고 말하기도 했다.[206]

백악관에 있는 동안 트루먼은 인류 역사에 등장한 위대한 인물들의 삶과 위대한 제국의 역사에서 자신과 자신의 세대를 위한 귀감을 찾았다. 그가 볼 때 소련의 위협은 동양적 전제 군주인 러시아 황제의 마음을 사로잡았던 제국주의적 열정이 재발되면서 시작된 것이 분명했다. 스탈린은 마르크스와 레닌의 후계자일 뿐만 아니라 칭기즈칸, 타메를란(Tamerlane), 폭군 이반(Ivan the Terrible), 피터 대제(Peter the Great) 등의 후예이기도 했다. 다시 말해 이제 소련이 대표하는 '동양의 유목민'은 전 세계의 평화세력과 기독교 문명, 그리고 인류의 명예와 도덕적 가치를 위협하는 것처럼 보였다. 따라서 '인간 정신이 만들어낸 가장 위대한 정부'로 축복 받은 미국이 앞장서서 소련과 싸우는 것은 너무나 당연했다. 트루먼이 관찰한 바와 같이 미국과 소련 간의 임박한 투쟁은 인류 역사에서 등장한 강대국 간의 투쟁과 유사한 면도 많지만 전혀 새로운 측면도 있었다. 따라서 트루먼은 "미국이 역사상 어떤 민족보다 더 가공할 책임을 짊어졌다. 다리우스 1세의 페르시아, 알렉산더의 그리스, 하드리안의 로마, 빅토리아 여왕의 영국 등 그 어느 나라가 짊어진 책임도 지금 미국이 짊어진 책임과는 비교될 수 없다"라고 하면서, 대국이 되었지만 지금껏 자기 확장을 자제해온 미국이 이제는 "소련의 전체주의로부터 자유세계의 운명을 구원하는 과제에 직면해 있다"고 말했다.[207]

미국 대통령으로서 트루먼이 직면한 과제는 스스로 인정했듯이 그 자신의 공화주의 신전에 모셔놓은 영웅들, 즉 아리스테이데스, 킨키나투스, 소(小)카토(Cato the Younger), 조지 워싱턴 등이 설정해놓은 고귀한 삶에 비추어 부끄럽지 않은 삶을 살기 위해 노력하는 것이었다. 트루먼은 그들처럼 자신도 어려운 시대에 나라를 이끌어야 하는 짐을 떠맡았다고 생각했다. 또 그리스 도시국가와 로마 공화정을 파멸시킨 타락한 세력과도 싸워야 한다고 판단했다. 따라서 당장의 절박한 과제는 '유물론자들인 볼셰비키들과 싸우면서 도덕적인 세상을 열망하는 사람들을 결집시키는 일'이었다. 그러나 트루먼은 '탐욕스럽고, 이기적이고, 권력만 쫓아다니는 인간들'이 미국의 비전을 '흐리게 만드는 현실'을 우려하지 않을 수 없었다. 그는 '평화주의자들의 담화'에 심기가 불편했다. 그러나 트루먼은 자신이 미국 국민과 함께 역사의 중대한 갈림길에 서 있다고 믿었다. 만약 미국 국민의 의지와 힘을 성공적으로 결집한다면 미국 국내의 자유에 새로운 활력을 불어넣을 뿐만 아니라 세계의 자유 또한 신장시킬 수 있을 것으로 믿었다. 이것이 실패할 경우 그 결과는 상상하기도 싫었다.[208]

1947년 3월부터 6월에 걸친 그리스의 좌파 폭동을 영국이 더 이상 진압하지 못하게 되자 마침내 트루먼 행정부는 미군을 동원하기로 했다. 트루먼이 착안하고 마셜과 애치슨이 뒷받침한 이 파병 결정은 앞에서 언급한 트루먼 개인의 사고방식과 이데올로기적 고려가 합쳐지면서 만들어낸 작품이었다. 트루먼은 국무회의에서 자신은 "미국 역대 대통령이 직면한 난관보다 훨씬 심각한 난관에 직면했다"고 장엄하게 선포했다. 또 애치슨은 수심에 가득 찬 얼굴로 크레믈린이 "3개 대륙에 대한 침공 통로를 열어줄 지정학적 관문을 돌파하기 직전에 있다"고 경고함으로써 연방의회 지도자들을 경악시켰는데, 이 말은 얼마 전에 그리스가 그랬던 것처럼 남아시아, 북아프리카, 서유럽에도 공산주의가 침투할 가능성이 크다는 말이었다.[209]

마침내 그리스와 터키에 대한 원조를 연방의회에 요청하는 연설 기회를 잡은 트루먼은 공산주의에 맞서기 위해 미국이 짊어진 '위대한 책임'을 미국 국민도 다 함께 짊어져야 한다고 호소했다. 외교안보 참모들 사이에 유행하던 지정학적 사고를 받아들인 트루먼은 오래전에 윌슨주의자들이 주장한 집단안보에 대한 신조를 다시 꺼내 들었다. 그 신념에 따라서 평화는 지역별로 따로 존재하는 것이 아니기 때문에 소련이 지구상 어디를 침략하더라도 미국의 안보를 위협하기는 마찬가지라고 강조했다. 또 트루먼은 미국 국민에게 과거의 교훈도 상기시켰다. 2차 세계대전에서 미국이 치른 희생을 통해 알 수 있는 것처럼 평화란 결코 값싼 것이 아니라고 강조했다. 그러나 트루먼이 자신의 연설에서 분명하고 단호한 어조로 반복해서 강조한 핵심은 미국이 자유를 수호하고 전체주의를 격퇴하는 투쟁의 현장에 뛰어들어야 한다는 것이었다. 미국은 '자유주의 정치체제, 대의 정부, 자유선거, 개인적 자유의 보장, 언론과 종교의 자유, 정치적 탄압으로부터의 자유'를 흔쾌히 받아들일 수 있는 국제 환경을 유지할 책임이 있다고 역설했다. 비록 미국이 직면한 도전을 타개하는 데 미국 정부의 가용 자원이 불충분하더라도, 트루먼과 그 측근에게 중요한 것은 이처럼 고귀하고도 숙명적인 미국의 사명에서 눈을 떼지 않는 태도였다.[210]

트루먼의 개인적 사고나 공적인 언사를 통해 명백하게 드러난 이데올로기적 색깔은 그 이후 3년 넘게 트루먼이 승인한 국가 안보 관련 주요 비밀문서에 그대로 배어 있다. 이 문서들은 새로운 십자군 전쟁을 예고라도 하듯 적나라하고 단호한 용어들로 작성되었다. 1948년 11월 초 케넌이 초안을 잡은 성명서를 넘겨받은 트루먼은 자신이 추구하는 외교의 궁극 목표는 소련으로 하여금 '세계 평화와 개별 국가들의 독립, 그리고 세계 공동체의 안정을 더 이상 위협'할 수 없을 뿐만 아니라 소련에 종속된 국가들의 국민생활 수준 신장이 가능할 정도로 '소련의 힘과 영향력을 축소시키는 것'이라고 천명했다. 트루먼이 발표한 일련의 성명서 가운데 한국 전쟁 발발 직전에 마련된 마지막 정책 문건은 이데올로기적 색채를 가장 선명하게 드러내고 있다. 이 문건은 역사의 교훈과 지정학의 전략적 필요성에 대한 관례적 언급 말고도, '법치국가가 보장하는 자유로운 삶에 관한 사상과 크레믈린의 냉혹한 과두정치가 강제하는 예속적 삶에 관한 사상 간에 근본적 투쟁이 전개되고 있다'는 것을 트루먼이 진실로 믿고 있다는 것을 보여주었다. 그리고 미국이 공산주의자들의 '새로운 광신'과 세계를 정복하려는 그들의 야심에 맞서 싸운 결과가 어떻게 되느냐에 따라 '공화국 미국은 물론 미국 문명 그 자체'의 운명이 결정될 것이라고 했다. 이 문건, 즉 미 국가안보 보고서 제68호(NSC-68)를 작성한 사람들은 국방비를 세 배로 증액시켜서 구입한 막강한 군사력과 '미국 정치체제의 고결성과 활력'을 함께 과시한다면 세계를 '구원'할 수 있다고 약속했다. 그러면 '소련의 음모가 좌절되고 소련 정치체제의 쇠퇴가 촉진'될 것으로 본 것이다.[211]

전 세계의 모든 혁명에 반대하고 미국의 위대성을 구현하기로 작정한 미국의 새로운 외교정책은 5년간의 잉태 기간을 거쳐 그 모습을 드러내기 시작했다. 새 정책은 유럽에서 즉각 효력을 발휘했다. 대규모 전후 원조 프로그램인 마셜 플랜은 전쟁으로 파괴된 유럽 대륙의 경제를 구원했으며, 미국의 후원을 받은 기독교 민주당은 프랑스와 이탈리아에서 폭넓은 지지기반을 가진 공산당을 권좌에서 축출하는 데 성공했다. 북대서양조약기구는 소련의 붉은 군대에 대한 방패 기능을 효과적으로 수행했다. 고도의 기능 인력과 산업 시설을 보유한 서독은 (연합국이 전후에 보복적으로 의도한) '시골 국가'가 되는 대신 미국의 동맹국으로 편입되었다. 미국의 지원에 힘입어 그리스의 좌익 폭동은 진압되었고, 터키도 소련의 압력을 물리칠 수 있었다. 이렇게 미국의 정책이 성공하면서 동유럽의 궁극적 해방도 가능할 것이라는 기대감에 부풀기 시작했다.

그러나 미국의 지도자들은 중동에서 동북아시아까지 걸쳐 구축한 대소 봉쇄 라인 중 그리스와 터키를 제외한 나머지 지역에서 난관에 봉착했다. 그리고 '제3세계' (즉 미국 국민뿐만 아니라 미국의 정책 엘리트조차도 제대로 알지 못한 지역) 전역에서 애매하고 복잡해서 해결하기 어려운 정치적 군사적 문제들에 봉착했으며, 유럽의 경험을 모델로 입안된 봉쇄정책이 이들 나머지 지역에는 적합하지 않다는 것을 뒤늦게 깨달았다.* 제3세계 농촌 경제는 유럽 농촌 경제보다 훨씬 더 가난에 찌들어 있었고, 제3세계 정치 지도자들은 여전히 식민 지배를 종식시키고 국민의 열망에 부응해 독립 국가를 건설하는 일에만 몰두했으며, 미국식 정치적 가치관에 매력을 느끼지 못한 아시아, 라틴아메리카, 아프리카의 여러 나라는 혼란의 도

---

* 2차 대전 직후에 전개한 미국의 한반도 점령정책이 한국의 구체적 현실을 '몰각'한 상태에서 이루어졌다는 사실을 심층적으로 분석한 고전적 연구로는, 그레고리 헨더슨, 박행웅·이종삼 역, 『소용돌이의 한국정치』(한울아카데미, 2005). ─옮긴이

가니에 빠져 들었다. 미국의 냉전 전사들은 제3세계 지역이 사회적 혼란에 취약하다는 사실을 끊임없이 우려했다. 그곳에서 사회적 혼란이 많이 발생할수록 그들과 미국의 동맹이 이완되기 쉽고 미국 진영에 포섭된 약소국들이 이탈할 가능성이 높을 뿐만 아니라, 공산주의자들의 전복이나 침투 같은 심각한 사태를 초래할 가능성이 크다고 보았기 때문이다.

제3세계를 방어하려면 제3세계가 직면한 이러한 문제들을 먼저 해결해야 한다는 것을 깨닫게 된 미국은 제3세계 발전 문제를 다시 생각하기 시작했다. 그래서 생각한 제3세계 발전정책은 봉쇄정책의 '어린 동생' 뻘이라고 할 수 있다. 봉쇄정책이 소련과 그 좌파 동맹국들을 봉쇄하려는 당면 과제에 초점을 맞추었다면, 제3세계 발전정책은 공산주의가 전염병처럼 확산되는 것을 장기적으로 막을 면역체계를 구축하는 데 초점을 맞춘 것이기 때문이다. 봉쇄정책과 마찬가지로 3세계 발전정책도 미국의 역사에서 오랜 기간에 걸쳐 숙성된 이데올로기에서 영감을 얻은 것이다. 그러나 봉쇄정책이 자유를 수호하기 위한 위대한 국가의 의무라는 이데올로기(제2장에서 본 미국의 위대성에 대한 믿음—옮긴이)에서 영감을 얻었다면, 제3세계 발전정책은 미국인들이 오래전부터 적절하고 정당한 것으로 인정해온 사회변화에 대한 관념(제4장에서 본 미국인들의 이중적 혁명관—옮긴이)과 짙은 피부색을 가진 제3세계 인종에 대한 오랜 우월의식(제3장에서 본 인종적 위계—옮긴이)에서 영감을 얻었다. 미국의 사회과학자들과 정책 결정자들은 추상적이고 애매모호한 선전 문구를 써가면서 제3세계 발전의 정책 목표를 서술하곤 했다. 그들은 전통사회의 근대화, 근대국가 건설, 침체된 제3세계 경제를 자립 경제로 성장시키는 방법에 관해 다양한 의견을 피력했다. 그러나 이처럼 새롭게 마련된 인상적인 정책도 따지고 보면 과거에 필리핀, 중국, 멕시코인들을 향상시키고 쇄신하려 했던 오랜 인종주의적 편견을 되풀이한 것에 불과했다.

'제3세계의 발전'이라는 복음에 따르면, 이 정책으로 전통적인 생활방식 하에서 힘들게 사는 사람들이 안정적이고 자유로운 사회를 약속하는 근대적 사회제도와 비전을 획득할 수 있었다. 근대적 교육제도로 전통사회에서 난무하는 미신을 일소하고 사회적 합리성을 제고시키는 일 또한 가능했다. 수동적 태도와 가족, 부족, 인종에 대한 충성심 때문에 제대로 기능하지 못하는 전통 체제를 대중이 참여하는 민주 체제로 대체함으로써 건전한 국민의식을 싹트게 하는 일 역시 가능한 것으로 보였다. 정교한 과학 기술의 도움으로 제3세계의 원시적 농업과 수공업을 밀쳐내고 부와 번영을 창출하는 것도 가능했다. 외부세계와 단절된 채 지역 단위로 움직이는 바람에 만성적 불황에 찌든 제3세계 경제도 미국 자본과 시장의 도움으로 빠르게 성장할 것처럼 보였다. 제3세계 발전이 진행되는 동안 미국의 제도는 모델이 될 것이며, 미국이 축적한 경험을 통해서 정책 수행에 필요한 노하우를 얻을 것으로 기대했다. 이런 과정을 거쳐 탄생하게 될 새로운 국가들의 국민은 미국의 지혜와 아량 덕분에, 그리고 사회 공학(social engineering)의 놀라운 효능 덕분에 서구 선진국이 수십 년에 걸쳐 이룩한 근대 문명을 불과 수년 만에 성취할 수 있을 것으로 전망했다.

냉전이 시작될 무렵 제3세계 발전정책은 아직 걸음마 단계였고, 우선 순위인 유럽에 밀려 자금 지원도 크게 제약되어 있었다. 그러나 트루먼은 일찍부터 제3세계 발전의 기본 골격에 착안하고 있었다. 그는 1947년 3월에 있은 유명한 연설에서 "전체주의 체제의 씨앗은 정신적 고통과 경제적 궁핍 속에서 싹트기 쉽다"고, 또 "전체주의 체제는 빈곤과 투쟁이 난무하는 '악마'의 땅에서 확산되기 쉽고 뿌리내리기도 쉽다"고 역설했다. 트루먼은 '포인트 포(Point Four)'로 알려진 자신의 제3세계 원조 프로그램을 "미국의 자원을 훌륭히 개발하면서 쌓은 경험을 토대로 제3세계 개발의 '노하우'를 제공하려는 계획"이라고 설명했다.[212]

미국의 제3세계 발전정책은 소련의 지원을 받는 민족해방전쟁이 확산일로에 있던 1960년대 초반에 케네디 대통령의 적극적인 후원 하에 황금기를 구가했다. 이제 미국이 제공하는 모든 해외 원조는 실질적으로 '제3세계 발전'을 위한 새로운 '전쟁터'에 쏟아져 들어갔으며, 인류의 보편적인 경제발전 단계에 심취했던 메사추세츠공대(MIT)의 월트 로스토우 같은 사회과학자들도 이 전쟁에 동참했다. 이들은 '근대화 혁명'을 촉발시킬 전문 기술과 제3세계 인민의 영혼과 마음을 사로잡을 승전 책략을 워싱턴의 정책 결정자들에게 제공했다. 이들이 볼 때는 "근대화 과정의 떡고물이나 주워먹는 '하이에나' 같은" 공산주의자들이 '근대화 과정'에서 수반될 각종 혼란을 악용하려고 할 게 틀림없었다. 따라서 이들이 보기에 미국이 할 일은 혁명에 대처하는 기술을 완성한 다음, 사회 전복 세력에 대항해서 '민주적이고 개방적인 사회'를 건설하기 위해 싸우는 제3세계 인민들에게 이 기술을 언제든지 제공할 태세를 갖추는 것이었다.

제3세계 발전이론은 역사상 미국이 직면한 '네 번째 혁명의 물결'을 헤쳐가기 위해 마련된 것이기도 하다. 미국의 정치 지도자들은 라틴아메리카, 아프리카, 아시아를 휩쓰는 급진주의와 정치적 불안을 보면서 미국이 추구하는 가치를 대놓고 위협하는 소련의 망령이 이들 사태에 개입했을 것이라는 생각을 떨쳐버리지 못했다. 특히 제3세계의 혁명들은 테러와 난무하는 폭력과 계급투쟁과 사적 소유권 유린을 통해 정치와 사회를 알맞게 변화시킬 오랜 규칙을 다시 한 번 더 파괴해버렸다. 따라서 미국의 정책 결정자들은 제3세계의 사회 질서를 유지하기 위한 방파제를 새로 찾아야 했다. 그 방파제란 문제를 해결할 능력이 없는 국민을 계몽적으로 이끌면서 무너져가는 나라를 장악할 수 있는 제3세계의 독재자들과 '협상' 하는 것이었다. 미국이 보기에는 자유가 제3세계에서 꽃필 가능성을 영원히 막을 좌파들이 정권을 탈취하도록 방치하는 것보다는 사회적 혼란을 수습할 수 있는 우파 독재자를 지원하는 것이 훨씬 더 바람직했다. 또 이런 방식의 방파제 구축은 과거에 제3세계를 지배한 식민 제국들과 협력해서 시간을 버는 정책인 동시에 '제3세계 토착민들'이 독립 국가를 건설할 때까지 공산주의 세력을 억제하는 정책이기도 했다. 일단 볼셰비키 정신을 계승한 공산주의자들의 침투 통로만 차단하면 제3세계 신생국들이 자신감을 갖고 존 애덤스와 그 후예들이 일찍이 칭송한 바 있는 '질서 있는 자유(ordered liberty)'의 확립 기반을 안전하게 창출할 것으로 본 것이다.*

---

* 미국이 소련 공산주의의 팽창을 저지하기 위해 '방파제'를 구축하고, 제3세계 국가의 우파 독재자를 지원했다는 헌트의 분석은 해방 이후 전개된 한국 현대사의 성격을 이해하는 데 있어서도 대단히 중요한 통찰을 제공해준다고 할 수 있다. 미국 외교정책이 한국 현대사의 거시적 방향을 규정하는 일종의 '전철수(switchman)' 같은 역할을 했다

그런데 제3세계 발전이론에는 '생색내기'와 '가부장적 온정주의'가 내포되어 있었다. 이 점에서 제3세계 발전이론은 인종에 대한 미국인의 오랜 편견을 더욱 강화했다. 그러나 미국 사회가 변했고 국제정치적 여건 또한 그랬기 때문에 기존의 인종적 위계질서 관념을 노골적으로 표출할 수는 없었다. 이미 흑인 차별 법안들에 대한 비판이 1940년대부터 거세게 제기되기 시작했으며, 1950년대 말과 1960년대 초에 유행한 민권운동을 계기로 인종주의에 대한 비판은 그 정점에 달했다. 또 나치의 슈퍼맨들을 상대로 '열전'을 전개하고, 소련을 상대로 억압된 민족 해방과 자유를 명분 삼아 '냉전'을 각각 전개하는 와중에 있었기 때문에 미국 국내에서 인종 차별적이거나 인종에 관련된 경멸적 언사를 공공연히 사용하기 힘든 상황이었다. 더욱이 당시의 과학자들이 인종주의적 담론에 등을 돌렸기 때문에 인종주의의 정당성은 한결 약화된 상태였다. 세계를 인종적 위계질서로 바라보려는 충동은 정치적 사려를 요하는 시대 상황과 충돌한다는 것을 깨달은 미국의 정책 결정자들은 제3세계 발전이론에서 사용된 문화적 용어들을 이용해서 기존의 인종적 위계관념을 새로 포장함으로써 곤경에서 빠져나올 수 있었다. 야만과 퇴행, 인종적 특성과 피부 색깔을 언급하면서 인종적 편견을 공

고 볼 수 있기 때문이다. 헌트가 이 책의 '한국 독자들에게' 16쪽에서 언급한 다음 내용도 함께 참고해 보라. "…미국의 이데올로기가 2차 세계대전 기간과 종전 직후에 극적으로 표출됨으로써 해방 후 한국의 독립 국가 건설 능력을 불신했고, 미군정 초기 정치적 안정을 도모하고 좌파를 제압하기 위해서 일본군을 무비판적으로 활용했으며, 한국의 독재자를 심정적으로 지원했다는 사실은 아마도 한국의 독자 여러분이 나보다 더 잘 아실 것입니다. 미국의 이데올로기는 이러한 모든 측면에서 미국의 엘리트가 한국의 문제를 파악하는 방식에 거의 틀림없이 영향을 미쳤습니다." —옮긴이

공연히 내뱉을 수 없게 된 미국의 지도자들은 근대사회와 전통사회의 특성을 새롭게 논하면서 인종별 서열과 국가별 서열을 정하기 시작했다.

그런데 이런 방법으로 다시 정한 인종적 서열과 인종적 편견에 물든 미국의 선조들이 2세기 전에 정한 서열은 놀라울 만큼 유사했다. 그러나 다시 생각해보면 그렇게 놀랄 일도 아니었다. 새로운 배치표에서도 미국인들의 인종적 우월성은 확고했다. 영국계 미국인은 여전히 최상층이었고, 유럽의 여러 인종은 그 아래 단계에 배정되었다. 그리고 그 밑에 '제3세계 인종'이 배정되었다. 1950년대와 1960년대에 유행한 '제3세계'라는 용어는 민주주의 국가들로 구성된 제1세계와 2차 세계대전 이후 대두한 사회주의 블록을 뜻하는 제2세계 간의 전쟁터를 의미했다. 미국의 냉전 정책이 분쟁지역을 뜻하는 제3세계에 특별히 주목한 것은 강력한 인종적 편견 때문이었다. 사회주의가 이미 분열되고(1956년 제20차 소련 공산당 전당대회를 계기로 시작된 소련과 중국 간의 이념 분쟁—옮긴이) 제3세계의 정치적 정체성을 둘러싼 싸움이 끝나지 않았는데도 불구하고 제3세계를 하나의 단위로 간주하는 미국의 고정관념은 여전했는데, 이 고정관념을 지탱한 것이 바로 제3세계의 후진성을 확신하는 미국 국민의 통념과 제3세계의 피부색에 대한 미국 국민의 숨은 잠재의식이었다. 흑인 빈민가가 미국의 하류층을 대변하는 것과 마찬가지로 블랙 아프리카가 인종적 서열의 맨 밑바닥을 차지하도록 한 것이다. 바로 그 위에는 아시아인과 라틴인을 배정했는데, 미국인들이 볼 때 이들은 매력과 혐오스런 특성이 어정쩡하게 뒤섞인 상태여서 이국적이며 딱 부러지게 분류하기 힘든 인종이었다. 사실 피부색이 개인의 지위와 장래를 여전히 강력하게 구속하는 미국 사회이니만큼 인종적 차이에 관한 오랜 편견이 정책에 함축되는 현상을 극복하기는 힘들었다. 따라서 용어가 바뀌었다고 해서 인종적 위계에 관한 미국인들의 편견까지 바뀐 것은 아니다. 단지 용어를 바꿈으로써 철 지난 인종주의적 세계관과의 연관을 부인하는 것처럼 보이게 만들었을 뿐이다.

1940년대부터 1960년대에 걸친 미국 정치 지도자들의 개인적 담화를 검토해보면 미국의 전형적인 인종적 편견 및 생색내기가 제3세계 발전이론에 부수된 새로운 인종적 서열에 그대로 묻어 있음을 알 수 있다. 예를 들어 프랭클린 루즈벨트는 '신탁통치를 필요로 하는 미성년 인종이 수없이 많은데', 그 중에서 특히 '동아시아 황인종'이 그러하다고 믿었다. 그는 일본의 지배하에 있는 한국과 프랑스령 인도차이나, 영국령 인도와 말레이 반도, 네덜란드령 동인도(인도네시아의 옛 이름―옮긴이)를 식민 사슬에서 해방시키기 원하면서도 그렇게 해방된 민족들이 자력갱생할 때까지는 수십 년간의 신탁통치가 필요하다고 주장했다.* 미국 국무부에서 루즈벨트의 측

　＊　해방 후 한국 현대사를 격동의 도가니로 몰아넣었던 신탁통치 찬반 논쟁의 궁극적 원천이 프랭클린 루즈벨트의 인종적 편견에서 유래했다는 사실, 그리고 그 편견은 루즈벨트 개인의 성품에서 유래한 것이 아니라 미국 역사의 밑바닥을 장구하게 관철하는 '이데올로기'(헌트가 정의한 의미)로부터 유래했다는 사실에 주목할 필요가 있다. 따라서 신탁통치라는 개념의 이면에 깔려 있는 이데올로기 차원을 통찰하지 못한 채 진행되는 모든 종류의 한국 현대사 연구는 궁극적으로 그러한 이데올로기의 칭찬이나 비난에 동원되는 '선전물'로 전락할 수밖에 없다는 사실에 유의해야 한다. Cf. "… '미국 정치의 지배이념'이 미국의 외교정책을 지배하는 이데올로기라면 이 이념에 대한 비판적 분석을 전제로 하지 않는 설명 그 자체가 '미국적'인 것이(다). 즉 미국적 세계관이 직접적으로 투영된 설명은 '이론'이 아니라 '선전'이(다)." 권용립, 『미국 보수적 정치문명의 사상과 역사』(역사비평사, 1991), pp. 199~200. 다음 자료도 함께 참고해보라. 권용립, 『미국

근으로 근무한 섬너 웰즈는 아프리카 인종이 '인종적 서열의 가장 밑바닥'에 있기 때문에 이들을 해방시키려면 훨씬 더 많은 시간이 걸릴 것이라고 말했다. 또 중국은 1940년대 내내 미국의 특별한 친구이자 부양가족처럼 생각되었지만, 중국이 한국 전쟁에 개입하자 그들을 잔인하고, 광폭하며, 수수께끼 같은 동양 인종으로 파악했던 오랜 편견이 되살아났다.[213]

미국 외교의 걸출한 인물인 조지 케넌은 1949년에 미국인들을 향해 "공산주의가 침투하지 못한 모든 지역의 안정을 위해 미국이 무엇을 할 수 있는지를 눈뜨고 보라"고 촉구했는데, 바로 이런 언사야말로 케넌이 내세운 '국제정치적 현실주의'가 실제로는 영국계 미국인들의 소명의식에 젖어 있음을 드러낸 것이다. 케넌은 1949년에 중국을 공산화시킨 지도자들을 '엉뚱한 길로 들어선 머리가 헷갈리는 사람들'로 평가했다(그 자신이 중국 공산주의자들의 행태는 '변덕스럽고 이해하기 힘든 동양적 행동'이라는 결론을 이미 내렸으면서도). 당연한 말이지만 중국이 한국 전쟁에 개입하자 케넌은 분노했으며 중국의 한국 전쟁 개입을 '미국에 대한 엄청난 모욕'이라고 비난했다. 이제 중국인은 '야만스럽고 오만한 인종'이 되었으며, 따라서 중국을 '한 수' 가르쳐야 했다. 라틴아메리카를 여행한 후에 케넌이 보여준 반응도 라틴아메리카에 대한 미국의 전통적 태도와 크게 다를 바 없었다. 케넌은 자신이 라틴아메리카를

의 정치문명』(삼인, 2003), pp. 274~275. 한편, 권용립의 분석 시각을 철학적으로 성찰한 사례로는, 이현휘, 「미국 정치문명의 자각적 상대화: 조건과 방법」, 『담론201』 제3권 제2호(2000 겨울), pp. 113~137. 이현휘, 「문명으로서의 미국 읽기」, 『당대비평』 21 합본호(2003년 봄), pp. 424~434. —옮긴이

여행하면서 목격한 '혼란스럽고 비참한 사회'는 우리가 상상할 수 있는 '삶의 터전 중에 가장 비참하고 희망이 없는 곳이었다'고 회고했다. 거친 기후와 풍토, 상이한 인종 간의 무차별 결혼, 스페인 식민 지배가 물려준 '종교적 광신주의, 좌절된 활력, 잔학성에 대한 탐닉'이 라틴아메리카의 발전을 가로막는데도 정작 그곳 인간들은 '아주 개인적이고 혼란스런 공상 속에' 틀어박혀 산다고 비난했다. 이런 측면에서 보면 아랍인도 크게 다를 바 없다고 생각했다. 1944년에 이라크를 둘러본 케넌은 이라크인들이 무식하고 불결할 뿐만 아니라 "종교적 아집과 광신주의에 철저히 빠져 있다"고 말하면서 그들을 혐오했다.[214]

그러나 뭐니 뭐니 해도 트루먼 행정부에서 인종주의의 정수를 보여준 사람은 트루먼 자신이었다. 그가 젊은 시절에 쓴 편지들은 인종주의적 표현으로 가득하다. 트루먼은 멕시코를 '알랑거리고 보기 싫은 놈들의 왕국'이라는 뜻의 '그리서돔(Greaserdom)'으로 지칭했다. 또 슬라브인은 미숙한 이민 노동자들이란 뜻의 '보우헝크스(bohunks)'로 부르기 좋아했다. 그러나 트루먼의 사고에서 더 낮은 자리를 배정 받은 인종은 '니거(nigger, 흑인에 대한 경멸적 용어—옮긴이)'와 '차이나맨(Chinaman, 중국인에 대한 경멸적 용어—옮긴이)'이었다. 젊은 시절의 트루먼이 보기에 이들 인종은 모두 미국 국민이 될 자격을 갖추지 못했다. 트루먼은 1차 세계대전에 참전하면서 '카이크 타운(kike town, '카이크'는 유대인을 경멸적으로 지칭하는 용어, 그리고 '카이크 타운'은 뉴욕을 지칭—옮긴이)'에 처음 발을 내디뎠고, 뉴욕에서 지내면서 '유태인은 탐욕스럽다'는 고정 관념을 갖게 되었고, '프로그이터(frogeater, 개구리를 먹는 사람이란 뜻으로 프랑스인을 경멸적으로 부를 때 사용―옮긴이)' 와 '데이고(Dago, 스페인계를 경멸적으로 지칭하는 용어―옮긴이)' 한테까지 인종적 편견을 확장하는 한편, 독일인에 대한 증오심도 키워나갔다. 1918년에 집에 보낸 편지에서는 "이 인종들은 심장도 영혼도 없는 새끼들이야"라고 쓰기도 했다. 2차 세계대전이 발발하자 트루먼은 자신의 사전에 '잽(Jap, 일본인을 경멸적으로 부르는 말―옮긴이)' 을 추가시켰고, 1945년 포츠담 회담에서 그가 스스로 말한 것처럼 일본인들은 '야만스럽고 무자비할 뿐만 아니라 잔인하고 광적인 본성을 지닌 종자들' 이라고 확신했다. 자신의 고향인 미주리 주 인디펜던스에 팽배한 남부 특유의 인종주의에 익숙한 트루먼은 적어도 1946년 말까지는 흑인을 지칭할 때 '닉스(nigs)' 나 '니거스(niggers)' 라는 경멸적인 단어를 사용했다. 그는 대통령이 된 후에도 이민은 왔지만 미국에 흔쾌히 동화되기를 거부하는 귀화미국인(hypernates)들을 용납하지 못했다. 그러나 영국인한테는 아주 후했다. 트루먼이 보기에 영국은 미국법의 원천일 뿐만 아니라 가장 친밀한 동맹국이었다. 따라서 그는 "근본적으로 … 미국인이 추구하는 기본적 가치와 영국인이 추구하는 가치가 다르지 않다…"라고 하면서 외국인에 대해 그가 할 수 있는 최고의 찬사를 늘어놓았다.[215]

트루먼의 뒤를 이은 아이젠하워 행정부도 동일한 패턴을 그대로 따랐다. 존 포스터 덜레스 국무장관과 헨리 캐봇 롯지 유엔 대사는 제3세계를 지칭할 때 짐짓 겸손한 체하면서도 무심결에 '비백인' 이라는 표현을 썼다. 아이젠하워의 측근이었고, 제3세계 발전이론의 지지자이며, 때로는 유엔 대표로 활동했던 잭슨(C. D. Jackson)은 자신이 '피부 색깔이나 따지는 놈(a pigmental snob)' 은 아니라면서도 정반대 주장을 거침없이 떠벌리곤 했다. 잭슨은 "서구인들보다 수적으로 우세한 아프리카인, 아시아인, 아랍인은 항시 격앙된 감정 상태로 엉망진창의 삶을 사는 거대한 소용돌이 집단인데, 이들과 비교할 때 서구는 전쟁, 평화, 의회정치를 관리하는 능력에서 훨씬 더 낫다"라고 말했다. 아이크(아이젠하워 대통령의 애칭-옮긴이) 자신도 그리스인을 '억센 민족'으로 간주했고, 인도인은 '괴상하게 생긴 놈들'로 전혀 신뢰할 수 없다고 단정했으며, 베트남인은 '둔한 인종'으로, 중국인은 '무모하고, 오만하며, … 사람이 죽어나가는데도 아무 관심 없는 놈들'로 각각 낙인찍었다. 그러면서 '자유 민주주의 국가들에게 필요한 협력 모델을 제시할' 특별한 의무를 지닌 '전 세계의 영어 사용자들'은 이 모든 인종들보다 높은 자리에 배정했다. 아이젠하워는 국제적 긴장이 고조되던 수에즈 운하 위기(Suez crisis)*의 와중에도 "영국인들은 여전히 나의 오른팔이야!"라고 말하면서 "높은 자리에 배정한 영국인들"과 돈독한 유대감을 과시했다.[216]

　미국의 정책 결정자들이 이처럼 낡아빠진 사고에 젖어 있었기 때문에 제3세계를 바라보는 그들의 태도 역시 뻔했다. 아이젠하워가 생각할 때 '열등한 인종들'이 수십 년간 서구의 신탁통치를 받는 것은 지극히 당연했다. 그렇지 않을 경우 미숙한 자유 민주주의 국가들이 소련의 술책에 빠져 갈피를 못 잡다가 결국 '노예국가'로 전락할 것이라고 확신했기 때문이다. 따라서 이집트의 나세르

---

* 미국과 영국이 소련과 가까워진 이집트에 보복하기 위해 이전에 약속한 아스완 댐 건설 재정지원을 중단하자 1956년 7월 26일 이집트의 나세르 대통령이 수에즈 운하를 국유화함으로써 발생한 중동 위기를 말한다. -옮긴이

대통령처럼 '야심만만하게 폼 잡는' 제3세계 지도자들은 모두 제자리에 돌려보내야 한다고 생각했다. 덜레스도 아이젠하워처럼 나세르('매우 위험한 광신자')나 미국이 다루기 힘든 여타 제3세계 지도자들과 친하게 지낼 준비를 하지 않았다. 덜레스 국무장관이 반항적인 제3세계 지도자들에게 인내심을 갖고 점잖게 행동하라고 요구한 것은 그 자신 스스로 서구에 의한 식민 지배를 좋게 평가했기 때문이다. 그는 서구 식민주의가 '노골적인 폭력을 배경으로' 탄생한 것이 아니라 서구의 우월한 가치에 내포된 매력 덕분에 탄생한 것으로 보았다. 덜레스는 서구의 식민 지배는 결과적으로 식민지에 유익했으며, 서구의 지배가 평화적으로 종식되면 식민 지배를 받은 효과도 저절로 드러날 것이라는 희한한 주장을 했다.[217]

    제3세계에 대한 미국의 정책은 제3세계의 장기 발전 전략과 급박한 현안을 해결하기 위해 입안된 봉쇄정책이 서로 결합되면서 그 모습을 갖추었다. 미국의 냉전 전사들은 제3세계 정책도 해당 지역 특성에 맞게끔 지역별로 조정했다. 그 중에서도 발전에 관한 관심을 가장 강하게 일깨운 곳은 아프리카였지만, 아프리카에 대한 시선의 저변에는 인종적 편견이 짙게 배어 있었고 아프리카에 대한 원조 자금 또한 부족했다. 아프리카에 대한 미국의 정책은 '공산주의가 자라기 쉬운 비옥한 토양'에서 정치적 불안정이 발생하지 않도록 미연에 방지하는 것이 그 핵심이었다. 워싱턴의 정책 결정자들은 아프리카에서 유럽의 식민 지배나 소수 백인 정권의 압제가 계속될 경우에 미국이 우려하는 정치적 불안정, 인종 분쟁, 공산 폭동을 조장하는 환경이 조성되리라는 것을 인정하기는 했다. 그러나 그들은 '원시적이고 저개발 상태에 있는 아프리카인들에게 때 이른 독립'은 더 위험하다고 판단했다. 1950년대 말까지 포르투갈 식민지와 로디지아 및 남아프리카공화국을 제외하면 아프리카의 모든 흑인은 소수 백인 정권으로부터 독립과 해방을 쟁취했지만, 워싱턴은 여전히 '백인 정권의 조기 철수'를 우려하면서 '정치적 극단주의'로 치닫는 흑인들의 행동에 마음 졸이고 있었다. 케네디는 제3세계 민족주의를 우호적으로 평가하면서 백악관에 입성했지만 그 역시 얼마 지나지 않아 성급한 식민지 해방과 과격한 민족해방운동, 그리고 무능한 흑인 통치자들 때문에 마음 졸이는 신세로 전락하고 말았다.[218]

소련의 압제에 신음하는 동유럽의 인권에 대해서는 단호하게 옹호하는 자세를 취한 미국의 정책 결정자들은 아프리카 흑인의 인권에 대해서는 놀라우리만큼 침묵했다. 이 점을 가장 뚜렷이 보여준 것이 남아프리카공화국에 대한 미국의 정책이다. 트루먼 행정부와 그 후임자들은 1940년대 말에 확립된 남아프리카공화국의 흑인 차별을 우려하고, 그 때문에 '남아프리카공화국 원주민들이 공산주의'에 투항할지 모른다고 우려했다. 그러나 그들은 아프리카에서 정치적 안정이 유지되는 '유일한 섬'과 같은 존재인 남아프리카공화국의 진가를 이내 깨달았고, 그곳 원주민들의 민족 자결주의가 분출되는 것을 막으면서 전략적, 경제적 이익을 확보하는 것이 중요하다는 것을 깨달았다. 남아프리카공화국의 흑인 차별을 비판하는 미국 국내 여론이 없지는 않았지만 매번 공허한 메아리로 끝나고 말았다. 예를 들면 남아프리카공화국의 백인 경찰이 발포하여 69명의 흑인 시위대가 사망하고 200명이 넘는 흑인이 부상당한

1960년의 샤프빌 대학살(Sharpeville massacre)에 대해 아이젠하워는 남아프리카공화국의 흑인 차별정책이 '골치 아픈 문제'라고 간단히 언급했을 뿐 어떤 조치도 취하지 않았다. 그는 사적인 자리에서는 흑인 차별주의자들이 결코 "나쁜 사람들이 아니다"라고 말하면서 그들이 원하는 것은 "그들의 귀여운 어린 딸들이 학교에서 덩치 큰 흑인 아이들과 같은 자리에 앉도록 강요받지 않는 것뿐"이라고 말하기도 했다. 그러면서도 아이젠하워는 공식적으로는 남아프리카공화국의 인권 상황에 대해 대단히 낙관적인 태도를 취했다. 그는 남아프리카공화국에서 평화적 변화가 착실하게 진행되고 있으며 '상이한 인종 간의 공감대가 심화되는' 희망의 조짐을 읽었다고 공언했다. 케네디 행정부도 남아프리카공화국의 흑인 차별정책을 좀처럼 비판하려 들지 않았다. 아프리카 문제가 왜 미국 외교정책의 일반적 패턴을 벗어난 예외적인 정책으로 취급되어야 하는지를 설명하지도 않은 채 "미국이라는 나라는 다른 나라(남아프리카공화국—옮긴이)의 정치사회 문제에 개입하기를 자원한 경찰국가가 아니다"라고 자랑스럽게 떠벌린 케네디의 국무장관 딘 러스크는 그 대표적인 인물이었다.[219]

그러나 러스크가 이처럼 떠들어댔던 바로 그때 미국이 콩고에 대해 취한 정책을 살펴보면 러스크의 발언이 노골적인 거짓말이라는 것을 알 수 있다. 콩고가 벨기에의 식민 지배에서 독립하자 [벨기에령 콩고(Belgian Congo)는 1908년부터 1960년까지 벨기에의 식민 지배를 받았다. 지금의 콩고민주공화국이다—옮긴이] 미국은 덜레스 국무장관이 주장한 것처럼 콩고가 '너무 일찍' 해방될 경우 '현재의 종속상태보다 더 열악한 노예상태'로 전락할지 모른다고 우려했다. 콩고 내전*에서 백인 수녀들을 강간하거나 선교사들의 사지를 절단하는 참상이 벌어지자 미국 정책 결정자들의 마음속에서는 케케묵은 인종주의 망령이 다시 고개를 쳐들었다. 그들이 콩고를 상대로 매우 가혹한 '판결'을 내린 것은 뻔한 일이었다. 콩고 주재 미국 대사는 콩고인들이 매우 '단순한 자극'에만 반응하는 '원시적인 사람들'이라고 워싱턴에 보고했다. 아이젠하워는 '아프리카라는 기준에서 봐도 엄청난 무지에 빠져 있는 데다가 정서 불안에 호전성까지 띤 콩고 국민의 예측 불가능한 행태'를 크게 우려했다. 그는 '콩고의 혼란이 걷잡을 수 없는 지경에 이르러서' 공산주의자들이 쉽사리 파고들게 되는 사태를 원치 않았다. 바로 이런 이유 때문에 미국은 유엔이 개입해서 콩고의 질서를 회복하는 정책을 지지했고, 미국 중앙정보국(CIA)을 이용하여 일찍이 아이젠하워 측근들이 소련의 꼭두각시로 간주한 바 있는 카리스마 넘치는 콩고의 민족주의 지도자 패트리스 루뭄바를 암살해버렸다. 이런 패턴은 케네디와 존슨 행정부가 들어선 이후에도 바뀌지 않았다.** 케네디는 루뭄바가 제거되었지만

---

* 1960년 벨기에로부터 독립한 콩고는 벨기에의 지원을 받고 카탕카를 독립지역으로 선포한 촘베(Moise Tshombe) 세력과 사회주의자 루뭄바(Patrice Lumumba) 간의 내전으로 어지러웠다. 아이젠하워는 분체(Ralph Bunche)가 이끄는 유엔 협상단을 보내 중재를 시도했지만 소련은 분체가 미국의 이익을 대변한 괴뢰라고 매도하면서 루뭄바에 대한 원조를 시작했다. 이에 CIA는 루뭄바를 소련의 하수인으로 규정하고 모부츠(Joseph Mobutsu)대령을 지원하여 루뭄바를 제거했다(1961년 1월). 자세한 내용은, 권용립, 『미국 대외정책사』, pp. 624~625. —옮긴이
** 제3세계 민족주의 지도자 암살 정책이 미국 외교정책 패턴을 이루면서 반복된 사실을 상세하게 고찰한 연구로는, 존 퍼킨스, 김현정 역, 『경제 저격수의 고백』(황금가지, 2005). —옮긴이

콩고는 여전히 '극도의 분열상'에서 벗어나지 못한다는 사실을 깨달았다. 케네디와 존슨 대통령은 콩고의 친미 온건파를 도와 질서를 회복시키려는 한편 CIA가 육성한 극우 세력을 계속 지원했다. 또 미국 행정부가 '원시인들'로 간주하고, 미국 의회가 '나무에서 좀처럼 내려오지 않으려는 인종'으로 묘사한 콩고인을 비상시에 다루는 일에는 백인 용병부대도 도움이 되었다.[220]

라틴아메리카를 대상으로 한 미국의 냉전 정책은 인종적 위계질서에 대한 편견보다는 제3세계의 혁명을 위험한 것으로 간주하는 편견에 더 지배되었다. 워싱턴은 라틴아메리카의 정치적 불안정을 해소하기 위해 제3세계 발전 프로그램을 연속해서 꺼내 들었다. 트루먼 행정부의 '포인트 포(Point Four)', 해외 자금 순환을 촉진시키려는 아이젠하워의 정치적 노력, 케네디와 존슨이 재임 중 각각 나름대로 추진한 '진보를 위한 동맹(Alliance for Progress)'은 모두 1952년 초반에 설정된 미국의 주요 정책 목표, 즉 '라틴아메리카 국가들이 정치 및 경제 발전을 착실히 추진할 수 있게끔 지원함으로써 라틴아메리카 내부에서 싹틀지 모르는 공산주의와 소련의 정치적 공세에 저항할 힘을 길러주려는 목표'를 추구한 정책들이었다. 1960년대의 미국 정책 결정자들은 쿠바 혁명의 성공과 그 파급 효과가 쿠바 주변 지역으로 확산되는 것을 방지하기 위해 라틴아메리카에 대한 지원 규모를 크게 늘렸다. 애초에 케네디는 '절망에 빠진 라틴아메리카 국민들'을 구제하기 위해 개혁이 필요하다고 역설했지만, 미국이 추진한 프로그램들은 라틴아메리카의 정치 질서를 가장 확실하게 보장할 적임자로 미국이 판단한 군부 독재자들에게만 혜택을 주었을 뿐이다.[221]

미국 지도자들이 라틴아메리카의 경제 성장, 정치 개혁, 우파 독재자의 권위적 통치 중 어떤 것을 옹호했든 간에 일관되게 전제한 것은 자신들의 통찰력이 라틴아메리카 지도자들의 통찰력보다 우월하다는 것이었다. 다시 말해 미국의 라틴아메리카 발전 정책은 먼로 독트린에 내포된 우월감과 후견인 의식만 심화시켰다. 1945년 당시의 국무장관 스테티니어스는 "여러 측면에서 미국에 의존하는 라틴아메리카의 변변찮은 공화국들이 미국에 대들도록 놔둬서는 안 된다"고 화를 내듯 말한 적도 있다. 또 그는 미국이 정치적으로 라틴아메리카의 대중 운동에 기대서는 안 된다고 못박았다. 그런가 하면 존 포스터 덜레스는 '열등한 라틴아메리카인들'이 '미국이 향유하는 것과 동일한 수준의 민주주의 국가'를 건설할 것이라는 신뢰를 갖지 말라고 경고했다. 더욱이 덜레스 국무장관의 라틴아메리카 담당 차관보는 라틴아메리카인들이 보유한 '항체(anti-bodies)'는 너무 약해서 "공산주의 바이러스의 침입을 언제까지나 막을 수는 없다"고 말했다. 덜레스의 후임 국무장관 크리스천 허터는 1959년 4월 피델 카스트로와 회담을 가진 후 워싱턴에 돌아와서 그가 "여러모로 어린아이 같고 정치에 대해 매우 미숙하다"고 걱정했다. 린든 존슨의 고위 보좌관인 동시에 텍사스 출신 친구이기도 한 토머스 만은 미국의 라틴아메리카 정책으로는 강경 노선이 가장 적합하다고 생각했다. 그러면서 "나는 라틴아메리카 친구들을 잘 아는데, 그들에게 먹혀드는 것은 두 가지뿐이지. 하나는 주머니에 돈을 찔러주는 것이고 다른 하나는 아예 엉덩이를 걷어차는 것이지"라고 말했다. 1969년 말 무렵 라틴아메리카 전문가인 넬슨 록펠러는 대부분의 라틴아메리카인들한테 "민주주의라는 정치제도는 너무 복잡하고 이해하기 어려운 문제"라고 주장하면서 차라리 그들은 '정치적 혼란, 테러, 체제전복' 등을 조장하는 과격 세력을 진압할 수 있는 독재 정권 하에서 살아가는 것이 더 낫다고 보았다.[222]

제3세계 발전정책과 미국의 지원을 받는 권위주의 정부가 기대한 것만큼 정치적 안정을 확립하지 못할 경우에 미국은 양차 세계대전 이후 국내적 지지를 받지 못한 개입주의를 주저 없이 다시 꺼내 들었다. 그러면서 이 정책은 인접 국가의 주권을 침해하는 개입 정책이 아닐뿐더러 시어도어 루즈벨트의 '몽둥이 정책(big stick)'*은 더더욱 아니라고 우겨댔다. 미국의 정책 결정자들은 공산주의를 아메리카 대륙의 토착 사상이 아니라 외부에서 들어온 '사악한' 사상으로 간주했기 때문에 공산 혁명을 저지하는 미국의 노력은 제3세계의 민족 자결주의를 진작시키는 노력과 동일한 것이라고 단정했다. 그들은 어떤 국가가 좌경화하는 위험스런 조짐만 보이면―그 조짐이 중립적 외교정책, 경제적 민족주의, 노동 불안, 토지 개혁 중 어떤 것으로 표출되든 간에―경제 및 정치적 압력을 행사했으며, 최후 수단으로 군대를 파병하거나 CIA 요원을 풀기도 했다.

냉전시대 미국이 최초로 중남미에 개입한 것은 위험스런 징조를 가장 먼저 보인 과테말라에 대한 개입이다. 1954년 4월 아이젠하워는 과테말라가 '빨갱이 손아귀에 들어갔으며' 머지않아 이웃 엘살바도르까지 공산 세력이 뻗칠 것이라는 결론을 내렸다. 미국 국무

---

* 시어도어 루즈벨트가 시행했던 라틴아메리카에 대한 강경책을 의미한다. 미 육군대학(National War College)의 루즈벨트 홀에 있는 루즈벨트의 흉상에는 "부드럽게 말하고 큰 몽둥이를 지니고 다녀라(Speak softly and Carry a Big Stick)"라고 적혀 있다. 루즈벨트의 라틴아메리카 강경 정책에 관해서는, 권용립,『미국 대외정책사』, pp. 347~353, 359~360 참조. ―옮긴이

부, 의회, 언론은 한결같이 과테말라의 아르벤스 정부 내에 공산주의자가 침투했기 때문에 개입이 필요하다고 주장했다. 결국 CIA가 기획한 과테말라 쿠데타를 통해 라틴아메리카 공산 세력의 교두보 하나를 제거하는 데 성공한 미국의 정책 결정자들은 1961년에는 쿠바의 피그만에서 공산주의의 두 번째 교두보를 제거하려는 '도박'의 유혹에 빠져들었다. 쿠바 내 공산세력의 영향력을 폭로하는 징조를 감지하자마자 CIA 공작원들은 또다시 모의를 꾸미기 시작했다. 그러나 이번에는 사정이 좀 달랐는데, 케네디 행정부가 계획을 실행에 옮겼을 때는 이미 쿠바의 혁명가들이 과테말라 사건에서 학습한 내용을 바탕으로 해서 대책을 강구해놓은 상태였기 때문이다. 결국 개입은 실패로 돌아갔는데, 이 때문에 케네디 행정부는 참담한 고통을 겪어야 했다. 케네디는 자신이 암살되기 직전까지도 마이애미에서 행한 미대륙 언론협회 연설(1963년 11월 22일)에서 다음과 같이 외쳤다. "소규모의 모반자 집단이 쿠바 인민의 자유를 박탈하고 있습니다!" 그래서 그 자유를 "아메리카 대륙 밖에 있는 소련 공산주의 세력에게 넘겨주고 있습니다!" 케네디를 이은 린든 존슨 대통령도 1965년 도미니카에 군대를 파견하기로 결정할 때 쿠바의 어두운 기억을 떨칠 수 없었다. 그러나 그는 '공산주의자들로 구성된 모반자 집단'이 또다시 '도미니카 인민의 민주주의 혁명'을 손쉽게 진압하도록 놔두지는 않겠다고 결심했다.[223]

동아시아에서는 미국의 제3세계 발전정책과 대소 봉쇄정책이 분리될 수 없을 만큼 긴밀하게 결합되었다. 미국의 정치 지도자들은 2차 세계대전에서 일본을 패망시킨 후에는 태평양을 미국의 호수로 만드는 꿈이 실현될 수 있다고 판단했다. 그리고 냉전이 격화되면서 이 꿈의 실현은 절대 절명의 과제가 되었다. 1946년 1월 트루먼은 동아시아에서 자신이 원하는 것은 '일본과 태평양을 완전히 장악하는 것'이며 중국과 한국을 '재건' 해서 그 두 나라에 '강력한 중앙 정부'를 수립하는 것이라고 천명했다. 1949년까지 미국이 동아시아 지역에서 공식적으로 추구한 목표는 '소련의 막강한 힘과 영향력을 제거하는 것'이었다. 아울러 동아시아의 빈곤과 고통을 제거하면 그 목표를 달성하는 데 적잖은 도움이 되리라고 판단했다. 동아시아의 무역, 사회 안정, 행정적 효율, 교육, 도로 건설, 농업 및 산업 개발을 진작시키는 프로그램이 동아시아에서 미국의 장기적 성공을 보장하는 열쇠로 간주되었다. 반면에 미국이 당장 할 일은 1950년 초에 딘 애치슨이 "지금까지 소련이 고안한 외교정책 수단 중에 가장 용의주도한 것"이라고 말한 바 있듯이 공산주의로부터 아시아인이 등을 돌리도록 돕는 일이었다. 따라서 소련이 꼭 두각시를 시켜 침략을 감행하는 곳이면 어디든 미국이 막대한 군사 원조를 제공하고 필요하면 미군을 파견한다는 것이 워싱턴의 대응책이었다.[224]

아시아 전선은 미국의 냉전 정책이 눈에 띄게 성공을 거둔 무대라고 할 수 있다. 일본 역시 서독처럼 미군정의 통치 하에서 냉전의 보루로 변신했는데, 미군정 당국은 1947년부터 1948년까지 일본을 동아시아 해안선을 통할하는 미군 기지망의 북부 방어 거점으로 편입시켰다. 그리고 1951년에 미국의 동맹국으로 변신한 일본은 미국과 함께 태평양을 공동 관리할 견실한 주니어 파트너가 되었다. 필리핀은 2차 세계대전이 끝날 무렵에도 여전히 미국 식민지였지만 또 다른 성공 사례로 볼 수 있다. 1946년 미국으로부터 독립한 필리핀은 미국이 아시아에서 자비로운 역할만 한다는 미국인들의 편리한 신념을 상징하는 섬이 되었다. 그러나 필리핀 경제는 여전히 미국 경제의 논리대로 움직였고, 자신의 특권을 유지하기 위해 오랫동안 미국과 협력해온 필리핀의 독재자는 자신이 그 이전에 섬기던 권력자(미국—옮긴이)의 비위를 맞추기 위해 계속 노심초사했으며, 미군은 아시아 지역의 냉전을 수행하는 데 필요한 필리핀 군사 기지를 계속 장악하고 있었다.

미국이 한국 전쟁 참전을 통해 '경찰 행위'를 하는 바람에 치르게 된 값비싼 대가만 제외한다면 한국도 미국의 냉전 정책이 일단 성공한 사례로 손꼽을 수 있다. 1945년 한반도의 남쪽을 점령한 미군정 당국은 그들이 일본과 필리핀에서 그랬던 것처럼 반공으로 철저히 무장한 보수적 정치 지도자를 지원했다. 이승만은 언제나 미국에 협조적인 것은 아니었다. 그러나 그는 남한을 통치하는 데 적합한 인물로 점차 인정받기에 이르렀다. 그리고 남한 내의 극렬한 반대 데모에 시달리던 이승만이 1950년 6월에는 소련의 지원을 받은 북쪽의 라이벌 김일성의 공격까지 받았기 때문에 어찌되었든 미국으로서는 이승만을 구하지 않을 수 없었다. 더글러스 맥아더가 지휘한 군대가 인천 상륙작전을 통해 김일성의 남침을 격퇴했지만 그 이후 결정적 오판 때문에 북한을 해방시키려는 북침을 감행했고 결국 중국의 참전을 초래했다. '동양인의 심리'에 정통한 전문가로 알려진 한 야전 사령관(맥아더를 말함—옮긴이)이 너무 경솔하게 중국의 사활적인 전략적 이익을 건드린 것이다. 또 한반도는 중국에게 아무 의미도 없으며 다만 '어딘가로 가는 길목'일 뿐이라고 판단한 국무부의 한 관리(애치슨 국무장관—옮긴이)도 미국이 한국 전쟁에서 중대한 실수를 범하는 데 일조했다.[225] 결국 남한은 3년간의 지루한 전쟁을 치른 끝에 1953년 건실한 친미 병영국가(garrison state)가 되었다.

그러나 아시아에서 미국의 정책을 가장 강력하게 방해한 세력은 기존 질서에 불만을 품은 농민들이었다. 미국의 냉전 정책이 성공한 나라에서도 농촌 문제는 세심한 관심을 기울여야 했다. 그래서 미국은 일본에서 농민 구제책의 일환으로 토지개혁을 추진했고, 필리핀에서는 길을 잘못 들어선 후크단(Huks)*을 격퇴하기 위해 반란 진압 프로그램을 지원했다. 그리고 한국에서는 미군정 기간에 세력이 커진 지주들을 이용해서 농민의 불만을 억누르는 방법을 택했다. 그러나 중국과 베트남에서는 불굴의 정신력과 경험을 갖춘 민족주의 엘리트 무장세력이 농민의 열망을 전폭적으로 수용한 개혁 프로그램을 갖고 있었으며 이 때문에 미국은 이들 나라의 농민을 통제할 수 없었고 결국 두 차례의 참담한 패배(중국 공산화와 베트남 전쟁—옮긴이)를 겪어야 했다.

워싱턴은 중국과 베트남 양국의 사태를 보면서 미국이 앞세운 정권을 충분히 지원하는 것만으로는 모자란다는 것을 깨달았다. 장개석이 이끄는 중국 국민당은 2차 세계대전 이후 미국으로부터 30억 달러가 넘는 지원을 받았지만 모택동이 이끄는 공산주의자들에게 패하고 말았다. 트루먼 행정부는 중국 국민당의 패전이 계속되는 와중에 대만을 구출했는데, 대만은 미국의 동아시아 해안 방어

---

* '후크단'은 필리핀의 '후크발라하프 반란(Hukbalahap Rebellion)'에 가담한 사람들을 뜻한다. 이 반란은 '후크 반란(Huk Rebellion)'이라고도 하는데 필리핀 루손 섬 중부에서 공산주의자들의 지휘 하에 일어난 농민봉기(1946~1954)를 말한다. —옮긴이

선에 추가된 또 하나의 도서 기지였으며, 중국 본토에서 미국의 동맹국으로 활동한 장개석의 국민당 세력이 미국 해군의 비호 하에 중국 본토 수복의 야심을 키울 피난처이기도 했다. 만일 대만을 구하지 못했다면 미국은 트루먼이 '살인자들의 떼거리'로 부른 바 있고 국무장관 덜레스가 '문명국가들'의 권역 바깥에서 활동하는 탈법국가로 비난한 정부(모택동이 이끄는 중국 공산당 정부―옮긴이)를 고립시키는 정책으로 만족해야만 했을 것이다.[226]

1950년 미국은 베트남에서 프랑스군에게 상당한 원조를 제공하기 시작했다. 프랑스가 치른 이 식민 전쟁의 마지막 해까지 미국이 프랑스에 대해 지원한 금액은 전체 전비의 3/4에 달했다. 그리고 1954년에 프랑스 군대가 인도차이나에서 철수하기로 최종 결정을 내렸을 때, 아이젠하워 행정부는 새로운 '꼭두각시'를 물색했다. 그래서 찾아낸 인물이 바로 골수 반공 보수주의자인 고 딘 디엠이었다. 미국이 그에게 맡긴 임무는 베트남 남반부에 친미 국가를 건설하는 일이었다. 워싱턴은 디엠이 모스크바의 지령을 따르는 호치민과 '직업적 선동가들'에 대해 싸워 이길 수 있는 기회를 증대시키기 위해 디엠이 통치하는 이 '애송이' 국가에게 엄청난 원조와 자문을 해주었고, 디엠 정권을 보호하기 위한 지역 동맹까지 결성했다. 그러나 디엠은 프랑스군과 마찬가지로 베트남 시골 지역을 장악하는 데 별로 성공하지 못했고, 남한의 이승만보다 더 비협조적인 인물이라는 사실이 드러났다. 그러자 1963년 케네디 측근들은 베트남 군부에게 디엠을 축출하라는 사인을 보냈다. 그러나 디엠을 암살하고 들어선 남부 베트남의 군 장성들도 미국에 대해서는 더 순종적이었지만 미국의 냉전 정책을 수행하는 데는 디엠만큼 효과

적이지 못하다는 것이 밝혀졌다.[227]

    베트남 전쟁은 불가피하게 미국의 전쟁이 될 수밖에 없었다. 베트남 전쟁에 관여한 미국의 역대 행정부는 베트남 전쟁에 걸린 미국의 이권이 너무 크기 때문에 베트남에서 퇴각을 고려하거나 베트남에서 패배를 인정하는 일은 있을 수 없다고 선언했다. 따라서 미국의 정치 지도자들은 자신들이 가려 뽑은 베트남의 '꼭두각시들'이 모두 실패할 경우에 직접 개입하려 했다. 트루먼 팀은 인도차이나가 공산주의에 넘어갈 경우 주변 국가들의 공산화 가능성이 높아지고, 동아시아의 정치적 균형이 '심각하게 위협 받을 것'으로 예측했다. 아이젠하워는 도미노 이론을 내세우면서 동아시아의 지정학적 이익을 재차 확인했고, "베트남이나 중국에서 한 사람의 자유가 상실되면 미국의 자유 또한 그만큼 상실된다고 믿는다"라고 경고했다.[228]

    케네디 행정부와 존슨 행정부는 기존에 확립된 베트남 정책 노선을 고수했다. 그것은 기존 정책에 깔린 전제를 수용했기 때문이며, 또 중국 공산화가 트루먼에게 안겨준 치명적인 정치적 상처를 베트남에서 감수할 준비가 되어 있지 않았기 때문이다. 케네디는 이미 1956년부터 미국의 안내, 원조, 자본을 이용함으로써 공산주의자들이 제공할 혁명보다 '훨씬 더 평화적이고, 민주적이며, 더 통제하기 용이한' 혁명을 창출할 기회를 디엠 정권을 통해 엿보고 있었다. 케네디는 피그만 사건 이후 줄곧 "아시아와 라틴아메리카에서 귀를 멍멍하게 할 정도로 시끄러운 공산주의자들의 목소리를 듣고 있다"고 선언하면서 베트남 전쟁은 미국이 결코 무시할 수 없는 도전이라고 판단했다. 결국 케네디는 미군을 16,000명으로 증강시켰고, 이 병력만으로 부족하다는 사실이 밝혀지자 존슨은 미국이 지상전에서 맡고 있는 역할을 확대시키고 공군력까지 투입하기 시작했다. 아무튼 미국의 정책 결정자들은 미국의 힘과 의지를 이처럼 과시하면 하노이에 있는 북베트남 인사들의 마음을 움직여 베트남의 영구적 분단을 수용하게끔 만들 것으로 자신했다.[229]

베트남 전쟁은 미국이 아시아에서 수행한 냉전 정책의 절정인 동시에 미국 외교의 이데올로기적 패턴을 세상에 강요하려는 고질적 충동의 절정이었다. 존슨은 1965년 4월에 행한 베트남 전쟁에 관한 연설에서 다음과 같이 명백한 질문을 던졌다. "어찌하여 미국은 미국으로부터 그토록 멀리 떨어진 사람들의 자유를 위해 미국의 안녕과 미국의 이익과 미국의 힘을 위험에 빠트려야 한단 말입니까?"[230] 이 질문에 대한 그의 답변은 그의 전임 대통령들의 답변처럼 명백한 것이었고 미국 국민들에게도 익숙한 것이었다.

세계 각지의 혁명은 1790년대 이후부터 줄곧 그랬듯이 미국인의 뇌리에 질서와 이성을 파괴하는 공포정치, 잔인한 암살, 국제정치적 음모와 같은 환영을 계속 떠올리게 만들었다. 미국인들이 이해하기 힘든 농촌 정치경제를 배경 삼아 활동하는 혁명 세력들은 미국의 반사적 저항을 유발했다. 그리고 미국의 호의에 고마워할 후진국 국민들을 좀 더 나은 '근대적' 삶으로 이끌려는 미국의 계획 저변에는 인종적 서열이라는 관념이 오래전부터 고취해온 어떤 편견이 깔려 있었다. 또 미국이 발전해온 경험을 제대로 가르치기만 하면 열등한 민족의 삶을 개선시키는 데 도움이 될 것이라는 믿음도 있었다. 마지막으로 미국은 '인류가 추구하는 최고의 희망을 증진시킬 책임과 영광을 자진해서 짊어졌다'는 자부심까지 갖고 있었다. 언제나 자유와 '민주적 개인주의'에 헌신해온 미국은 '전제정부'의 억압을 받는 사람들과 '외국의 속박' 때문에 위험에 처한 사람들을 구조하는 역사적 사명을 다하기 위해 끝없는 투쟁을 전개해야 했다. 그렇게 함으로써 이토록 특별한 미국은 '인간 자유의 거대한 묘지'로 변해가는 '세계를 구원할 것'이라고 확신했다. 역사의 교훈과 지정학적 공리를 통해 배울 수 있는 것은 미국이 인류 자유를 수호하는 역할을 조금이라도 포기하면 해외에서 침략 행위가 창궐하고, 미국 내부에서는 고립주의가 고개를 치켜들 것이며, 미국의 기나긴 봉쇄 라인을 붕괴시킬 도미노를 내보내게 될 것이라고 믿었다.[231]

그래서 1967년 무렵에는 이미 50만에 달하는 미국인들이 미국 역사만큼 오래 되었으면서도 어제 기억처럼 생생한 꿈과 공포에 내몰린 채 베트남 땅에서 싸우고 있었다.

제6장

★

현대 미국 외교의 딜레마

현대 미국 외교의 딜레마

> 인간은 역사를 스스로 창조하지만, 원하는 방향으로 창조할 수는 없다. 스스로 선택한 조건 하에서 역사를 만드는 것이 아니라 우연하고도 어쩔 수 없는, 그리고 과거가 물려준 조건 하에서 역사를 만들어야 하기 때문이다.
>
> 칼 마르크스(1852)[232]

> 이데올로기에 대한 과학적 연구가 해야 할 사회적 기능은, 첫째 이데올로기가 무엇인지, 어떻게 작동하는지, 그리고 무엇이 이데올로기를 낳는지를 이해하는 것이다. 둘째, 이데올로기를 비판하고 이데올로기가 (반드시 현실에 이데올로기를 복속시키지는 않더라도)현실과 접점을 찾을 수 있게끔 만드는 것이다.
>
> 클리포드 기어츠(1964)[233]

맨 위에 인용한 젊은 시절 마르크스의 말은 충분히 수긍할 만하다. 인간 삶의 여타 분야와 마찬가지로 외교정책 분야에서도 과거는 현재를 이해하는 데 긴요하다. 다만 그 필요성은 다소 역설적이다. 즉, 과거는 우리가 우리 스스로 조성하지도 않은 여건 때문에 어쩔 수 없이 현실과 타협해야 한다는 것을 특이한 방식으로 가르쳐 주기도 하지만, 이와 동시에 현재의 조건을 극복할 방책을 보여주기도 한다. 그렇기 때문에 클리포드 기어츠가 위의 인용구에서 말한 것처럼 미국을 국제정치의 덤불 속으로 끌고 들어온 이념의 역사를 살펴보는 일이야말로 미국의 앞날에 가로놓인 위험을 헤쳐 나가는 데 도움이 될지도 모른다.

이 책의 제5장까지는 미국 외교정책에 특정 이데올로기가 분명히 존재한다는 것을 입증했다. 미국 외교정책 이념의 기원은 미국이 하나의 나라로 대두해온 과정과 불가분의 관계로 얽혀 있다. 즉, 미국 역사 초기부터 미국 외교의 이념은 외교 현안에 관심이 많은 인사들의 계급적 인종적 선입견을 반영해왔다. 이 이념의 영향력 하에서 외교정책 엘리트들은 인종간의 위계질서를 기준으로 다른 민족과 다른 나라의 가치를 평가해왔으며, 급격한 변혁의 경험이 없는 미국 역사의 통상적인 규범과 어긋난 급진 혁명, 특히 좌파 혁명에 대해 적개심을 보여왔고, 또 미국의 위대성은 이 세계의 자유를 지키는 책무를 얼마나 완수하는가에 달려 있다고 확신하게 된 것이다.

이러한 이념의 영향력을 감안하지 않고서는 미국 외교정책의 일반적 성향을 짐작하기도 어렵고 설명하기도 힘들다. 미국이 미주 대륙에서 지배적 지위에 올라서고 중앙아메리카와 카리브 해의 패권을 차지한 것은 그 어떤 역사적 필연 때문이 아니다. 미국이 1차 세계대전 이후 30년간은 친중, 반일 정책을 펴다가 태평양 전쟁 이후 30년간은 거꾸로 친일, 반중 정책을 펴게 된 것도 그 어떤 신비한 숙명 때문이 아니다. 또 미국이 유럽 대륙에서 벌어진 세력균형 게

임의 주인공이 되면서 피비린내 나는 세계대전에 두 번이나 뛰어든 것, 또 기존 제국들이 붕괴한 1945년 이후의 유럽에서 힘의 공백을 메우려고 뛰어든 것도 미리 정해진 역사의 숙명이 아니었다. 역사의 관점에서 보면 미국의 이런 행보는 우연도 아니고 놀라운 것도 아니다. 검증과 정련의 과정을 거쳐 미국 민족주의의 바탕으로 녹아든 미국 외교정책 이데올로기가 20세기에 미국으로 하여금 국제정치와 해외전쟁의 덤불 속으로 더 깊숙이 들어갈 수밖에 없도록 만든 것이다.

물론 그렇다고 해서 미국 외교정책 결정자들의 세계관을 특정 방향으로 이끌어온 이념들만 다뤄서는 안 된다. 외교정책의 결정요인에 이념만 있는 것이 아니다. 이 책에서 분석하는 외교정책 이념만이 미국 외교의 현안을 파악하고 계산하는 밑그림 그리기에 동원되는 것은 아니다. 냉소적 기회주의와 경제적 이해관계도 미국 외교정책의 또 다른 중요 요인들이다. 또 정책 결정자들의 성격, 관료조직의 압박 요인, 가용 자원, 국제 여건 등도 이념이 행동으로 나타나는 과정에서 영향을 끼치는 요인으로 응분의 대접을 받아야 한다. 그러나 이 모든 요인들을 다 고려한다 해도, 세계정치에 대한 미국인들의 시선과 행동을 둘 다 설명할 수 있는 명백한 출발점은 역시 이데올로기다.

미국 외교정책 이데올로기가 끈질기게 지속되었다는 말은 그것이 변하지도 않고 머물러 있다거나, 역풍에도 전혀 흔들리지 않았다는 말이 아니다. 앞에서 살펴본 바와 같이 '미국은 위대하다'는 이념이 완전히 정착되는 데 한 세기가 걸렸고, 그 이념이 정착된 20세기의 첫 40년 동안에도 여전히 간헐적인 (그러나 성공하지는 못한) 도전에 직면했다. 또 20세기 중반에는 인종간 서열 관념이 (근본적 변화는 없었지만) 문화적 재규정 과정을 거쳤다는 사실도 앞에서 살펴본 바와 같다. 이와 동시에 지정학적 인식 틀과 과거에서 얻은 경험도 과거에서 물려받은 외교정책 이념을 강화하고 또 보완했다. 다만 혁명에 대한 부정적 태도만은 큰 변화도 없었고 큰 도전도 받지 않았다. 전체적으로 볼 때 지금 미국 외교정책을 인도하는 이념들이 2백 년 전과 꼭 같지는 않지만 식별 가능한 그 유전적 유사성만은 결코 무시해서는 안 된다.

개인적 선입견에서 자유로운 역사가는 아무도 없지만 과거에 대한 조명 작업이 성공하려면 이 선입견부터 통제해야 한다. 이 책도 그렇지만, 특히 역사학자의 탐구 대상이 살아 있는 관념들과 전제들의 집합체인 경우에는 지적으로나 정서적으로 어느 정도 초연해야 한다. 다시 말하자면 이데올로기도 먼 거리에서 관찰해야 한다. 그러나 역사가의 작업은 어쩔 수 없이 역사가 개인의 경험과 신념에 물들 수밖에 없다. 그래서 개인적으로는 편견이나 신념을 갖되, 직업적으로는 거기서 자유로워야 하는 것이다. 또한 역사가는 일국의 시민이기도 하다. 그렇기 때문에 과거가 현재와 어떻게 연관되는지, 그리고 역사적 탐구 결과가 국가의 현 상황과 미래에 대한 전망에 실제적으로 어떤 의미를 갖는지 똑바로 보여주는 것도 역사가들의 특별한 책무다. 이건 절대 새삼스런 원칙이 아니다. 조지 케넌과 윌리엄 애플맨 윌리엄스는 둘 다 역사에 대한 이해방식이 공적 이슈를 다루는 데 어떻게 활용될 수 있는가를 보여준 적절하고도 소중한 사례다. 그런 점에서 독자들도 이 책의 판단과 결론을 생각 없이 그냥 받아들이기보다는 신중히 따져보기를 부탁드린다.

내가 미국의 역사에서 추출한 핵심 결론은 간단히 말해서 다음과 같다. "미국 외교정책 이데올로기가 현실과의 접점을 찾게끔(즉 현실과 타협할 수 있게끔) 하려면 미국 외교의 강력한 이데올로기가 낳은 불행한 결과들을 인식하는 일이 필수적이다." 미국 외교의 이데올로기 때문에 빚어진 심란하고도 적나라한 불행의 대표적인 사례는 베트남 전쟁이다(이 책은 미국의 이라크 침공 이전인 냉전 시대에 쓰인 것임―옮긴이). 어차피 실패할 운명을 지닌 이 십자군 전쟁으로 인해 미국인만 해도 5만 6천 명이 죽고 2십만 명 이상이 부상당했다. 게다가 수천억 달러 이상의 돈을 베트남전에 퍼부었다.[234] 베트남 전쟁이 해를 이어 계속되면서 미국의 정치 지도자들과 미국 정부는 미국 국민과 멀어져갔고, 미국의 국가적 신화는 공허해졌으며, 멀리 떨어진 베트남 전선의 일상화된 폭력은 미국 국내로까지 번졌다. 고도의 군사 기술력이 동원된 인도차이나 전쟁이 길어지면서 인도차이나 반도의 한가운데서 살아가는 주민들은 더 큰 희생을 치러야 했다. 베트남에서만 2백만 이상의 인명이 희생되었고, 조직화된 폭력의 역사에서 그 전례가 없는 고강도의 폭격 때문에 베트남 전역이 파괴되었다. 남부 베트남에서는 열대의 자연 환경이 전쟁으로 인해 오랜 기간 치유 불가능한 수준으로 훼손되었다. 또 농촌이 무차별 파괴되면서 6백만 이상의 난민이 발생했고, 베트남 사회의 바탕 구조도 여지없이 파괴되었다. 또 베트남전이 이웃 캄보디아로 번지면서 캄보디아도 같은 처지가 되었다. 중립적인 성향의 시아누크로부터 미국을 등에 업은 론놀 장군의 군사정권에 이르기까지 캄보디아는 휘청거렸고, 피비린내 나는 크메르 루즈 치하에서 기근과 사회적 혼란에 빠진 캄보디아는 마침내 베트남에 의해 점령되기까지 했다.

베트남 전쟁을 보면 뚜렷한 질문이 제기된다. 눈에 보이는 이익도 없고 검증 불가능한 모든 신학 문제처럼 신념 말고는 개입의 주된 명분도 찾을 수 없는 상황에서, 그토록 멀리 떨어진 작은 나라에서 벌어진 엄청나게 비싸고 파괴적인 전쟁에 미국이 왜 참여해야만 했는가? 이 질문을 던지고 또 이에 답하다보면 연관된 질문과 대답들이 이어지고, 결국 우리는 이데올로기가 가공할 힘과 결합될 경우 얼마나 많은 희생을 요구하고 얼마나 많은 비용을 지불하게 만들고 또 얼마나 큰 고통을 안겨주는지를 알 수 있게 된다. 미국인들이 미국을 지배하는 외교정책 이데올로기의 잘못된 전제들과 그 엄청난 대가에 대해 숙고하기 시작한 것도 미국이 베트남 전쟁의 폐허에서 빠져나오면서부터였다.

미국 외교정책의 이데올로기는 전통적 강대국 정치의 전제나 관습과도 어긋난 것이었다. 월터 리프먼이 지적한 바와 같이 "외교의 역사는 정치적으로 서로 친밀하지도 않고 국제사회의 공동 목표에 공감하지도 않는 라이벌 강대국간의 관계사"[235)]일 뿐이다. 그런데도 미국은 국가들간의 친밀성과 우애를 국제정치의 정상 상태로 보았으며, 미국의 기대와 어긋난 방식으로 힘을 행사하고 이익을 추구하는 나라를 사악한 의도를 가진 나라로만 치부해왔다. 미국이 전통적인 강대국간 세력 경쟁을 이처럼 혐오하는 배경에는 강대국 정치의 핵심 개념인 '세력권(spheres of influence)'에 대한 미국 특유의 적대감이 있었다. '세력권'이라는 개념은 오랜 세월에 걸친 안보적 사고의 산물이지만, 미국의 거의 모든 역대 지도자들은 세력권 개념이 자유와 민족 자결의 원칙을 모욕하는 불법적인 개념이라고 비난해왔다.

그런데 세계정치의 기존 세력권을 허무는 일에 매진하면 할수록 미국이 미국 자신의 세력권을 창출하는 아이러니컬한 현상이 벌어졌다. 그래서 의심의 눈초리를 보내는 세계를 향해 미국은 중앙아메리카 및 카리브 해와 태평양 국가들에 대해 우호적 의도를 갖고 사심 없이 대우하고 있으며, 이것은 과거의 세력권 개념과는 분명히 다르다고 반복해서 설명해왔다. 다른 강대국에게 세력권은 약탈과 억압의 대상일 뿐이었지만 미국에게는 보호와 인도의 대상이라는 주장이다.

다른 나라의 세력권은 부정하면서도 자신의 세력권은 따로 만드는 이런 입장 때문에 타국의 눈에 미국은 계몽적이고 평화 애호적인 나라가 아니라 위선적이고 뻔뻔한 나라로 비치게 되었다. 또 이런 이중적 입장 때문에 미국이 국제적 오해와 갈등을 불러온 것도 놀라운 일이 아니다. 1930년대 동북아시아를 둘러싼 일본과의 충돌, 2차 세계대전 종전 무렵 동유럽을 둘러싼 소련과의 갈등, 한국전 당시인 1950년 말 북한을 둘러싸고 일어난 중국과의 충돌은 국제정치의 상수인 세력권에 대한 미국의 집요한 거부가 상대방의 저항만 배가시키고 더 예측 불가능하게 만든다는 것을 극적으로 보여준 사례들이다.

또 미국 외교정책의 이데올로기는 미국의 이해 범위를 초월한 혁명적 변화의 성격과 효력에 대해서도 나름대로 규정해왔다. 즉,

미국 자신이 경험한 온건하고도 입헌적인 절차적 기준에 부합하지 않는 모든 혁명에 대해서는 적개심을 보여왔고, 세월이 갈수록 그런 혁명에 대한 미국의 적극적 개입 빈도도 증가해왔다. 베트남 전쟁에 대한 미국의 개입은 거슬러 올라가면 18세기 말에 시작된 미국식 패턴(프랑스 대혁명에 대해 미국 연방정부가 부정적 태도를 취한 것을 뜻한다―옮긴이)을 반영했는데, 이 패턴은 20세기의 양대 혁명인 러시아 혁명과 중국 혁명에 대한 미국의 대응에서 확인된 바 있으며, 근래에는 니카라과, 엘살바도르, 이란에 대한 미국의 정책에서도 나타난 바 있다.

혁명에 대한 미국의 부적응은 20세기에 들어 더 심해졌다. 근대의 극적인 사회혁명들은 농업경제 하에서 상업화와 토지 소유권을 둘러싸고 일어났지만 미국은 농업경제를 경험하지 못한 나라다. 그래서 미국 지도자들은 혁명 대신 발전정책을 내세웠지만, 이는 프로크루스테스의 침대(Procrustes's bed)처럼 다양한 세계를 미국의 경험에 끼워 맞추는 미국 중심적인 노력일 뿐이었다. 미국의 지도자들은 미국의 발전 방식과는 유사성이 거의 없는 나라들에서조차도 전통사회가 현대사회로 넘어가게 만드는 깔끔하고도 정연한 발전 경로가 있으리라고 믿었다. 게다가 세계 각지에서 발생하는 무질서의 배후에 소련과 국제공산주의의 음모가 있음을 알게 되면서 혁명에 대한 미국의 오래 묵은 알레르기는 더 심해졌다. 이처럼 급진적인 혁명의 사회적 원인과 역사적 정통성을 부정하는 바람에 인기도 없고 때때로 억압적이기도 한 정권(중국 국민당 정부를 뜻함―옮긴이)을 편들어야 했고, 세계를 휩쓴 민족주의적 열망을 거슬렀으며(베트남에서처럼), 혁명 분쇄 시도(1961년 미국이 주도한 쿠바 픽스만 침공 사건—옮긴이)들이 실패할 때마다 좌절감과 모욕감을 맛봐야 했다.

이처럼 실패를 겪고 나서도 혁명에 대한 경직되고도 반사적인 태도를 고치지 못하는 바람에 상황은 계속 악화되기만 했다. 미국 정부는 미국의 적대감을 누그러뜨리고 미국과의 대결 상황을 길게 끌고 싶지 않은 신흥 혁명 정권들이 보내는 유화 제스처를 무시했고, 이런 미국의 태도를 보고 혁명에 대한 미국의 적개심을 도저히 누그러뜨릴 수 없다고 확신한 혁명 지도자들은 발길을 돌려 반미적 국제정치 세력권 내에서 지지 세력을 찾게 된 것이다. 1949년에 미국으로부터 단호하게 거부당한 모택동의 중국이 소련 측으로 기울어진 것은 미국 외교에서 흔히 있는 이런 일로 인해 미국이 전략적으로 치러야 하는 대가가 어떤 것인지를 극적으로 보여준 사례다. 역설적인 말이지만 미국의 반혁명적 개입이 성공한 것처럼 보이는 경우에도 실질적으로는 실패다. 왜냐하면 반혁명 개입이 성공할 때마다 혁명을 꿈꾸는 지도자들은 미국이 자신의 혁명 전략에 확고한 적개심을 보일 것을 예상하고 대비해야겠다는 메시지를 받기 때문이다. 쿠바의 피델 카스트로 같은 지도자가 애초보다 더 확고하고도 더 강력한 미국의 적이 된 것, 또 카스트로가 과거 경험상 미국이 지원할 것으로 예상되는 반혁명 세력들을 무력화시키려고 대중적, 군사적, 국제적 지원을 동원하는 데 혈안이 된 것은 바로 그래서다.

설사 좌파 혁명을 성공리에 봉쇄했다 해도 결과적으로 시한폭탄만 설치한 꼴이 된다. 미국의 총애를 받은 억압적 우파 정권들은 심각한 사회 경제 문제들을 무시하거나 더 악화시켰고, 이 바람에 기존 질서에 대한 불만뿐만 아니라 이 질서를 만들고 유지하는 데 연루된 미국에 대한 저항까지 터져 나올 여건이 조성된 것이다. 니카라과, 쿠바, 소말리아, 남베트남, 이란 등은 모두 반혁명적 개입에서 일시 승리했다가 더 심각한 패배를 미국이 자초한 경우다. 니카라과의 소모사 가문과 50년, 쿠바의 바티스타 정권과 25년, 베트남의 고딘디엠 정권과 10년, 그리고 이란의 팔레비 왕조와 25년간 지속된 협조 관계는 표면적으로는 각 해당국의 안정에 기여했고 따라서 당장은 효율적인 전략처럼 보였지만, 종국에 미국이 치러야 했던 대가는 상상을 초월한 것이었다. 그리고 이런 방식을 계속 고집하다가 미국이 치러야 할 다른 나라 명의의 청구서들은 점점 더 늘어나게 될 것이다.

미국 외교정책의 이데올로기는 또한 미국인들로 하여금 미국 문화와는 거리가 먼 타문화에 대한 공감의 유대는 고사하고 이해의 끈마저 단절시켜버렸다. 미국 외교 이데올로기의 핵심인 우월의식은 타민족의 삶에 나타난 표면적이고 부정적인 요소들은 과장하고, 타민족의 기예와 성취 그리고 정서에 대한 인식의 폭은 좁혀서 타민족을 대단치 않게 보는 고정 관념을 낳기도 했다. 타문화를 후진적이고도 미국이 마음대로 주무를 수 있는 문화로 비하시킴으로써 이 고정관념은 미국이 다른 나라의 정치적 경제적 발전을 유도하고 지도할 수 있다는 기대 심리를 미국인들에게 고취했다. 그래서 이런 시도가 현지의 완강한 반대에 부딪힐 때 미국인들이 좌절감이나 분한 느낌을 갖는 것도 무리는 아니고, 극단적으로는 보통 때라면 생각할 수 없는 강제적, 폭력적 수단까지 포함하는 비인도적 사고에 빠질 가능성마저 있다. 흑인 및 아메리카 인디언과의 관계 설정

과정에서 최초로 그 모습을 완전히 드러낸 이런 패턴은 계속 이어져 내려와 '제3세계'에 속하는 국민들에 대한 미국의 행동방식까지 지배해온 것이다.

마음대로 조작할 수 있는 단순한 대상으로 세계를 바라보는 미국 특유의 성향을 더 강화시킨 것은 지정학적 사고다. 지정학적 사고는 지구를 깔끔하게 구획 정리된 장기판으로 보고, 힘센 말과 적절한 전략을 가진 자가 판을 휘어잡을 수 있다고 본다. 그러나 세계는 복잡하고 또 변화도 느린 법이라서 미국의 뜻과 방식을 강요하려는 노력은 저항에 부딪혔다. 그래서 실제로는 장기판의 어떤 칸도 서로 같지 않다는 사실, 때때로는 졸도 자신만의 방식과 삶을 고집한다는 거북한 사실, 그리고 어떤 장기 시합도 정확하게 두 편으로 갈라져 진행되지 않는다는 사실을 발견했을 때 장기판의 주인이 느끼는 당혹감을 지금의 미국은 이미 겪고 있는 것이다.

이념적 구조 때문에 발생한, 또 미국인들의 고정관념 속에 투사된 미국의 이 모든 불행한 경향을 보여주는 가장 풍부한 사례가 베트남 전쟁의 경험이다. 미국인들은 일상적으로 베트남인들을 바보(gook)라고 불렀다. 마치 옛날에 미국인들이 말 잘 안 듣는 인종을 '니거(nigger)'로 부른 것처럼 말이다. 베트남인을 우습게 보는 이런 의식 때문에 미국은 비전투원인 민간인들을 학살했고, 대규모 화력과 제초제를 무차별로 사용함으로써 베트남의 토양을 못 쓰게 만들었다. 미국은 베트남의 국가 발전 방식도 미국의 경험에 맞추어 기획했고, 베트남 국민에게 싸우는 법과 정치를 가르쳤으며, 필요하다면 미국이 직접 베트남인들을 위해 대신 싸워주고 또 통치했다. 공산주의를 봉쇄하고, 후진적인 베트남 민족을 구원하고, 시대에 뒤떨어진 베트남 문화를 되살리기 위해 미국이 스스로 떠맡은 이 십자군 전쟁 때문에 베트남이 치러야 했던 대가는 전쟁이 남긴 폐허와 혼란과 예속이었다. 미국의 '베트남 어드벤처'에서 분명히 드러난 베트남인에 대한 경멸과 가부장적 태도를 보면 타민족과 타국가를 야만에서 문명으로, 그리고 전통에서 근대로 올라가는 위계질서에 따라 배열하는 문화 종속적이고 인종 중심적인 세계관이 지금까지 그 영향력을 발휘하고 있음을 알 수 있다. 이 세계관 때문에 미국인들은 대충 유럽인처럼 생긴 데다가 검은 얼굴과 턱수염을 지닌 일부다처주의의 이슬람 광신도들과 갈등 관계에 있는 미래지향적 이스라엘인에게 호감을 갖는 것이다. 또 이 세계관 때문에 미국인들은 이제 막 '원시적'인 부족 사회를 벗어난 남아프리카공화국의 흑인 하층민보다는 남아프리카공화국의 문명화된 백인사회에 더 공감하게 되는 것이다. 미국이 소련 치하의 동유럽에서 일어나는 억압 행위에 대해서는 분개하면서도 짙은 피부색과 독특한 관습을 가진 아메리카 대륙의 원주민들이 지금까지 겪고 있는 고난에 대해서는 아직 발견되지 않은 먼 행성에서 일어나는 일처럼 관심을 두지 않는 것도 같은 이유 때문이다.[236]

    세력권 개념을 거부하고, 사회 혁명에 반대하고, 미국 문화와 근본적으로 상이한 타문화를 존중하지 않는 이런 습성 때문에 다른 나라들만 희생된 것이 아니다. 미국 스스로도 그 대가를 치렀다. 미국 국내 개혁 운동의 붕괴가 그 대가의 일부다. 한정된 국내 자원과 정신 에너지를 확보하는 미국 국내의 경쟁에서는 더 질서 있고 더 자유롭고 더 안전한 세계를 보장한다면서 미국의 세계적 위대성을 내세우는 세계 지향적 인사들이 국내 지향적 인사들에 대해 계속 승리를 거두었다. 실제로 20세기 초 미국을 휩쓴 혁신주의는 정치적 비전, 국민운동, 정치인들의 강령이었지만 미국이 1차 세계대전에 참전하자마자 급격히 퇴조해버렸다. 또 1930년 후반 국제 위기에 대한 관심이 증대하자 안 그래도 뒤뚱거리던 프랭클린 루즈벨트 행정부의 뉴딜정책은 그 수명을 다했고, '뉴딜 운동' 대신 '승전 운동'이 그 자리를 차지했다. 1964년에 시작된 존슨 대통령의 사회개혁 프로그램 '위대한 사회'도 변화에 대한 미국 사회의 당면 요구를 해소하려는 것이었지만 결국 베트남 전쟁에 그 재원을 강탈당했고, 개혁을 국민적 관심사로 지속시키는 데 필요한 국민과 의회의 지지 또한 잠식당했다.

이런 경험에서 얻어야 할 교훈은 명백하다. 적극적인 외교정책은 세계가 미국에게 대놓고 요구하는 바에 지나치게 충실한 나머지 미국의 국내적 혁신 역량을 감퇴시킨다는 것이다. 이런 외교정책 때문에 급격한 기술, 경제, 사회 발전 때문에 야기되는 공적 이슈로부터 관심이 멀어지게 되고, 또 이런 외교정책이 건강, 교육, 환경, 예술 등 각 분야에서 삶의 질을 개선하는 데 필요한 재원을 앗아간다. 1980년대 중반 미국 연방정부의 예산 가운데 절반 이상은 과거, 현재, 미래의 군사작전과 국제 프로그램에 관련된 것이다. 이 숫자에서 보듯이 미국의 위대성을 추구하는 일은 미국 국내 문제를 조율하는 능력을 훼손하는 일이며, 그 비용의 분담 방식도 사회적으로는 불평등하고 정치적으로는 무책임한 것이다. 비교적 풍요한 생활을 누리는 정책 결정자들이 자신의 이념적 비전을 구현하려고 국가 재원을 빼돌려서 해외로 반출하는 경우에 손해를 입는 쪽은 그들보다 덜 안락한 삶을 사는 농민과 미래 세대들이기 때문이다. 외교정책은 결코 국내적 부를 마음대로 재분배하는 일이 아니다. 또 외교정책 결정자들이 자신들이 지불해야 할 당장의 비용을 아끼기 위해 미래의 납세자들에게 그 청구서를 떠넘기는 일도 용납되어서는 안 된다. "현 세대의 채무는 반드시 현 세대가 끝나기 전에 갚아야 한다. 이것이 모든 세대의 의무다"라면서, "이 원칙만 지키면 지구상에서 일어나는 전쟁을 절반으로 줄일 수 있다"[237)고 신랄하게 덧붙인 토머스 제퍼슨의 경구를 우리는 기억해야 한다.

외교정책이 이데올로기에 억매인 바람에 미국의 전통으로 확립된 정치 경제적 이상들이 어떤 손해를 입었는지도 한번 따져봐야 한다. 즉, 자유를 위해 몸 바친다는 미국의 외교정책이 미국 국내에서는 오히려 자유의 원칙에 어긋난 상황 조성에 기여한 것이다. 미국이 해외에서 십자군식 전쟁을 할 때마다 국내적 부산물로 생성된 불관용과 억압의 분위기는 이런 해악의 일부를 가늠케 한다. 1차 세계대전 당시에는 반전론자들을 억압하고 독일인들을 박해하던 분위기는 전후까지 지속되었으며, 2차 세계대전 중에는 미국 국내의 일본인들을 강제로 집단 수용하는 위헌적 조치들을 취하기도 했다. 냉전과 한국 전쟁의 와중에서 맥카시즘으로 알려진 마녀 사냥식 반공주의가 태동했다. 또 베트남 전쟁은 닉슨 행정부로 하여금 어떤 공세도 막아낼 수 있다는 '난공불락 멘탈리티'를 갖게 만들었고, 이 때문에 닉슨은 위법적 행위와 권력 남용을 일삼다가 결국 워터게이트 사건까지 저지르게 되었다.

미국 외교정책이 미국 국내의 자유를 더욱 훼손하게 된 것은, 국가권력이 행정부에 집중되는 현상 즉, '제왕적 대통령'(이 표현은 한때 행정부의 강력한 권한행사를 지지하던 인사가 후일 스스로 인정한 표현이다)[238]에게 권력이 집중되는 경향을 미국 외교가 부채질했기 때문이다. 20세기 내내 미국의 외교 문제는 행정부가 마음대로 사용할 수 있는 재정 자원을 늘리고 전문가 집단과 행정부의 재량권만 강화시켜왔다. 의회는 행정부의 그늘에 가려졌고, 일반 대중은 외교의 내막에 대해 모르게 되었으며, 국가안보 숭배가 판치게 되었다. 이런 추세는 미국 헌법에 규정된 견제와 균형의 원리를 침해했으며, 정보의 유통을 차단했고, 지적인 토론을 방해했으며, 유권자에 대한 정책 결정자들의 책임 의식을 감퇴시켰다. 이 모든 현상은 민주주의 정치체제의 작동에 대한 심대한 타격이었다.

    정치적 자유만 훼손당한 것이 아니라 경제적 자유 또한 그에 못지않은 타격을 받았다. 미국이 20세기에 들어 행한 외교적 약속, 특히 그 약속을 이행하는 과정에서 뛰어든 네 번의 큰 전쟁을 거치면서 미 연방정부가 과세권자, 예산 집행권자, 그리고 규제권자로서 미국 경제에서 차지하는 비중이 극적으로 증대했다. 시장경제론자들의 주장에 따르면 이렇게 중앙 집중화된 경제권력 때문에 (주로 연방 재정의 막대한 적자로 나타난) 무책임한 재정 운용, 왜곡된 산업 발전, 그리고 경제성장 둔화 현상이 야기되었다. 국가안보 프로그램이 미국 경제를 군사적 수요에 부응하게끔 유도함으로써 미국 경제의 생산성과 경쟁력을 저해했다는 증거들이 날로 늘어나고 있다. 안 그래도 대규모 국방예산은 강력한 인플레를 유발하는 경향이 있는데, 사실상 총비용에 이윤을 가산하는 방식으로 가격을 결정하는 미국의 군수조달 방식은 인플레를 더더욱 부추긴다. 이런 방식 하에서 군수업자들은 비용 절감의 필요성을 느끼지 못해 희귀 원자재의 입찰 가격도 마음 놓고 올리게 되는데, 그 결과가 경제 전반에 미치게 된다는 말이다. 더구나 막대한 연구개발비를 포함한 대규모 국방예산은 과학기술 연구기금과 연구 인력을 급박하고도 명백한 필요성이 있는 민수용 기술 연구 프로젝트보다는 군사기술 및 우주항공 분야에 편중시킨다는 확실한 연구 결과도 나와 있다.[239]

이런 문제점은 시장경제론자뿐만 아니라 군사전략가들의 입장에서도 반갑지 않다. 오늘날 국가안보라는 미명 하에 미국 경제의 건전성을 저해하는 이런 상황은 미래의 미국이 국가안보를 위해 요구하게 될 재화와 용역의 확보 가능성을 어쩌면 심각하게 제약할지도 모른다. 특히 2차 세계대전 종전 당시만 해도 세계를 호령하던 미국 경제가 극적으로 추락한 1980년대의 시점에서 전망은 더 어둡다. 달러 보유고뿐만 아니라 재화와 용역 부문에서 미국이 차지하는 비중이 하락하면서 군사전략가들도 이제는 세계경제에 대한 미국의 영향력이 크게 감소했다는 사실을 인정할 수밖에 없다.[240]

20세기 미국의 정책 결정자들은 적극적인 외교정책이 정치 경제적으로 어떤 대가를 요구하게 될지를 예견하는 능력이 턱없이 부족했다. 이 점에서 보면 그들 또한 자신의 무지와 아전인수식 사고방식의 희생자다. 국내문제에 대한 외교정책의 복잡한 영향력에 대한 통제는 고사하고 예측조차 어렵다는 것은 그들도 어찌할 수 없는 현실이었다. 미국의 지도자들은 또한 적극적 외교정책의 대가가 분명해졌을 때도 거기에 대해 놀라울 만큼 둔감했으며, 심지어 그들 중 일부는 고의적으로 무관심했다. 미국 외교정책의 강력한 이데올로기를 신봉하는 그들은 미국 외교의 소중한 원칙만 지킨다면 그 대가가 어떻든 상관없다는 신념으로 계속 버텨온 것이다.

군사력 위주 정책의 병폐에 대해 미국 정책 결정자들은 정형화된 무관심을 보여왔지만, 근래 수십 년간 그 뚜렷한 예외가 하나 있기는 하다. 아이젠하워 대통령과 백만장자들로 구성된 그의 내각이 그 예외다. 재정적으로 보수주의자들인 그들은 오랫동안 막대한 군사비의 계속 지출이 초래할 재정 불균형은 과도한 과세 아니면 인플레이션을 유발할 적자 지출로 귀결될 것이라고 우려했다. 이 둘 중 어느 것도 경제 성장과 경제의 효율성을 해칠 것이며, 장기적 국가안보의 바탕인 경제력을 훼손할 것이기 때문이다. 그래서 아이젠하워는 국방력 증진 요구와 그 요구로 인한 시장 압력 요인을 감소시키기 위해 비 재래식 군사력(핵무기와 비밀 작전)에 대한 의존도를 크게 높이는 방향으로 국방정책을 수정했다. 아이젠하워의 신념은 확고했다. 그래서 그는 1961년 대통령 퇴임사에서 국방예산을 먹고 사는 '거대한 군사 집단과 거대 군수산업체들'의 영향력을 우려하는 경고 메시지를 보내기도 했다. 아이젠하워는 이 군산복합체야말로 자유와 민주주의에 대한 잠재적 위협임을 간파한 것이다.[241]

그러나 1945년부터 1968년까지 미국의 냉전적 외교정책을 맡은 민주당 대통령들은 방만한 재정을 운용했으며, 공화당의 아이젠하워 대통령이 재임한 1953년부터 8년간만 미국정부 재정은 신중히 운용되는 대조를 보였다. 예컨대 해리 트루먼 대통령은 1950년에 국방비를 세 배나 늘였는데,[242] 트루먼의 보좌관들은 그것이 긍정적인 경제적 효과를 가질 것이라고 장담했다. 1961년 초에 취임한 케네디의 "어떤 비용을 지불하고, 어떤 짐을 떠맡더라도" 식의 웅변은 그의 전임자인 공화당의 아이젠하워 시대의 신중론은 끝났음을 선포한 것이며 재래식 무기와 전략 핵무기 모두 크게 증강시킬 것임을 예고한 것이었다. 또 린든 존슨 대통령은 그가 진정으로 사랑한 사회개혁 프로그램인 '위대한 사회'와 '개 같은' 베트남 전쟁을 둘 다 감당할 수 있을 만큼 미국 경제가 강하다고 오판하는 잘못을 저질렀다.[243] 그 결과 존슨은 그의 사랑도 잃었고 한없이 들어가는 전비를 조달하기 위해 인플레이션과 적자 지출에 기대야만 했다.

특정 외교정책에 소요될 비용을 결정할 최종 심판자는 민주주의 체제 하에서는 대중이다. 그러나 일반 대중은 심판자의 역할을 떠맡기에 여러모로 부족하다. 국제문제에 대한 미국 일반 대중의 무지는 오랫동안 여론 조사 결과로도 나타났다. 이런 예는 대단히 많은데 좋은 예가 하나 있다. 미국과 소련의 전략핵무기 제한 회담(SALT)이 개시된 지 십 년 가까이 지나서 양국간에 전략무기 제한 협정이 두 개나 체결된 시점인 1978년에 실시한 여론조사에 따르면 미국 국민 가운데 이 회담의 양 당사국을 제대로 알고 있는 사람의 비율은 34퍼센트에 불과했다.[244] 이 조사는 미국 국민들 다수가 외교 문제에 무지할 뿐만 아니라, 애매한 외교정책을 용납하지도 않고, 복잡한 외교 현안에 대한 복합적이고 장기적인 해결 방식도 잘 견디지 못하며, 예상치 못한 심각한 난관에 부딪친 미국의 주요 외교 과제를 해결하는 방법에 대해서도 심각하게 분열되어 있다는 것을 보여주었다.

바로 이런 대중의 특성 때문에, 그리고 미국 국민 다수가 골수 고립주의자라는 의구심 때문에 미국 외교정책 결정자들은 일반 대중을 정책 결정과정의 진정한 파트너로 삼기를 꺼려왔고, 공개적이고 활성화된 토론을 감행하는 모험도 회피해왔다. 2차 세계대전 직후 미국 외교의 유력 인사들이 일반 대중에 대해 갖고 있던 불신감을 트루먼 대통령의 국무장관 딘 애치슨은 비교적 솔직하게 드러내면서 "당신네들이 진짜 민주주의 국가라서 국민이 원하는 대로만 한다면 언제나 일은 꼬이게 될 것이다"[245]라고 말한 바 있다. 그래서 미국의 정책 결정자들은 미국 국민이 세계정세에 관한 정부의 설명을 액면 그대로 받아들이는 경향을 활용했으며, 미국 국민의 고립주의 정서를 부추길 정보나 정책 결정자들의 안보 구상을 실현하는 데 필수적인 자원의 확보 가능성을 줄일 정보는 감추는 방법을 더 즐겨 써온 것이다.

그러나 이런 방식은 일반 대중이 특정 외교 문제에 대해 초기에 스스로 책임지고 정황을 제대로 판단할 기회를 원천적으로 박탈하게 된다. 사실상 우방을 지원하거나 적을 물리치기 위한 미국의 행동은 초기에는 즉각적인 대중적 지지를 얻게 되고, 눈에 보이는 진전이 꾸준히 계속되기만 하면 지지도 계속된다. 그러나 어떤 현안도, 심지어 미국에게 사활이 걸린 중요한 현안까지도, 예상치 못한 인명과 재산의 손실을 가져오게 되면 대중은 그 정책뿐만 아니라 정책 지도자들까지 비난하게 된다. 미국의 해외 원정에 대해 미국 일반 대중이 비록 거칠고 뒤늦긴 하지만 비판적인 평가를 내리는 능력을 극적으로 명백히 보여준 것이 한국 전쟁과 베트남 전쟁이다(필리핀 정복, 1차 세계대전 참전에 대한 미국 국민의 반응도 같은 경우다). 한국 전쟁과 베트남 전쟁은 겉보기에는 확고한 '외교정책에 관한 합의'가 전쟁에 따르는 희생이 대중의 예상을 넘어서는 순간 얼마나 재빨리 무너지는지를 보여주었다. 한국 전쟁이 3년씩이나 지지부진하자 사상자들의 소식만 우울하게 전하는 한국 전쟁에 대한 미국 국민의 반감은 급증했다. 한국 전쟁보다 더 끌고 더 값비싼 대가를 치러야 했던 베트남 전쟁의 경우에 환멸은 더 컸다. 두 경우 모두 미국 국민들은 정부가 국민의 신임을 저버렸다는 결론을 내리고 전쟁에 대한 지지를 거둔 것이다.

지도자가 이미 틀어져버린 외교정책에 계속 집착하면 대중은 실망하는 데 그치지 않고 그 정책을 무력화시키거나 그 기획자를 자리에서 몰아낼 채비를 하게 된다. 또 지도자에 대한 신뢰의 위기가 시간을 오래 끌면, 지속적이고 일관성 있는 민주 외교의 근간이 되는 기초적 합의마저 붕괴된다. 극단적인 경우 대중의 반발은 정치적 선동, 신랄한 비난, 격렬한 저항으로 나타나게 되고, 또 이에 대한 정부의 억압을 유발함으로써 정치체제의 정통성마저 도전 받게 된다. 대중의 반발, 그리고 반발에 이은 이탈 현상은 1차 세계대전의 와중에서, 또 19세기에 있었던 멕시코와의 전쟁이나 스페인과의 전쟁뿐만 아니라, 한국 전쟁과 베트남 전쟁 중에도 명백하게 나타났다. 예컨대 베트남 전쟁은 닉슨 대통령의 워터게이트 추문과 합쳐져서 미국 정부에 대한 미국 국민의 신뢰를 뿌리부터 갉아먹었고, 기존의 냉전정책과 연관된 해외 개입정책에 대한 지지, 특히 영향력이 큰 지식 계층의 개입정책 지지 열기를 결정적으로 감퇴시켰다.[246]

비록 외교에 무지하고 변덕스러운 존재로 폄하되고는 있지만, 미국의 일반 대중은 미국 외교정책 이데올로기의 과도한 전횡에 제동을 걸 브레이크로 인정받고 또 존중받아야 마땅하다. 의욕은 지나치고 크지만 솔직하지는 못한 지도자들이 보기에 일반 대중은 정책 결정을 복잡하게 만들고 정책의 위험 부담만 가중시키는 존재이지만, 대중은 정책을 평가하는 데 있어서 또 통제를 벗어난 정책을 견제하는 데 있어서 상식적이고도 가치 있는 역량을 보여왔다. 미국 연방의회가 평시에 외교에 관한 헌법적 권한 일부를, 전시에는 사실상 외교 권한 모두를 행정부에 양도해버린 현실에서 대중의 이런 역할은 더더욱 필수불가결해졌다. 또한 대중의 역할은 민주주의에 완벽히 부합하는 것이다. 왜냐하면 월터 리프먼의 말처럼 "외교정책의 결과에 국민의 생명과 재산 그리고 명예가 달려 있기 때문에, 자유로운 국민이라면 그 절박성이 명백하지도 않은 목적을 위해 피땀 흘리며 싸우라는 요구를 받아들여서는 안 되는"247) 것이기 때문이다. 그래서 정책 결정자들은 여론에 신경을 더 쓸 필요가 있으며, 대중이 개입할 기회를 원천 차단하거나 대중을 외교 문제로부터 소외시키려는 시도보다는 대중에게 더 충분한 정보를 제공하기 위해 애써야만 한다.

   냉전정책에 소요되는 비용에 대한 관심이 증가하기 시작한 1960년대 말부터 미국 외교는 한동안 모종의 실험을 시작한다. 당시 백악관의 닉슨 대통령은 1950년대 아이젠하워 대통령의 부통령 시절에 학습한 내용, 또 국제문제에 관심을 쏟던 1960년대 야인 시절에 학습한 내용들을 곱씹고 있었다. 그는 미국의 힘에도 한계가 있다는 아이젠하워의 견해를 수긍하게 되었고, 세계가 전에 생각했던 것보다는 더 유동적이며 덜 위협적이라고 믿게 되었다. 한때는 전형적인 냉전적 투사였던 닉슨은 이제 보편적 자유와 공산주의의 종말을 겨냥한 십자군 전쟁보다는 중국 및 소련과의 관계 안정을 최우선시하는 세력균형 정책을 추구하기 시작했다. 미국은 중국과 소련을 더 이상 이념적 위협, 악의 화신, 혁명의 돌연변이가 아니라 정당한 국제정치적 이익을 보유한 강대국으로 대우해야 했다. 이에 따라 미국 외교의 책무도 보다 유연해져서 이제는 상호 타협과 양보가 가능한 상호 이익의 영역들이 어떤 것인지를 찾아내는 일이 그 책무가 되었다.

대통령에 당선된 닉슨은 헨리 키신저를 안보 보좌관에 임명함으로써 파산한 냉전 정책을 뛰어넘으려는 의지를 강력히 했다. 키신저의 우상은 우드로 윌슨이나 해리 트루먼처럼 이념 구현에 애쓴 사람들이 아니라 힘과 위세를 이용해서 세계를 균형 상태로 유지하려고만 애썼던 19세기 오스트리아의 메테르니히와 독일의 비스마르크였다. 키신저는 유럽식 국제정치 모델에서 끌어온 현실주의의 언어를 사용함으로써 닉슨의 정책 성향에 살을 붙여 실행할 에너지와 지성을 겸비한 동업자로서의 입지를 확고히 했다. 또 키신저가 정책 목표를 추진하는 데 있어서 닉슨 못지않게 은밀한 술수를 부린다는 사실도 곧 밝혀졌다.

이 두 사람에게 가장 급박한 현안은 이미 존슨 대통령을 파멸시켰고 닉슨까지도 파멸시킬지 모르는 베트남 전쟁을 정리하는 일이었다. 닉슨과 키신저는 북베트남의 하노이 정부와 체면을 구기지 않는 범위 내에서 모종의 타결을 추구했는데, 이는 전임 존슨 대통령부터 재임 말년에 어쩔 수 없이 받아들여야 했던 목표이기도 했다. 베트남 전쟁을 끝낼 비밀 계획이 있다고 닉슨이 공언한 직후인 1973년 1월, 수많은 사망자를 낸 4년간의 베트남 전쟁을 끝내기 위한 최종 합의가 워싱턴과 하노이 간에 체결되었다. 군축 또한 닉슨 행정부의 최우선 현안이었다. 존슨 행정부도 그랬지만 닉슨도 핵무기가 많을수록 국가안보도 증대한다는 환상을 거부했다. 대신 그는 핵 군비 경쟁을 안정화시키고 미국과 소련의 핵 군비 균형을 목표로 삼았다. 1972년의 1단계 전략핵무기제한협정(SALT I)은 이 목표를 향한 중요한 진전이었으며, 두 초강대국간의 정치 경제 문화적 상호 교류를 증대시킨 데탕트 시대의 초석을 놓았다. 그리고 닉슨은 20년간 미국의 중국정책을 지배해온 골수 반공주의를 털어버리고 중국과 대화를 하기로 결심했다. 결국 3년간의 끈질긴 외교적 노력의 결과로 1972년 닉슨 대통령의 극적인 중국 방문이 성사됨으로써 미-중 화해의 전기가 마련되었고, 무엇보다도 전 세계의 세력 판도에서 미국의 전략적 지위는 더 향상되었다.

그러나 닉슨-키신저 팀이 오래 묵은 미국적 이데올로기의 충동을 억제하고 '현실주의'에 입각해서 국제정치를 계산하려고 애는 썼지만, 그렇다고 해서 그들 마음 한구석에 있는 전통적인 미국의 감성적 관념을 모두 몰아낸 것은 아니었다. 특히 키신저는 그 자신이 유럽 출신이었지만 미국이 '인류 희망의 구현'이며, 침략과 전체주의라는 악에 맞설 '전 세계 자유민들의 방벽'이며, 국제 공산주의의 위협 속에서 전통으로부터 헤어나지 못하는 '제3세계'를 근대화시킬 주역이며, 거친 혁명가들의 횡포를 막아줄 특별한 역할을 맡은 나라라는 검증되지 않은 전제를 바탕으로 해서 자신의 책무를 수행하려는 것처럼 보였다.[248]

미국의 위신과 신뢰도만은 그대로 유지하려는 닉슨과 키신저의 강박감은 베트남 전쟁의 수렁에서 빠져나오려고 애쓰는 과정에서 뚜렷이 드러났는데, 이 강박감 때문에 그들은 때때로 냉전과 낡은 반공주의를 연상시키는 적나라한 언사들을 다시 꺼내 들기도 했다. "만약… 가장 강력한 국가인 미합중국이 가련하고 무력한 거인처럼 행동한다면 전체주의와 무정부 세력들은 전 세계에 걸쳐 자유 국가들과 자유 제도를 위협하게 될 것이다"라고 베트남 전쟁에 대해 언급한 1970년의 한 연설 대목은 지금도 가끔 인용되고 있으며, 6년 뒤에 키신저는 이 낡은 주제에 장식을 더 보태어 "자유와 인간의 존엄성을 위해 투쟁하는 자들과 함께하지 않는다면 미국은 결코 미국의 유산에 충실할 수 없다"[249]라고 말하기도 했다.

제3세계에 대한 닉슨 행정부의 태도는 한편으로는 무관심하면서도 다른 한편으로는 생색을 내는 미국의 낡은 방식을 답습했다. 워싱턴이 보기에 제3세계는 끊임없는 소요 가운데서 성깔 있는 고집불통의 지도자들이 이끄는 낙후된 민족들의 집합체일 뿐이었고, 따라서 다루기가 절망적으로 힘든 대상으로 인식되었다.

닉슨 행정부는 아프리카에서 공산주의자들이 식민주의와 인종차별 이슈를 활용해서 정권을 잡으려 한다고 우려했다. 닉슨은 한때 독립이 "아프리카나 아프리카인에게 반드시 최선만은 아니다"라고 말한 바 있는데, 이런 생각을 반영이라도 하듯 1969년 미국 국가안보회의의 비밀 보고서는 "민족주의자들이 행사하는 힘은 남부 아프리카에서는 건설적인 변화를 위한 적당한 수단이 아니다"라면서, 포르투갈 치하의 앙골라와 모잠비크 그리고 백인 치하의 로디지아에서 "예측 가능한 가까운 미래에 민족해방운동이 정권을 뒤엎거나 정권에 심각한 위협을 가할 가능성은 없다"고 자신만만하게 예견하기도 했다. 그러나 그 예견은 완전히 빗나갔다.[250]

제3세계의 여타 지역에 대해서도 이런 선입견은 마찬가지였다. 북베트남의 지도자들은 워싱턴이 보기에는 이해할 수 없는 고집불통이었다. 키신저는 화를 참지 못하고 북베트남 지도자들을 "개새끼들, 천박하고 더러운 새끼들"이라고 욕하기도 했다. 닉슨과 키신저 둘 다 북베트남 지도부는 이데올로기적 광신도라고 적어놓기도 했다. 또 칠레에서는 아옌데 정권이 들어섰는데 이 또한 닉슨과 키신저에게는 큰 불만거리였다. 미국 남쪽에 있는 이웃나라들을 '미치광이들'이라고 가차 없이 무시한 바 있는 닉슨은 선거로 뽑힌 아옌데 정권을 몰아내기 위해 비밀공작을 시작했다. 그리고 키신저는 미국의 이런 행동에 명분을 부여하려고 애썼다. 그래서 한 말이 "나는 어떤 나라가 단순히 그 국민들이 무책임하다는 이유만으로 맑시스트 국가가 되도록 놔둬야 하는지 이해할 수 없다. 다양성의 한계를 설정하는 것은 라틴아메리카의 유권자들이 아니라 미국의 지도자들이다"[251]라는 말이었다.

1974년 워터게이트 사건으로 닉슨이 사임하면서 키신저는 이제 제럴드 포드 대통령의 국무장관 자격으로 냉전적 사고와 부분적으로 단절하는 작업을 계속해야 했다. 그래서 그는 멸망해가는 남베트남을 구하기 위해 미국이 무엇인가를 더 희생해야 한다는 주장을 하는 자들에게 미국은 남베트남을 위해 '기념비적 노력'을 이미 다 했다고 받아치기도 했다. 그리고 그는 데탕트 변호에 나섰다. 이미 미국과 소련 양 초강대국은 지구상의 모든 생명을 멸종시킬 군사력을 갖고 있으므로 '냉전을 더욱 협조적인 관계로 전환시키려고 노력'

하는 일과 미국과 소련간의 상호관계가 '사나이들간의 용기 시합'이 안 되도록 해야 한다는 것이었다.[252] 그리고 키신저는 미국이 중국과 새로운 관계를 맺음으로써 얻는 전략적, 경제적 이득도 부각시켰다.

그 이후, 즉 1977년부터 1981년까지는 지미 카터가 냉전적 사고에 대한 거부의 임무를 떠맡게 된다. 카터 대통령은 군축을 계속하고 중국과 관계 개선을 계속하려 했다. 그러나 미국 남부 시골 침례교도의 신앙과 가치관을 지닌 그의 관점은 남부 민주당 출신의 대통령인 우드로 윌슨, 해리 트루먼과 같은 틀을 가진 것이었고, 실제로 카터는 이 두 대통령과 자신을 동일시함으로써 닉슨 및 키신저와 거리를 두기 시작했다.

옛날 제퍼슨이 그랬던 것처럼 이 세계가 미국의 가치를 구현하기에 점점 더 적당한 곳이 되어간다고 확신한 카터는 차분하고도 정의로운 포퓰리즘 외교를 계획하면서 백악관에 입성했다. 그는 "정치적으로 현실 세계는 새롭게 각성하고 있으며", 이 때문에 미국도 "새로운 외교정책 즉, 고상하고도 변함없는 가치관과 낙관적인 역사적 비전에 근거한 외교정책"이 필요하다고 했다. 카터는 자신의 정책이 "인류에 대한 봉사를 위한 것"이며 미국 국민들로 하여금 "미국인임을 자랑스럽게 생각하게" 만들 정책이라고 믿었다. 이 말은 곧 미국의 신망을 훼손시켜온 비밀 작전이나 밀실 거래를 거부하고 인권을 미국 외교의 대의명분으로 내세우겠다는 말이었다. 그는 인권에 대한 자신의 신념은 '절대적'이며 "자의적인 국가권력들로부터 개인을 보호하겠다"고 말했는데, 이 말의 숨은 뜻은 결국 국경에 상관없이 인권문제에 미국이 개입하겠다는 말이었다.

카터는 이러한 미국 외교의 신 노선이 외교정책에 대한 미국 국민의 지지를 회복하기를 바랐고, 또 이 노선으로 인해 미국의 빛바랜 국제적 위신이 회복되고 미국과 전 세계의 도도한 자유 진보 세력들이 유대를 맺게 되기를 희망한 것이다.[253]

그러나 카터 대통령은 이 원대한 외교적 포부를 실현할 준비가 되어 있지 않다는 사실이 곧 드러났다. 목전의 현안에 대한 카터의 생각은 여전히 구태를 답습했고 피상적이며 비체계적이었다. 예를 들어 카터는 이란, 중미, 아프리카 지역의 혁명적 소요 사태를 식민주의 잔재와 소련의 개입 탓으로 돌렸으며, 토착 군부 세력을 지원하거나 미국에 대해 우호적인 기존 세력을 지원하는 방법을 통해 이런 지역들의 안정을 확보하려 했다. 그는 이란에서 이 두 가지 방법을 다 쓰면서도 미국이 이란의 국내 문제에 개입한 적이 없다고 강변하기도 했다. 특히 카터 대통령뿐만 아니라 그 보좌관들까지 전통과 근대라는 원시적 이분법에 따라 사고했기 때문에, 그들이 보기에는 제3세계의 혁명을 승리로 이끈 자들은 이해할 수 없는 '정치 경제적 자살을 결심한' 자들에 불과했다. 카터는 그 중에서도 이란 혁명의 승자로 대두한 호메이니를 보고 가장 질겁했는데, 카리스마를 지닌 이 종교 지도자도 카터에게는 '광인'일 뿐이었다. 또 다른 예로, 중국에 대한 카터의 생각도 어린 시절의 카터에게 깊은 인상을 남긴 열정적 선교사들이나 감동시킬 만한 것이었다. 덩샤오핑과 했던 거래 중에서 카터의 마음에 가장 들었던 일은 아마도 중국인들에게 예배와 성경 읽기의 자유를 허용하도록 한 일일 것이다.[254]

이러한 카터 외교의 문제점을 더 꼬이게 한 것은 국무장관 사이러스 밴스와 백악관 안보보좌관 즈비그뉴 브레진스키의 견해가 사사건건 상충되었다는 사실이다. 밴스는 소련과의 전략 무기 제한회담을 정책 최우선 과제로 보면서 주로 카터의 건설적 본능을 자극했다. 이에 반해 폴란드 태생으로 미국에 건너오기 전부터 뿌리 깊은 반소 적개심을 가진 브레진스키는 소련과의 대결 국면으로 카터를 몰고 가면서, 크렘린의 팽창 전략과 국내적 억압정책에 맞설 자신의 십자군 전쟁에 명분을 주기 위해 민족 자결주의와 인권 문제를 교묘하게 활용했다. 소말리아 사태와 이란의 위기, 그리고 중국 정책을 둘러싼 밴스와 브레진스키의 견해 차이는 두 사람 사이의 골을 더욱 깊게 했고, 카터의 양다리 걸치기도 점점 더 힘들게 되었다. 또 두 사람 사이의 상충되는 견해를 융합하려는 시도 때문에 카터 자신의 관점은 더 애매해졌고 정책은 표류하게 되었으며, 그 결과 대통령의 리더십과 예전의 외교정책적 진실성을 회복하라는 요구가 드세졌다.

1979년, 일련의 사태 속에서 냉전이 다시 시작되었다. 이제 세계는 다시 상호 적대적인 양극체제로 보이게 되었으며, 이에 따라 반공주의도 재 부상할 전기를 맞게 되었다. 이미 군비 증강을 다시 시작한 소련은 아프가니스탄을 침공했고, 소련의 동맹국 베트남은 캄보디아에 대한 통제를 강화하고 있었다. 브레진스키로부터 러시아인의 복잡한 사고방식('강자에게는 약하고 약자에게는 강한 경향')에 관해 강의를 들은 카터는 소련의 이러한 행동에 대해 제2단계 전략핵무기제한협정(SALT II)에 대한 상원의 비준 요청을 포기하고, 국방예산을 증액하는 한편 소련에 대한 곡물 수출 금지 조치를 취하는 방식으로 대응했다.[255] 이제 데탕트와 군축은 물 건너갔다.

이 와중에서 일어난 일련의 혁명들은 후진국 내의 소요 사태와 공산주의자들의 정권 전복 가능성에 대한 오래 묵은 미국의 공포심을 다시 일깨웠다. 미국이 소련의 꼭두각시로 여기는 쿠바 군대가 아프리카의 앙골라 및 에티오피아 좌파 정권의 권력 장악을 지원하려고 개입했고, 미국 가까이에서는 니카라과의 소모사 정권이 혁명으로 붕괴되는가 하면, 이웃한 엘살바도르에서도 니카라과의 소모사 못지않은 폭압 정권에 대한 혁명이 성공할 찰나에 있었다. 그리고 이란에서는 미국의 지원을 받은 또 다른 강자 팔레비 왕이 몰락했다. 이란 혁명은 맑시스트 혁명은 아니었지만, 그 급진성과 열정적 민족주의는 미국 입장에서 좌파 혁명 못지않게 공세적이며 이해 불가능한 것이었다. 그리고 이란 미국 대사관 직원들이 호메이니 혁명 정부의 인질로 잡힌 테헤란 인질 사건은 이후의 모든 혁명에서 혁명 세력의 테러를 상기시키는 하나의 상징이 되었다.[256] 이런 사태 전개 과정 속에서 카터의 불개입주의는 종언을 고했고, 인권 외교는 반공의 기치 아래 함께 모이자는 구호로 변화했다.

이제 미국의 유권자들은 세계에서 미국이 추구하는 바를 선명하고 강력하게, 그리고 친숙한 어조로 제시해줄 사람을 맞을 준비가 되었다. 그리고 이 기대에 적극 호응한 사람이 바로 로널드 레이건이다. 그는 후보 시절에도, 대통령이 된 다음에도 계속해서 미국은 미국의 '숙명과 해후' 해야 한다는 미국인들에게 친숙한 개념을 드높이 찬미했다. 우드로 윌슨의 말처럼 들리기도 하는 이 말은 '이 세계를 다시 개벽시킬' 정도로 위대한 미국을 꿈꾼 토머스 페인의 비전을 다시금 일깨우는 것이었다. 레이건은 미국의 이념적 선조들처럼 미국을 예외적인 나라로 간주했다. 그에게 미국은 '인류사에서 단 하나뿐인 진정한 혁명'(다른 혁명들은 '이 규칙을 저 규칙으로 바꾼 것에 불과' 한 것이다)을 통해 태어난 나라로서, '신의 섭리'에 따라 세계평화와 자유 수호의 책무를 부여 받은 '자유의 섬'이었다. 그리고 이 선의를 가진 도덕적 미국에 맞선 소련은 '근대 이후 세계에서 가장 공격적인 제국'이었다. 레이건은 누차 소련인들을 악으로 규정했는데, 그에게 소련은 '인류가 늪에서 빠져나와 천상의 별자리로 올라가는 긴 여정에서 만난 가장 사악한 제국'이며, '인류가 지난 6천 년간 밝혀온 불빛을 꺼트릴 악한 세력'이며, '현대 세계의 모든 악의 중심'이었다. 레이건은 그의 지적 배경이 윌슨주의임을 드러내기라도 하듯 크렘린은 다른 어떤 '독재 정부', '권력 독점 정부', '전체주의 정부'와 마찬가지로 호전적이며 자유에 대한 적개심에 불타오를 수밖에 없는 정부라고 주장했다.[257]

    레이건의 이런 복고주의가 뚜렷하고도 정치적으로 편리한 과녁으로 삼은 것은 지미 카터였다. 카터는 파나마 운하의 관할권을 파나마에 되돌려준 바 있는데, 레이건은 파나마 운하도 텍사스나 알래스카만큼 미국의 소유라고 주장했다. 또 카터는 '악의 제국'과의 제2단계 전략핵무기제한협정(SALT II)에 서명함으로써 미국의 안보를 소련에 양보한 인물이기도 했다. 또 레이건은 소련과의 데탕트나 중국 정부와의 화해에 노골적인 반감을 가졌는데, 그에게 중국은 '우리 미국 정부와 같은 정부들을 파괴하려는 신념에 바탕을 둔 이데올로기에 집착한 나라'이며 미국을 기만하여 오랜 동맹이며 자유를 사랑하는 대만을 괘씸하게도 버리도록 만든 나라였다. 닉슨의 유산을 전면 부정하기 위해 레이건은 또 미국의 베트남 참전을 숨기고 망각하는 대신 오히려 찬양하고 싶어 했다. 그는 월남전이야말로 '세계 정복을 꿈꾸는 공산주의자들의 계획에 반격을 가한' '고귀한 명분'을 가진 정당한 노력이었다고 말하기까지 했다.[258]

레이건과 그의 정책 팀은 미국의 힘과 위신 회복을 요구하면서, 미국은 자신만만하게 적대적 공산주의자들과 대결해야 한다고 주장했다. 그들은 엄청난 재군비와 경제적 외교적 압력을 통해, 또 전 세계에 걸쳐 '자유의 전사'들을 지원하기 위한 적극 개입을 통해 미국은 현실성도 없고 불안정하며 본질적으로 취약한 공산주의 체제를 붕괴시킬 수 있다고 믿었다. 또 그래서 미국은 러시아와 동유럽을 해방시키고 전 세계에 걸친 직업적 혁명가들의 계획을 좌절시켜 궁극적으로 '맑스-레닌주의를 역사의 잿더미로 만들' 수 있을 것이라고 믿었다.[259] 레이건의 이런 외교정책 비전은 초기의 냉전 전사들이 가졌던 비전과 마찬가지로 뮌헨의 교훈*에서 나온 것이었다. 그리고 이 비전은 베트남 전쟁 패배 이후의 국민적 무력감을 퇴치하기 위해 동원한 미국 만능의 신화, 즉 2차 세계대전 직후의 미국 황금시대에 관한 신화에 의해 더 강화되었다.

대통령으로서 레이건은 닉슨과 카터 시대의 부끄러운 수동 외교, 모욕적인 우유부단 외교, 그리고 어리석을 정도로 쩨쩨한 좀팽이 외교를 탈피하겠다는 그의 선거 공약에 충실했다. 그는 연방 지출을 엄청나게 늘려 대규모 군비 증강을 시작했다(재정적 보수주의자들이 질릴 만큼 재정 적자도 치솟았다). 그는 소련과의 과학기술 교류를 제한하고, 굼뜬 소련의 경제체제가 하이테크 군사 경쟁에서 유리한 자본주의 체제와 경쟁하도록 함으로써 소련에 대한 경제 전

---

* 1938년에 체결된 뮌헨 협정의 교훈을 말한다. 자세한 내용은 32쪽의 각주 참조. —옮긴이

쟁을 시작했다. 그리고 레바논과 그레나다에 미군을 파견하고, 카터가 시작한 엘살바도르 반 혁명세력 지원에 박차를 가하는가 하면, 니카라과의 좌파 정권 전복도 시도했다. 또 미국 국민의 오해와 비판을 차단하기 위해 레이건은 외부인이 정부 일에 기웃거리지 못하게 차단했고, 또 정부 인사들이 바깥에서 함부로 말하는 행위도 금지했다. 베트남 전쟁이 미국 국민에게 인기 없었던 게 언론의 부정적 보도 탓이라고 본 레이건은 군사 작전에 대한 기자들의 접근도 차단시켰다. 또 불만과 의심 덩어리인 학자들이 정부 관리와 정부 기록에 접근하는 일도 더 어렵게 만들었다. 다만, 중국 정책만은 마지못해 근본 수정을 하지 않았는데, 이것은 중국도 소련과 유럽의 군사 경계선과 멀리 떨어진 동쪽 전선에 소련군을 일부 묶어두는 역할을 할 수 있다는 사실을 레이건도 깨달았기 때문이다.

미국이 이처럼 냉전 정책으로 회귀한 것은 강대국간의 역학관계에 대한 닉슨과 키신저의 혁신이 미국 국내 정치에서 제도화되지 못했기 때문이다. 즉, 닉슨과 키신저는 의회와 관료 그리고 국민 대중을 멀찌감치 하면서 따로 놀았는데, 이 바람에 외교적 술책을 부리기는 좋았지만 미국 정치의 저변에 깔린 강력한 반공 기류에 손을 대지는 못했기 때문이다.

그래서 베트남 전쟁이 끝나자마자 혈기왕성한 냉전 투사들은 단체(Committee on Present Danger)를 결성해서 닉슨과 키신저가 남긴 좋은 기회를 활용하기 시작했다. 이에 동조하는 학자들과 저술가들은 베트남에서 미국이 한 일들을 찬양하면서 미국이 베트남에 즉각적이고 적극적인 군사력을 행사했다면 베트남 전쟁도 승리했을 것이라고 우기기 시작했고, 소련의 군비 증강 추세와 좌파 혁명에 대한 경고성 연구 보고서를 내기도 했다. 이 냉전의 전사들은 미국 사회 내부의 오래된 합의가 재건되기를 바랐고, 노먼 포도렛츠의 말을 빌리자면 미국 사회에 '자신감이 가득한 에너지의 물결'을 제공하고 싶어 했다. 1981년 애틀랜틱 카운실이 개시한 '후속 세대 프로젝트'는 당시의 이데올로기적 재활 운동이 겨냥한 광범위하고도 친숙한 주제들이 어떤 것인지 잘 보여준다. 보이스카우트와 19세기형 제국 설계자를 동시에 연상시키는 이름의 애틀랜틱 카운실은 '서구 문명의 천재성'을 찬미했으며, 서구의 시민적 종교적 가치관(실제로는 앵글로색슨의 가치관을 뜻한다)은 전 인류의 보편적 열망을 대변한 것이라고 주장했다. 이들에게는 미국인들이 '이 가치관을 연구하고 전파하는 일은 쇼비니즘에 빠지는 것이 아니라 전 인류 사회의 완성과 만족으로 가는 길의 인도자인 미국의 생명력을 확인하는 것'일 뿐이었다. 그래서 애틀랜틱 카운실은 "만약 미국이 이런 일을 하지 않는다면 인류는 분열할 것이며 인간의 자유와 존엄을 부정하는 세계질서에 항복하는 재앙을 맞게 될 것"이라고 경고하기도 했다.[260]

    미국이 냉전적 사고로 복귀하게 된 또 다른 배경은 미국의 힘과 긍지를 회복하고 싶은 미국 국민의 열망이, 또 유치하지만 마음 편한 옛 진리를 재차 확인하고 싶은 미국 국민의 열망이 1970년대 후반부터 생겨났다는 사실이다. 시간을 끌고 또 미국에 모욕감을 안겨준 1979년 이란 미 대사관 인질 사태는 베트남 전쟁으로 인한 미국 국민의 벌어진 상처에 소금을 뿌린 것과 같았다. 그래서 행복감을 다시 한 번 만끽하고 싶은 미국 국민들은 미국이 전지전능한 힘을 갖고, 선악이 도덕적으로 분명하고, 국민적 단결이 가능했던 과거에 대한 향수에 빠져들었다. 당시 미국 국민이 레이건 팀의 강렬한 민족주의 코드에 동조했다는 사실은 여론 조사 결과가 말해준다. 1981년 중반, 미국 국민 다섯 중 넷은 미국이 세계에서 특별한 역할을 맡고 있다고 했으며, 절반 이상이 미국의 절정기는 아직 오지 않았다고 생각하는 것으로 드러났다. 미국의 국제적 개입에 대한 지지는 상승 추세였고, 미국의 재군비 움직임도 새로운 활력을 얻게 되었다. 그리고 미국 국민 셋 중 둘은 '고립주의'라는 오래 묵은 주제를 더 이상 환영하지 않았다.[261] 미국 국민들은 새로 불붙은 이데올로기가 뿜어내는 불꽃에 취해 있었으며, 적어도 당분간은 이 불꽃놀이의 비용과 그 위험스런 결과를 용서하고 있었다.

★ ★ ★

미국 외교정책 이데올로기에 대한 도전과 거부, 또 현실에 맞게 이데올로기를 수정하려는 시도들이 때때로 있었지만, 미국 외교의 이데올로기는 결코 완전히 뿌리 뽑히지 않았다. 냉전에 소요되는 막대한 비용의 통제 문제에 관한 아이젠하워 대통령의 걱정, 미국, 영국, 소련, 중국 등 4대 강국이 세력 연합을 결성해서 세계 경찰 역할을 하자던 2차 세계대전 직후 프랭클린 루즈벨트 대통령의 제안, 대단히 절제된 시어도어 루즈벨트 대통령의 아시아 정책 등은 모두 미국 외교정책의 근본 충동과 어느 정도 상반된 것이었다. 그러나 이 가운데 어떤 정책도 그 다음 행정부로 계승된 적이 없다. 지금도 미국 외교의 이데올로기는 쉽사리 떨쳐버릴 수 없는 존재다. 이 점은 미국 외교의 이데올로기가 닉슨 행정부에 대해서도 부분적으로는 영향을 끼쳤으며, 카터와 레이건 시대에 들어 곧 다시 부상한 사실을 보면 명백히 드러난다. 오래 묵은 관념의 위력은 이처럼 대단해서 미국을 냉전시대로 복귀시켰으며, 큰 대가를 치른 베트남 전쟁의 기억이나 무서운 핵전쟁의 망령, 그리고 재정 적자와 이에 따른 국내 정책 프로그램의 훼손 가능성에도 아랑곳하지 않고 미국 국민은 그런 정부를 기꺼이 뒤따른 것이다.

이처럼 닉슨 시대만 해도 사라진 듯하던 외교 이념이 다시 대두한 현상은 결코 비정상적인 것이 아니다. 이 현상은 국내정세와 국제정세가 절묘하게 맞아떨어진 탓으로도 어느 정도 설명할 수 있지만, 무엇보다 오랜 세월에 걸쳐 내려온 미국 외교 이데올로기가 미국의 정책 엘리트와 일반 국민에게 행사해온 강력한 구속력을 배제하고 이 현상을 설명할 수는 없다. 복잡하고도 때때로 저항적인 세계를 꾸려가는 과정에서 미국이 직면하는 애로점들의 상당 부분에 대한 책임은 대를 이어 내려오면서 지금까지도 미국의 지적 자산에서 큰 몫을 차지하는 이러한 외교적 태도에 있다. 냉전 정책의 부활이 가져올 결과를 우려하면서 냉전의 부활을 비판하는 자들은 미국 정치문화에 깊숙이 뿌리박은 이 이데올로기의 힘과 그 지속성을 과소평가해왔다. 따라서 이러한 비판가들의 주장대로 개혁적인 외교정책을 집행하려면 그에 수반될 엄청난 어려움과 맞서야 하는데, 이 어려움을 이겨내기 위한 중요한 단계는 바로 미국 외교 이데올로기의 지속성과 생명력을 먼저 인정하는 것이다.

외교정책 이데올로기가 보유한 위력의 상당 부분은—이 이데올로기와 싸우는 개혁가들이 직면하는 어려움도 이와 마찬가지지만—이 이데올로기가 미국 민족주의와 밀접히 연관되어 있다는 사실에서 나온다. 미국 외교의 핵심 이념들은 미국의 목적과 성격이 무엇인가에 대한 일관성 있고 통일된 관념을 분명히 하고 활성화시키려는 장기적 투쟁의 중심을 차지하면서 대두해왔기 때문이다. 이 관점에서 보면 미국 외교의 이념은 민족적, 인종적, 지역적, 종교적으로 다양한 미국을 하나로 묶어두기 위해 고안된 일종의 시민 종교이기도 하다.

미국 민족주의자들의 신념을 구성하는 특정 교의들은 미국 민족주의를 이끈 자발적 지도자들의 입김을 반영하고 있다. 애초부터 선거권 및 공직 피선거권을 가진, 그리고 재산을 소유한 백인 남성 재산 소유자로 국한되어 있으며 사회적으로 협소한 기반을 가진 미국의 엘리트들은 그들 자신의 이미지를 본떠서, 또 그들 자신의 이익에 부합되게끔 미국의 민족적, 국가적 성격을 규정하는 데 성공했다. 즉, 백인은 유색인을 지배하고, 정치체제는 경제성장을 장려하면서 재산을 보장하고, 영국적 가치관이 다양한 여타 민족적 가치관에 우선하는 것이 미국의 특성으로 규정된 것이다. 이런 관념들이 지배하면서 이와 상충하는 관념이나 여기에 따르지 않는 집단들은 미국 사회의 변방으로 내몰렸다. 평등주의적 가치는 교묘하게 중화되었으며, 반복되는 적색 공포 때문에 좌파는 위협받고 고립되었다. 국수적 토착주의 운동은 '바람직하지 못한' 이민자들을 배제하려고 애썼으며, 그래도 남아 있는 외국인들은 공립학교가 나서서 미국인으로 개종시켰다. 또 인디언은 인디언 보호구역으로 내몰았고, 흑인은 온갖 사회적 제약의 족쇄로 속박했다.

세월이 흐르면서 미국 외교정책 이데올로기는 미국 민족주의와 일종의 상호 관계로 들어서게 되었다. 원래 미국 외교의 핵심 관념들은 미국 민족주의의 성장 과정에서 나왔지만, 미국이 부강해지는 가운데 이런 관념이 실제 정책으로 집행되면서 외교 이데올로기가 거꾸로 기존의 미국 민족의식을 정당화하고 굳건하게 만드는 역할을 하게 된 것이다. 20세기 후반기의 미국 외교정책이 바로 이랬다. 세계에 대한 미국의 목소리가 커지고 미국의 국가적 성격을 둘러싼 논쟁이 더 이상 벌어지지 않게 되면서, 미국 외교정책은 미국의 국가적 성격으로 인정된 내용들을 확인하고, 국내의 의견 대립을 덮어버리고, 미국의 덕성과 숙명을 선포하는 일에 봉사하게 된 것이다.

지난 백 년간의 미국 국내정치 추세와 비교해보면 미국 외교가 갖고 있는 민족주의적 기능이 더 두드러지게 나타난다. 원래 분열적 성향을 가진 국내 현안과는 달리, 외교정책은 나라 바깥으로부터 오는 공동의 문제나 위협에 맞서는 과정에서 내부 단결력을 증진시키는 잠재력을 갖고 있다. 또 국내정치는 서로 충돌하는 이익집단 간의 사소하고도 추잡한 싸움에 점점 휘말리게 되는 법이지만, 외교 문제는 국가적 목표를 표현하는 데 어울리는 고상하고도 장엄한 구석을 갖고 있는 법이다. 따라서 통일된 외교정책이야말로 다양한 이익이 충돌하는, 그래서 화가 난 어느 대통령의 말대로 기껏해야 '사탕 나눠주는'[262] 일만 하는 것처럼 보이는 다원적 국내정치를 반대쪽에서 보완해주는 공생관계에 있는 것이다. 더구나 외교정책 이데올로기는 미국처럼 겉보기에 끊임없이 요동치는 사회의 국민에게 국가는 영속적이라는 느낌을 제공해주었고, 미국 국민을 고취시킬 핵심적인 확고 불변의 '아메리카니즘'을 찾아내려고 혈안이 된 국내 민족주의자들을 위한 준거 기준을 꾸준히 제공해왔다. 그렇다면 유권자들의 표심을 끌어 모으면서 그와 동시에 '정치를 초월한' 것처럼 보이고도 싶은 정치인들에게 민족주의적 외교정책이 거부하기 힘든 유혹으로 다가오는 것은 전혀 놀라운 일이 아니다.

미국 외교정책 이데올로기와 미국 민족주의의 공생관계는 유독 미국만의 독특한 현상도 아니고, 따라서 놀라운 현상도 아니다. 한 민족의 자화상은 그 민족에 속한 개인과 사회의 전반적 목표를 설정하게 만드는 방법으로 외교정책의 지적 기초―외교정책을 이끌어갈 기본 전제들과 관심사까지―를 제공하며, 중요한 몇몇 측면에서 외교정책의 구체적 내용까지 결정하게 된다. 한 민족의 자화상은 그 민족이 어떤 민족이며 또 이 세계와 어떤 관계에 있는지를 규정함으로써 사고의 방향을 설정하고 개념의 틀을 설정한다. 그 결과 특정한 방식의 문제 해결 방법이 다른 방식보다 더 명료하고 더 매력적인 것처럼 보이게 되고, 복잡한 국제정치 환경을 처리 가능한 수준으로 단순화시켜 보게 된다. 그래서 이 자화상이야말로 정책 결정에 위협이 되는 두 요소 즉, '우유부단'과 '부동자세'에 대한 필수적인 방어책이 되는 것이다.

외교정책이 민족주의적 관념을 끌어안게 되고 또 이 민족주의 관념을 토대로 세계와 상대하는 경향은 미국만의 현상이 아니다. 이것은 국제관계에서 흔한 현상이며 어쩌면 보편적인 현상일지도 모른다. 19세기 영국이 자국의 제국주의적 소명에 대해 가졌던 믿음과 이 책에서 다룬 미국인들의 믿음은 더 이상의 설명이 필요 없을 정도로 유사하다. 또 일반적으로 미국에 잘 비견되지 않는 나라들도 미국의 민족주의가 동원한 민족적 숙명, 인종적 지위, 혁명적 변화에 관한 민족주의적 견지를 토대로 형성된 정책들을 채택해왔다. 다시 말해 독일의 국가사회주의자들 즉, 나치는 인종적 순수성의 훼손과 공산주의 혁명의 위험성을 우려하는 가운데 독일 민족의 특별한 숙명이라는 관념을 그 기치로 내걸었다. 또 일본 민족주의자들이 1930년대에 추구한 외교정책도 독일의 것과 같은 보편적 관심사에 대한 일본 나름대로의 신념에 따른 것이었다.[263]

깊이 뿌리박힌 미국의 민족주의적 이데올로기의 관점을 부정하고, 더 나아가서 미국 민족주의와 여타 민족주의의 유사성까지 부정하려는 미국인들의 충동은 미국 민족주의의 보다 더 두드러진 특징에서 기인했다. 이 특징은 미국 민족주의에 내포된 강력한 천년왕국 사상*이다. 천년왕국 사상은 미국으로 하여금 인류 전체를 위한 특별한 책무를 갖고 있는 구원자의 역할을 맡고 또 해오게끔 만들었다. 토머스 페인은 이 세계를 새로 창조할 수 있다는 가능성을 미국인들에게 이해시키느라고, 그리고 존 애덤스는 미국을 범상한 나라가 아니라 '미래의 역사에서 가장 밝지 않으면 가장 어두운 페이지를 만들도록 운명 지워진' 나라로 만들기 위해 천년왕국 사상을 내걸었고, 이 사상이 미국 민족주의의 사고방식을 지배하게 된 것이다.[264]

그리고 미국인들은 소극적인 모범 제시보다는 점점 더 적극적

---

* 천년왕국 사상은 묵시록에 근거를 둔 기독교 종말론의 한 형태를 말한다. 즉 "그리스도와 적 그리스도의 세력이 아마겟돈의 평원에서 싸운 결과 정의가 승리하여 천 년의 화평이 오지만 천 년의 사슬에 묶여 있던 사탄이 어둠의 도움을 받아 도전하면서 전쟁이나 지진·혁명이 일어나고, 이런 징조에 이어 다시 최후의 싸움이 벌어져 그리스도와 천사들이 악의 세력을 완전히 멸망시키고 모든 성인(聖人)이 최후의 심판을 찬양하게 되어 있는 신의 구도를 그린 묵시록의 계시에 근거한 믿음이다." 자세한 내용은 권용립, 『미국의 정치문명』(삼인, 2003), pp. 130~133. ─옮긴이

선교라는 관점에서 구원자로서의 미국의 역할을 바라보기 시작했다. 즉, 미국은 누군가에 예속된 낙후된 민족들에게 손을 내밀어야 할 구원자였다. 20세기 초엽쯤 되면 도덕적으로 우월한 완전히 새롭고도 정의로운 국제 질서를 창출해서 부패한 구질서를 대체하는 것이 미국의 의무라고 믿은 사람으로 우드로 윌슨만 있었던 것이 아니었다. 오랜 세월에 걸쳐 내려오면서 넋두리가 되다시피 한, 또 가끔 토머스 페인의 글귀를 인용함으로써 적절한 장식 효과까지 누리게 된 '세계 혁신'의 꿈은 20세기에 들어와서도 미국 국민의 심금을 계속 울렸다. 이제 미국의 의무는 명백해졌다. 사슬에 묶인 인류는 자유를 갈구하고 있었으며, 악의 세력은 진군하고 있었다. 세계는 평화와 전쟁의 기로에 서 있었다. 그들이 보기에 미국이 행동할 시간은 많지 않았다.

  미국은 민족주의 관념이 지도하는, 그래서 비용도 많이 드는 외교정책 때문에 딜레마에 처해 있다. 그러나 미국 외교정책을 비판해온 사람들은 이 딜레마를 경시해왔다. 이것은 미국의 민족의식과 계도적인 외교정책을 조화시키려고 할 때 직면하게 되는 딜레마다. 우선, 민족주의는 나쁜 것이고 인간성에 유해한 것이라서 건전한 외교정책은 민족주의의 입김을 떨쳐내야 한다는 것을 최고 원칙으로 삼는다면 곧 딜레마에 처하게 된다. 물론 민족주의의 해악을 웅변적으로 설파한 사회학자 베블렌(Thorstein Veblen)의 말대로 "죄로 잉태되고 죄악에서 태어난 민족주의 정신은 인간이 만든 제도와 조직을 언제나 알력과 고통의 원천으로 만들어왔으며, 그 실제 영향만 봐도 민족주의는 구질서에서 나온 인습의 쓰레기들 가운데 가장 어리석고 가장 사악한 것"[265]이다. 그리고 지금과 같은 종족적 편견과 그 과장된 야망의 굴레에서 벗어난 외교정책이 더 나은 것은 분명하지만, 문제의 핵심은 그런 정책은 이데올로기적 지지 기반이 전혀 없는 정책이 되어버려 지적 일관성도 상실하고 정치적으로도 취약해질 수밖에 없다는 데 있다. 이것이 이 딜레마의 한쪽 자락이다.

반대로, 민족주의를 좀 더 긍정적으로 받아들이면 이 딜레마의 또 다른 자락 즉, 외교정책에서 민족주의를 제거하자는 개혁가들이 처하는 딜레마에 내몰리게 된다. 민족주의가 좋은 것은 아니지만, 외교와 분리될 수 없을 만큼 널리 퍼져 있는 것이라서 민족주의를 신중히 받아들여야 할 필요성을 인정하는 바로 그 순간, 민족주의와 외교정책의 기존 공생관계를 그대로 방치해야 하는 딜레마에 맞닥뜨린다는 말이다. 그렇게 되면―이것이 바로 이 입장의 어려움인데―미국은 세계를 상대로 앞으로도 계속 많은 비용을 지불해야 될 것이고, 소련과 인류의 궁극적 운명을 놓고 끝없는 경쟁을 해야 할 것이며, 미국과는 전혀 다른 문화들과 당연히 불편한 긴장 관계를 유지하게 될 것이며, 제3세계의 혁명적 변혁에 대해 강박적 편집증에 가까운 엉뚱한 공포심만 계속 갖게 될 것이다. 감당하기 힘들 정도로 비용은 들지만 지적 일관성과 대중적 지지라는 필수 요소만은 제공해주는 민족주의적 외교정책 때문에 야기되는 이런 딜레마를 피해갈 방법이 있을지 모른다. 이 방법은 제1장에서 다룬 바 있는 미국 외교정책 비판자들의 선입견을 뒤집어 봄으로써 가능할지 모른다. 이들 미국 외교의 비판자들은 더 절제된 개혁적 외교정책만 주장할 뿐, 외교정책의 민족주의적 바탕은 경시하고 있다. 이런 태도는 병이 아니라 그 증상만 치료하려는 태도다. 전술적으로는 이런 접근법도 의미가 있을지 모르나 길게 보면 자멸하는 길이다. 왜냐하면 이런 전술은 완고한 냉전 투사들에게 영감을 주는 원천, 구정책을 지지하는 냉전 투사들이 줄기차게 붙들고 늘어질 강력한 원천을 그냥 놔두는 전술이기 때문이다. 따라서 차라리 관심사의 우선순위를 역전시키는 것이 그 타개책이다. 다시 말해서 외교정책 자체보다는 외교정책의 뿌리가 되는 민족주의 문제를 새로운 관점에서 바라보되, 구체적 외교정책은 그 이후의 관심사로 남겨두는 방법을 쓸 필요가 있다. 어려가지 어려운 점은 물론 있겠지만, 이런 방법을 한 번 생각해봐야 될 최소한의 여지는 있다.

   미국 외교의 민족주의적 기반을 아예 개조함으로써 미국 민족주의가 더 신중하고 절제된 외교정책을 지지하도록 만들기 위해서는 두 가지 방법이 동시에 필요하다. 이 중에서 조금이나마 덜 힘든 방법은 미국 국민을 비교문화적 관점에서 교육하는 것이다. 미국의 경험 및 이상과 지구상의 다른 지역에서 살아가는 사람들이 갖는 경험 및 이상이 얼마나 다른 것인지를 미국 국민에게 보여줌으로써 국제문제에 대한 미국 국민들의 오래 묵은 견해들에 뚜렷하게 드러나 있는 오만하고도 인종 중심적인 충동을 제어할 수 있을 것이다. 물론 타문화를 접하면서 타문화에 대한 공감과 이해가 증대되기보다는 추한 불관용의 정신만 더 자극 받을지도 모른다. 그러나 그렇게라도 하지 않으면 바깥 세계에 대해 무지한 미국 국민의 현 상황을 그대로 받아들여야 하기 때문에 이 정도 위험은 충분히 감수할 만하다. 만약 미국 국민들이 더 만국동포주의적인 견해를 갖게 되면 편벽한 민족주의 열정도 수그러들 것이고 미국과 전혀 다른 생활양식에 대한 이해심도 증진될 것이다. 모든 나라에게 보편적인 공동체 의식, 안보, 국가 목표를 추구하는 데만 민감하지 말고, 다른 나라들은 이 목표를 추구할 때 다른 길을 선택할 수도 있다는 사실에 좀 더 신경을 쓴다면 미국 스스로도 편해질 것이고 세계와의 대면 또한 더 편해질 것이다.[266]

이처럼 교육은 오랫동안 미국의 정책을 지배해온 핵심 이념들에 대한 강력한 해독제다. 미국적 가치, 특히 미국의 자유 개념은 미국인들의 생각처럼 쉽게 수출하기는 어렵다. 이제는 이 사실을 깨닫고 다른 나라 사회의 형태를 마음대로 결정할 수 있는 미국의 힘에 한계가 있다는 사실을 받아들여야 할 때다. 또 미국이 민족 자결과 사회 발전에 관한 미국 자신의 관념을 미국 사람들과는 바라는 바가 전혀 다른 나라들에 강요하는 바람에 저지른 모순된 행위들에 대해서도 숙고할 때가 되었다. 게다가 타문화의 다양성과 가치에 대해 더 깊이 인식하게 되면, 인종적 관점에서 암묵적으로 주장되거나 진보와 발전이라는 이름으로 그럴 듯하게 포장되어온 미국의 우월성에 대한 자부심과 문화적 서열에 대한 신념을 버리는 일이 수월해질 것이다. 미국의 우월성에 대한 확신이 엷어지게 되면 문제에 대한 해결책을 타국에 강요하려는 충동에 대해서는 물론, 해결책이 미국의 손에 있다는 생각 자체에 대해서도 더 효율적인 저항이 가능할 것이다. 또 어차피 실패할 수밖에 없는 해외 원정을 줄임으로써 원정 실패로 인해 야기되는 좌절과 모욕감을 보상받으려고 미국 국내에서 마녀 사냥을 한다거나 있지도 않은 국제적 음모를 만들어내는 식으로 엉뚱한 희생양을 찾는 일도 줄어들 것이다. 끝으로, 혁명이 발생하게 되는 조건과 혁명이 일어나기를 바라는 사람들의 숨겨진 열망들을 더 잘 이해하게 되면 혁명에 대한 미국의 두려움도 희석될 것이다. 자세히 들여다보면 모든 혁명은 예외 없이 복합적인 형상이며 강력한 힘을 갖고 있어서 외부 세력이 혁명의 방향을 유도하거나 봉쇄하기 어렵다는 것을 알 수 있다. 그럼에도 미국이 개입하는 행위는 스스로 위험을 떠맡는 행위다.

국제적 관점에 입각한 교육은 20세기 중반에 미국 외교정책 이데올로기를 강화시킨 바 있는 특정 개념들, 즉 지정학, 발전이론, 그리고 '과거의 교훈'이라는 개념들을 약화시키는 방법이기도 하다. 이 개념들은 각각 독자적인 방식으로 미국 외교의 기본 전제들을 더 단순화시켜버렸고, 그 결과 미국 외교의 낡은 핵심 관념들이 가진 결점을 더 조장하고 가중시켜버렸다. 우선 국제관계의 역사를 자세히 살펴보기만 해도 냉전 투사들이 자주 써먹은 '과거의 교훈'이라는 것은 의심스러운 특별 변론의 소재에 불과하다는 사실이 드러날 것이다. 또 냉전 투사들의 또 다른 장난감인 지정학은 이 세계를 문화적 통찰력이 상실된 살벌한 곳으로 보기 때문에 외교정책에 대해 악영향을 끼친다. 만약 미국의 국민 대중이 좀 더 각성하게 되면 긴 세월 동안 냉전적 외교정책에 봉사하느라 과로에 찌들어온 지정학과 '과거의 교훈' 같은 성가신 훈수들은 즉시 벌판에 내다버려야 마땅함을 알게 될 것이다.

교육이 미국 외교정책의 낡은 이데올로기를 한쪽에서 견제할 수 있다면 새로운 외교정책 성향의 지지 기반을 창출하는 더 막중한 또 다른 한쪽 책무를 완수하려면 미국의 근본 정치 이념인 공화주의에 착상해야 한다. 즉, 또 다른 한쪽 책무를 완수하는 데 있어서 가장 중요한 단계는, 미국 역사 초기에는 강력했지만 해외의 자유 신장보다 국내의 자유를 완성하는 것이 미국의 위대성이라고 고집스럽게 우기는 바람에 19세기 말 이후로는 쇠퇴하고, 무시당하고, 외면당해온 공화주의적 사고방식을 다시 소생시키는 것이다.

공화주의가 새롭게 부활하게 되면 그 핵심 관념은 역시 미국의 위대성은 미국 국내 사정을 척도로 해서 평가 받아야 한다는 믿음이 될 것이다. 그리고 언제나 미국 국민이 얼마나 자유로우며 미국 국민의 복지를 국가가 얼마나 잘 보살피고 있는가라고 물어야만 할 것이다. 세계와 미국의 관계 설정에서도 공화주의는 미국을 하나의 모델로만 볼 뿐 세계의 모습을 결정할 주물공으로 보지는 않는다. 미국 자신의 문제를 보다 더 잘 처리해 나감으로써 미국은 다른 나라 국민들이 자유를 쟁취하고 보존할 수 있게끔 고취할 수 있기 때문이다. 물론 미국이 보이는 모범에 모든 나라가 다 호응하지는 않을 것이고, 또 호응한다 해도 몇몇 나라는 그들 노력이 성공하는 데 필요한 결의나 내적 여건을 결여할 수도 있다. 물론 미국이 다른 나라에서 자유의 운명이 어떻게 되는지를 무관심하게 지켜보기만 하는 목격자일 수만은 없겠지만, 그렇다고 해서 다른 나라에 자유를 강요하면 미국 자신에게 해가 될 뿐만 아니라, 좋든 나쁘든 자신의 문제를 스스로 결정하려는 타자의 권리를 침해할 수밖에 없게 된다.

새로운 공화주의를 신봉하는 사람이라면 미국이 국제정치적으로 얽히는 일을 본능적으로 경계하던 미국 역사 초기의 비판적 공화주의자들의 예를 따라야 할 것이다. 그들은 다른 강대국과 경쟁하거나 약소국의 경찰 노릇을 하게 되면 감정적, 물질적 자원을 밖으로 유출시켜 국내의 삶을 훼손하게 된다는 것, 그리고 이와 동시에 군국주의, 권력 집중, 이기적 당파주의처럼 나라를 좀먹는 강력한 요인들도 발생한다는 것을 알고 있었다. 또 일단 해외전쟁이나 원정의 덫에 걸리면 공화국은 반드시 제국으로 타락하고, 한때 공화국의 긍지였던 자유도 상실하게 된다는 것도 그들은 알고 있었다. 공화주의적 외교정책의 한계가 무엇인지는 존 애덤스가 웅변적으로 말한 바 있다. 자유라는 대의를 주창하고 또 자유를 위해 투쟁하는 자들을 응원하는 것은 좋지만, 미국이 '없애야 할 괴물을 찾으러' 해외를 배회해서는 안 된다는 것이다. 미국이 이 규칙을 위반해서는 안 된다는 애덤스의 경고는 지금도 여전히 경청할 만하다.

다른 나라 깃발 아래 미국 군대를 일단 보내게 되면—설사 그것이 그 나라의 독립을 위한 깃발이라 해도—그때부터 미국은 자유의 색깔을 띠지만 자유의 기준에는 위배되는 모든 전쟁, 즉 이익과 음모의 전쟁, 개인의 탐욕, 시기, 야심에서 비롯된 모든 전쟁에 미국이 보유한 구원의 힘을 초과해서 연루될 것이다. 그리고 미국 정책의 근본 바탕은 자유에서 무력으로 변하게 될 것이다… 미국은 세계의 독재자가 될 것이며, 더 이상 미국의 정신을 스스로 지배할 수 없게 될 것이다.[267]

미국의 근래 경험을 보면 초기 공화주의자들의 통찰력과 그들의 후예들이 미국의 공격적 외교정책에 맞서 승산 없는 투쟁을 하면서 반복해서 던졌던 경고가 옳았다는 것이 입증되고 있다. 해외에서 미국은 이미 제국에 버금가는 지위를 누리고 있다. 수많은 다른 나라의 운명을 실질적으로 쥐게 된 나라에 적용할 다른 적당한 형용사는 없다. 그리고 다른 모든 제국과 마찬가지로 미국의 의도는 선한 것이며, 미국의 이익은 전 세계에 걸쳐 상호 연계되어 있으며, 미국의 통제 기법은 미국의 수하에 들어온 나라들의 수만큼이나 다양하다. 로마 제국을 연구한 한 학자는 다음과 같이 말했다.

> 로마는 세상 모든 구석구석에서 자신의 이익이 위험에 처해 있거나 공격을 받고 있다고 우겼다. 로마의 이익이 아니라면 그 동맹의 이익이었다. 동맹이 없을 때는 동맹을 억지로 창조해냈다. 위협받고 있는 로마의 이익이 무엇인지 도저히 생각해낼 수 없을 때는 로마의 명예가 모욕을 당했다고 둘러댔다… 로마는 언제나 사악한 이웃들에 의해 공격받고 있었던 것이다…[268]

이러한 로마의 초상이 지금 미국의 모습과 너무 흡사하다는 것은 쉽게 알 수 있다.

그리고 미국인들은 바로 이 점에서 오랫동안 스스로에 대한 환상을 갖고 있었다. 즉, 미국보다 덜 깨인 나라들은 제국주의적인 목표와 수단을 좋아할지 모르지만 미국은 그렇지 않다는 환상을 가져왔던 것이다. 그러나 옛날의 미국인들이 적의 모습이라고 생각하던 바로 그 모습으로 미국이 진화해왔다는 공화주의적 견지의 비판을 받아들이게 되면 어느 정도 역사적인 안목을 갖추게 될 것이고, 역사적 안목을 갖춤으로써만 미국을 초창기의 국가 비전을 버리고 표류하게 만든 조류를 되돌릴 수 있고 또 표류 과정에서 미국이 스스로 저지른 엄중한 자기기만에서 벗어날 수 있다.

스파르타와 싸운 펠로폰네소스 전쟁의 와중에서 실의에 빠져 있던 아테네 시민들에게 페리클레스는 "제국의 책무를 기피하고서는 제국의 명예를 나눠 가질 수 없다"[269]라고 말했지만, 아직도 미국의 위대성을 얘기하고 있는 자들은 그 반대로, 즉 "제국의 영광에는 반드시 그 대가가 따른다"는 것을 생각해야 할 것이다. 공화주의자들이 예상한 미 제국의 음울한 징조들은 이미 대통령의 제왕적 권력 행사, 전쟁 준비 및 전쟁 수행에 따른 경제적 왜곡과 낭비, 장기간에 걸친 국가 채무, 정책 변화에 저항하고 정책에 대한 국민의 통제를 거부하는 아성과 같은 관료 및 기업 세력의 대두, 시민적 자유의 침해, 밀실 정책의 증가 현상을 통해 뚜렷이 드러나고 있다. 미국 이데올로기의 정당성을 주장하는 자들은 그들이 주창한 국가안보정책이 자유와 양립 가능하다고 우겨왔지만, 그들보다는 공화주의 사상에 입각한 비판자들이 앞날을 더 정확하게 예측했음이 입증될 것이다. 자유는 공격적이고 제국주의적인 외교정책과는 진정 상극이라는 것을 미국인들은 경험으로 알고 있다. 국내 자유를 완벽히 성취하려면 해외의 영지를 포기해야 하고, 해외에서 지배권을 추구하려면 국내 자유의 기반이 서서히 침식된다. 둘 다 얻을 수는 없다.[270]

고대의 골동품에 불과한 공화주의를 외교정책 혁신을 위한 사상적 기반으로 삼는 태도를 정치적 시대착오로 여기고 일소에 부칠 수도 있다. 물론, 공화주의의 이상이 현대적 기업과 연방 관료조직 같은 강력한 거대 조직을 낳은 경제와 기술의 위력 때문에 그 빛이 바랜 것은 사실이다. 또 이런 거대 조직들은 앞으로도 분명히 그 막강한 지위를 유지할 것이며, 공화주의 정신에 해로운 개체화, 탈 인격화, 소외 현상들이 이 거대 조직들에 빌붙어 기승을 부릴 것이다. 그러나 공화주의는 결코 죽지 않았다. 공화주의의 명제들은 지금도 미국 정치에서 강력한 울림을 내고 있다.

　제퍼슨주의를 신봉한 공화주의자들은 오랫동안 두 가지 조건 즉, 기본적 사회 평등과 정치적 공동체 형성을 자유와 결부시켜왔는데, 만약 공화주의가 새로운 외교정책의 지지대가 되려면 공화주의에 남은 마지막 힘을 모아 이 두 가지 조건을 창출하는 데 매진할 정치, 사회 정책에 쏟아 부어야 한다. 공동체 정신에 투철하고 정치 돌아가는 일에 정통한 시민이 공화국의 운명과 자신의 삶에 대해 주체적인 영향력을 갖는 것이 공화주의의 이상이라면, 오늘날 이 이상을 실현하는 길은 과거 미국의 정치 참여도나 여타 선진국의 투표율과 비교했을 때 바닥에서 헤매고 있는 미국 국민의 정치 참여율을 회복하는 방법뿐이다.[271] 그러기 위해서는 시민의 의무를 재차 강조하고, 부와 막강한 선거 자금이 없는 자들도 고위 공직에 진출할 수 있는 길을 만들고, 정부의 투명성과 책임감을 증대시켜야 한다. 그렇지 않으면 어떤 공적 토론도 유명무실에 그칠 것이며 어떤 정책적 결정도 엘리트들의 전유물로만 남게 될 것이다.

　또 공화주의가 소생하면 미국 사회 내의 현저한 불평등도 감소하게 될 것이다. 미국의 불평등은 운과 땀, 능력에 의해서만 결정되지 않는다. 타고난 가난을 근면과 노력으로 극복한 호레이쇼 앨저 식의 이상과는 어긋나지만 미국의 불평등은 출생에도 기인한다. 정치권력과 부, 여가, 훌륭한 교육, 고급 건강관리를 누리고 있는 자들은 부모 또한 영향력과 부, 여가, 고등 교육, 건강을 누리고 있었다. 이렇게 부가 대물림되는 비율은 압도적으로 높다.[272] 인생의 기회, 그리고 정치의 진행 과정이 빈자와 약자(과거와 마찬가지로 지금도 압도적으로 유색인, 여성, 아이들)에게 불리하고 부자와 강자(주로 좋은 배경을 가진 백인 남성)에게는 유리한 사회가 아닌 새로운 미공화국을 구현하려면 기회 평등과 복지를 증진하기 위한 대책이 필수적이다.

공화주의적 가치관에 입각한 외교정책은 해외에서 미국의 위대성을 추구하는 도구가 아니라 국내에서 미국의 위대성을 추구하는 데 충격과 위협을 주는 외부 요인들에 대한 완충제의 역할을 해야 할 것이다. 또 그것은 무엇보다도 전 세계를 개혁하려는 충동을 억제해야만 정의롭고 공평한 사회를 만들어 나갈 수 있다는 인식에 바탕을 두어야만 할 것이다. 미국의 가르침에 저항하는 이 세계는 미국이 국내적으로 꼭 필요한 자원을 한없이 빨아들일 힘 또한 갖고 있기 때문이다.

정책의 틀을 새로 짜는 일은 무척이나 어려울 것이다. 정책 틀을 새로 짠다는 것은 미국이 개입하는 지역들과 주둔 비용이 많이 드는 동맹국들을 정리해서 미국 안보에 확실히 필요한 곳에만 미국이 관여하도록 하는 것을 뜻한다.[273] 또 이것은 폭력, 혼돈, 착취, 야만, 억압에 찌든 이 세계를 변화시킬 미국의 힘에는 한계가 있음을 인정한다는 뜻이며, 상호 파멸의 절박한 위협을 초래하는 미-소간의 상호 의구심이라는 악순환 고리를 벗어나서 상호 화해를 향한 터전을 찾는다는 뜻이다. 그리고 무엇보다도 이것은 미국 일반 국민이 받아들일 수 있고 미국의 동맹국들을 이해시킬 수 있는 외교정책의 새로운 개념적 기반, 즉 새 이데올로기를 만들어내는 일을 뜻한다. 그리고 강조해둘 것은, 만약 바깥 세계가 돌아가는 사정에 대한 관심을 거부하는 것이 고립주의라면, 이 새 정책이 고립주의의 승리를 뜻해서는 안 된다는 것이다. 비록 더 신중한 외교 노선을 따르기는 하겠지만 미국의 우방과 적은 여전히 있을 것이고, 세계 경제에서 중요한 역할은 미국이 계속 떠맡아야 할 것이고, 기술과 이념과 인력의 초국가적 순환 과정에서도 미국은 계속 중심이 될 것이기 때문이다.

공화주의를 미국 외교정책의 대안으로 받아들이는 사람들의 실험이 성공할지는 전혀 장담할 수 없고, 또 솔직히 인정하지만, 그 실험의 결과를 분명하게 또는 완전히 예측하기는 불가능하다. 그래서 스파르타와 싸운 전쟁에서 밀려 제국의 지위를 포기해야 할 기로에서 동요하는 아테네 시민들에게 "이제 후퇴는 불가능하다. 당신들이 지금 막고 있는 것은 쉽게 말해 독재다. 독재를 받아들인 것도 잘못이지만, 그 독재의 확산을 허용하는 것도 위험하다"[274]라고 경고한 페리클레스의 말에 다시 한 번 귀를 기울이게 된다. 미국 외교를 더 안전한 터로 후퇴시키는 일도 수월치는 않을 것이다. 미국의 정책 목표를 더 좁게 설정한다 해도 어떤 정책 노선이 미국의 이익에 가장 부합되는가를 둘러싼 불화가 계속 일어날 여지는 충분하다. 또 새로운 접근법에 따라 전반적인 정책 경향이 계산된 절제를 지향하도록 만들 수는 있겠지만, 항상 산적해 있는 일상적 외교 문제에 대한 구체적 해법을 제공할 수 없다는 점에서는 낡은 접근법과 다를 게 없다. 또 정책 결정 과정에서 회피할 수 없는 것이 의견 충돌인데, 적어도 새로운 접근법의 시행 초기에는 미국의 외교 공약이나 약속 가운데 계속 지켜야 할 것이 무엇인지를 평가할 필요성 때문에 의견 충돌이 더 심화될 수도 있다. 그리고 경우에 따라서는 다른 나라가 원하지도 않고 정당화될 수도 없는 '미국 역할론'에 맞서서 미국의 구세주 역할이 미국의 국내적 합의와 해당 국가에게 직접 끼치게 될 해악을 곰곰 따져봐야 할 일도 생길 것이다.

새로운 외교정책 이데올로기를 정립하기 위한 가장 골치 아픈 전제 조건은 아마도 미국 국민들이 국내 문제와 국제 문제를 구분하기 위한 이중 기준 또는 이중적 비전을 가져야 한다는 사실이다. 그렇다고 해서 자유가 보편적 가치라는 사실을 부인하라는 말은 아니지만, 자유 증진을 위한 적극적 행위는 미국 국내 영역에 제한되어야 할 것이며, 미국의 규범과는 다른 사회 조직 원리도 어떤 나라들 혹은 대부분의 다른 나라들에게는 적합한 것이라는 사실을 인정해야 할 것이다. 그러나 과연 미국인들이 국내에서는 진정한 소신가처럼 행동하면서 세계에 대해서만 불가지론자처럼 행동할 수 있을까? 세계의 자유를 증진하려는 미국의 공약이 지나치다고 문제 삼다가 자유에 대한 신념이 먼저 국내적으로 약화되면서 국제적인 위축감이나 고립감을 느끼게 되지나 않을까?

미국의 민족주의를 문제 삼는 행위나 미국 민족주의의 바탕에 있는 '미국은 특별하다는 인식'에 조금이라도 도전하는 행위에는 큰 위험이 따른다. 그리고 미국 외교정책을 완전히 재조정하는 일은 분명히 복잡하고도 시간이 걸릴 것이다. 더욱 새롭고 더욱 겸손한 미국의 민족적 자화상을 정착시키는 과정에서 수많은 논쟁들과 예기치 않은 문제들도 생길 것이다. 그러나 미국 외교정책의 혁신을 주장하는 사람들은 자신들의 노력으로 인해 미국 외교의 목표가 미국의 가용 자원과 더 부합하게 될 것이고, 외교정책에 대한 대중적 지지 기반도 더 튼튼해질 것이며, 그 결과 더 민주적이고 더 인간적인 미국을 만드는 데 그들이 뚜렷하게 기여할 수 있다는 것을 깨닫고 힘을 내야 한다. 세계를 지배하겠다는 열망은 포기해야 할지 몰라도, 그렇게 함으로써 미국의 국가적 삶과 생명에 대한 자기 통제력은 커질 것이기 때문이다.

미국 외교사 연구문헌 평론

이 책의 각주에서 인용하고 또 본문에서 논의한 여러 문헌들은 지난 수십 년간 방대하게 출간된 미국 외교사 문헌들 중에서 단지 일부를 추출한 것에 지나지 않는다. 새로운 연구문헌들이 계속해서 출판되기 때문에 미국 외교사 연구자들이 사료편찬 안내서나 서적 해제 안내서 등을 참고할 경우 믿기 어려울 정도로 많은 도움을 받을 수 있다. 이 분야에서 가장 중요한 작품이라고 할 수 있는 3권의 책이 1983년 한 해 동안 한꺼번에 출간됨으로써 그 해를 풍성한 수확의 해로 만들어주었다. 그 3권의 책을 소개하면, Richard D. Burns, ed., *Guide to American Foreign Relation since 1700*; Jerald A. Combs, *American Diplomatic History: Two Centuries of Changing Interpretation*; Warren I. Cohen, ed., *New Frontiers in American-East Asian Relations: Essays Presented to Dorothy Borg*. 콤스가 편집한 책을 보충할 수 있는 책으로는, Gerald K. Haines and J. Samuel Walker, eds., *American Foreign Relations: A Historiographical Review* (1981). 메이와 톰슨은 미국 외교사의 활발한 연구분야 중의 하나를 처음 조사해서 책을 편집한 바 있는데 [Ernest R. May and James C. Thomson, Jr., eds., *American-East*

Asian Relations: A Survey (1972)], 코헨이 편집한 책은 메이와 톰슨이 조사했던 내용에 최신 정보를 추가했다. 끝으로 미국 외교사의 핵심 연구주제, 쟁점, 개념 등을 친절하게 소개한 사례 한 가지만 소개하면, Alexander DeConde, ed., *Encyclopedia of American Foreign Policy* (3 vols., 1978).

제1장 이데올로기 이해하기

조지 케넌의 『미국 외교, 1900~1950』[*American Diplomacy, 1900~1950*(1951)]과 윌리엄 애플맨 윌리엄스의 『미국 외교의 비극』 [*The Tragedy of American Diplomacy* (1959)]은 오늘날에도 여전히 미국 외교의 권위 있는 해석으로 통하는데, 그 까닭은 특별히 다른 이유가 없다면 이 분야의 연구가 아직 미비하기 때문이라고 할 수 있다. 만일 미국 외교사를 연구하는 학자들에게 미국 외교사를 간략하게 종합한 연구서 한 권을 추천해 달라고 부탁하면 그들은 대부분 이 두 저서를 제외할 경우 사람들이 쉽게 수긍할 수 있는 다른 대안을 제시하는 데 많은 어려움을 겪을 것이다. 미국 외교사의 전반적 모습을 대담하게 그려내려고 시도한 모든 연구들처럼 이 두 책 역시 비판자뿐만 아니라 열렬한 추종자와 모방자를 동시에 갖고 있다.

미국 역사학자들 중에서 케넌을 가장 추종한 학자는 존 루이스 개디스(John Lewis Gaddis)였다. 냉전에 관한 그의 연구서와 일련의 논문들[그 중에서 특히 1977년 7월 『포린 어페어즈』(*Foreign Affairs*) 저널에 투고한 논문]은 케넌이 미국 외교정책 분야에서 보여준 '국제정치적 현실주의'의 통찰을 크게 찬양했다. 한 사람의 역사학자로서 케넌이 미국 사회에 던진 충격은 물론 의미가 있고 또 널리 인정되는 바이지만 아직까지 철저한 학문적 검토의 대상이 되지는 못했다. 1950년대와 1960년대에 주로 책을 출간한 외교사학자 세대는 케넌과 그의 동료로서 국제정치적 현실주의를 대표했던 한스 모겐소(Hans J. Morgenthau)로부터 많은 아이디어를 빌려왔다. 그러나 이들의 후속 세대는 '국제정치적 현실주의'에 비교적 적은 관심을 보였다. 이런 연구 경향을 반영하여 정책 결정자, 역사학자, 정치 사상가 등으로 활동하면서 케넌이 보여주었다고 평가된 예리함, 명석함, 논리적 일관성 등에 대해서 근본적 의문을 제기한 연구들을 예시하면, Thomas Paterson's sketch of Kennan in Frank Merli and Theodore Wilson, eds., *The Makers of American Diplomacy* (1974), vol. 2; Jonathan Knight, "George Frost Kennan and the Study of American Foreign Policy," *Western Political Quarterly*, 20 (March 1967); Barton Gellman, *Contending with Kennan: Toward a Philosophy of American Power* (1984). 이 문제에 관심 있는 독자가 케넌을 최종적으로 평가하려면 1967년과 1972년에 각각 출간된 케넌의 회고록과 『미국 외교』(*American Diplomacy*)를 참고할 필요가 있는데, 이 두 책을 보면 케넌이 보유한 예리한 관찰자의 자질이 잘 나타나 있다. 아울러 케넌이 미국의 냉전 정책—케넌은 이 정책을 처음 수립할 때 적지 않은 기여를 했다—을 비판한 두 책, 즉 1977년에 출간된 『위험의 어두운 그림자』(*The Cloud of Danger*)와 1982년에 출간된 『핵무기 환상』(*The Nuclear Delusion*)도 함께 참고해보라.

윌리엄 애플맨 윌리엄스는 최근 미국 외교정책에 관해서 상당히 많은 논평과 해설서를 집필했다. 그 중 눈에 띄는 몇 가지를 예시해 보면, *The Roots of Modern American Empire* (1969), *History as a Way of Learning* (1973), *Empire as a Way of Life* (1980). 그러나 그의 대표작은 뭐니뭐니해도 『미국 외교의 비극』이라고 할 수 있다. 이 책은 윌리엄스의 후속 저작을 탄생시킬 수 있는 지적 원동력을 제공했고, 위스콘신대학교에서 윌리엄스나 그의 스승인 프레드 하비 해링턴으로부터 훈련을 받으면서 문제의식을 공유한 역사학자들이 하나의 학파를 형성할 수 있는 계기를 제공했다. 월터 라피버, 로이드 가드너, 로버트 프리먼 스미스 등이 포진한 이 학파를 사람들은 '뉴 레프트 수정자의자', '신 경제 결정론자', 또는 간단히 '위스콘신 학파' 등으로 다양하게 불렀다. 국제정치적 현실주의자들처럼 이 학파의 구성원들 역시 어떤 단일한 신념을 중심으로 똘똘 뭉친 집단은 아니었지만 대체로 그들은 경제적 이해관계가 세상을 움직이는 기본 동력이며, 외교관계 역시 그런 규칙으로부터 예외일 수 없다는 신념을 공유했다.

미국 학계에서 활동하는 주류 역사학자들은 대체로 위스콘신 학파의 주장을 수용하지 않았고, 윌리엄스의 논리 전개 방식과 그가 제시한 증거를 비판했으며, 때로는 로버트 매덕스의 『뉴 레프트와 냉전의 기원』(*The New Left and the Origins of the Cold War*, 1973)처럼 극단적 비판을 서슴지 않는 경우도 있었다. 위스콘신 학파를 종합적으로 평가한 일급의 연구문헌을 예시하면, Robert Tucker, *The Radical Left and American Foreign Policy* (1971); J. A. Thompson, "William Appleman Williams and the 'American Empire,'"

Journal of American Studies, 7 (April 1973); Bradford Perkins, "The Tragedy of American Diplomacy: Twenty-five Years After," *Reviews in American History*, 12 (March 1984). 좌파 역사학자들도 윌리엄스의 연구에 불만을 토로했는데, 그 까닭은 윌리엄스가 채용한 맑시스트 용어와 이론적 구성이 정확성을 결여했다고 보았기 때문이다. 이런 주장에 대해서는 다음 논문을 참고하라. Eugene Genovese, "William Appleman Williams on Marx and America," *Studies on the Left*, 6 (Jan.-Feb. 1966).

나는 국제정치적 현실주의와 위스콘신 학파의 문호개방주의 해석을 넘어서려는 관심 때문에 아무튼 대부분 추상 개념의 안개로 뒤덮인 연구문헌들*의 산더미와 일정한 거리를 유지했다. 추상적 이론에 비교적 덜 얽매인 역사학자의 유리한 시각에서 볼 때 사리에 맞고 상상력을 자극하는 내용을 풍부하게 담은 논의로는, Clifford Geertz, "Ideology as a Cultural System," in David E. Apter, ed., *Ideology and Discontent* (1964); Sidney Verba, "Comparative Political Culture," in Lucian W. Pye and Verba, eds., *Political Culture and Political Development* (1965), 특히 pp. 512~517; Willard A. Mullins, "On the Concept of Ideology in Political Science," *American Political Science Review*, 66 (June 1972); Raymond Williams, "Base and Superstructure in Marxist Cultural Theory," in his *Problems in Materialism and Culture* (1980); T. J. Jackson Lears,

---

* 케넌이나 윌리엄스처럼 복잡한 사회과학 이론을 통해 역사 해석을 시도한 서적을 의미한다. 참고로 헌트는 대학에서 국제정치학을 전공했으나 대학원에서는 전공을 바꿔 역사학을 공부했다. —옮긴이

"The Concept of Cultural Hegemony: Problems and Possibilities," *American Historical Review*, 90 (June 1985).

문화에 뿌리를 둔 이데올로기 개념은 역사학자들에게 결코 새로운 개념은 아니다. 이데올로기가 역사학자들에게 친숙한 개념이라는 사실을 분명하게 확인할 수 있는 논의를 예시해 보면, Ronald G. Walters, "Signs of the Times: Clifford Geertz and the Historians," *Social Research*, 47 (Autumn 1980), Robert F. Berkhofer, Jr., "Clio and the Culture Concept: Some Impressions of a Changing Relationship in American Historiography," *Social Science Quarterly*, 53 (Sept. 1972). 문화적 시각을 이데올로기 분야에 과감하게 응용한 연구가 있는데, 이는 모든 외교사학자들에게도 대단히 유용한 자료라고 생각한다. 다음을 보라. Robert Kelly, *The Cultural Pattern in American Politics: The First Century* (1979), Kelly, "Ideology and Political Culture from Jefferson to Nixon," *American Historical Review*, 82 (June 1977).

외교정책 이데올로기의 형성 과정을 민족주의 맥락에서 탐구하는 데 필요한 문헌들은 대단히 많이 나와 있다. 민족주의를 연구하는 두 종류의 고전적 시각이 있는데, 그 중 하나는 민족주의 사상의 전개와 확산 과정을 강조하는 한스 콘과 그보다 조금 후에 활동한 에리 케두리가 옹호하는 시각이다. 다른 하나는 칼 도이치가 선구적으로 개발한 시각인데, 여기서는 민족의식의 홍기에 기여한 사회경제적 발전을 강조한다. 이 두 가지 고전적 시각을 종합하려고 시도한 매우 유용한 연구로는, Geoff Eley, "Nationalism and Social History," *Social History*, 6 (Jan. 1981). 그 밖의 유용한 자료들을 예시하면, John Breuilly, *Nationalism and the State* (1982). 특히 이 책의 "The Sources and Forms of Nationalist Ideology"에 관한 장을 참고하라; Anthony D. Smith, *Theories of Nationalism*, 2d ed. (1983); Smith, *Nationalism in the Twentieth Century* (1979); K. R. Minogue, *Nationalism* (1967).

제2장 미국은 위대하다는 믿음

 미국 외교정책의 미래에 관한 논쟁의 포문을 연 제퍼슨과 해밀턴 간의 논쟁은 국제정치적 현실주의 시각을 소유한 역사학자들의 지속적인 관심을 끌었는데, 이들은 제퍼슨이나 해밀턴 중 어느 한 사람의 뛰어난 통찰을 적극적으로 옹호하는 모습을 보여주었다. 이런 노선에서 쓰여진 가장 최근의 연구로는, Jerald Combs, *The Jay Treaty: Political Battleground of the Founding Fathers* (1970). 이 책에서 콤스는 해밀턴과 연방주의자를 옹호했다. 국제정치적 현실주의와 국제정치적 이상주의라는 친숙한 시각에서 미국 역사 초창기에 활동한 외교정책 결정자들의 기본 신념을 최초로 평가한 주요 연구들로는, Cecelia M. Kenyon, "Alexander Hamilton: Rousseau of the Right," *Political Science Quarterly*, 73 (June 1958), Felix Gilbert, *To the Farewell Address: Ideas of Early American Foreign Policy* (1961).

 뉴 레프트 시각에서 미국 역사 초창기를 탐구한 주요 저작들은 미국의 해외 팽창을 추구한 해밀턴과 대륙 팽창을 추구한 제퍼슨이 미국의 팽창이라는 목표 그 자체에 관해서 어떤 이견을 보였다기보다는 근본적 합의에 도달했다는 사실을 강조했다. 이런 주장을 담은 문헌을 예시하면, the essays by William Appleman Williams in *William and Mary Quarterly*, 3d series, vol. 15 (Oct. 1958), Walter LaFeber in Williams, ed., *From Colony to Empire* (1972). 제퍼슨과 해밀턴 시대의 미국 외교정책을 일반적으로 해석한 내용을 담은 다음 책도 함께 참고하라. Richard W. Van Alstyne, *The Rising American Empire* (1960).

미국 외교정책을 해석하는 어떤 연구도 그동안 공화주의적 전제의 영향력을 적절하게 다루지 못했다. 그러나 버나드 베일린(Bernard Bailyn)의 『미국 혁명의 이데올로기적 기원』(*The Ideological Origins of the American Revolution*, 1967)*으로부터 영감을 얻은 소규모의 지성사가들이 공화주의 이념을 분명하게 포착하고, 미국 외교정책 이면에서 공화주의 이념이 작동하는 방식을 탐색하기 위해서 노력했다. 이들의 연구 성과를 종합적으로 검토해서 간결하게 정리한 탁월한 안내서 두 편을 소개하면, Robert E. Shalhope, *William and Mary Quarterly*, 3d series, vol. 29 (Jan. 1972) and vol. 39 (April 1982). 공화주의와 미국 외교정책을 연결해서 고찰한 연구 중 가장 탁월한 연구를 예시하면, Gerald Stourzh, *Alexander Hamilton and the Idea of Republican Government* (1970), chaps. 4 and 5; Drew R. McCoy, *The Elusive Republic: Political Economy in Jeffersonian America* (1980); Lance Banning, *The*

---

* 베일린의 책은 번역되어 한국 학계에도 소개되었다. 버나드 베일린, 배영수 역, 『미국 혁명의 이데올로기적 기원』(새물결, 1999). 이 책의 서평으로는, 권용립, 「권력과 자유: 미국 정치윤리의 안과 밖」, 『동아시아 비평』 제7호(2001), 한림대학교 아시아문화연구소, pp. 56~70. ─옮긴이

Jeffersonian Persuasion: Evolution of a Party Ideology (1978); Roger H. Brown, *The Republic in Peril: 1812* (1964).

미국 외교정책의 목표를 둘러싼 두 번째 논쟁이 전개되었던 1840년대는 프레데릭 머크(Frederick Merk)가 필생에 걸쳐 연구한 시기였다. 그의 주요 저작인 『미국의 사명과 명백한 숙명』(*Mission and Manifest Destiny*, 1963)은 미국의 친절한 민족적 사명감과 1846년과 1899년 두 차례에 걸쳐 미국의 외교정책을 일시적으로 일탈시켰던 공격적 팽창주의의 해로운 영향력을 분명하게 구분했다. 머크의 주장은 사실상 앨버트 와인버그(Albert K. Weinberg)의 방대한 개론서인 『명백한 숙명』(*Manifest Destiny*, 1935)을 완곡하게 비판했다고 볼 수 있는데, 당시 와인버그의 책은 공격적 팽창주의도 비록 바람직하지는 않지만 미국의 진정한 민족주의로 간주되어야 한다는 주장을 대표하는 책으로 남아 있었다. 또한 머크는 감정에 쉽게 흔들리는 미국의 대중이 건전한 미국 외교정책을 위협하는 가장 중요한 요인 중의 하나라는 조지 케넌의 주장을 지지하는 듯 했다. 머크가 자신의 『미국의 3대 전쟁을 반대한 사람들』(*Dissent in Three American Wars*, 1970)에서 미국 대중에 대한 포크의 비판을 우호적 시각에서 평가한 것은 그리 놀라운 일이 아니다.

우리는 아래의 문헌을 참고하면서 미국의 남북전쟁 이전의 팽창주의자들을 고찰한 머크의 연구를 보완할 필요가 있다. 우연찮게 뉴 레프트 역사학을 예기한 국제정치적 현실주의자 노먼 그래브너(Norman Graebner)의 『미국 제국과 태평양』(*Empire and the Pacific: A Study in American Continental Expansion*, 1955)을 먼저 추천하고 싶다. 찰스 셀러스(Charles Sellers)가 여러 권으로 작성한 포크 대통령(1957~)의 전기(당시 포크는 대통령의 임기를 끝마치지 않은 상태에 있었다), 로버트 레미니 (Robert V. Remini)가 3권으로 작성한 앤드류 잭슨 대통령(1977~1984)의 전기, David M. Pletcher, *The Diplomacy of Annexation: Texas, Oregon, and the Mexican War* (1973), Thomas R. Hietala, *Manifest Design: Anxious Aggrandizement in Late Jacksonian America* (1985, 이 책은 팽창주의 사상의 주요 흐름을 참신하게 고찰했다), Robert E. May, *The Southern Dream of a Caribbean Empire, 1854~1861* (1973, 이 책은 지역 갈등이 팽창주의 정책에 미치는 영향력을 냉각시키는 효과를 다루었다) 등도 함께 참고하라. 팽창주의 정책의 반대자들을 다룬 가장 최근의 연구서로는, John H. Schroeder, *Mr. Polk's War: American Opposition and Dissent, 1846~1848* (1973). 이 시기에 표출된 민족주의자들의 사상을 거시적으로 서술한 연구서로는, Fred Somkin, *Unquiet Eagle: Memory and Desire in the Idea of American Freedom, 1815~1860* (1967); Major L. Wilson, *Space, Time and Freedom: The Quest for Nationality and the Irrepressible Conflict, 1815~1861* (1974); Rush Welter, *The Mind of America, 1820~1860* (1975).

1890년대는 미국 외교사의 분수령을 이루는 시기로 오랫동안 널리 인정된 평판에 어울리게 그동안 아주 철저하게 연구되었다. 맥킨리와 그의 추종자들을 노골적인 국제정치적 현실주의자로 평가한 저서로는, Ernest May, *Imperial Democracy: The Emergency of America as a Great Power* (1961); Richard Hofstadter, "Manifest Destiny and the Philippines," in his *The Paranoid Style in American Politics* (1966). 호프스태터는 보통 국제정치적 현실주의 학자로 간

주되지 않는데도 불구하고 널리 알려진 이 논문(원래는 1952년에 처음 출간되었음)에서 기회주의적 정치가들과 감정에 쉽게 좌우되는 대중들을 본격적인 역사적 평가의 대상으로 삼았다. 수정주의 시각을 채용한 저작으로는, Walter LaFeber, *The New Empire; An Interpretation of American Expansion, 1860~1898* (1963). 라피버의 책보다 수정주의 시각을 덜 강조하면서 쓰여진 책으로는, David Healy, *US Expansionism: The Imperialist Urge in the 1890s* (1970). 라피버와 힐리는 국제정치적 현실주의를 신봉하는 비판자들보다 팽창주의자들의 통찰력과 능란함을 후하게 평가했다. 라피버의 책은 윌리엄스가 『미국 외교의 비극』에서 개진한 주장을 더욱 정교하게 다듬고, 경제적 해석을 비판한 프랫(Julius W. Pratt)의 『1898년의 팽창주의자들』(*Expansionists of 1898: The Acquisition of Hawaii and the Spanish Islands*, 1936)을 반박한 책으로 이해할 수 있다. 1890년대의 학문적 논쟁을 독자들이 쉽게 이해하고 편리하게 활용할 수 있도록 소개한 책으로는, Robert L. Beisner, *From the Old Diplomacy to the New, 1865~1900*, 2d rev. ed. (1986).

맥킨리 정책을 비판한 사람들은 정책 토론에서는 패배했지만 역사학자들은 그들에게 끊임없는 관심을 보였다. 이 주제를 개관할 때 유용하게 참고할 수 있는 자료로는, Fred Harvey Harrington, "The Anti-Imperialist Movement in the United States. 1898~1900," *Mississippi Valley Historical Review*, 22 (Sept. 1935). 그러나 이 논문의 내용은 베트남 전쟁 때문에 미국 외교사에서 유사한 사례를 찾으려는 연구의 열풍 때문에 크게 과장되었다. 맥킨리 정책의 비판자를 연구한 일련의 출판물을 최초로 (그러나 여전히 가장 매력적인 지위를 차지하는) 해설한 저작으로는, Robert L. Beisner, *Twelve Against Empire: The Anti-Imperialists, 1898~1900* (1968). 그 밖의 자료를 예시하면, Frank Freidel's essay in *Dissent in Three American Wars* (1970); E. Berkeley Tompkins, *Anti-Imperialism in the United States: The Great Debate, 1890~1920* (1970); Daniel B. Schirmer, *Republic or Empire: American Resistance to the Philippine War* (1972); Richard E. Welch, Jr., *Response to Imperialism: The United States and the Philippine-American War, 1899~1902* (1979); Thomas J. Osborne, *"Empire Can Wait" : American Opposition to Hawaiian Annexation, 1893~1898* (1981). 1890년대의 팽창정책에 대한 미국 사회의 합의를 강조하고, 하와이와 필리핀 병합을 둘러싸고 전개된 당대 논쟁의 중요성을 경시하는 뉴 레프트 계열의 역사학자들이 취한 초기의 태도를 보여주는 사례로서 주목할 만한 논문으로는, John W. Rollins, "The Anti-Imperialists and Twentieth Century American Foreign Policy," *Studies on the Left*, 3 (1962).

제3장 인종 간의 위계질서

아마도 '인종과 민족성'이 지난 수십 년 동안 미국 역사학자들의 마음을 가장 크게 사로잡은 주제라고 할 수 있을 것이다. 머리가 어지러울 정도로 다양한 분석 시각이 출현하여 인종과 민족성이라는 새로운 연구 주제를 분류하고 검토했다. 이 주제를 연구하고자 할 때 가장 유용하게 참고할 수 있는 안내서로는, Ruth Miller Elson, *Guardians of Tradition: American Schoolbooks of the Nineteenth*

Century (1964). 이 책은 미국의 어린이들이 학교에 처음 입학한 후 8년간 사용하는 교과서 중에서 가장 대중적인 교과서 수천 권을 참조하여 집필했다. 이 책을 통해 미국의 평민들이 인종에 관해서 어떤 식으로 생각하는지 알 수는 없지만 그들이 어린 시절에 믿도록 교육받은 내용, 즉 기억하기 위해 암송했던 내용들은 쉽게 확인할 수 있다. 그 밖의 일반적인 안내서로는, Thomas F. Gossett, *Race: The History of an Idea in America* (1963); Gary B. Nash and Richard Weiss, eds., *The Great Fear: Race in the American Mind* (1970); George Sinkler, *The Racial Attitudes of American Presidents from Abraham Lincoln to Theodore Roosevelt* (1971); Rubin F. Weston, *Racism in U. S. Imperialism: The Influence of Racial Assumptions on American Foreign Policy, 1893~1946* (1972); Ronald T. Takaki, *Iron Cages: Race and Culture in the Nineteenth-Century America* (1979); Robert W. Rydell, *All the World's a Fair; Visions of Empire at American International Expositions, 1876~1916* (1984). 미국의 사례를 제대로 이해하는 데 필요한 학문적 토론을 자극하는 자료로는, David B. Davis, *The Problem of Slavery in Western Culture* (1966), chaps. 2 and 15; Pierre van den Berghe, *Race and Racism: A Comparative Perspective* (1967); Dante A. Puzzo, "Racism and the Western Tradition," *Journal of the History of Ideas*, 25 (Oct.-Dec. 1964).

미국인의 삶과 신화 속에서 가장 빈번하게 등장하는 두 종류의 유색 인종인 흑인과 인디언은 그들의 눈에 띄는 모습에 걸맞게 학자들의 많은 관심을 끌었다. 인종을 바라보는 미국인들의 사고방식이 그들의 문화적 구조에서 핵심적 요소로 자리 잡는 과정을 이해하고자 할 때 가장 먼저 읽어볼 필요가 있는 책으로는, Winthrop D. Jordan, *White Over Black: American Attitudes Toward the Negro, 1550~1812* (1968); George M. Fredrickson, *The Black Image in the White Mind: The Debate on Afro-American Character and Destiny, 1817~1914* (1971); Michael McCarthy, *Dark Continent: Africa as Seen by Americans* (1983). 인디언이 미국 사회의 밑바닥에서 체험한 비참한 이야기를 하나하나 더듬어볼 수 있는 책으로는, Henry F. Dobyns, *Native American Historical Demography: A Critical Bibliography* (1976); Roy Harvey Pearce, *The Savages of America: A Study of the Indian and the Idea of Civilization* (1953, rev. ed. 1965); Francis Jennings, *The Invasion of America: Indians, Colonialism, and the Cant of Conquest* (1975); Reginald Horsman, *Expansion and American Indian policy, 1783~1812* (1967); Horsman, "American Indian Policy and the Origins of Manifest Destiny," *University of Birmingham Historical Journal*, vol. 11, no. 2 (1968); Bernard W. Sheehan, *Seeds of Extinction: Jeffersonian Philanthropy and the American Indian* (1973); Robert V. Remini, *Andrew Jackson and the Course of American Empire, 1767~1821* (1977); Remini, *Andrew Jackson and the Course of American Freedom, 1822~1832* (1981), chap. 15; Remini, *Andrew Jackson and the Course of American Democracy, 1833~1845* (1984), chap. 20; Ralph K. Andrist, *The Long Death: The Last Days of the Plains Indians* (1964); Robert M. Utley, *The Indian Frontier of the American West, 1846~1890* (1984). 미국인

들이 인디언을 바라보는 사고방식을 연구한 문헌은 계속해서 증가하는데, 최근에 이루어진 연구 2가지만 더 추가한다면, Robert K. Berkhofer, Jr., *The White Man's Indian: Images of the American Indian from Columbus to the Present* (1978). Brian W. Dippie, *The Vanishing American: White Attitudes and U.S. Indian Policy* (1982).

미국인들의 사고방식에서 라틴아메리카인들이 차지하는 열등한 지위는 다음과 같은 자료들을 참고하면서 확인할 수 있었다. Arthur P. Whitaker, *The United States and the Independence of Latin America, 1800~1830* (1941); David J. Weber, "'Scarce more than apes.' Historical Roots of Anglo American Stereotypes of Mexicans in the Border Region," in Weber, ed., *New Spain's Far Northern Frontier: Essays on Spain in the American West, 1540~1821* (1979); Raymund A. Paredes, "The Origins of Anti-Mexican Sentiment in the United States," in Ricardo Romo and Paredes, eds., *New Directions in Chicano Scholarship* (1978); Paredes, "The Mexican Image in American Travel Literature, 1831~1869," *New Mexico Historical Review*, 52 (Jan. 1977); Arnoldo De Léon, *They Called Them Greasers: Anglo Attitudes toward Mexicans in Texas, 1821~1900* (1983); Robert W. Johannsen, *To the Halls of Montezumas: The Mexican War in the American Imagination* (1985); Gerald F. Linderman, *The Mirror of War: American Society and the Spanish-American War* (1974). 특히 린더만(Linderman)의 책은 쿠바인과 스페인인의 이미지를 다룬 제5장을 참조하라.

미국 사회에 동아시아 이민자들이 출현하면서 미국인 사이에 형성된 이미지와 그들이 선택한 이민 정책에 관해서는 그동안 많은 학자들이 체계적이고 심층적인 연구를 진행시켜왔다. 특히 다음 문헌들을 참고하라. Stuart C. Miller, *The Unwelcome Immigrant: The American Image of the Chinese, 1785~1882* (1969); Michael H. Hunt, *The Making of a Special Relationship: The United States and China to 1914* (1983); Roger Daniels, *The Politics of Prejudice: The Anti-Japanese Movement in California and the Struggle for Japanese Exclusion* (1962).

1890년대 영토 획득 투쟁에 뛰어든 미국인의 사고방식에서 강력한 영향력을 행사한 앵글로색슨주의와 인종주의적 편견을 다룬 연구들을 예시하면, Reginald Horsman, *Race and Manifest Destiny: The Origins of American Racial Anglo-Saxonism* (1981); Stuart Anderson, *Race and Rapprochement: Anglo-Saxonism and Anglo-American Relations, 1895~1904* (1981); Stuart C. Miller, *"Benevolent Assimilation": The American Conquest of the Philippines, 1899~1903* (1982); James P. Shenton, "Imperialism and Racism," in Donald Sheehan and Harold C. Syrett, eds., *Essays in American Historiography* (1960); Christopher Lasch, "The Anti-Imperialists, the Philippines and the Inequality of Man," *Journal of Southern History*, 24 (Aug. 1958). 이런 연구들은 미국의 자유와 민족적 위대성을 둘러싸고 전개된 1980년대의 논쟁을 다룬 그 밖의 연구들(제2장의 연구 문헌으로 소개한 책들)을 통해서 반드시 보완될 필요가 있다.

제4장 혁명은 위험하다

미국 밖에서 발발한 혁명을 비판적으로 바라보는 미국인의 태도는 매우 잡다한 문헌들 속에서 다양하게 연구된 주제라고 할 수 있다. 이들 중 매우 인상적인 몇몇 책들은 약 40년 전이나 그 이전에 출간되었으며, 그 밖의 상당히 많은 책들은 1970년대에 폭발적으로 출간되었다. 현재 시점에서 봐도 여전히 타당성을 유지하는 책들 중 일부는 주로 혁명을 대하는 미국인들의 태도를 다루었고, 다른 책들은 미국의 정책을 다루었으며, 또 다른 책들은 그 두 가지 요소를 다양한 비율로 결합하여 다루었다.

혁명을 대하는 초창기 미국인들의 태도를 다룬 저작들은 출간 연도와 접근 방법 측면에서 매우 다양한 모습을 보여준다. Charles D. Hazen, *Contemporary American Opinion of the French Revolution* (1897). 뻔뻔한 신연방주의자의 분위기를 느끼게 할 정도로 케케묵은 이 책은 주로 정치 엘리트들이 작성한 글들을 참조하면서 저술되었다. 반면 목사들의 설교를 미국 대중의 의견을 측정하는 지표로 삼으면서 이루어진 최근의 연구로는, Gray B. Nash, "The American Clergy and the French Revolution," *William and Mary Quarterly*, 3d series, vol. 22 (July 1965). 이와 비슷한 방식으로 수행된 연구로는, Charles C. Griffin, *The United States and the Disruption of the Spanish Empire, 1810~1822* (1937). Arthur P. Whitaker, *The United States and the Independence of Latin America, 1800~1830* (1941). 이 두 책은 정기 간행물, 의회 기록, 특별 이익 단체의 기록물 등을 참고하면서 작성한 정치 이야기를 담고 있다. 이와 대조를 이루는 연구로는,

Winthrop D. Jordan, *White over Black: American Attitudes toward the Negro, 1550~1812* (1968), chap. 10. 이 책은 아이티공화국의 등장을 걱정스런 눈으로 바라보면서 작성했다.

미국과 19세기 중반의 혁명에 관한 독창적 연구들이 1920년대와 1930년대에 많이 등장했는데, 이 시기는 미국이 유럽의 전쟁과 외교문제에 뛰어들면서 미국 사회에 몰고 온 충격과 때문에 역사학자들이 그처럼 갑작스럽게 미국이 유럽 문제의 수렁에 빠져들게 된 까닭을 본격적으로 탐구하기 시작한 때였다. 그 시대에 활동한 학자들의 연구 중에서 가장 우수한 연구를 소개하면, Edward Mead Earle, "American Interest in the Greek Cause, 1821~1827," *American Historical Review*, 33 (Oct. 1927). John G. Gazley, *American Opinion of German Unification, 1848~1871* (1926). 게이즐리(Gazley)의 책은 독일뿐만 아니라 프랑스와 헝가리 등지에서 발생한 혼란까지 망라해서 방대하게 편집한 책이라고 할 수 있다. 그 밖의 우수한 연구로는, Eugene N. Curtis, "American Opinion of the French Nineteenth-Century Revolutions," *American Historical Review*, 29 (Jan. 1924); Elizabeth Brett White, *American Opinion of France: From Lafayette to Poincaré* (1927); Howard R. Marraro, *American Opinion of the Unification of Italy, 1846~1861* (1932). 프랑스에 관한 연구를 보완할 수 있는 연구로는, George L. Cherry, "American Metropolitan Press Reaction to the Paris Commune of 1871," *Mid-America*, 32 (Jan. 1950). Paul Constantine Pappas, *The United States and the Greek War for Independence, 1821~1828* (1985). 페퍼스(Pappas)의 책은 초기에 이루어진 설명의 주요 논지

를 새롭게 종합한 200쪽 내외 분량의 얇은 책자이다.

우리는 여기에서 멀 커티(Merle Curti)를 특별히 언급할 필요가 있는데, 그는 유럽의 두 번째 혁명 시기를 이해하는 데 매우 중요한 두 편의 해석적 논문을 작성한 저자이기 때문이다. 즉 "'Young America,'" *American Historical Review*, 32 (1926), & "The Impact of the Revolutions of 1848 on American Thought," *Proceedings of the American Philosophical Society*, 93 (June 1949). 커티의 헝가리 혁명 연구는―이는 "'Young America'"와 1926년 "*Smith College Studies in History*, vol. 11"에 발표한 전통적 외교 연구에서 확인해볼 수 있다―도널드 스펜서(Donald S. Spencer)가 '국제정치적 현실주의' 시각에서 집필한 책을―*Louis Kossuth and Young America: A Study of Sectionalism and Foreign Policy, 1848~1852* (1977)―통해 대부분 대체되었다.

20세기 초반에 발생한 혁명을 다룬 연구 문헌은 여타의 연구 문헌들과 마찬가지로 미국 대중의 여론과 미국의 정책을 매우 다양한 시각에서 해석하고 있지만 대체로 최근에 출간된 문헌들이다. 뉴 레프트 계열의 역사학자들은 미국인들이 의식적으로 그리고 열정적으로 견지하는 반혁명적 태도를 해석하는 데 특별한 관심을 기울였다. William Appleman Williams, *America Confronts a Revolutionary World: 1776~1976* (1976). 윌리엄스가 자신의 논문들을 모아 편집한 이 책은 그가 쓴 다른 책의 친숙한 주제들을 더욱 발전시킨 내용을 담았는데, 이 내용은 평소 그가 주장한 논지를 가장 일반적인 수준에서 해설한 것이라고 할 수 있다. 뉴 레프트 시각에서 20세기 초반의 혁명을 다룬 주요 연구들을 예시하면, Jerry

Israel, *Progressivism and the Open Door: America and China, 1905~1921* (1971); N. Gordon Levin, Jr., *Woodrow Wilson and World Politics: America's Response to War and Revolution* (1968); Lloyd C. Gardner, *Wilson and Revolution: 1913~1921* (1976); Gardner, *Safe for Democracy: The Anglo-American Response to Revolution, 1913~1923* (1884) — 이 책은 가드너(Gardner) 연구의 결정판이다.

뉴 레프트 계열의 연구 문헌을 읽을 때는 반드시 다음 연구 문헌과 함께 읽어보길 권하고 싶다. 링크(Link)가 여러 권으로 집필한 윌슨(1947~)의 일대기. James Reed, *The Missionary Mind and American East Asian Policy, 1911~1915* (1983), chap. 4. 러시아 혁명에 관해서는 다음 연구 문헌이 유용한다. Arthur W. Thomson and Robert A. Hart, *The Uncertain Crusade: America and the Russian Revolution of 1905* (1970). 이 책을 보완하는 다음 연구 문헌도 함께 참고하라. Filia Holtzman, "A Mission That Failed: Gor'kij in America," *Slavic and East European Journal*, 6 (Fall 1962); Peter G. Filene, *Americans and the Soviet Experiment, 1917~1933* (1967), chaps. 1 and 2; John Lewis Gaddis, *Russia, the Soviet Union, and the United States* (1978), chap. 3; Robert K. Murray, *Red Scare: A Study of National Hysteria, 1919~1920* (1955). 장기간에 걸쳐 전개된 역사학계의 논쟁을 적절하게 평가하고 문서를 통해 충분히 입증한 논문으로는, Eugene P. Trani, "Woodrow Wilson and the Decision to Intervene in Russia: A Reconsideration," *Journal of Modern History*, 48 (Sept. 1976).

제5장 이데올로기와 20세기 미국 외교

20세기 미국의 외교정책을 연구하는 역사학자들은 매우 많이 있는데, 그들은 미국의 사상을 연구하는 모든 학자들에게 상당히 많은 '자양분'을 제공했다. 어떤 학자들은 케넌과 윌리엄스가 닦아놓은 길을 따라 여행을 떠났는데, 그 때문에 어느 정도 예측 가능한 결론에 도달하곤 했다. 다른 학자들은 자신들이 개척한 독자적인 노선을 걸어가면서 특정의 정책 결정자나 외교정책 문제들을 검토했는데, 이런 과정을 거치면서 기존의 지적 패턴을 확장시키는 데 도움이 되는 참신한 연구 결론을 도출하기도 했다.

시어도어 루즈벨트에서 우드로 윌슨에 이르는 시기를 연구하는 학자들은 특별히 진보적 성격 내지 진보적 사고방식과 어느 정도 연관된 것으로 단정할 수 있는 미국 외교정책의 지적 뿌리를 탐색하는 연구를 앞장서서 이끌었다. 이들의 연구 중에서 가장 중요한 연구를 예시하면, N. Gordon Levin, Jr., *Woodrow Wilson and World Politics: America's Response to War and Revolution* (1968); William E. Leuchtenburg, "Progressivism and Imperialism: The Progressive Movement and American Foreign Policy, 1898~1916," *Mississippi Valley Historical Review*, 39 (Dec. 1952). 룩텐버그(Leuchtenberg)의 논문은 미국 외교정책의 국내 정치적 근원에 관한 주장을 검증하고, 그의 논문 제목에 병치된 대단히 애매모호한 두 개의 개념['진보주의(Progressivism)'와 '제국주의(Imperialism)'를 의미함—옮긴이]과 씨름하는 연구에 헌신하는 것처럼 누구나 할 수 있는 학문적 풍토를 개척했다. 룩텐버그가 제기한 문제를 둘러싸고 전개된 토론을 용의주도하게 소개한 논문으로는, Joseph M. Siracusa, "Progressivism, Imperialism, and the Leuchtenburg Thesis, 1952~1974," *Australian Journal of Politics and History*, 20 (Dec. 1974).

1차 세계대전에서 2차 세계대전에 이르는 시기는 오랫동안 '고립주의'가 준수된 시기로 간주되었기 때문에 역사학자들의 연구 의욕을 별로 자극하지 못했다. 그러나 윌리엄 애플맨 윌리엄스로부터 어느 정도 영향을 받은 조합주의 역사학자들(corporatist historians)이 나타나서 그런 학문적 분위기를 크게 뒤바꾸어 놓았다. 이들이 쓴 책들을 예시하면, Michael J. Hogan (1977), Burton I. Kaufman (1974), Melvyn P. Leffler (1979), Carl P. Parrini (1969), Joan Hoff Wilson (1971). 이 책들은 미국 사회의 강력한 이익집단들, 그 중에서도 특히 기업과 은행이 워싱턴과 손을 잡고 이전에 국제정치적 현실주의자들의 '권선징악극(morality plays)'에서 허용했던 수준을 훨씬 넘어선 수준의 국제정치 문제에 미국을 개입하도록 만든 수법을 생생하게 보여주었다. 이처럼 새로운 연구방법을 모범적으로 보여준 사례로는, Thomas J. McCormick, "Drift or Mastery? A Corporatist Synthesis for American Diplomatic History," *Reviews in American History*, 10 (Dec. 1982). 반면, 조합주의 역사학자들의 연구를 비판적으로 검토한 사례로는, John Braeman, "The New Left and American Foreign Policy during the Age of Normalcy: A Reexamination," *Business History Review*, 62 (Spring 1983).

1차 세계대전에서 2차 세계대전에 이르는 시기에 활동한 주요 정치가들의 사회적 배경과 기본적 가치관 등을 다룬 전기들이 출간되면서 그 시기의 미국 외교정책이 '고립주의' 기조를 그대로 유지했다는 주장(조합주의 역사학자들의 주장과 상이한 주장—옮긴이)이 더욱 강화되었다. 그 시기에 활동한 주요 정치가들의 전기를 예시하면, Henry Cabot Lodge [William C. Widenor (1980)]; Charles Evans Hughes [Merlo J. Pusey (1951)]; Frank B. Kellogg [L. Ethan Ellis (1962)]; Calvin Coolidge [Donald R. McCoy (1967)]; Herbert Hoover [Joan Hoff Wilson (1975)]; Henry L. Stimson [Elting E. Morison (1960)]; Franklin D. Roosevelt [Robert Dallek (1979) and Robert A. Divine (1969)].

미국 외교정책 이데올로기의 역사적 관성에 특별히 주목한 연구를 좀 더 예시하면, Douglas Little, "Antibolshevism and American Foreign Policy, 1919~1939," *American Quarterly*, 35 (Fall 1983); Hugh De Santis, *The Diplomacy of Silence: The American Foreign Service, the Soviet Union, and the Cold War, 1933~1947* (1981); Mark L. Chadwin, *The Hawks of World War II* (1968); Robert A. Divine, *Second Chance: The Triumph of Internationalism in America during World War II* (1967). 양차 세계대전의 막간뿐만 아니라 그 이후 시기의 미국 외교정책에서 엘리트가 행사한 중요한 역할을 조망한 연구로는, Philip H. Burch, Jr., *Elites in American History* (1980~1981), vols. 2-3; G. William Domhoff, *Who Rules America?* (1967); Robert D. Schulzinger, *The Wise Men of Foreign Affairs: The History of the Council on Foreign Relations* (1984).

2차 세계대전 당시 미국의 개입주의 정책을 비판한 인물들의 전기를 예시하면, William E. Borah [Robert J. Maddox (1969)], Charles

A. Lindbergh [Wayne S. Cole (1974)], Gerald P. Nye [Cole (1962)]. 이들의 설명을 보완할 수 있는 연구 문헌도 함께 소개한다. John Milton Cooper, Jr., *The Vanity of Power: American Isolationism and the First World War, 1914~1917* (1969); Alexander DeConde, "The South and Isolationism," *Journal of Southern History, 24* (1958); Thomas N. Guinsburg, *The Pursuit of Isolationism in the United States Senate from Versailles to Pearl Harbor* (1982); Manfred Jonas, *Isolationism in America, 1935~1941* (1966); Cole, *America First: The Battle against Intervention, 1940~1941* (1953); Robert Griffith, "Old Progressives and the Cold War," *Journal of American History*, 66 (Sept. 1977); Justus D. Doenecke, *Not to the Swift: The Old Isolationists in the Cold War Era* (1979).

냉전을 이해하기 위해 계속해서 노력하는 역사학자들은 지난 수십 년간 엄청나게 많은 연구 문헌들을 출간했다[이런 사실은 번즈(Burns)가 집필한 『1700년 이후 미국 외교관계 안내서』(*Guide to American Foreign Relations since 1700*)의 해당 장들을 참고할 경우 금방 확인할 수 있을 것이다]. 아래에서 예시하는 연구 문헌들은 미국 외교정책을 지도한 이념을 이해하는 데 현저하게 기여한 책들 중에서 단지 몇 가지만 골라 소개한 것이다.

미국의 봉쇄정책은 가장 많이 연구되었으면서도 여전히 논쟁적인 정책 개념이라고 할 수 있다. 봉쇄정책을 국제정치적 현실주의 시각에서 꼼꼼하게 분석한 연구로는, John Lewis Gaddis, *Strategy of Containment: A Critical Appraisal of Postwar American National Security Policy* (1982). 뉴 레프트의 시각으로 봉쇄정책을 광범위하게 검토한 두 권의 책을 소개하면, Gabriel Kolko, *The Politics of War: The World and United States Foreign Policy, 1943~1945* (1968). Joyce and Gabriel Kolko, *The Limits of Power: The World and United States Foreign Policy, 1945~1954* (1972).

봉쇄정책과 밀접하게 연관된 그 밖의 주요한 미국 외교정책 이념을 연구한 문헌들로는, Ernest R. May, *"Lessons" of the Past: The Use and Misuse of History in American Foreign Policy* (1973); Les K. Adler and Thomas G. Paterson, "Red Fascism: The Merger of Nazi Germany and Soviet Russia in the American Image of Totalitarianism, 1930's~1950's," *American Historical Review*, 75 (April 1970); Daniel M. Smith, "Authoritarianism and American Policy Makers in Two World Wars," *Pacific Historical Review*, 43 (Aug. 1974).

지정학은 앞으로 많은 연구가 필요한 분야지만 예비적 고찰을 위해서는 다음 자료를 참고하라. Joseph S. Roucek, "The Development of Political Geography and Geopolitics in the United States," *Australian Journal of Politics and History*, 3 (May 1958); Geoffrey J. Martin, *The Life and Thought of Isaiah Bowman* (1980); Alan Henrikson, "The Map as an 'Idea': The Role of Cartographic Imagery during the Second World War," *American Cartographer*, 2 (April 1975).

제3세계 개발정책과 그것의 이론을 이해하고자 할 때 가장 먼저 읽으라고 권하고 싶은 책은, Robert A. Packenham, *Liberal America and the Third World: Political Development Ideas in Foreign Aid and*

Social Science (1973). 이 책을 보완할 수 있는 연구 문헌을 좀더 소개하면, Robert A. Nisbet, *Social Change and History: Aspects of the Western Theory of Development* (1969); Joseph R. Gusfield, "Tradition and Modernity: Misplaced Polarities in the Study of Social Change," *American Journal of Sociology*, 72 (Jan. 1967); Dean C. Tipps, "Modernization Theory and the Comparative Study of Societies: A Critical Perspective," *Comparative Studies in Society and History*, 15 (1973); Aidan Foster-Carter, "From Rostow to Gunder Frank: Conflicting Paradigms in the Analysis of Underdevelopment," *World Development*, 4 (March 1976).

제6장 현대 미국 외교의 딜레마

지난 10년 동안 미국 외교정책의 기본 방향에 관한 논쟁이 폭풍처럼 일기 시작하자 모든 부류의 논평자가 자신의 타이프라이터로 달려가 집필하는 데 여념이 없었다. 베트남 전쟁의 교훈을 탐색하는 과정에서 폭풍의 본성, 강도, 방향 등을 측정할 수 있는 편리한 바로미터 또한 발견할 수 있었다. 베트남 전쟁의 교훈을 도출하려는 노력이 전쟁이 끝나기 전에도 계속 진행되었지만 베트남 전쟁을 전반적으로 검토한 연구는 1976년이 되어서야 처음 등장했다. 이때 등장한 책이 바로 『베트남 전쟁의 유산』(*The Vietnam Legacy: The War, American Society, and the Future of American Foreign Policy*)이다. 이 책은 앤소니 레이크(Anthony Lake)가 편집하고 미국외교위원회(Council on Foreign Relations)가 후원해서 출간되었다. 이 책에 이어 출간된 책으로는, W. Scott Thompson and Donaldson D. Frizzell, eds., *The Lessons of Vietnam* (1977). 베트남 전쟁을 처음 접하면서 크게 환멸을 느끼던 사람들의 반응을 명시적으로 비판하면서 저술된 책으로는, Guenter Lewy, *America in Vietnam* (1978), Harry G. Summers, Jr., *On Strategy: A Critical Analysis of the Vietnam War* (1982). 베트남 전쟁의 문제를 제대로 정리하려고 시도한 가장 최근의 연구들로는, Harrison E. Salisbury, ed., *Vietnam Reconsidered: Lessons from a War (1984)*; Gabriel Kolko, *Anatomy of a War: Vietnam, the United States, and the Modern Historical Experience* (1985); Loren Baritz, *Backfire: A History of How American Culture Led Us into Vietnam and Made Us Fight the Way We Did* (1985); John Hellman, *American Myth and the Legacy of Vietnam* (1986).

미국 외교정책을 비판한 개혁주의자들이 광범위한 주제를 검토하면서 저술한 통찰력 있는 저작들 역시 베트남 전쟁의 참고문헌으로 반드시 검토되어야 한다. 이들 중 가장 걸출한 연구자들을 예시하면, Richard J. Barnet, Melvin Gurtov, Richard E. Feinberg, Robert A. Packenham, Earl C. Ravenal, David P. Calleo, I. M. Destler, Leslie Gelb, Anthony Lake. (이들이 쓴 책들은 이 책의 제1장 주석에서 인용한 바 있다.)

최근의 격동의 시기에 미국 외교정책을 담당했던 정책 결정자들은 퇴임하자마자 자신들이 수행한 정책을 정당화하기 시작했다. 닉슨과 키신저의 회고록(두 사람의 회고록은 1978년과 1979~1982년에 각각 출간되었다)이 출간된 이후 포드(1979), 카터(1982), 밴스

(1983), 브레진스키(1983) 등의 회고록이 잇따라 출간되었다. 헤이그(1983)의 회고록은 가장 먼저 레이건 대통령의 재임 기간 모습을 개략적으로 소개했으며, 레이건 대통령의 첫 번째 임기가 종료되어 퇴임한 사람들 역시 틀림없이 자신들의 회고록을 작성하고자 할 것이다. 이러한 회고록들은 비록 사실을 은폐하고 교묘하게 변호할 위험이 상존하는 것이지만 역사적 기록이 충분히 공개되기 이전까지는 유용하게 활용할 수 있는 자료라고 할 수 있다.

미국 외교정책에서 최근에 불거진 문제들은 대체로 냉전에 대한 기존의 합의가 붕괴되고, 제3세계의 혁명적 변화를 잘못 해석한 데서 연유했다. 전자를 잘 다룬 책으로는, John E. Mueller, *War, Presidents, and Public Opinion* (1973) — 이 책은 베트남 전쟁과 한국 전쟁을 검토했다. Ole R. Holsti and James N. Rosenau, *American Leadership in World Affairs: Vietnam and the Breakdown of Consensus* (1984). 후자를 다룬 책은 엄청나게 많은데, 나는 다음 연구 문헌들이 특별히 유익하다는 사실을 발견했다. Bruce Cumings, "American Policy and Korean Liberation," in Frank Baldwin, ed., *Without Parallel: The American-Korean Relationship Since 1945* (1974); James Peck, "The Roots of Rhetoric: The Professional Ideology of America's China Watchers," in Ed Friedman and Mark Selden, eds., *America's Asia* (1971); David McLean, "American Nationalism, the China Myth, and the Truman Doctrine: The Question of Accommodation with Peking, 1945~1950," *Diplomatic History*, 10 (Winter 1986); Jeffrey Race, *War Comes to Long An: Revolutionary Conflict in a Vietnamese Province* (1972); Richard H.

Immerman, *The CIA in Guatemala: The Foreign Policy of Intervention* (1982); Richard E. Welch, Jr., *Response to Revolution: The United States and the Cuban Revolution, 1959~1961* (1985); Walter LaFeber, *Inevitable Revolutions: The United States in Central America* (1983); Barry Rubin, *Paved with Good Intentions: The American Experience and Iran* (1980).

주

한국 독자들에게

1) 이와 관련된 나의 자전적 이야기와 이어지는 두 문단 내용은 다음 자료에서 발췌했다. "Personal Reflections on SHAFR at Forty," *Diplomatic History* 31 (June 2007):403~404. "*Diplomatic History*"의 허락을 얻어 여기에 소개한다.
2) 이 논문은 다음 책에 다시 게재되었다. *Explaining the History of America Foreign Relation*, ed. Michael J. Hogan and Thomas G. Paterson(New York: Cambridge University Press, 1991). 또한 그 논문을 다시 수정 보완하여 2003년에 출간된 이 책의 제2판에 수록했다.
3) 아래의 자료에서 인용하였다. *Explaining the History of American Foreign Relation*, 2nd ed., Michael J. Hogan(New York: Cambridge University Press, 2003), p. 229.
4) 이러한 구조적 특징과 그것이 여타의 지배적인 이념 체계와 관계를 맺는 방식에 관해서는 내가 가장 최근에 저술한 책에서 상세하게 다루었다. *The American Ascendancy: How the U.S. Gained and Wielded Global Dominance* (Chapel Hill: University of North Carolina Press, 2007).

서론

5) Gordon Craig, "Political and Diplomatic History," in Felix Gilbert and Stephen R. Graubard, eds., *Historical Studies Today* (New York, 1972), p. 362.
6) Michael H. Hunt, *The Making of a Special Relationship: The United States and China to 1914* (New York, 1983), p. 302. 도로시 복은 나와 동일한 견해를 더 구체적으로 표현하고 있다. 즉, "미국의 동아시아 정책의 근저에 깔려 있는 동기체계는 대체로 여타의 세계에 대한 미국 정책의 기초를 형성하는 것과 동일한 성격을 띤다." Dorothy Borg, *American Policy and the Chinese Revolution, 1925~1928*, 2d ed. (New York, 1968), p. xiv.

제1장 이데올로기 이해하기

7) Walter Lippmann, *U.S. Foreign Policy: Shield of the Republic* (Boston, 1943), p. 138.
8) Henry Kissinger, *The White House Year* (Boston, 1979), p. 54.

9) Graham T. Allison, "Cool It: The Foreign Policy of Young America," *Foreign Policy*, no. 1(Winter 1970~1971), p. 144; Michael Roskin, "From Pearl Harbor to Vietnam: Shifting Generational Paradigms", *Political Science Quarterly*, 89 (Fall 1974): 563.
10) Richard J. Barnet, *Intervention and Revolution: America's Confrontation with Insurgent Movements Around the World* (New York, 1968). 이후 버넷은 더욱 다그치기는 했지만 덜 강제적인 공격을 다룬 이 책의 증보판을 출간했다. *Roots of War: The Men and Institutions Behind U.S. Foreign Policy* (New York, 1972). 더 최근에 출간된 증보판으로는, *Real Security: Restoring American Power in a Dangerous Decade* (New York, 1981).
11) Melvin Gurtov, *The United States Against the Third World: Antinationalism and Intervention* (New York, 1974); Richard E. Feinberg, *The Intemperate Zone: The Third World Challenge to U.S. Foreign Police* (New York, 1983); Robert A. Packenham, *Liberal America and the Third World: Political Development Ideas in Foreign Aid and Social Science* (Princeton, 1973).
12) Earl C. Ravenal, *Never Again: Learning from America's Foreign Policy Failure* (Philadelphia, 1978); Ravenal, *Strategic Disengagement and World Peace: Toward a Noninterventionist American Policy* (San Francisco, 1979); David P. Calleo, *The Imperious Economy* (Cambridge, Mass., 1982). 미국 정부 내부 구성원의 정책 결정 과정이 점차 변덕스럽고, 이데올로기 지향적이며, 당파적 성격을 띠어간 모습을 고발한 연구도 함께 참고. I. M. Destler, Leslie Gelb, and Anthony Lake in *Our Own Worst Enemy: The Unmaking of American Foreign Policy* (New York, 1984).
13) Ravenal, *Never Again*, p. 15.
14) 버넷, 거토프, 그리고 패큰햄의 초기 연구도 래브널과 페인버그에게서 분명하게 확인할 수 있는 것과 유사한 종류의 통찰과 약점을 보여 준다. 다음을 보라. Barnet, *Intervention*, p. 78; Gurtov, *The United State*, pp. 2~9, 204, 213; Packenham, *Liberal America*, 특히 제3장과 제4장, 그리고 pp. 350, 357.
15) Ravenal, *Never Again*, pp. 51, 108, 129, 137; Ravenal, *Strategic Disengagement*, p. 5.
16) Feinberg, *The Intemperate Zone*, pp. 25, 191~92, 234, 257.
17) Chicago, 1951.
18) Kennan, *American Diplomacy*, pp. 22, 36; Kennan, *Memoir* (Boston, 1967, 1972), 2:71~73.
19) Kennan, *American Diplomacy*, p. 79; Kennan, *Memoirs*, 2:322.
20) Kennan, *Memoirs*, 1:69, 246, 261, 511, 549, 551, 2:171~72, 252. 케넌은 '이데올로기의 종언'을 주창하는 냉전 시대의 자유주의자의 대열에 합류했다. 이 운동의 발단은 케넌이 1950년 시카고대학교에서 강의한 시기와 대략 일치하는데, 이후 10여 년간 미국과 서유럽에서 많은 지지를 얻었다. 〈문화적 자유를 추구하는 대표자 회의〉(Congress for Cultural Freedom)와 긴밀하게 제휴하면서 활동했던 유명한 사회과학자들, 그 중에서도 특히 에드워드 쉴즈, 다니엘 벨, 세이머 마틴 립셋, 그리고 레이몽 아롱 등은 이데올로기가 본질적으로 기술적 문제와 씨름하는 현대의 복잡한 사회에 어울리지 않는 거추장스

러운 것이라는 사고방식을 대중화시키려고 노력했다. 이러한 사실을 잘 소개한 책으로는, Job L. Dittberner, *The End of Ideology and American Social Though* (Ann Arbor, Mich. 1979).

21) 민주주의가 외교정책을 왜곡하는 경향이 있다고 보는 케넌의 시각은 다년간에 걸쳐 형성된 것이었다. 그는 1944년 좌절감을 느끼면서 다음과 같은 사실을 고백했다. 즉 "외교정책 분야에서 우리가 취하는 행위는 목소리 큰 소수자가 지배하는 국내의 정치과정에 대한 정치가의 발작적 반작용이다." 4년 후 그는 미국 국무부에서 미국의 정치 풍경을 바라본 소감을 다음과 같이 솔직하게 털어 놓았다. "위대한 민주주의는 분명히 권력 관계의 미묘함과 모순된 속성을 적절하게 다룰 수 없다." 그가 『미국 외교』를 집필하던 시기와 동일한 시기에 등장한 맥카시즘과 이른바 "누가 중국을 잃었는가?" 논쟁은 외교정책에 대한 민주주의의 파괴적인 충격과 관련된 그의 관심을 곧바로 강화시켰다. Kennan, *American Diplomacy*, pp.36, 56; Kennan, *Memoirs*, 1:185, 239, 351, 495, 2:221~223, 319~321, 323.

22) Kennan, *Memoirs*, 1:53~54, 2:87. 월터 리프먼은 여론을 부정적으로 바라보는 케넌의 시각을 이미 1910년대 초반에 예견했다. 이후 리프먼은 1922년과 1925년에 출간된 책들에서 그러한 생각을 더욱 심화시켰으며, 널리 읽힌 1943년의 연구에서도 그것을 다시 강조했다. 그러나 리프먼이 정기적으로 쓴 신문 칼럼을 틀림없이 케넌도 잘 알았겠지만, 케넌과 리프먼이 사적으로 교제했다는 증거는 보이지 않는다. Ronald Steel, *Walter Lippmann and the American Century* (Boston, 1980), pp.43, 180~183, 211~213; Lippmann, *U.S. Foreign Policy*.

23) Kennan, *Memoirs*, 2:86. 케넌은 복잡한 성격의 소유자이며, 심지어 역설적인 인물이라고까지 평가할 수 있는데, 사실 그는 『미국 외교』라는 현실주의 저서를 읽은 그 어떤 독자가 추측하는 것보다 훨씬 더 기독교적 도덕주의자에 가까웠다. 그러나 여기에서 검토한 그의 유명한 책보다는 덜 복잡한 인물이라고 할 수 있다. 이 책의 제5장에서 케넌의 도덕주의에 내장된 이데올로기적 차원을 강조하게 될 것이다.

24) Clifford Geertz, "Ideology as a Cultural System", in David E. Apter, ed., *Ideology and Discontent* (London, 1964), p. 52.

25) 지금부터 진행될 나의 비평은 클리블랜드에서 출판된 1959년 『미국 외교의 비극』을 기초로 삼겠다. 이 책의 내용을 상당 부분 수정한 개정판이 1962년과 1972년에 출간된 바 있다. 윌리엄스의 지적 배경을 소개한 사례로는, Joseph M. Siracusa, *New Left Diplomatic Historians and Histories: The American Revisionist* (Port Washington, N.Y., 1973), pp. 24~26.

26) Williams, *Tragedy*, p.16.

27) *Ibid.*, pp.34, 43, 118.

28) *Ibid.*, p.200.

29) 이전 세대의 혁신주의 역사가 중 가장 뛰어난 학자이면서 프랭클린 루즈벨트의 외교정책을 신랄하게 비판한 인물이기도 했던 찰스 비어드는 윌리엄스가 추종했던 영웅 중의 한 사람이었다. 1956년과 1957년에 윌리엄스는 경제적 갈등 문제에 주목했고, 또 경

제적 이해관계와 정치과정 간의 유착관계에 주목했던 비어드의 연구시각을 칭찬한 바 있다. 아울러 윌리엄스는 비어드의 도덕적 관심도 공유했다. 비어드는 해외에서 편협한 경제적 이익을 추구하려는 정책 결정자의 권모술수로부터 거리를 두는 가운데 미국 국내의 민주주의적 가치를 보존하고자 했다. 비어드에 관한 윌리엄스의 논문을 확인해볼 수 있는 자료로는, William Appleman Williams, *History as a Way of Learning* (New York, 1973).

30) Williams, *Tragedy*, p. 210. 윌리엄스는 자신의 후속 연구에서 그 동안 마음속에 품었던 구상, 즉 미국 외교정책을 근본적으로, 그리고 구조적으로 변화시키는 것이 무엇인지를 밝혔다. 미국은 단지 '계급의식에 사로잡힌 산업계의 특권층'에게만 이익이 돌아가는 지배적인 자본가의 에토스를 포기해야만 한다는 것이다. 오직 그럴 경우에만 미국은 세계를 약탈하고 그들과 적대적인 관계를 유지하는 태도를 그만둘 수 있으며, 자본주의 이전의 시기처럼 공동체를 다시 활성화시킬 수 있는 민주적 사회주의를 미국 사회 내에 건설할 수 있을 것이라고 주장했다. Williams, *History as a Way of Learning*, p.17.

31) Williams, *Tragedy*, pp.13~15, 53~59(비경제적 이념을 확인할 수 있는 부분임). Williams, *History as a Way of Learning*, p.9

32) Clifford Geertz, "Thick Description: Toward an Interpretive Theory of Culture", in his *The Interpretation of Cultures* (New York, 1973), p.12.

33) Eric H. Erikson, *Young Man Luther* (New York, 1958), p. 22.

34) Geoff Eley, 'Nationalism and Social History', *Social History*, 6 (Jan. 1981): 92, 104.

제2장 미국은 위대하다는 믿음

35) 여기에서 인용한 『상식론』의 내용과 앞으로 인용하게 될 내용은 다음 자료에서 확인해볼 수 있다. Philip S. Foner, ed., *Complete Writings of Thomas Paine* (New York, 1945), 1:19, 23, 44, 45. 페인의 성장기와 『상식론』을 저술한 배경에 관해서는 다음 책을 보라. David Freeman Hawke, *Paine* (New York, 1974), 1장~3장, 그리고 Eric Foner, *Tom Paine an Revolutionary America* (New York, 1976), 서론과 1장~3장.

36) Foner, *Complete Writings of Thomas Pain*, 2: 1480.

37) Jefferson to Bellini, 30 Sept. 1785, in Julian P. Boyd, ed., *The Papers of Thomas Jefferson* (Princeton, 1950~), 8:568; Jefferson, *Notes on Virginia*, in Andrew A. Lipscomb and Albert E. Bergh, eds., *The Writings of Thomas Jefferson* (Washington, 1903~1907), 2:241. 적지 않은 역사학자가 제퍼슨이 보여준 역설, 즉 자유를 열렬하게 옹호한 제퍼슨이 노예를 소유했고, 그가 이상적인 경제활동으로 간주한 자작농(yeomanry)도 노예 노동에 의존한 경우가 많았다는 역설에 주목했다.

38) Lipscomb and Bergh, *Writings of Thomas Jefferson*, 2:241, 242.

39) Jefferson, Dec. 1793 report on commerce, in Lipscomb and Bergh, *Writings of Thomas Jefferson*, 3:277, 281.

40) Adams quoted in John C. Miller, *Alexander Hamilton: Portrait in Paradox* (New York, 1959), p. 523. 해밀턴의 성격과 행위의 동기를 아주 날카롭게 통찰한 연구로는,

Jacob E. Cooke, *Alexander Hamilton* (New York, 1982).

41) Hamilton, The Federalist No. 6 Nov. 1787, in Harold C. Syrett, ed., *The Papers of Alexander Hamilton* (New York, 1961~1979), 4:310, 316.

42) Hamilton, The Federalist No. 11 Nov. 1787, in *ibid.*, 4:342, 345~346; Jerald A. Combs, *The Jay Treaty: Political Battleground of the Founding Fathers* (Berkeley, Calf., 1970), p.35.

43) Madison quoted in Drew R. McCoy, "Republicanism and American Foreign Policy: James Madison and the Political Economy of Commercial Discrimination, 1789 to 1794", *William and Mary Quarterly*, 3d series, vol. 31 (Oct. 1974), p.635.

44) Jefferson quoted in Merrill D. Peterson, *Thomas Jefferson and the New Nation* (New York, 1970), pp. 64~65; Foner, *Complete Writings of Thomas Pain*, 2:722; doggerel quoted in Donald H. Stewart, *The Opposition Press of the Federalist Period* (Albany, N.Y., 1969), p.220. (시구의 원문은 다음과 같다. "truly a farce, fit only to wipe the national———." 헌트는 이 문장의 의미를 다음과 같이 풀어주었다. "This is from a contemporary poem critical of the Jay treaty. The '———' at the end of the poem indicates an omission in the original of the word 'arse' [the old form of 'ass']. So my source was trying to be cute or polite by leaving out the gross punchline of this verse. Jay's treaty was fit only to be toilet paper. Of course anyone reading the poem in the 18th and 19th century could have filled in the blank because farce and arse are common rhymes and 'wipe' indicates a bathroom activity. You might have to be more direct in your translation and supply word 'arse' or 'ass' perhaps in brackets." 본문의 내용은 헌트의 의견을 따라 생략된 'arse'를 추가하여 번역했다.―옮긴이)

45) Jefferson to Madison, 21 Sept. 1795, in Lipscomb and Bergh, *Writings of Thomas Jefferson*, 9:309, Syrett, *Papers of Alexander Hamilton*, 18:480, 495, 496.

46) 여기에서 인용한 내용과 아래의 문단에서 인용할 내용은 다음 자료에서 뽑은 것이다. Washington to Hamilton, 29 July 1795, in Syrett, *Papers of Alexander Hamilton*, 18:525;Farewell Address in John C. Fitzpatrick, ed., *The Writings of George Washington* (Washington, 1938~1944), 35:214~238.

47) Adams quoted in Cooke, *Alexander Hamilton*, p.195.

48) Jefferson to Thomas Lomax, 12 March 1799, in Lipscomb and Bergh, *Writings of Thomas Jefferson*, 10:24; Jefferson, inaugural address, 4 March 1801, in James D. Richardson, ed., *A Compilation of the Messages and Papers of the President, 1789~1897* (Washington, 1896~1900), 1:323.

49) 제퍼슨의 주목할 만한 외교정책의 업적을 해설한 최근의(이 책이 출간된 1987년의 시점에서 최근이라는 뜻임.―옮긴이) 사례로는, Alexander DeConde, *This Affair of Louisiana* (New York, 1976).

50) Jefferson to A. Stewart, 25 Jan. 1786, in Lipscomb and Bergh, *Writings of Thomas Jefferson*, 5:260.

51) John L. Sullivan, "Annexation", *Democratic Review*, 17 (July~Aug. 1845): 9.
52) Quote from Robert V. Remini, *Andrew Jackson and the Course of American Democracy, 1833~1845* (New York, 1984), p.418.
53) O'Sullivan, "The Great Nation of Futurity", *Democratic Review*, 6(Nov. 1839): 427; speech by Rep. Frederick P. Stanton (Democrat, Tennessee), 16 Jan. 1846, in Norman A. Graebner, ed., *Manifest Destiny* (Indianapolis, 1968), p.94.
54) Speeches by Rep. Chesselden Ellis (Democrat, New York), 25 Jan. 1845, Sen. Lewis Cass (Democrat, Michigan), 10 Feb. 1847, and Sen. Sidney Breese (Democrat, Illinois), 14 Feb. 1848, all in Graebner, *Manifest Destiny*, pp.73, 158, 218.
55) Walter LaFeber, ed., *John Quincy Adams and American Continental Empire* (Chicago, 1965), pp. 37, 130; Madison quoted in Albert K. Weinberg, *Manifest Destiny* (Baltimore, 1935), p.228.
56) Breese speech of 14 Feb. 1848, in Graebner, *Manifest Destiny*, p.218.
57) Corwin speech of 11 Feb. 1847, in Graebner, *Manifest Destiny*, pp.165, 166.
58) Greeley in *New York Tribune*, 12 May 1846 and 26 Feb. 1848, quoted in Frederick Merk, "Dissent in the Mexican War", in Samuel Eliot Morison et al., *Dissent in Three American War* (Cambridge, Mass., 1970), p.44, and in John H. Schroeder, *Mr. Polk's War: American position and Dissent, 1846~1848*(Madison, Wis., 1973), p.159; speech by Sen. John C. Calhoun (Democrat, South Carolina), 4 Jan. 1848, Graebner, *Manifest Destiny*, p.227; Calhoun speech of 9 Feb. 1847, quoted in Schroeder, *Mr. Polk's War*, p.70; Albert Gallatin, *Peace with Mexico* (New York, 1847), excerpted in Graebner, *Manifest Destiny*, p.192.
59) Graebner, *Manifest Destiny*, p.234; Schroeder, *Mr. Polk's War*, pp.75~76.
60) Polk quoted in Thomas R. Hietala, *Manifest Design: Anxious Aggrandizement in Late Jacksonian America* (Ithaca, N.Y., 1985), p.122.
61) George E. Baker, ed., *The Works of William H. Seward* (Boston, 1884~1889), 4:165.
62) *Chicago Tribune* quoted in Donald M. Dozer, "Anti-Expansionism during the Johnson Administration", *Pacific Historical Review*, 12 (Sept. 1943): 256.
63) Strong, *Our Country* (New York, 1885), pp.1, 178; Alfred Thayer Mahan, "The United States Looking Outward" (Aug. 1890), in his *The Interest of America in Sea Power* (Boston, 1897), p.18; Henry Cabot Lodge, "Our Blundering Foreign Policy", *Forum*, 19 (March 1895): 16, 17. 이 시기를 전형적으로 대변하는 인물이라고 할 수 있는 스트롱, 머핸, 롯지 등의 활동은 그동안 꾸준히 논쟁의 대상이 되어왔다. 예컨대 그들이 제기한 주장이 과연 식민지 개척이나 제국주의 활동에 대한 야심을 표현한 것으로 볼 수 있는지, 그리고 실제로 그들이 당대의 정책에 의미 있는 영향력을 행사한 것으로 볼 수 있는지 등등이 문제가 되기 때문이다. 이 문제에 대한 회의적인 견해에 대해서는 다음 논문을 보라. James A. Field, Jr., "American Imperialism: The Worst Chapter in Almost Any Book," *American Historical Review*, 83 (June 1978): 647~650. 여기에서 이 문제를 간략

하게 소개하는 까닭은 그들이 소유한 구체적인 동기나 실제로 행사한 영향력에 대해서 논쟁하고 싶기 때문이 아니다. 내가 의도하는 것은 그 세 사람의 공적인 목소리를 미국의 역사에서 오래 전부터 확립된 민족주의자의 지적 전통과 연결시키려는 것이다. 그들은 바로 그러한 전통에 입각해서 자신들의 연설에 필요한 용어를 선택했다.

64) McKinley quoted in Robert C. Hilderbrand, *Power and the People: Executive Management of Public Opinion in Foreign Affairs, 1897~1921* (Chapel Hill, N.C., 1981), p. 40, and in Ernest May, *Imperial Democracy: The Emergence of America as a Great Power* (New York, 1961), p. 251; McKinley speech of 16 Feb. 1899, in *Speeches and Addresses of William McKinley from March 1, 1897 to May 30, 190* (New York, 1900), pp.186~187, 192.

65) Speech by Sen. Albert Beveridge, 9 Jan. 1900, in *Congressional Record*, vol. 33, 56th Cong., 1st sess., p. 704; Beveridge, The March of the Flag in his *The Meaning of the Time* (Indianapolis, 1908), p.47.

66) Schurz and Cleveland quoted in Fred Harvey Harrington, "The Anti-Imperialist Movement in the United States, 1898~1900", *Mississippi Valley Historical Review*, 22 (Sept. 1935): 212, 213; Sumner, "The Conquest of the United States by Spain", *Yale Law Journal*, 8 (Jan. 1899): 192~193.

67) Merrill D. Peterson, *The Jeffersonian Image in the American Mind* (New York, 1960), p. 270; Beveridge, The March on the Flag pp. 49~50; Walter L. Williams, "United States Indian Policy and the Debate over Philippine Annexation", *Journal of American History*, 66(March 1980): 811~814, 818~822.

68) 이처럼 당대의 사회경제적 추세에 대해서 적대적인 태도를 취한 사례로는 다음 글을 보라. Rowland Berthoff, "Independence and Attachment, Virtue and Interest: From Republican Citizen to Free Entrepreneur, 1787~1837" in Richard L. Bush et al., *Uprooted American* (Boston, 1979); Berthoff and John M. Murrin, "Feudalism, Communalism, and the Yeoman Freeholder: The American Revolution Considered as a Social Accident", in Stephen G. Kurtz and James H. Hutson, eds., *Essays on the American Revolution* (Chapel Hill, N.C., 1973); Stephan Thernstrom, "Urbanization, Migration, and Social Mobility in Late Nineteenth-Century America in Barton J. Bernstein, ed., *Towards a New Pas* (New York, 1968); and Robert F. Gallman, Trends in the Size Distribution of Wealth in the Nineteenth Century in Lee Soltow, ed., *Six Papers on the Size Distribution of Wealth and Income* (New York, 1969).

제3장 인종 간의 위계질서

69) "Observations on the Increase of Mankind", in Leonard W. Labaree and William B. Willcox, eds., *The Papers of Benjamin Franklin* (New Haven, Conn., 1959~), 4: 234.

70) 앞으로 전개할 논의는 위의 책(*The Papers of Benjamin Franklin*—옮긴이)을 참고하면서 구성했다. 인디언에 관해서는 다음 쪽을 보라. 2:411, 4:119, 121, 481~83, 5:458,

6:487, 9:62, 10:296, 342, 402, 408, 409, 11:55. 흑인종에 관해서는, 4:229, 10:396, 11:76, 17:37~44, 19:112~113, 187~188, 269, 20:155~156, 296, 314, 21:151, 22:97, 196, 200, 519. 독일 사람에 관해서는, 4:120~210, 234, 483~485, 5:158~160, 20:528. 프랭클린과 인종에 관한 논의를 수록한 좋은 자료로는, Paul Conner, *Poor Richards Politicks: Benjamin Franklin and His New American Order* (New York, 1965), pp. 69~87. 프랭클린의 팽창주의적 비전을 이해할 수 있는 중요한 자료로는, Gerald Stourzh, *Benjamin Franklin and American Foreign Policy*, 2d ed. (Chicago, 1960). 이 책에서 사용한 인종주의의 개념에 관해서는 다음 책을 보라. Pierre L. van den Berghe, *Race and Racism: A Comparative Perspective* (New York, 1967), p. 11.

71) Labaree and Wilcox, *The Papers of Benjamin Franklin*, 4:231.
72) 다음 논문에서 인용했다. Alden T. Vaughn, "From White Man to Redskin: Anglo-American Perceptions of the American Indian", *American Historical Review*, 87 (Oct. 1982): 920. 이처럼 피부색에 민감한 도덕적 관점이 출현한 배경을 탐구한 사례로는, Winthrop D. Jordan, *White Over Black: American Attitudes Toward the Negro, 1550~1812* (Chapel Hill, N.C., 1968). 피부색과 관련된 뿌리 깊은 편견은 1865년 텍사스에서 발행된 한 신문의 다음과 같은 주장에서도 분명하게 확인해볼 수 있다. 흰색은 광명, 종교적 순수성, 순결, 신념, 기쁨과 생명 등의 상징이지만 그러나 검은색은 대지, 어둠, 비탄, 사악함, 거부, 죽음 등을 표현하며, 어둠의 왕자(the Prince of Darkness)에 어울리는 색깔이라고 할 수 있다. *Southern Intelligence* quoted in Arnold De León, *They Called Them Greasers: Anglo Attitudes toward Mexicans in Texas, 1821~1190* (Austin, Tex., 1983), p. 20.
73) 삽화의 출처: 그림 1을 발췌한 곳은, A. von Steinwehr and D. G. Brinton, *An Intermediate Geography* (Cincinnati, 1877), p. 13; 그리고 그림 2를 발췌한 곳은, Arnold Guyot, *Physical Geography* (New York, 1873), p. 114.
74) Ruth Miller Elson, *Guardians of Tradition: American Schoolbooks of the Nineteenth Century* (Lincoln, Nebr., 1964), pp. 87~88, 97.
75) Albert K. Weinberg, *Manifest Destiny: A Study of Nationalist Expansionism in America History* (Baltimore, 1935), p. 83.
76) Jackson, annual message to Congress, 6 Dec. 1830, in James D. Richardson, ed., *A Compilation of the Messages and Papers of the President, 1789~1897* (Washington, 1896~1900), 2:522.
77) Sherman letter of Sept. 1868, quoted in Ralph K. Andrist, *The Long Death: The Last Days of the Plains Indians* (New York, 1964), p. 154.
78) Elson, *Guardians of Tradition*, p. 154.
79) 삽화의 출처: 그림 3은 위 책의 p. 73 이하. 그리고 그림 4는 Robert K. Berkhofer, Jr. *The White Man's Indian: Images of the American Indian from Columbus to the Present* (New York, 1978), p. 138 이하[원본이 소장된 곳은 '의회 도서관의 그림 및 사진 소장품 전시실'(Library of Congress Prints and Photographs Collection)].

80) Elson, *Guardians of Tradition*, p. 154.
81) John J. Ingalls, *America's War for Humanity* (New York, 1898). 다음 책에서 재인용했다. Charles Gibson, ed., *The Black Legend: Anti-Spanish Attitudes In the Old World and the New* (New York, 1971), p. 177. 롯지와 프록터의 발언은 다음 책에서 인용했다. Gerald F. Linderman, *The Mirror of War: American Society and the Spanish-American War* (Ann Arbor, Mich., 1974), pp. 45, 123.
82) 랜돌프와 제퍼슨의 얘기는 다음 책에서 인용하였다. Arthur P. Whitaker, *The United States and the Independence of Latin America, 1800~1830* (Baltimore, 1941), pp. 183, 188. 애덤스의 얘기는 그의 자서전에서 인용했다. *Memoir* (Philadelphia, 1874~1877), 5:325.
83) 멕시코시티의 여행자였던 스티번 오스틴의 얘기는 다음 글에서 인용했다. David J. Weber, Scarce more than apes Historical Roots of Anglo American Stereotypes of Mexicans in the Border Region in Weber, ed., *New Spain's Far Northern Frontier* (Albuquerque, N. Mex., 1979), p. 298; 워커와 뷰캐넌의 얘기는 다음 책에서 인용했다. Reginald Horsman, *Race and Manifest Destiny: The Origins of American Racial Anglo-Saxonism* (Cambridge, Mass., 1981), pp. 215, 217.
84) 포크 대통령의 팽창 정책을 지지했던 토머스 코윈과 월트 휘트먼의 얘기는 다음 책에서 인용했다. Norman A. Graebner, ed., *Manifest Destiny* (Indianapolis, 1968), pp. 162, 208. 『뉴욕 이브닝 포스트』(*New York Evening Post*)의 기사 내용에 관해서는, Julius Pratt, "The Ideology of American Expansion", in Avery Craven, ed., *Essays in Honor of William E. Dodd* (Chicago, 1935), p. 344; John H. Schroeder, *Mr. Polks War: American Opposition and Dissent, 1846-1848* (Madison, Wis., 1973), pp. 76~129.
85) 본문의 인용문은 다음 책에서 인용했다. Horsman, *Race and Manifest Destiny*, p.233. Robert E. May, *The Southern Dream of a Caribbean Empire, 1854~1861* (Baton Rouge, La., 1973), p. 7.
86) 본문에서 인용한 레오너드 우드의 발언은 다음 책에서 발췌했다. Linderman, *The Mirror of War*, p. 138.
87) Elson, *Guardians of Tradition*, p.161. 미국인은 쿠바가 패배하자 자신들의 적으로 간주했던 스페인이 다시 득세할 것으로 판단했다. 스페인 군대는 매우 용감하게 싸웠고, 그들의 지도자는 전쟁터에서 기사도 정신을 발휘했으며 패배할 경우 협력적인 태도를 취한다는 사실이 입증되었다.
88) 삽화의 출처: 그림 5를 수록한 책은, William Murrell, *A History of American Graphic Humor* (New York, 1933), 1:191; 그림 6의 출처는, *Harper's Weekly*, 35 (7 Nov. 1891): 882 (버트 와일더가 그린 그림이다; 이 그림이 수록된 책은 Collection of Rare Books, Duke University Library); 그림 7의 출처는, *Judge*, 35 (9 July 1898), 표지 그림(그랜트 해밀턴이 그렸다); 그림 8의 출처는, John J. Johnson, *Latin America in Caricature* (Austin, Tex., 1980), p. 81 (제이 테일러가 *Puck*, 3 June 1896 에서 처음 그렸다); 그림 9의 출처는, *Latin America in Caricature*, p. 89 (in *Chicago Record-Herald*, 1901); 그림 10의 출처

는, Johnson, *Latin America in Caricature*, p. 127 (in *Chicago InterOcean*, 1905).

89) Elson, *Guardians of Tradition*, p. 162.

90) Michael H. Hunt, *The Making of a Special Relationship: The United States and China to 1914* (New York, 1983), p. 35.

91) California's anti-Chinese memorial to Congress (1877), in Cheng-Tsu Wu, *"Chink!" A Documentary History of Anti-Chinese Prejudice in America* (New York, 1972), p. 115; Elson, *Guardians of Tradition*, p. 164.

92) Hunt, *The Making of a Special Relationship*, pp. 92, 93.

93) 삽화의 출처: 그림 11의 출처는 *San Francisco Illustrated Was*, 1 (8 Dec. 1877): 1 (from the collection of the California State Library). 그림 12는 Morton Keller, *The Art and Politics of Thomas Nast* (New York, 1968), # 65 following p. 111 (원전의 출처는 *Harper's Weekly*, 7 Aug. 1869). 그림 13은 Richard Van Alstyne, *The United States East Asia* (New York, 1973), p. 77 (ascribed to *Life*, 1900). 그림 14는 *Harper's Weekly*, 44 (28 July 1900), cover (drawing by William A. Rogers; in the Collection of Rare Books, Duke University Library). 그림 15는 *Literary Digest*, 32 (10 March 1906): 357 (drawing by Fred Morgan originally in *Philadelphia Inquirer*).

94) Roger Daniels, *The Politics of Prejudice: The Anti-Japanese Movement in California and the Struggle for Japanese Exclusion* (Berkeley, Calif., 1962), pp. 28, 47.

95) Elson, *Guardians of Tradition*, p. 122; Horace Bushnell oration of 1837, quoted in Horseman, *Race and Manifest Destiny*, p. 209.

96) Beveridge speech of 17 Sept. 1898 entitled "The March of the Flag", in his *The Meaning of the Times* (Indianapolis, 1908), p. 47.

97) Michael McCarthy, *Dark Continent: Africa as Seen by American* (Westport, Conn., 1983), chaps. 6~7. 여기에 수록된 19세기 말과 20세기 초에 활동했던 선교사의 증언, 여행담, 어린이용 문학 작품, 학교 교재 등을 보라. 본문의 인용문은 맥카시 책의 xvi 쪽에서 발췌했다.

98) Robetr Seager II and Doris D. Maguire, eds., *Letters and Papers of Alfred Thayer Mahan* (Annapolis, Md., 1975), 1:593, 2:84, 92, 167, 529, 557~558, 569, 605, 620, 627, 693; Seager, *Alfred Thayer Mahan: The Man and His Letter* (Annapolis, Md., 1977), pp. 29, 37, 96, 142, 464~465.

99) Beveridge speech of 9 Jan. 1900, in *Congressional Record*, vol. 33, 56th Cong., 1st sess., p. 708; McKinley speech of 16 Feb. 1899, in *Speeches and Addresses of William McKinley from March 1, 1897 to May 30, 190* (New York, 1900), p. 193; Taft quoted in Stuart C. Miller, *"Benevolent Assimilation": The American Conquest of the Philippines, 1899~1903* (New Haven, Conn., 1982), p. 134.

100) 삽화의 출처: 그림 16의 출처는 *Literary Diges*, 17 (16 July 1898): 67 (drawing by Charles Nelan originally in *New York World*, 1898); 그림 17은 *Judge*, 39 (11 Aug. 1900), cover (drawing by Victor Gilliam; in the General Research Division, New York Public

Library, Astor, Lenox and Tilden Foundations); 그림 18은 Johnson, *Latin America in Caricature*, p. 217 (drawing by William A. Rogers originally in *Harper's Weekly*, 27 Aug. 1898); 그림 19는 National Archives and Records Service (photo no. 111-RB-1169); 그림 20은 *Bee*, 1 (25 May 1898): 8 (drawing by J. Campbell Cory; in the General Research Division, New York Public Library, Astor, Lenox and Tilden Foundations); 그림 21은 *Literary Digest*, 22 (30 March 1901): 372 (drawing by R. C. Bowman originally in *Minneapolis Tribune*); 그림 22는 Johnson, *Latin America in Caricature*, p. 131 (drawing by Thomas May originally in *Detroit Journal*, 1907; reprinted by permission of *Detroit News*, a division of Evening News Association, copyright 1907); 그림 23 *Literary Digest*, 18 (18 Feb. 1899): 180 (drawing by Thomas May originally in *Detroit Journal*).

제4장 혁명은 위험하다

101) Charles Francis Adams, ed., *The Works of John Adams* (Boston, 1850~1856), 10:397.

102) Andrew A. Lipscomb and Albert E. Bergh, eds., *Writings of Thomas Jefferson* (Washington, 1903~1907), 15:491.

103) Lester J. Cappon, ed., *The Adams-Jefferson Letter* (Chapel Hill, N.C., 1959), pp. 358, 391. 내가 여기에서 애덤스와 제퍼슨의 시각을 고찰할 때 크게 도움 받은 책을 예시하면, John R. Howe, Jr., *The Changing Political Thought of John Adams* (Princeton, 1966); Joyce Appleby, "The New Republican Synthesis and the Changing Political Ideas of John Adams", *American Quarterly*, 25(Dec. 1973); Peter Shaw, *The Character of John Adams* (Chapel Hill, N.C., 1976); Robert R. Palmer, "The Dubious Democrat: Thomas Jefferson in Bourbon France", *Political Science Quarterly*, 72(Sept. 1957); and Lawrence S. Kaplan, *Jefferson and France: An Essay on Politics and Political ideas* (New Haven, Conn., 1967). 애덤스와 제퍼슨 사이의 재미있는 관계를 능숙하게 서술한 책으로는, Merrill D. Peterson, *Adams and Jefferson: A Revolutionary Dialogue* (Athens, Ga., 1976).

104) Clinton Rossiter, "The Legacy of John Adams", *Yale Review*, new series, 46(June 1957): 532.

105) 이 에세이들을 모두 묶어서 '다빌라 논고(Discourses on Davila)'라고 부르는데, 주요 내용은 프랑스 혁명의 초기 단계와 미국 정치의 공고화 과정을 고찰한 것이었다. 이어지는 인용문은 등장 순서에 따라 다음 책에서 확인해볼 수 있다. C. F. Adams, *The Works of John Adams*, 6: 279, 280, 396, 252.

106) *Ibid.*, 4:358.

107) *Ibid.*, 4:57, 7:151, 9:567~568.

108) Julian P. Boyd, ed., *The Papers of Thomas Jefferson* (Princeton, 1950~), 16:293.

109) *Ibid.*, 11:93; Lipscomb and Bergh, *The Writings of Thomas Jefferson*, 10:341~342.

110) Cappon, *The Adams-Jefferson Letters*, p.347; C. F. Adams, *The Works of John Adams*, 10:155.

111) C. F. Adams, *The Works of John Adams*, 10:283; Cappon, *The Adams-Jefferson Letter*,

pp.574~575, 596~597.
112) Lipscomb and Bergh, *The Writings of Thomas Jefferson*, 14:246.
113) Boyd, *The Papers of Thomas Jefferson*, 11:485~486; C. F. Adams, *The Works of John Adams*, 10:397.
114) Boyd, *The Papers of Thomas Jefferson*, 15:326; Lipscomb and Bergh, *The Writings of Thomas Jefferson*, 9:9.
115) Harold C. Syrett, ed., *The Papers of Alexander Hamilton* (New York, 1961~1979), 15:670~671; John C. Fitzpatrick, ed., *The Writings of George Washington* (Washington, 1931~1944), 30:497~498, 31:324~325, 32:54; Gouverneur Morris quoted in Charles D. Hazen, *Contemporary American Opinion of the French Revolution* (Baltimore, Md., 1897), pp. 57~58, 110.
116) C. F. Adams, *The Works of John Adams*, 9:570; Charles Francis Adams, ed., *Letters of John Adams, Addressed to His Wife* (Boston, 1841), 2:120.
117) Paul L. Ford, ed., *The Writings of Thomas Jefferson* (New York, 1892~1899), 8:179; Lipscomb and Bergh, *The Writings of Thomas Jefferson*, 13:36, 130, 14:247, 15:129~130, 19:163.
118) Lipscomb and Bergh, *The Writings of Thomas Jefferson*, 6:373, 9:164~165.
119) Winthrop D. Jordan, *White Over Black: America Attitudes Toward the Negro, 1500~1812* (Chapel Hill, N.C., 1968), p.385.
120) Ford, *The Writings of Thomas Jefferson* 9:435; Lipscomb and Bergh ,*The Writings of Thomas Jefferson*, 13:43, 15:117. 비교를 위해서 다음 책도 참고하라. C. F. Adams, *The Works of John Adams*, 10:144.
121) Charles C. Griffin, *The United States and the Disruption of the Spanish Empire, 1810~1822* (New York, 1937), p.250; James F. Hopkins and Mary W. M. Hargreaves, eds. *The Papers of Henry Clay* (Lexington, Ky., 1959~), 2:517; Arnold De on, *They Called Them Greasers: Anglo Attitudes toward Mexicans in Texas, 1821~1900* (Austin, Tex., 1983), p.3.
122) Rush Welter, *The Mind of America, 1820~1860* (New York, 1975), pp.3, 60; James A. Field, Jr., *America and the Mediterranean World, 1776~1882* (Princeton, 1969), p.122.
123) Edward Mead Earle, "American Interest in the Greek Cause, 1821~1827" *American Historical Review*, 33(Oct. 1927): 28~29; Cappon, *The Adams-Jefferson Letter*, p.602. 미국은 1837년까지 그리스를 외교적으로 승인하지 않았다.
124) Jerzy Jan Lerski, *A Polish Chapter in Jacksonian America: The United States and the Polish Exiles of 1831* (Madison, Wis., 1958), p.37.
125) Elizabeth Brett White, *American Opinion of France: From Lafayette to Poincaré* (New York, 1927), p.87.
126) *Ibid.*, p.131.
127) *Ibid.*, p.209; George L. Cherry, "American Metropolitan Press Reaction to the Paris

Commune of 1871", *Mid-America*, 32 (Jan. 1950): 4, 5.

128) Cherry, "American Metropolitan Press Reaction" p.7.
129) Michael H. Hunt, *The Making of a Special Relationship: The United States and China to 1914* (New York, 1983), p. 293.
130) *Ibid.*, p.218.
131) 당시 미국은 멕시코 광산 사업의 3/4, 멕시코 석유 생산의 1/2 이상, 멕시코 총 면적의 1/7에 달하는 소 목축장과 설탕 농장 등을 지배했다.
132) Arthur S. Link, *Wilson: The New Freedom* (Princeton, 1956), pp.360, 379; Link, *Wilson: The Struggle for Neutrality* (Princeton, 1960), p.239; Arthur S. Link et al., eds., *The Papers of Woodrow Wilson* (Princeton, 1966~), 29:521~522.
133) Link, *Wilson: The New Freedom*, p. 350; Robert E. Quirk, *An Affair of Honor: Woodrow Wilson and the Occupation of Vera Cruz* (Lexington, Ky., 1962), p.77.
134) *Los Angeles Times* quoted in Link, *Wilson: Confusions and Crises, 1915~1916* (Princeton, 1964), p.202.
135) Marc Raeff, "An American View of the Decembrist Revolt", *Journal of Modern History*, 25 (Sept. 1953): 290, 292; John Lewis Gaddis, *Russia, the Soviet Union, and the United States* (New York, 1978), pp.12, 13.
136) Arthur W. Thompson and Robert A. Hart, *The Uncertain Crusade: America and the Russian Revolution of 1905* (Amherst, Mass., 1970), p.30.
137) Elting E. Morison et al., eds., *The Letters of Theodore Roosevelt* (Cambridge, Mass., 1951~1954), 5:22, 101, 178~179, 345.
138) *Macon Telegraph* quoted in Meno Lovenstein, *American Opinion of Soviet Russia* (Washington, 1941), p.42.
139) *Ibid.*, p.33; Leonid I. Strakhovsky, *American Opinion about Russia, 1917~1920* (Toronto, 1961), pp.40, 52.
140) Link, *The Papers of Woodrow Wilson*, 41:524.
141) Eugene P. Trai, "Woodrow Wilson and the Decision to Intervene in Russia: A Reconsideration", *Journal of Modern History*, 48 (Sept. 1976): 460.
142) Ray Stannard Baker and William E. Dodd, eds., *The Public Papers of Woodrow Wilson* (New York, 1925~1927), 6:85.
143) Gaddis, *Russia, the Soviet Union, and the United States*, p. 106; Lovenstein, *American Opinion of Soviet Russia*, pp.48~49.
144) Lovenstein, *American Opinion of Soviet Russia*, p.39; Strakhovsky, *American Opinion about Russia*, p.95; Gaddis, *Russia, the Soviet Union, and the United States*, pp.105, 106.
145) Peter G. Filene, *Americans and the Soviet Experiment, 1917~1933* (Cambridge, Mass., 1967), p.59. 스카치폴(Theda Skocpol)은 프랑스와 러시아, 그리고 중국 혁명의 동력을 고찰한 자신의 저서, 『국가와 사회 혁명』[*States and Social Revolutions: A*

Comparative Analysis of France, Russia and China (New York, 1979)]에서 해외 혁명을 바라보는 미국인들이 사고방식에 편협하고 아전인수격 성격이 짙게 깔려 있다는 사실에 주목했다.

146) 삽화 출처: 그림 24의 출처는, William Murrell, *A History of American Graphic Humor* (New York, 1933), 1:47. 그림 25의 출처는, Morton Keller, *The Art and Politics of Thomas Nast* (New York, 1968) p.111다음 수록된 #74 (원래 수록된 곳은, *Harper's Weekly*, 7 Feb. 1874). 그림 26의 출처는, Robert K. Murray, *Red Scare: A Study in National Hysteria, 1919~1920* (Minneapolis, Minn., 1955), p.34 [이 그림은 원래 레서(Rshse)가 그려서『뉴욕 월드』(*New York World*)에 처음 수록한 것이다.] 그림 27의 출처는, *Literary Digest*, 67 (25 Dec. 1920): 17[원래 게일(Gale)이 그려서『로스엔젤레스 타임스』(*Los Angeles Times*, Dec. 1920) 처음 수록했다. 판은『로스엔젤레스 타임스』(1920년)에 있다.] 그림 28의 출처는, *Literary Digest*, 63 (25 Oct. 1919): 12[원래 모건(Morgan)이 그려서『필라델피아 인콰이어러』(*Philadelphia Inquire*, 1919)에 처음 수록했다.]

147) Gaddis, *Russia, the Soviet Union, and the United States*, pp.105~106; Baker and Dodd, *The Public Papers of Woodrow Wilson*, 5:301.

148) Lansing quoted in Lloyd C. Gardner, *Wilson and Revolutions: 1913~1921* (Philadelphia, 1976), p.22.

149) 내가 여기에서 소개하는 엘리트의 역할에 대한 일반적 설명은 다음 책들을 읽으면서 아이디어를 얻은 것이다. Donald R. Mathews, *The Social Background of Political Decision-Makers* (Garden City, N.Y., 1954), pp.23~33; Ernest R. May, *American Imperialism: A Speculative Essay* (New York, 1968), chap. 2; Kenneth Prewitt and Alan Stone, *The Ruling Elites: Elite Theory, Power, and American Democracy* (New York, 1973), chap. 6; Edward Pessen, "Social Structure and Politics in American History", *American Historical Review*, 87 (Dec. 1982); and Ruth Miller Elson, *Guardians of Tradition: American Schoolbooks of the Nineteenth Century* (Lincoln, Nebr. 1964), pp.136~143, 280~281, 340~341.

150) Alexander de Tocqueville, *Democracy in America*, edited and abridged by Richard D. Heffner (New York, 1956), p.267.

제5장 이데올로기와 20세기 미국 외교

151) Walter C. Seller and Robert J. Yeatman, *1006 and All That* (New York, 1931), p.vii.
152) 루즈벨트와 윌슨 사이의 이상한 막간쯤 되는 '달러 외교'의 시대에는 외교정책 이데올로기의 중요성이 상대적으로 쇠퇴했다. 윌리엄 하워드 태프트 대통령과 그의 국무장관 필랜더 녹스는 공직에 취임하기 이전에는 외교 문제를 심각하게 생각하지 않았고, 4년간의 재임 기간에도 평소 생각을 심화시키거나 명료하게 다듬으려 하지 않았다. 이 때문에 온통 머리를 혼란하게 만든 정책, 임시방편이 난무하고 부처 간 이견이 제대로 조율되지 않은 채 산출된 정책, 또 수시로 바뀌는 지침 때문에 일관성을 상실한 정책을 양산하고 말았다. 물론 태프트 행정부가 공언한 신념들, 예컨대 세계무대에서 미국의 예외적

역할을 자임하고, 라틴아메리카, 필리핀, 중국 등지에서 후견인으로 행세하려는 욕망을 표출한 점, 그리고 중국과 멕시코의 혁명적 변화를 강력하게 반대한 점 등은 틀림없이 기존 외교정책 이데올로기로의 영향 하에 형성된 것이었다. 그러나 이러한 전통적인 성향은 다른 '달러 외교' 시대의 새로운 성향과 뒤섞이게 되었으니, 이 새로운 성향이란 미국의 수출 시장을 확보하고 보호하려는 강렬한 열정, 정책 수단을 선택할 때 자본 투자 방식을 지나치게 선호한 점, 중국 문제와 연관해서 주요 열강과 소극적으로 협력을 모색한 점(그러나 어떤 방식으로든 유럽 문제에 개입하는 일은 회피하려 한 점), 그리고 루즈벨트를 놀라게 할 만큼 전략적 계산에 무관심한 것 등이다.

153) Lo Hui-min, ed., *The Correspondence of G. E. Morrison* (Cambridge, U.K., 1976~1978), 1:285.

154) Roosevelt quoted in Howard K. Beale, *Theodore Roosevelt and the Rise of America to World Power* (Baltimore, 1956), p.40.

155) Hermann Hagedorn, ed., *The Works of Theodore Roosevelt* (New York, 1923~1926), 15: 286, 338~339; Thomas G. Dyer, *Theodore Roosevelt and the Ides of Race* (Baton Rouge, La., 1980), pp. 49, 52, 149.

156) Dyer, Theodore Roosevelt, pp. 30, 54, 100, 109; Stuart C. Miller, *"Benevolent Assimilation": The American Conquest of the Philippines, 1899~1903* (New Haven, Conn., 1982), p.251; Walter L. Williams, "United States Indian Policy and the Debate over Philippine Annexation", *Journal of American History*, 66 (March 1980): 816, 826.

157) Edmund Morris, *The Rise of Theodore Roosevelt* (New York, 1979). 이 책 제1장~제5장은 젊은 루즈벨트의 가족 사항과 당시의 사회적 환경을 섬세하게 재현하고 있다.

158) Roosevelt speech of 10 April 1899, in his, *The Strenuous Life* (New York, 1900), pp. 6, 7.

159) Arthur S. Link et al., eds., *The Papers of Woodrow Wilson* (Princeton, 1966~), 11:66.

160) *Ibid.*, 11:93, 12:19, 216, 14:433, 15:149.

161) *Ibid.*, 11;440, 12:18, 14:433, 18:104.

162) *Ibid.*, 18:93, 23:435.

163) *Ibid.*, 1:518, 8:317.

164) 영국을 편애하는 윌슨의 다양한 면모를 이해하는 데는 다음 자료들이 도움이 된다. John M. Mulder, *Woodrow Wilson: The Years of Preparation* (Princeton, 1978), pp. 69, 137, 153, 175. Arthur S. Link, *Wilson: The Road to the White House* (Princeton, 1947), chap. 1, and Harley Notter, *The Origins of the Foreign Policy of Woodrow Wilson* (Baltimore, 1937), Part I.

165) Link, *The Papers of Woodrow Wilson*, 6:172, 22:159.

166) Richard Olney (May 1898) quoted in Ernest R. May, *American Imperialism: A Speculative Essay* (New York, 1968), p. 18.

167) Henry F. Pringle, *Theodore Roosevelt*, rev. ed., (New York, 1956), pp. 219, 220; Roosevelt annual message to Congress, 6 Dec. 1904, in Hagedorn, *The Works of*

Theodore Roosevelt, 15:257.

168) Roosevelt speech of 13 May 1903, in his *California Addresses* (San Francisco, 1903), p. 98.
169) Elting E. Morison et al., ed., *The Letters of Theodore Roosevelt* (Cambridge, Mass., 1951~1954), 4:768, 770, 5:762.
170) 이러한 논점들을 심층적으로 검토한 사례로는, Charles S. Campbell, Jr., *Anglo-American Understanding, 1898~1903* (Baltimore, 1957) and Bradford Perkins, *The Great Rapprochement: England and the United States, 1895~1914* (New York, 1968).
171) Link, *The Papers of Woodrow Wilson*, 36:67; John W. Coogan, *The End of Neutrality: The United States, Britain, and Maritime Rights, 1899~1915* (Ithaca, N.Y., 1981), chap. 11.
172) Link, *The Papers of Woodrow Wilson*, 41:527.
173) Ray Stannard Baker and William E. Dodd, eds., *The Public Papers of Woodrow Wilson: War and Peace* (New York, 1927), 2:305.
174) George Norris speech of 4 April 1917, in *Congressional Record*, 65th Cong., 1st sess., vol. 55, pt. 1, p. 214.
175) Albert J. Beveridge, "The Pitfalls of a 'League of Nations'", *North American Review*, 209 (March 1919): 314; John Braeman, *Albert J. Beveridge: American Nationalist* (Chicago, 1971), p260.
176) George Gallup, *The Gallup Poll: Public Opinion, 1935~1971* (New York, 1972), 1:54. 이 책을 저술할 당시의 여론조사 기법은 아직 조잡한 수준이었기 때문에 이 책에 수록된 조사 결과는 미국 국민의 감정을 단지 개략적으로 측정하고 있을 뿐이다.
177) 20세기에 활동한 미국의 주요 정책 결정자 중에서 상당히 많은 인물이 별로 부유하지 않은 성직자 집안에서 배출되었는데, 그들은 자신들에게 취약한 사회의 인맥과 부의 능력을 근면한 노력과 훌륭한 업적을 통해서 상쇄했다. 이런 부류에 속하는 대표적 인물로는 우드로 윌슨, 찰스 에반스 휴즈, 딘 애치슨, 덜레스 형제, 딘 러스크 등을 꼽을 수 있다.
178) Lodge quoted in Lloyd E. Ambrosius, "Wilson, the Republicans, and French Security after World War I", *Journal of American History*, 59 (Sept. 1972): 34.
179) Henry Cabot Lodge speech of 12 Aug. 1919, in *Congressional Record*, 66th Cong., 1st sess., vol. 58, pt. 4, pp. 3783, 3784.
180) Hoover and Berle quoted in Walter LaFeber, *Inevitable Revolutions: The United States in Central America* (New York, 1983), pp. 63, 81.
181) Howard H. Quint and Robert H. Ferrell, eds., *The Talkative President: The Off-the-Record Press Conferences of Calvin Coolidge* (Amherst, Mass., 1964), p. 257.
182) Douglas Little, "Antibolshevism and American Foreign Policy, 1919~1939: The Diplomacy of Self-Delusion", *American Quarterly*, 35 (Fall 1983): 381, 383.
183) 아래 책에서 앨런 월(Allen Woll)이 라틴아메리카인을 다룬 내용과 리처드 오일링 (Richard A. Oehling)이 아시아인을 다룬 내용을 참조하라. Randall M. Miller, ed., *The*

Kaleidoscopic Lens: How Hollywood Views Ethnic Groups (Englewood, N.J., 1980); and Sue Fawn Chung, "From Fu Manchu, Evil Genius, to James Lee Wong, Popular Hero: A Study of the Chinese-American in Popular Periodical Fiction from 1920 to 1940", Journal of Popular Culture, 10 (Winter 1976).

184) 아래의 문헌들에서 인용하였다. Samuel L. Baily, The United States and the Development of South America (New York, 1976), p. 35 (FDR); Robert Dallek, Franklin Roosevelt and American Foreign Policy, 1932~1945 (New York, 1979), p. 61 (FDR); John A. Garraty, Henry Cabot Lodge (New York, 1952), p. 374; Henry L. Stimson, letter to New York Times, 7 Oct. 1937, p. 12.

185) 삽화의 출처: 그림 29의 출처 John J. Johnson, Latin America in Caricature (Austin, Tex., 1980), p. 145[원래는 킹(King)이 1915년 『시카고 트리뷴』에 그린 것임. 이 그림의 판권은 1915년 시카고 트리뷴 컴퍼니가 취득했고, 이후 모든 권리는 그 회사가 소유하고 있다.] 그림 30의 출처는 Johnson, Latin America in Caricature, p. 10[원래는 사이크스(Sykes)가 1923년 『필라델피아 이브닝 퍼블릭 레저』(Philadelphia Evening Public Ledger)에 그린 것임. 그림 31의 출처는 David F. Long, The Outward View: An Illustrated History of United States Foreign Relations (Chicago, 1963), p. 303[원래는 페이지(Page)가 루이빌의 『쿠리어 저널』(Louisville Courier Journal)에 그린 것임.] 그림 32의 출처는 Foreign Policy Association, A Cartoon History of United States Foreign Policy, 1776~1976 (New York, 1975), p. 69[원래는 휴 허튼(Hugh Hutton)이 『필라델피아 인콰이어』(18 July 1937)에 그린 것임.]

186) 스팀슨에 관한 내용은 다음 책에서 인용했다. Christopher Thorne, The Limits of Foreign Policy: The West, the League, and the Far Eastern Crisis of 1931~1933 (New York, 1973), pp. 56, 57, 195. U.S. Department of State, Foreign Relations of the United States: Japan, 1931~1941, 2:227 (Hull), 771 (FDR). 프랭클린 루즈벨트에 관한 내용은 다음 논문에서 인용했다. Daniel M. Smith, "Authoritarianism and American Policy Makers in Two World Wars", Pacific Historical Review, 43 (Aug. 1974): 314, 31. 전쟁 중에 미국에서 거주하는 모든 일본인들(그들이 미국 시민이건 아니건 상관없이)을 억류하기로 한 결정, 일본 군인을 매우 잔인하게 취급한 미국 군대의 유별난 행동, 일본의 정치 지도자들을 '국제사회의 도덕 질서 파괴자'와 '정신박약자' 등의 죄목으로 도쿄 전범 재판에 기소한 행위 등은 모두 2차 세계대전 이전부터 미국 사회에 만연되어 있던 인종적 편견에 뿌리를 둔 행위들이었다.

187) 그와 동시에 2/3 이상의 미국인들이 일본과 싸우는 전쟁은 수용할 의사가 있다는 사실을 보여주었다. Gallup, The Gallup Pol, 1:304, 306, 307.

188) 루즈벨트는 1944년에 가서야 제한된 권한을 갖고서 유태인 난민을 원조할 수 있는 정부 위원회를 창설했는데, 그 이전까지는 어떤 행동도 취하지 않았다. David S. Wyman, The Abandonment of the Jews: America and the Holocaust, 1941~1945 (New York, 1984), pp. 5~15, 285~287, 311~327.

189) Robert A. Divine, Roosevelt and World War II (Baltimore, 1969), p. 9; Edgar B.

Nixon, ed., *Franklin D. Roosevelt and Foreign Affairs* (Cambridge, Mass., 1969), 3:520 (speech of 1 Dec. 1936).

190) Samuel I. Rosenman, comp., *The Public Papers and Addresses of Franklin D. Roosevelt* (New York, 1938~1950), 6:410 (speech of 5 Oct. 1937).

191) Charles A. Lindbergh, *The Wartime Journals of Charles A. Lindbergh* (New York, 1970), pp. 110, 401; Lindbergh, "Aviation, Geography, and Race", *Reader's Digest*, 35 (Nov. 1939): 64, 66~67; Wayne S. Cole, *Charles A. Lindbergh and the Battle against American Intervention in World War II* (New York, 1974), p97.

192) Lindbergh, "Aviation", 66; Cole, *Charles A. Lindbergh*, p. 38.

193) Lindberg's Madison Square Garden speech (23 May 1841), in *Vital Speeches*, 7 (1 June 1941): 483; Cole, *Charles A. Lindbergh*, p. 91.

194) Cole, *Charles A. Lindbergh*, p. 9; Lindbergh, *The Wartime Journals*, pp. 379, 404.

195) Cole, *Charles A. Lindbergh*, pp. 128, 130; Rosenman, *The Public Papers and Addresses of Franklin D. Roosevelt*, 9:638 (speech of 29 Dec. 1940).

196) Rosenman, *The Public Papers and Addresses of Franklin D. Roosevelt*, 10:522, 528 (speech of 9 Dec. 1941).

197) *Public Papers of the Presidents of the United States: Harry S. Truman, 1947*, p. 324 (speech of 4 July 1947); Walter Millis, ed., *The Forrestall Diaries* (New York, 1951), p. 400.

198) Dean Rusk news conference of 4 May 1961, *in Department of States Bulletin*, 44 (22 May 1961): 763; Lyndon Johnson speech of 20 April 1964, *in Public Papers of the Presidents of the United States: Lyndon B. Johnson, 1963~1964*, 1:494.

199) U.S. Department of State, *Foreign Relations of the United States*, 194, 6:698, 699, 701, 706~708.

200) "X" [George Kennan], "The Sources of Soviet Conduct", *Foreign Affairs*, 25 (July 1947): 576.

201) *Ibid.*, 580~582.

202) U.S. Department of State, *Foreign Relations of the United States*, 194d, 5:232, 253.

203) Marshall quoted in Lawrence S. Wittner, *American Intervention in Greece, 1943~1949* (New York, 1983), pp. 46~47; McGrath quoted in Athan Theoharis, "The Politics of Scholarship Liberalism, Anti-Communism, and McCarthyism", in Robert Griffiths and Theoharis, eds., *The Spector: Original Essays on the Cold War and the Origins of McCarthyism* (New York, 1974), p27.

204) Dean Acheson, *Present at the Creation: My Years in the State Department* (New York, 1969), p. 490.

205) Robert H. Ferrell, ed., *The Autobiography of Harris S. Truman* (Boulder, Colo., 1980), p. 41; Ferrell, ed., *Off the Record: The Private Papers of Harris S. Truman* (New York, 1980), p. 98; Ferrell, ed., *Dear Bess: The Letters from Harry to Bess Truman,*

1910~1959 (New York, 1983), pp. 419, 474; Wilson D. Miscamble, "The Evolution of an Internationalist: Harris S. Truman and American Foreign Policy", *Australian Journal of Politics and History*, 23 (Aug., 1977), 270, 271. 1952년과 1962년 사이에 트루먼이 윌슨에 대해서 논평한 내용에 대해서는 다음 자료를 보라. Ferrell, *Off the Record*, pp. 238, 307, 387, 388, 404, and Harry S. Truman, *Mr. Citizen* (New York, 1960), pp. 217~218.

206) Ferrell, *Dear Bess*, p. 471 Truman quoted *in New York Times*, 24 June 1941, p. 7; Ferrell, *Off the Record*, pp. 44, 56~57; Monte M. Poen, ed., *Strictly Personal and Confidential: The Letters Harry Truman Never Mailed* (Boston, 1982), pp. 40, 41; Margaret Truman, *Harry S. Truman* (New York, 1973), pp. 323, 360.

207) Poen, *Strictly Personal*, p. 145; Ferrell, *Off the Record*, pp. 101~102, 118, 218~219; Millis, *Forrestal Diaries*, p. 281; J. Garry Clifford, "President Truman and Peter the Great's Will", *Diplomatic History*, 4 (Fall 1980).

208) Ferrell, Dear Bess, p. 551; Ferrell, *Off the Record*, pp. 99, 101~102.

209) Joseph M. Jones, *The Fifteen Week* (New York, 1955), pp. 141, 167, 247~248, 269~286; Acheson, *Present at the Creation*, p293.

210) *Public Papers of the Presidents of the United States: Harry S. Truman, 1947*, pp. 178, 180 (Truman doctrine speech of 12 March 1947).

211) NSC 20/4 of 23 Nov., 1948, in U.S. Department of State, *Foreign Relations of the United States, 1948*, 1:667; NSC 68 of 7 April 1950, in *Ibid.*,1950, 1;237, 239, 242, 244. 트루먼은 자신의 측근들이 NSC-68에서 분명하게 표현한 열정적인 정책 권고를 즉각적으로 받아들였다. 몇 달 후 한국 전쟁이 발발하자 트루먼은 측근들의 군비 지출 권고안을 실행에 옮길 수 있었다.

212) 이 단락과 이어지는 단락의 내용은 아래의 자료에서 인용했다. *Public Papers of the Presidents of the United States: Harry S. Truman, 1947*, p. 180; Ferrell, *The Autobiography of Harris S. Truman*, p. 102; W. W. Rostow speech (Spring 1961), in T. N. Greene, ed., *The Guerilla-and How to Fight Him* (New York, 1962), pp. 55, 56.

213) Robert J. McMahon, *Colonialism and Cold War: The United States and the Struggle for Indonesian Independence, 1945~1949* (Ithaca, N.Y., 1981), p.61 (FDR); Christopher Thorne, *Allies of a Kind: The United States, Britain, and the War against Japan, 1941~1945* (New York, 1978), p594 (FDR); Wm. Roger Louis, *Imperialism at Bay: The United States and the Decolonization of the British Empire, 1941~1945* (New York, 1978), p. 170 (Welles).

214) John Lewis Gaddis, *Strategy of Containment* (New York, 1982), pp. 36, 43, 47n; David Mclean, "American Nationalism, the China Myth, and the Truman Doctrine: The Question of Accommodation with Peking, 1949~1950", *Diplomatic History*, 10 (Winter 1986): 41; U.S. Department of State, *Foreign Relations of the United States, 1950*, 2:600~602, 618, 7:1385; George F. Kennan, *Memoirs* (Boston, 1967, 1972), 1;184.

215) Ferrell, *Dear Bess*, pp. 34, 39, 52, 158, 242, 254, 293, 298, 341, 366, 416, 417, 464,

471, 520, 527, 565; Ferrell, *Off the Record*, pp. 45, 55, 140, 165.

216) Warren. I. Cohen, *Dean Rusk* (Totowa. N.J., 1980), p. 83; LaFeber, *Inevitable Revolutions*, p. 14; Blanche Wiesen Cook, *The Declassified Eisenhower: A Divided Legacy* (Garden City, N.Y., 1981), p. 366n; Robert H. Ferrell, ed., *The Diary of James C. Hagerty: Eisenhower in Mid-Course, 1954~1955* (Bloomington, Ind., 1983), pp. 35, 210; Ferrell, ed., *The Eisenhower Diaries* (New York, 1981), pp. 232, 296; Donald Neff, *Warriors at Suez: Eisenhower Takes America into the Middle East* (New York, 1981), p. 387.

217) Ferrell, *The Eisenhower Diaries*, p. 223; Neff, *Warriors at Suez*, pp. 293, 301; John Foster Dulles, *War or Peace* (New York, 1950), pp. 74~75, 87.

218) Thomas J. Noer, "Truman, Eisenhower, and South Africa: The 'Middle Road' and Apartheid", *Journal of Ethnic Studies*, 11 (Spring 1983): 85, 99.

219) *Ibid.*, 83, 96; Cook, *The Declassified Eisenhower*, p. 173; Richard D. Mahoney, *JFK: Ordeal in Africa* (New York, 1983), p. 242.

220) Melvin Gurtov, *The United States Against the Third World: Antinationalism and Intervention* (New York, 1974), pp. 44, 51; Mahoney, *JFK*, pp. 51, 109, 118, 143.

221) Richard H. Immerman, *The CIA in Guatemala: The Foreign Policy of Intervention* (Austin, Tex., 1982), p. 11; Gurtov, *The United States Against the Third World*, p. 89.

222) Baily, *The United States and the Development of South America*, pp. 58, 118~119, 215~216; LaFeber, *Inevitable Revolution*, p. 137; Immerman, *The CIA in Guatemala*, p. 132; Richard E. Welch, Jr., *Response to Revolution: The United States and the Cuban Revolution, 1959~1961* (Chapel Hill, N.C., 1985), p. 35.

223) Ferrell, *The Diary of James C. Hagerty*, p. 48; *Public Papers of the Presidents of the United States: John F. Kennedy, 1963*, p. 876 (18 Nov. 1963); *Ibid.: Lyndon B. Johnson, 1965*, 1:471 (2 May 1965).

224) Ferrell, *Off the Record*, p. 80; NSC 48/2 of 30 Dec. 1949, in U.S. Department of State, *Foreign Relation of the United States, 1949*, 7:1215; NSC 48/4 of 4 May 1951, in *ibid., 1951*, 6:34~35; Dean Acheson, National Press Club speech of 12 Jan. 1950, in *Department of State Bulletin*, 22 (23 Jan. 1950): 114.

225) Acheson, *Present at the Creation*, p. 603.

226) Ferrell, *Off the Record*, pp. 217~218; Dulles speech of 28 June 1957, in *Department of State Bulletin*, 37 (15 July 1957): 94.

227) *The Pentagon Papers: The Defense Department History of United States Decisionmaking on Vietnam*, Senator Gravel, ed., (Boston, 1971~1972), 1:594.

228) *Ibid.*, 1:362s, 597, 606.

229) John F. Kennedy, *The Strategy of Peace* (New York, 1960), p. 64; *Public Papers of the Presidents of the United States: John F. Kennedy, 1961*, p. 306.

230) Lyndon Johnson, John Hopkins speech of 7 April 1965, in *Public Papers of the Presidents of the United States; Lyndon B. Johnson 1965*, 1:394.

231) Kennedy, *The Strategy of Peace*, p. 8; Dean Acheson letter of 30 July 1949, in U.S. Department of State, *United States Relations with China with Special Reference to the Period 1944~1949* (Washington, 1949), p. xvi; Dulles quoted in Ronald W. Pruessen, *John Foster Dulles: The Road to Power* (New York, 1982), p. 292; John Foster Dulles, "A Policy of Boldness," *Life*, 32 (19 May 1952): 148.

제6장 현대 미국 외교의 딜레마

232) Karl Marx, The Eighteenth Brumaire of Louis Bonaparte in Lewis S. Feuer, ed., *Marx and Engels: Basic Writings on Politics and Philosophy* (Garden City, N. Y., 1959), p.320.

233) Clifford Geertz, "Ideology as a Cultural System" in David E. Apter, ed., *Ideology and Discontent* (London, 1964), p.72.

234) Robert W. Stevens, Vain Hopes, Grim Realities: *The Economic Consequences of the Vietnam War* (New York: 1976). 특히 이 책의 서문과 제14장 참조. 1950년부터 1974년까지 미국이 전쟁과 관련해 사용한 돈은 280억 내지 720억 달러이며, 제대군인들에게 지출된 비용만 대략 2,330억 달러로 추정된다.

235) Walte Lippmann, *The Cold War: A Study in U.S. Foreign Policy* (New York, 1972), p.50.

236) 다양한 국가들의 지지율, 백인과 비백인 간의 결혼을 대하는 태도, 심지어는 가장 아름다운 여성의 국적까지 묻는 갤럽의 여론조사는 해묵은 인종적 위계질서의 관념이 1930년대 말부터 1980년대 초에 이르는 시기까지 강력하게 살아 있다는 사실을 입증한다. 이에 대해서는 다음 자료를 참조하라. George H. Gallup, *The Gallup Poll: Public Opinion, 1935~1971* (New York, 1972), 1:54, 126, 167, 2:1464~1465, 3:2168, 2304; Gallup, *The Gallup Poll: Public Opinion, 1972~1977* (Wilmington, Del., 1978), 1:39~40, 128~129; Gallup, *The Gallup Poll: Public Opinion, 1978* (Wilmington, Del., 1979), p.218; Gallup, *The Gallup Poll: Public Opinion, 1980* (Wilmington, Del. 1981), pp.47~49.

237) Paul L. Ford, ed., *The Writings of Thomas Jefferson* (New York, 1892~1899), 10:175 (letter of 26 Dec. 1820). 이 연구가 진행되는 동안 국방비 지출 금액이 2,280억 달러(이는 1984 회계연도 연방 예산의 27.1%에 해당함)로 증가했고, 국가 부채의 이자가 1,110억 달러(이는 1984 회계연도 연방 예산의 13.2%에 해당함)로 증가했다. 이와 동시에 빈곤선(poverty line) 이하에서 생활하는 3,500만 미국인을 주요 대상으로 수입을 조사하려는 프로그램의 비용이 연속적으로 삭감되면서 국가의 지원 금액이 620억 달러(이는 1984 회계연도 연방 예산의 7.4%에 해당함)로 축소되기에 이르렀다. 더욱 심각한 문제는 빈곤층이 1979년 총인구의 11.7%에서 1984년 총인구의 15.2%로 증가했는데도 불구하고 그러한 삭감이 발생했다는 사실이다. *Christian Science Monitor*, 23 January 1985, pp.3, 5.

238) 아서 슐레진서 2세(Arthur M. Schlesinger, Jr.)가 사용한 용어다. 그는 자신의 저서 『제왕적 대통령』[*Imperial Presidency* (Boston, 1973)]에서, 특히 제3장~제8장에서 미국 헌법이 규정한 견제와 균형의 원리가 미국 역사의 전개 과정 속에서 점차 와해되는 과정을 추적했다.

239) 현행 군비 프로그램을 비판하는 사람들의 시각을 대변하는 경제 최우선 협의회(the Council of Economic Priorities)가 최근에 발표한 한 보고서는 지난 20년간 13개 산업국가가 성취한 경제적 성과를 검토했다. 그 보고서는 각국의 군비 지출이 국내 총생산 증가, 투자에 필요한 자본 형성, 생산성 향상 등을 방해하는 장애요인으로 작용했다는 결론을 내렸다. 보고서가 검토한 13개 국가들 중에서 미국은 (국내 총생산의 가장 높은 비율을 국방비에 지출함으로써) 위의 3가지의 경제성과 부문에서 최하위 내지 최하위에 가까운 성과를 내는 데 그쳤다. 이처럼 생산적인 투자와 혁신적인 사업 의욕이 소진되자 세계 시장에서 미국 상품의 경쟁력 또한 타격을 입지 않을 수 없었다. *Christian Science Monitor*, 5 March 1982, p.4. 같은 신문의 11 Sept. 1984, p.3의 내용도 참고하라. Lloyd J. Dumas, "Military Spending and Economic Decay" in Dumas, ed., *The Political Economy of Arms Reduction* (Boulder, Colo., 1982); and Zvi Griliches, "Returns to Research and Development Expenditures in the Private Sector", in John W. Kendrick and Beatrice N. Vaccara, eds., *New Developmens in Productivity Measurement and Analysis* (Chicago, 1980), pp.445~446, and comments by Edwin Mansfield, p.456.

240) 이와 같은 미국 경제의 상대적 쇠퇴는 어느 정도 불가피한 것이라고 할 수 있는데, 그 까닭은 2차 세계대전 이후 세계의 주요 산업국가들이 경제를 재건하고, 또 세계 시장에서 국가 경쟁력을 다시 회복했기 때문이다. 그러나 미국 경제의 상대적 쇠퇴가 지속된 까닭은 이런 외부적 요인 때문만은 아니었다. 그 까닭은 1972년부터 눈에 띄기 시작했고, 1977년 이후부터 아주 심각한 지경에 이른 미국의 만성적 국제무역 적자 때문이었다. 1980년에 255억 달러에 달하던 무역 적자는 1985년에 1,485억 달러까지 증가했다. U.S. Department of Commerce, Bureau of the Census, *Statistical Abstract of the United States, 1985* (Washington, 1984), pp.801~802; *Christian Science Monitor*, 31 Jan. 1986, p.6.

241) NSC 162/2 of 30 Oct. 1953, in *The Pentagon Papers: The Defense Department History of United States Decisionmaking on Vietnam*, Senator Gravel ed. (Boston, 1971~1972), 1:412~429; Eisenhower's "Farewell Addres" of 17 Jan. 1961, in *Public Papers of the Presidents of the United States: Dwight D. Eisenhower, 1960~1961*, pp.1038~1039.

242) 1950년 트루먼 행정부는 국방비 지출을 국민 총생산의 5% 수준에서 13.5% 수준으로 증가하기로 결정했다. 반면 아이젠하워 행정부는 그 수치를 9% 수준으로 축소시켜 동결시켰다. Samuel P. Huntington, *The Common Defense: Strategic Programs in National Politics* (New York, 1961), pp.282~283.

243) Doris Kearns, *Lyndon Johnson and the American Dream* (New York, 1976), p.251.

244) David W. Moore, "The Public is Uncertain", *Foreign Policy*, no.35 (Summer 1979), pp.70~71.

245) Dean Acheson quoted in Walter LaFeber, "American Policy-makers, Public Opinion, and the Outbreak of the Cold War, 1945~1950", in Yōnosuke Nagai and Akira Iriye, eds. *The Origins of the Cold War in Asia* (New York, 1977), p.60.

246) William Watts and Lloyd A. Free, "Nationalism, Not Isolationism", *Foreign Policy*, no. 24 (Fall 1976), pp.16~24; John E. Reilly, "The American Mood: A Foreign Policy of

Self-Interest", *ibid.*, no. 34 (Spring 1979), p.76.
247) Walter Lippmann, *U.S. Foreign Policy: Shield of the Republic* (Boston, 1943), p.86.
248) Henry Kissinger, *The White House Years* (Boston, 1979), pp.54~70, 229, 677, 1014, 1063~1064. 키신저의 외교정책에 내포된 독특한 특징은 유럽의 정치적 현실주의와 미국의 선교사적 사명이 교묘하게 결합되어 만들어진 것인데, 이는 유럽과 미국의 상이한 문화 사이에서 성장한 한 인간이 어쩔 수 없이 체험해야만 했던 심각한 심리적 불안을 반영한 것이었다. 당시 독일에서 풍미했던 반유대주의로 인해서 키신저가 누려야 했던 어린 시절의 안락한 세계는 여지없이 파괴되었고, 끝내는 가족과 함께 독일을 떠나야만 했다. 성인이 된 키신저가 메테르니히와 비스마르크를 흠모한 까닭은 정치 질서란 매우 쉽게 와해될 수 있다는 편견을 아주 오래 전부터 간직했기 때문이며, 키신저의 어린 시절을 괴롭혔던 무질서와 비합리성의 이면에 은폐된 폭력들을 강력하게 제압하려는 욕구 때문이었다. 이와 동시에 키신저는 자신이 선택한 미국으로부터 받아들여지고, 또 미국에 동화될 필요가 있었기 때문에 미국의 지배적인 외교정책 이데올로기를 적극적으로 끌어안았다.
249) Nixon speech of 30 April 1970, in *Public Papers of the Presidents of the United States: Richard Nixon, 1970*, p.409; Kissinger speech of 22 July 1976, *in Department of State Bulletin*, 75 (Aug. 1976): 217.
250) Richard D. Mahoney, *JFK: Ordeal in Africa* (New York, 1983), pp.237~238; Mohamed A. El-Khawas and Barry Cohen, *The Kissinger Study on Southern Africa* (Nottingham, U.K., 1975), pp.60, 94.
251) Richard Nixon, *The Memoirs of Richard Nixon* (New York, 1978), pp.733, 736; Walter LaFeber, *Inevitable Revolutions: The United States in Central America* (New York, 1983), p.197; Roger Morris, *Uncertain Greatness: Henry Kissinger and American Foreign Policy* (New York, 1977), pp.240~241.
252) Kissinger interview by Pierre Salinger, 12 April 1975, in *Department of State Bulletin*, 72 (12 May 1975): 609.
253) Jimmy Carter, inaugural address and speech at Notre Dame University, 20 Jan. and 22 May 1977, in *Public Papers of the Presidents of the United States: Jimmy Carter*, 1977, pp.2, 957, 958, 962.
254) Jimmy Carter, *Keeping Faith: Memoirs of a President* (New York, 1982), pp.48 and 207 (on China), 234 and 256 (on revolution), 4, 9, 440, 443, 445, 453, 458, and 459 (on Iran).
255) Zbigniew Brzezinski, *Power and Principle: Memoirs of the National Security Adviser, 1977~1981* (New York, 1983), p.436.
256) Nikki R. Keddie, "Iranian Revolutions in Comparative Perspective", *American Historical Review*, 88 (June 1983), and Barry Rubin, *Paved with Good Intentions: The American Experience and Iran* (New York, 1980). 케디의 논문과 루빈의 책은 이란의 국왕인 샤(Shah)를 하야시킬 정도의 뜨거운 불만이—미국 특유의 문화에 포박된 미국의 정

책 결정자들은 이런 불만을 지적으로 통찰하지 못했다―이란의 국민 사이에서 장기간에 걸쳐 만연되어 있다는 사실을 확인했다.

257) Ronald Reagan, *A Time for Choosing: The Speeches of Ronald Reagan, 1961~1982* (Chicago, 1983), pp. 38 (30 March 1961), 56, 57 (27 Oct. 1964), 148 (7 Dec. 1973), 233~234 (17 July 1980); Reagan Speech of 8 March 1983, in *New York Times*, 9 March 1983, p.A18; Reagan speech of 27 May 1981, in P*ublic Papers of the Presidents of the United States: Ronald Reagan, 1981*, p.464; Reagan address to Congress of 27 April 1983, in *Department of State Bulletin*, 83 (June 1983): 4; *Ronald Reagan, Ronald Reagan Talks to America* (Old Greenwich, Conn., 1983), p.123 (speech of 11 Nov. 1968). 레이건 주변의 주요 관리들도 레이건의 주장을 앵무새처럼 반복했다. 예를 들어 알렉산더 헤이 그 국무장관은 미국이 "전 세계 모든 곳의 자유를 수호하는 역사적 사명"을 다하는 한편, "자유와 개발, 정치적 안정과 경제적 진보를 결합시킬 수 있는 방법"을 모범적으로 보여 준다고 주장했다. 헤이그의 후임자였던 조지 슐츠 역시 헤이그 못지않은 오만한 태도로 "자유에 대한 갈망이야말로 지구 전체를 휘덮는 가장 강력한 정치적 힘이다." 따라서 그 러한 힘은 소련으로 하여금 "역사의 거대한 조류를 거슬러 허우적거리지 않을 수 없게 끔" 만든다고 선언했다. Haig speech of 24 April 1981, in *New York Times*, 25 April 1981, p.4; Shultz speech of 23 Sept. 1985, reported in *Christian Science Monitor*, 24 Sept. 1985, pp.3, 5.

258) Robert Dallek, *Ronald Reagan: The Politics of Symbolism* (Cambridge, Mass., 1984), p.58. Reagan interviews in *Time*, 117(5 Jan. 1981): 32, and in Charles D. Hobbes, *Ronald Reagan's Call to Action* (Nashville, Tenn., 1976), p.42.

259) Reagan, *A Time for Choosing*, p.335 (speech of 8 June 1982).

260) Norman Podhoretz, *The Present Danger* (New York, 1980), p.22; Atlantic Council, *The Teaching of Values and the Successor Generation* (Washington, 1983), pp.14, 18, 23.

261) *Christian Science Monitor*, 9 June 1981, p.3, and 19 January 1982, p.4; Bruce Russett and Donald R. Deluca, "'Don't Tread on Me': Public Opinion and Foreign Policy in the Eighties", *Political Science Quarterly*, 96 (Fall 1981).

262) Carter quoted in Brzezinski, *Power and Principle*, p.522.

263) 이 단락의 내용은 많은 학자들을 외교정책 이데올로기의 비교 연구에 초대하고 싶은 나의 마음이 담겨 있다. 이 분야의 연구를 개척한 훌륭한 성과들로는, A. P. Thornton, *The Imperial Idea and Its Enemies: A Study in British Power* (London, 1959); Eberhard Jäckel, *Hitler's Weltanschauung: A Blueprint for Power*, trans. Hebert Arnold (Middletown, Conn., 1972); George L. Mosse, *The Crisis of German Ideology: Intellectual Origins of the Third Reich* (New York, 1964); and William Taubman, *Stalin's American Policy: From Entente to Détente to Cold War* (New York, 1982).

264) Charles Francis Adams, ed., *The Works of John Adam* (Boston, 1850~1856), 10:417~418. Anthony D. Smith, *Theories of Nationalism*, 2d ed. (London, 1983), pp.xxv-xxviii. 이 두 책은 민족주의와 천년왕국 사상 간에 어떤 연계가 있다면 그것은 단지 우연

에 불과하다고 주장한다. 이들의 주장은 이 책에서 개진한 나의 주장뿐만 아니라 다음과 같은 연구 결과와도 상충한다. Ernest Lee Tuveson, *Redeemer Nation: The Idea of America's Millennial Role* (Chicago, 1986). Sacvan Bercovutch, *The American Jeremiad* (Madison, Wis., 1978).

265) Thorstein Veblen, *Absentee Ownership and Business Enterprise in Recent Times* (New York, 1923), pp. 38~39. Elie Kedourie, *Nationalism* (London, 1960). 케두리의 이 책은 베블렌의 비난을 매우 설득력 있게 소개했다.

266) 1920년대와 1930년대의 미국 학계는 외국 문화를 진지하고 체계적으로 연구하는 데 별다른 주의를 기울이지 않았으며, 1950년대 이후가 되어서야 본격적인 연구를 시작했다. 그러나 멕코이(Robert A. McCaughey)가 자신의 비판적 저서, 『국제관계 연구와 학술 사업』[*International Studies and Academic Enterprise: A Chapter in the Enclosure of American Learning* (New York, 1984)]에서 주장했던 것처럼 이 분야의 전문가들은 대중들로부터 광범위한 지지를 얻는 데 실패했다.

267) John Quincy Adams, address of 4 July 1821, in Walter LaFeber, ed., *John Quincy Adams and American Continental Empire* (Chicago, 1965), pp.44~46.

268) Joseph Shumpeter, *Imperialism and Social Classes*, trans. Heinz Norden (Cleveland, 1955), p.51.

269) Thucydides, *The Peloponnesian War*, ii.7.63.

270) 이처럼 분명한 대가를 치렀음에도 불구하고 우리는 그곳에 아직 잠재적이긴 하지만 생각만 해도 등골이 오싹한 또 다른 대가, 즉 핵전쟁과 인류의 파멸 가능성을 추가해야만 할 것이다. 현대의 세계는 핵 무장 국가들이 세계적으로 확산되고, 핵탄두가 전광석화처럼 빠른 속도로 증가하며, 매우 복잡하고 고도로 민감한 정보체계 등이 개발되면서 과거보다 훨씬 더 위험한 상태에 처해 있다. 우리는 국제 사회의 불안정과 갈등을—이들은 국가 간의 핵무기 경쟁을 부채질하는 요인이라고 할 수 있는데—더욱 조장하는 이데올로기적 주장을 계속 고집함으로써 우리들 자신을 한층 더 위험한 상황에 처하도록 만들 수 있다.

271) Walter Dean Burnham, *The Current Crisis in American Politics* (New York, 1982), pp.29, 51~52, 152~159, 161n.

272) Jonathan H. Turner and Charles E. Starnes, *Inequality: Privilege and Poverty in America* (Pacific Palisades, Calif., 1976), pp.19, 22~23, 36, 43, 51; Kenneth Prewitt and Alan stone, *The Ruling Elites: Elite Theory, Power, and American Democracy* (New York, 1973), chap. 6. Alan S. Blinder, "The Level and Distribution of Economic Well-Being", in Martin Feldstein, ed., *The American Economy in Transition* (Chicago, 1980), pp.415~479, and Jeffery G. Williamson and Peter H. Lindert, *American Inequality: A Macro-economic History* (New York, 1980). 이 책들은 미국인의 소득과 부의 불평등을 설명하고 시정하는 것뿐만 아니라 그것을 계산하는 데 따르는 몇몇 복잡한 문제들을 조명하고 있다.

273) 레브널(Earl C. Ravenal)은 미군이 세계 지역에서 주둔하는 비용을 감축할 경우 미국

에 커다란 이익이 될 수 있을 것이라고 주장했다. 유럽은 추정된 1985년의 방위비로 1,290억 달러를 미국에 청구할 것이다. 그러나 유럽은 자력으로 재래식 공격을 방어하기 위해 더욱 많은 역할을 수행할 수 있으며, 또 그렇게 해야만 한다. 레브널이 470억 달러로 추정한 중동의 석유 방위비도 삭감할 수 있는 또 다른 후보였다. 왜냐하면 그런 비용은 미국의 전체 에너지 수요의 2.5% 미만을 충당하는 중동 석유를 모두 상실했을 때 발생할 수 있는 비용을 초과하는 규모이기 때문이다. 또한 아시아 지역에 할당되어 있는 470억 달러는 훨씬 많은 삭감이 가능하다고 보았다. 레브널은 1985년 예산에 기초해서 아시아 지역에 전진 배치되어 있는 미군의 규모를 축소시키기만 해도 1,540억 달러를 절약하는 것이 가능할 것으로 추정했다. Ravenal, "The Case for a Withdrawal of Our Forces", *New York Times Magazine*, 6 March 1983; Ravenal, "On Scaling Down Defense Ambitions", *New York Times*, 16 Feb. 1984, p.A27.

274) Tucydides, *The Peloponnesian* War, ii.7.63.

찾아보기

14개 조항 Fourteen Points 281
1차 세계대전 378
    윌슨 정책 278~83
    전쟁 기간 중 정치적 억압 372
    전쟁 비용 285
2차 세계대전 372, 392
    미국의 참전에 관한 논쟁 300~311
    전쟁 기간 중 미국의 정책 322
XYZ 사건 XYZ affair 87, 214
    만화 속의 모습 250

개스트 Gast가 그린 『미국의 전진』
    (*American Progress*) 148
개스트 John Gast
    그림 148
갤러틴 Albert Gallatin
    멕시코 전쟁 102
거토프 Melvin Gurtov 33
경제 최우선 협의회 Council of
    Economic Priorities 464 주239번
경제적 이해관계
    뉴 레프트 역사학자들의 해석
        48~52, 445 주29번

멕시코 혁명 232, 455 주131번
문화적 접근의 해석 54~57
    인종주의적 사고방식 186
고 딘 디엠 Ngo Dinh Diem 368
    미국의 지원 353, 355
고리키 Maxim Gorki
    뉴욕 방문 239
고메즈 Máximo Gómez
    만화 속의 모습 189
공화당 105
    제이 조약 Jay treaty 83
    양차 세계대전 막간의 유력인사들
        287~289
공화주의
    18세기말과 19세기 정책 77~81,
        88~89, 93~102, 110~115, 122
    20세기 정책 283~284, 304~308, 326
    새로운 정책의 토대 402~410
과테말라
    개입정책 348
과학
    인종주의적 사고 131, 333
교육

외교정책 이데올로기의 견제 수단
  401~402, 467 주266번
국가안보회의 National Security
  Council 382
국가안전보장회의 문서 68 NSC 68 (정
  책 문서) 329, 461 주211번
국제연맹 282, 288
국제정치적 현실주의자의 해석 39~44
  국제정치적 현실주의 연구문헌 평론
    415
  비판 44~45, 59
  전문가의 역할 44~45
그람시 Antonio Gramsci 55
그레나다 390
그리스 292, 341
  그리스의 독립 투쟁에 대한 미국의
    반응 220~222, 454 주123번
  냉전 정책 325~327, 330
그릴리 Horace Greeley
  멕시코 전쟁 102
기딩스 Joshua R. Giddings 100
기어츠 Clifford Geertz
  이데올로기 54, 359
김일성 351

나세르 Gamal Abdel Nasser 341
나이 Gerald Nye
  개입주의 286
남아프리카 370
  인종차별 정책에 대한 미국의 반응
    343
내스트 Thomas Nast

내스트가 그린 만화 172, 251
냉전 정책
  닉슨 행정부 379~383, 390
  미국의 위대성 320, 324, 325~329
  이데올로기적 기원 311~329
  인종에 대한 편견 335~346
  "제3세계"를 바라보는 시각 341~356
  최근의 비판 31~39, 391, 398~401
  카터와 레이건 행정부 385~392
  혁명에 대한 반응 334, 346~348,
    366~368
노로돔 시아누크 Norodom Sihanouk
  364
노리스 George W. Norris
  윌슨 정책 283
노예 340
  노예에 대한 미국인의 견해 180, 183,
    236~239
  만화 속의 노예 253~254
녹스 Philander Knox 287, 456 주152번
뉴 레프트 해석
  뉴 레프트 연구문헌 평론 414~419,
    432, 436~437
  마르크스주의 50
  비판 50~52
  의미 45~50
  혁신주의 역사학자 445 주29번
〈뉴욕 타임즈〉
  혁명에 대한 반응 226, 241, 245, 246
뉴 잉글랜드
  외교정책 이데올로기 122~124, 227
뉴딜 정책 371

니카라과 368, 387, 390
 스팀슨 사명 Stimson mission 291
니콜라스 2세 (러시아 황제) 237
닉슨 Richard M. Nixon
 레이건의 비판적 반응 388
 외교정책 이데올로기 379~383
 정책 스타일 379, 390

달러 외교
 의미 456 주152번
대륙 팽창 continental expansion('멕시코 전쟁' 항목 함께 참고)
 인종주의적 사고방식 139~144, 146, 152~155
 지역간 갈등 104~107
 팽창 과정 88~93
대만 352, 388
대서양 헌장 305
"대주기론" "great-cycle theory"
 비판 402
 의미 313~314
『대지』(The Good Earth, 영화 사진) 293
더글라스 Stephen Douglas 228
던 Finley Peter Dunne 113
덜레스 John Forster Dulles
 "제3세계"에 대한 시각 340~342, 344, 347, 353
덜레스 형제 312, 458 주177번
덩샤오핑 385
도덕주의 Moralism. '현실주의자 해석' 항목을 보라

도스 단독 토지 보유법 Dawes Act 144
도쿄 전범 재판 459 주186번
독일
 19세기와 20세기의 독일에 대한 미국의 시각 179~180, 182, 279~280, 306, 323, 340
 냉전 정책 330
 독일을 바라보는 프랭클린의 시각 127, 130~131
 외교정책 이데올로기 397
 동맹국 지원을 통해 미국을 수호하는 위원회 The Committee to Defend America by Aiding the Allies 309
동아시아(동아시아의 특정 국가 항목들 함께 참고)
 미국의 동아시아 정책 276~279, 300, 348~354, 444 주10번
 미국의 시각 165~169, 176
"동양인" (Orientals) / '중국,' '일본,' '필리핀' 항목을 보라
디아즈 Porfirio Díaz 233

라 폴레트 Robert La Follette, Sr.
라틴 아메리카(특정 국가 항목 함께 참고)
 19세기 미국의 시각 141~156, 180, 183, 215~218, 451 주87번
 20세기 미국의 라틴 아메리카 정책 274~276, 346~348
 20세기 미국의 시각 265, 274, 294, 339, 346~348
 라틴 아메리카 혁명에 대한 미국의

반응 215~220, 231~234, 348
만화 속의 모습 296
미국의 개입주의 정책 234, 276, 294, 348
미국의 라틴 아메리카 정책 155~156, 274
랜돌프 John Randolph
라틴 아메리카인에 대한 견해 150
랜싱 Robert Lansing 280
볼셰비즘 244, 255
러스크 Dean Rusk 458 주177번
남아프리카 344
지정학 316
러시아('소련' 항목 함께 참고)
19세기말 러시아를 바라보는 미국의 시각 180, 182
러시아 혁명에 대한 미국의 반응 236~244
레바논 390
레브널 Earl Ravenal 33~35, 467 주273번
레이건 Ronald Reagan 32
외교정책 이데올로기 386~388
정책 386~390
레이히 William Leahy 322
로디지아 382
로빈스 Raymond Robins 245
로스토우 Walter W. Rostow
제3세계 발전이론 332~333
로스토우 형제 312
록펠러 Nelson Rockefeller
라틴 아메리카 346~348
록펠러 형제 312

론 놀 Lon Nol 364
롯지 2세 Henry Cabot Lodge, Jr.
"제3세계" 340~341
롯지 Henry Cabot Lodge 235, 448 주63번
미국의 민족적 위대성 109, 115, 287
인종주의적 시각 149, 294
루뭄바 Patrice Lumumba 343~346
루이지애나 매입 88~89
루즈벨트 Franklin D. Roosevelt 324, 392
냉전 전사들의 견해 313~314, 316
외교정책 이데올로기의 영향 294, 300~304, 337
정책 291, 302~304, 310, 321, 459 주188번
루즈벨트 Theodore Roosevelt 316, 392
외교정책 이데올로기 115, 238~239, 263~267
정책 274~278
루트 Elihu Root 238, 241, 287, 312
리프만 Walter Lippmann
강국 정치 364
여론 379, 445 주22번
역사적 시각 31
린드버그 Charles A. Lindbergh 324
이데올로기의 영향 304~306
프랭클린 루즈벨트 행정부 306~308, 310
립셋 Seymour Martin Lipset 444주 20번

마데로 Francisco Madero 232
마르크스 Karl Marx

과거의 영향 359
마샬 George C. Marshall
  공산주의자의 위협 311~323
마샬 플랜 Marshall Plan 330
만 Thomas C. Mann
  라틴 아메리카인에 대한 견해 347
매디슨 James Madison
  캐나다 획득에 대한 견해 97
  해밀턴 정책 82, 84
맥그래스 Howard J. McGrath
  공산주의 위협 323
맥아더 Douglas MacArthur
  한국 전쟁 351
맥카시즘 McCarthyism 372
맥킨리 William McKinley 41, 48
  만화 속의 모습 174, 191
  미국의 민족적 위대성에 대한 견해 110, 184
  정책 110, 117, 155~156
머핸 Alfred Thayer Mahan 317, 448 주63번
  시각 109, 180~183
먼로 독트린 158, 347
  세기의 전환기 274~276
메이어 George von L. Meyer 238
메타사스 John Metaxas 292
멕시코 339
  만화 속의 모습 295
  멕시코 혁명에 관한 미국의 반응 231~234, 291
  멕시코를 바라보는 미국의 시각 152~155, 219, 232~234

멕시코 전쟁 378
  전쟁 결과 92, 104
  전쟁 목적에 관한 논쟁 97~104, 152~155
모로코 위기 (1905년) 379
모리스 Gouverneur Morris
  프랑스 혁명 213
모잠비크 382
무솔리니 Benito Mussolini 291
문호개방 정책 / '중국' 항목을 보라
문호개방 해석 Open-door interpretation / '뉴 레프트 해석' 항목을 보라
문화적 자유를 추구하는 대표자 회의
  Congress for Cultural Freedom 444 주20번
문화적 해석
  미국의 사례에 응용 56~58, 65~68, 418~419
  의미 54~65
미국 국내정치 개혁
  미국 외교정책 이데올로기 370~372, 406~408
미국 국민의 시각
  냉전 정책 ('여론' 항목 함께 참고) 38
  외교정책의 과거 24
미국 남부
  20세기 미국 대통령들에 대한 견해 268, 269, 271, 340, 384
  외교정책 이데올로기 120~122, 136, 153, 216, 227
미국 대통령 선거

1900년의 선거 117
1920년의 선거 284
미국 민주당
　멕시코 전쟁 99~100, 102, 104
　해외 팽창 108, 112
미국 서부
　동아시아 이민에 대한 견해 167, 176
『미국 외교의 비극』(*The Tragedy of American Diplomacy*)
　논쟁 45~53
미국 외교협회 Council on Foreign Relations 288, 320
미국 중서부
　혁명에 대한 반응 227
미국 중앙정보국(CIA)
　라틴 아메리카 348
　콩고 위기 344~346
미국과 스페인 전쟁 377
　강화조건에 관한 논쟁 108~117, 185, 186, 268
　롯지의 견해 289
　윌슨의 반응 267~269
민권 운동 Civil-rights movement 335
민족성
　20세기 미국 정책 255, 384, 304~306
　20세기 정책 엘리트의 기원 287
　혁명에 대한 반응 225, 227, 255
민족주의
　냉전 정책 390~392
　외교정책 이데올로기 35~37, 65, 117, 368, 392~400, 448 주63번

바넷 Richard Barnet 33
바티스타 Fulgencio Batista 292, 368
반유대주의
　19세기 말 180
　홀로코스트에 대한 반응 300
반제국주의자 연대 113
방위비 지출
　1차 세계대전 285
　2차 세계 대전 이후 370~372, 374~375, 389, 461 주211번, 464 주242번
　미국의 국내 정치적 충격 372~374, 463 주237번, 463 주239번, 464 주240번
　삭감 제안 467 주273번
백인과 흑인간의 잡혼 Miscegenation
　인종주의적 편견 속의 주제 396~398, 466 주264번
밴 뷰렌 Martin Van Buren 100
밴스 Cyrus Vance
　국무장관 386
버바 Sidney Verba 54
버크 Edmund Burke 272
번디 형제 Bundy brothers 312
벌 Adolf A. Berle, Jr.
　혁명에 대한 견해 290
법률만능주의 Legalism '현실주의자의 해석' 항목을 보라
베블렌 Thorstein Veblen
　민족주의 398
베트남 386
　베트남을 바라보는 미국의 시각 337,

341, 383
베트남 전쟁 366
  여론의 지지 378
  외교정책 이데올로기 368~370
  전쟁의 기원 352~355
  전쟁의 비용 363, 463 주234번
  전후 미국의 반응 31, 388, 390
  종전 380, 382, 383
벤톤 Thomas Hart Benton 100
벨 Daniel Bell 444 주20번
보라 William E. Borah
  개입주의 286
〈보스턴 쿠리어〉(*Boston Courier*)
  프랑스 혁명 분석 224
복 Dorothy Borg
  동아시아 정책 분석 443 주6번
본 Randolph Bourne
  1차 세계대전 283
볼셰비즘에 대한 공포('소련' 항목 함께 참고)
  2차 세계대전 이후의 공포 321~323
  러시아 혁명으로 촉발된 공포 240~246
  만화 속의 공포 252~254
  양차 세계대전 막간의 공포 282, 290, 291
봉쇄 정책 318, 320, 330
부캐넌 James Buchanan
  러시아에 대한 견해 236
  멕시코인들에 대한 견해 153
북대서양 조약기구 330
〈북아메리카 리뷰〉

  라틴 아메리카인에 대한 견해 218
브라이언 William Jennings Bryan 112
  1차 세계대전 280
  만화 속의 모습 188
  해외 팽창 117
브레진스키 Zbigniew Brzezinski
  카터의 보좌관 386~387
브리즈 Sidney Breese 228
"블랙 레전드" Black legend 217
  만화 160~161
  설명 146
  케넌 Kennan 339
비버리지 Albert J. Beveridge
  윌슨 정책 284
  해외 팽창 overseas expansion 111, 115~116, 179, 185
비어드 Charles Beard 446 주29번
빌라 Pancho Villa 285
빌헬름 2세 Wilhelm II (독일 황제) 280

사회당 Socialist party 239
산토 도밍고
  산토 도밍고 혁명에 대한 미국의 반응 216
샤프빌 대학살 Sharpeville massacre 344
섬너 Charles Sumner 100
섬너 William Graham Sumner 112
  맥킨리 정책 114
'세계 산업 노동자 연맹' Industrial Workers of the World 239
세미놀족 Seminoles 142

〈새터데이이 이브닝 포스트〉(Saturday
　Evening Post)
　볼셰비즘에 대한 견해 240
센추리 그룹 Century Group 309
셀러 Walter C. Sellar
　역사관 261
셔먼 William T. Sherman
　인디언에 대한 견해 144
셔츠 Carl Schurz
　맥킨리 정책 114
소련 43, 365, 366
　냉전 초기 미국 시각 316~329, 350
　만화 속의 소련 252
　소련의 탄생에 대한 미국의 반응
　　240~246
　양차 세계대전 막간의 미국 시각
　　289~291, 306, 323
　최근 미국의 소련 정책 379~388 여기
　　저기 설명 내용
소모사 가족 291, 368
소모사 데바일레 AnastasioSomoza
　Debayle 387
수족 Sioux 143
쉴즈 Edward Shils 444 주20번
슐츠 George Shultz
　자유에 대한 견해 466 주257번
슘페터 Joseph Schumpeter
　로마 제국에 대한 견해 405
스탈린 Joseph Stalin 323, 326
스테티니어스 Edward R. Stettinius 322
　라틴 아메리카에 대한 견해 347
스트롱 Josiah Strong 448 주63번

미국의 민족적 위대성 109
스팀슨 Henry L. Stimson 287, 312
　정책 시각 289, 299, 322
스페인 89, 97
　만화 속의 스페인 161~162
　스페인을 바라보는 미국의 시각 146,
　　155, 292, 451 주87번
시워드 William Seward
　미국의 민족적 위대성 104~106

아귀날도 Emilio Aguinaldo의 이미지
　189~190
아랍인들 370
　그들을 바라보는 미국인의 최근 시각
　　339
아롱 Raymond Aron 444 주20번
아메리카 원주민. '인디언' 항목을 보라
아메리카 퍼스트 America First 305, 310
아엔데 Salvador Allende 383
아이젠하워 Dwight D. Eisenhower 392
　'제3세계'를 바라보는 시각 340,
　　341, 344, 348
　미국 국방 정책 375~376
아이티
　만화 속의 모습 159, 295
　아이티를 바라보는 미국의 시각 151,
　　217, 266
아프리카
　19세기 말 미국인의 시각 180
　냉전정책에서 차지한 위치 336,
　　341~346, 382~383
알몬드 Gabriel Almond 54

앙골라 382, 387
애덤스 Charles Francis Adams 100
애덤스 Jane Addams 113
애덤스 John Adams
   천년왕국설 397
   해밀턴 Alexander Hamilton 80, 88
   혁명에 대한 견해 201~220 여기저기 서술 내용, 255, 453 주103번
애덤스 John Quincy Adams
   라틴 아메리카 97, 150, 218
   외교정책의 한계 404
애치슨 Dean Acheson 312, 458 주177번
   동아시아 정책 351
   미국 여론 정책 377
   소련 정책 323, 327
애틀랜틱 카운실 Atlantic Council
   이데올로기의 활성화 391
앵글로색슨주의 294
   19세기와 20세기 초 177~183, 265, 270~273, 279, 281
   2차 세계대전 개입주의자 309~311
   냉전 336, 338, 342, 390
양차 세계대전 막간의 미국 정책
   공화당 행정부 287~289
   미국의 민족적 위대성에 대한 논쟁 283~289, 301~311
   인종적 편견 291~294, 300
   혁명을 대하는 태도 289~291
에릭슨 Eric H. Erikson
   이데올로기 58
에버렛 Edward Everett
   혁명 221~222

에티오피아 387
엘리트
   20세기 미국 엘리트의 구성 278, 311~312, 458주177번
   2차 세계대전 참전 주장 308~310
   뉴 레프트 역사학자들의 해석 48~50
   문화적 접근의 해석 54~65 여기저기 서술 내용, 394
   외교정책의 대가 372, 374
   혁명에 대한 반응 224, 227, 236~239, 242~246, 255~258
엘살바도르 387, 390
여론
   국제정치적 현실주의자의 해석 44, 445주21번, 445주22번
   냉전 정책 32, 386, 390~392
   양차 세계대전 막간 285, 287, 300, 456 주187번
   여론 측정 458 주176번
   외교정책 이데올로기 375~379
   외국의 순위 463 주236번
역사학자
   미국 외교 정책 연구 방식 25, 39~53
   정책 비판자 362
연방주의자 정당
   자코뱅주의 85, 212~214
"영 아메리카" "Young America" 228
영국 ('앵글로색슨주의' 항목 함께 참고) 121
   18세기 미국인의 시각 71~73, 77~80, 83, 204
   19세기 미국인의 시각 178

20세기 미국인의 시각 278~280
외교정책 이데올로기 307
영화 motion pictures
　인종주의적 이미지의 원천 293
오설리반 John L. O'Sullivan
　미국의 민족적 위대성 95
올니 Richard Olney 112
　미국의 민족적 위대성 274
우드 Leonard Wood
　만화 속의 모습 192
우에르타 Victoriana Huerta 233
워싱턴 George Washington 77
　제이 조약 Jay treaty 85
　프랑스 혁명에 대한 견해 213
워싱턴 대통령의 '고별사' "Farewell Address" 85
워커 Robert J. Walker
　멕시코인에 대한 견해 153
워터게이트 사건 372, 378
웰즈 Sumner Welles
　아프리카인에 대한 견해 338
웹스터 Daniel Webster 100
위대한 사회 Great Society 371, 376
위안 스카이 Yuan Shikai 231
윌리엄스 William Appleman Williams 362
　미국 정책에 대한 해석 46~53, 445주29번, 446주30번
윌슨 Woodrow Wilson 263, 324, 398, 458주177번
　미국의 민족적 위대성에 대한 견해 267~269, 280

　인종에 대한 견해 272~274
　정책 276, 278~283
　프랭클린 루즈벨트와 비교 302
　혁명에 대한 견해 231~234, 241~243, 245, 255, 268~271
유대인
　유대인에 대한 미국의 시각 180, 339, 370
유럽(유럽의 개별 국가에 대한 항목 함께 참고)
　19세기 유럽 혁명에 대한 미국의 반응 220~228
　미국의 유럽 정책 76~88, 90, 278~283, 289, 329
이데올로기
　미국 사례 23~26, 262, 359~362
　미국의 대가 370~374, 464주240
　비교적 시각 369
　이데올로기 비판 444 주20번
　정의 22
　정책 개혁 408~410
이라크 339
이란 368
　이란 혁명에 대한 미국의 반응 385, 386
이란의 샤 Shah of Iran (팔레비 Muhammad Reza Shah Pahlevi) 368
이스라엘 370
이승만 351
이탈리아 324
이트만 Robert J. Yeatman
　역사관 261

익스 Harold L. Ickes
  린드버그 Lindbergh 310
인도인 341
인디언(아메리카 원주민)
  미국의 인디언 정책 140~144
  삽화 147~148
  인디언을 바라보는 미국의 시각 128, 130, 140~144, 146, 266, 271~274
  인디언의 인구 감소 139~140
인종 유형
  논쟁 131
  삽화 134~135
인종주의적 사고방식에 나타난 유치화 Infantilization: 탈 유치화 dis-Infantilization
  삽화 160, 164, 173, 175, 188~193, 295
  완고한 편견 155, 156
인종주의적 편견 속의 성 (gender)
  삽화 134, 147, 148, 162, 163, 189, 296
  의미 150~152, 156, 293
일레이 Geoff Eley
  국가 건설 65
일본 365
  19세기 말과 20세기 초 일본을 바라보는 미국의 시각 170, 176, 183, 243, 265, 274, 277
  2차 세계대전 시기 일본을 바라보는 미국의 시각 340, 459 주186번
  냉전기 미국의 일본 정책 350, 352
  만화에 나타난 일본 297~298
  양차 세계 대전 막간에 일본을 바라보는 미국의 시각 294, 300
  외교정책 이데올로기 397
일본계 미국인
  억류 372, 459 주186번

자유토지당 Free Soil party 105
  혁명 227
장개석 Chang Kai-shek 291, 352
잭슨 Andrew Jackson
  대륙 팽창 91, 142
  미국의 민족적 위대성 93
  프랑스 혁명 223
잭슨 C. D. Jackson
  "제3세계" 340
적색 공포 Red Scare (1919-20) 242~244
전략무기 제한협정 Strategic Arms Limitation Talks (SALT) 376, 381~388 여기저기 서술 내용
전미광산노조 United Mine Workers 239
정치적 억압
  외교정책 이데올로기 214, 244, 372, 459 주186번
"제3세계" "Third World"
  개념 330, 336
  최근의 냉전 정책 381~388 여기저기 서술 내용
제3세계 발전이론
  냉전 367
  의미 329~336
"제왕적 대통령" "imperial presidency"

등장 372, 378
제이 John Jay
　영국에 파견된 제이의 임무 81~83
제이 조약 Jay Treaty 81~85
제임스 William James 112
제퍼슨 Thomas Jefferson 446 주37번
　미국의 민족적 위대성에 대한 제퍼슨의 견해 77~91 여기저기 서술내용
　외교정책의 대가 372
　인종을 바라보는 시각 140, 150
　팽창주의자의 유산 93, 115
　혁명을 바라보는 시각 201, 204~218
조던 David Starr Jordan 112
조지아 주지사
　인디언 조약 140
존 아담스의 "다빌라 논고" "Discourse on Davila" 453 주105번
존슨 Lyndon B. Johnson 380
　방위비 지출 376
　"제3세계" 349, 354
　지정학 316
중국 41, 49, 365, 366
　18세기와 19세기의 미국 시각 165~169, 182
　20세기 초 미국의 중국정책 169, 230
　20세기 초의 미국 시각 169, 176, 265, 273, 277, 278
　냉전기 미국의 시각 337, 338, 341, 351
　만화 속의 중국 모습 171~174, 188, 297~298

　양차 세계 대전 막간의 미국 시각 291, 299
　중국 혁명에 대한 미국의 반응 230~231, 291
　중국에 대한 미국의 냉전정책 352
　중국에 대한 미국의 일반적 태도 25
　최근에 입안된 미국의 중국정책 379~390 여기저기 서술 내용
지정학
　의미 152~153, 315~316
　비판 369, 402
진보를 위한 동맹 Alliance for Progress 346
진화론 108, 263 / 앵글로색슨주의 180

처칠 Winston Churchill 303
천년왕국설
　외교정책 이데올로기 397~398, 446 주264번
체로키족 141
칠레
　닉슨 행정부 383
　만화 속의 칠레 모습 160

카네기 Andrew Carnegie 113
카란짜 Venustiano Carranza 235
카스 Lewis Cass 228
　미국 혁명 220
카스트로 Fidel Castro 347, 367
카터 Jimmy Carter 388
　지미 카터의 시각 384~385
　지미 카터의 정책 문제 385~386

캄보디아 364, 386
캐나다 89, 97
캘레오 David Calleo 33
캘훈 John C. Calhoun 100
    멕시코 전쟁 102
케넌 George F. Kennan 362
    냉전 정책 316~320, 328, 445 주23번
    역사학자로서의 케넌 39~45, 445 주21번, 445주22번
    케넌에 대한 미국 외교정책 이데올로기의 영향 320, 336~339
케넌 Kennan의 『미국 외교』(*American Diplomacy, 1900-1950*) 검토 40~47
케네디 John F. Kennedy 333 / 방위비 지출 375
    "제3세계" 343~355 여기저기 서술 내용
케네디 형제 312
켈로그 Frank B. Kellogg 287, 291
    켈로그의 정책 289
코슈트 Lewis Kossuth 227
    여행 223
코윈 Thomas Corwin
    멕시코 전쟁 101
콜롬비아
    미국의 시각 275
콩고
    냉전 344~346
쿠바 89, 367, 368
    19세기 미국의 시각 97, 154~156
    만화 속의 쿠바 모습 162~164, 189, 191~193

쿠바 혁명에 대한 미국의 반응 229, 291, 349
쿠퍼 James Fenimore Cooper
    혁명 222
쿨리지 Calvin Coolidge
    소련 290
크레익 Gordon Craig
    외교사 22
크리크족 Creeks 142
크리텐던 John Crittenden 100
크메르 루즈 Khmer Rouge 364
클래이 Henry Clay
    라틴 아메리카 혁명 219
클리블랜드 Grover Cleveland 112
    맥킨리 정책 113
    중국인을 바라보는 시각 168
키신저 Henry Kissinger
    정책 결정 31, 64
    정책 스타일 380, 390
    키신저에 대한 견해 380~381, 383

태프트 William Howard Taft 287
    태프트의 정책 231, 456주 152번
    필리핀에 대한 견해 185
터키 327, 330
토착주의 nativism
    1차 세계대전 이후 245, 292
    동아시아 이민 167, 176
    유럽 이민 179, 226
토크빌 Alexis de Tocqueville
    미국의 재산에 대한 애착 256
트루먼 Harry Truman

방위비 지출 375
외교정책 이데올로기 315, 323~325,
  339, 352, 354
트루먼의 정책 325~329, 333, 343,
  348~352, 461주211번
트루먼 독트린 325~327
트리스트 Nicholas Trist 104
트웨인 Mark Twain (클레멘슨 William
  Langhorne Clemens의 필명) 113

파나마 운하 388
  시어도어 루즈벨트 275
파리 코뮌 251, 271
  미국의 반응 225, 227
파머 Mitchell A. Palmer 245
팩큰햄 Robert Packenham 33
페리 원정 Perry expedition 170
페리클레스 Pericles
  제국 406, 409
페인 Paine의 『상식론』 "Common
  Sense" 71~73
페인 Thomas Paine 387, 397, 398
  미국의 민족적 위대성 71~73
  제이 조약 Jay Treaty 85
페인버그 Richard Feinberg 33, 35
포도렛츠 Norman Podhoretz
  이데올로기의 활성화 391
포드 Gerald Ford 383
포레스텔 James Forrestal 322
〈포린 어페어즈〉(*Foreign Affairs*) 320
포인트 포 Point Four 333, 346
포크 James K. Polk

정책 92, 98, 104~105
폴란드 323
  19세기 폴란드 혁명에 대한 미국의
    반응 222
푸에르토리코
  만화 속의 모습 164, 189, 191
프랑스
  18세기와 19세기의 프랑스를 바라보
    는 미국의 시각 79, 182, 212~214
  삽화 250~251
  양차 세계 대전의 막간에 프랑스를
    바라보는 미국의 시각 288
  프랑스 혁명에 대한 미국의 시각
    207, 210~215, 223~225, 238, 271
프랑코 Francisco Franco 292
프랭클린 Benjamin Franklin 71
  영토 확장 127~130
  인종에 대한 편견 127~131
프록터 Redfield Proctor
  스페인 149
피부색
  인종주의적 사고방식 131, 136, 150,
    186
필리핀 377
  만화 속의 모습 187~189, 191, 194
  미국의 필리핀 정책 230, 350, 351
  필리핀을 바라보는 미국의 시각
    112~114, 116, 182, 183, 265~278
  여기저기 서술 내용

하나의 모델로서의 미국 혁명 206, 208,
  220, 247, 271, 281

하딩 Warren Harding 285, 289
하와이
　만화 속의 모습 189
　병합 논쟁 183~184
하우스 Edward House 280
한국
　미국의 냉전 정책 351, 352
한국 전쟁
　미국 대중의 지지 378
　트루먼의 정책 351
해리먼 Averell Harriman 312
　소련 322
해리슨 Benjamin Harrison 112
　중국 이민에 대한 견해 168
해밀턴 Alexander Hamilton
　시각 80~82, 83~85, 213
　애덤스와 제퍼슨 행정부에 대한 영향 88~89
　정책 81~83
핵무장 경쟁
　소련과 관계 379~388 여기저기 서술 내용
　외교정책 이데올로기 467주 270번
허터 Christian Herter
　카스트로 Castro 347
헐 Cordell Hull
　일본 299
헝가리
　19세기 헝가리 혁명에 대한 미국의 반응 223
헤이그 Alexander Haig
　미국의 민족적 위대성 466 주257번

현실주의 정치 Realpoltik
　20세기 정책 277~278, 380~381, 392
　외교정책 이데올로기 364
현재의 위험에 대한 위원회 Committee on the Present Danger 390
호메이니 Ruhollah Khomeini 385
호어 George F. Hoar 112
호웰스 William Dean Howells 113
호치민 Ho Chi Minh 353
홀로코스트(유대인 학살정책)
　미국의 반응 300, 459 주188번
후버 Herbert Hoover
　러시아 혁명 290
후크단 Huks 352
휘그당 Whig party
　멕시코 전쟁 99~100, 101, 105
　혁명 227
휴스턴 Sam Houston 91
휴즈 Charles Evans Hughes 287, 458 주177번
　정책 289
흑인에 대한 시각
　18세기와 19세기의 시각 128, 130, 131, 136, 183
　20세기의 시각 265, 272, 339
　만화 속의 시각 159, 187~189, 191~194, 250, 295
흑인차별법안(Jim Crow laws) 335

마이클 헌트 저작 목록

단행본 :

The American Ascendancy: How the U.S. Gained and Wielded Global Dominance (Chapel Hill: University of North Carolina Press, forthcoming spring 2007);

The World Transformed: 1945 to the Present (Boston: Bedford/St. Martin's, 2004);

The World Transformed, 1945 to the Present: A Documentary Reader (Boston: Bedford/St. Martin's, 2004);

Lyndon Johnson's War: America's Cold War Crusade in Vietnam, 1945-1968 (New York: Hill and Wang, 1996);

Crises in U.S. Foreign Policy: An International History Reader (New Haven: Yale University Press, 1996);

The Genesis of Chinese Communist Foreign Policy (New York: Columbia University Press, 1996);

Toward a History of Chinese Communist Foreign Relations, 1920s-1960s: Personalities and Interpretive Approaches (Washington: Woodrow Wilson Center Asia Program, [1995]) (co-edited with Niu Jun);

Ideology and U.S. Foreign Policy (New Haven: Yale University Press, 1987);

The Making of a Special Relationship: The United States and China to 1914 (New York: Columbia University Press, 1983);

Frontier Defense and the Open Door: Manchuria in Chinese-American Relations, 1895-1911 (New Haven: Yale University Press, 1973).

주요 논문 및 평론:

"In the Wake of September 11: The Clash of What?" *Journal of American History* 89 (September 2002): 416-25; reprinted in *History and September* 11th, ed. Joanne Meyerowitz (Philadelphia: Temple University Press, 2003), 8-21;

"The Decolonization Puzzle in US Policy: Promise versus Performance," in *The United States and Decolonization: Power and Freedom*, ed. David Ryan and Victor Pungong (London: Macmillan, 2000), 207-229;

"East Asia in Henry Luce's 'American Century'," *Diplomatic History* 23 (Spring 1999): 321-53; reprinted in *The Ambiguous Legacy: U.S. Foreign Relations in the "American Century*," ed. Michael J. Hogan (Cambridge, UK: Cambridge University Press, 1999), 232-78;

"1898: The Onset of America's Troubled Asian Century," *OAH Magazine of History* 12 (Spring 1998): 30-36 (part of a special issue devoted to the anniversary of the Spanish-American War edited by Louis A. Pérez, Jr.);

"Studying the Vietnam War: Between an Implacable Force and an Immovable Object," *New England Journal of History* 54 (Spring 1998): 45-61;

"La guerra fredda è finita, la sua storia è appena iniziata" [The Cold War is over but its history is just begun], *Passato e presente* 14 (May-August 1996): 36-43 (contribution to a forum on the Cold War; ed. and trans. Federico Romero);

"Traditions of American diplomacy: from colony to great power," in *American Foreign Relations Reconsidered, 1890-1993*, ed. Gordon Martel (London: Routledge, 1994), 1-20;

"Chinese National Identity and the Strong State: The Late Qing-Republican Crisis," in *China's Quest for National Identity*, ed. Lowell Dittmer and Samuel S. Kim (Ithaca, N.Y.: Cornell University Press, 1993): 62-79;

"Beijing and the Korean Crisis, June 1950-June 1951," *Political Science Quarterly* 107 (Fall 1992): 453-78;

"The Long Crisis in U.S. *Diplomatic History*: Coming to Closure," Diplomatic History 16 (Winter 1992): 115-40; reprinted with a new introduction in *America in the World: The Historiography of American Foreign Relations Since 1941*, ed. Michael J. Hogan (New York: Cambridge University Press, 1996), 148-55; reprinted in *Internationale Geschichte*, ed. Wilfried Loth and Jürgen Osterhammel (2000);

"The May Fourth Era: China's Place in the World," in *Perspectives on Modern China: Four Anniversaries*, ed. Kenneth Lieberthal et al. (Armonk, N.Y.: M. E. Sharpe, 1991), 178-200;

"Internationalizing U.S. Diplomatic History: A Practical Agenda," *Diplomatic History* 15 (Winter 1991): 1-11;

"The Chinese Communist Party and International Affairs: A Field Report on New Historical Sources and Old Research Problems," *China Quarterly*, no. 122 (Summer 1990): 258-72 (co-authored with Odd Arne Westad);

"Ideology," in "A Roundtable: Explaining the History of American Foreign Relations," *Journal of American History* 77 (June 1990): 108-115; reprinted in *Explaining the History of American Foreign Relations*, ed. Michael J. Hogan and Thomas G. Paterson (New York: Cambridge University Press, 1991); revised and extended in *Explaining the History of American Foreign Relations*, ed. Michael J. Hogan (2nd ed.; New York: Cambridge University Press, 2003), 221-40;

"The Revolutionary Challenge to Early U.S. Cold War Policy in Asia," in *The Great Powers in East Asia, 1953-1960*, ed. Warren I. Cohen and Akira Iriye (New York: Columbia University Press, 1990), 13-34 (co-authored with Steven I. Levine);

"American Decline and the Great Debate: A Historical Perspective," *SAIS Review: A Journal of International Affairs* 10 (Summer-Fall 1990): 27-40;

"Meiguo guanyu Zhongguo duiwai guanxishi yanjiu wenti yu qianjing" [The study of the history of Chinese foreign relations in the United States: problems and prospects], *Lishi yanjiu* [Historical studies], 1988, no. 3, pp. 150-56 (trans. Yuan Ming);

"' Yizhong teshu guanxi de xingcheng' zhongwenbanxu" [Introduction to the Chinese edition of *The Making of a Special Relationship*], *Meiguo yanjiu* [American Studies], Fall 1987, no. 1, pp. 155-60 (trans. Lin Yongjun);

"On Social History, the State, and Foreign Relations," *Diplomatic History* 11 (Summer 1987): 243-50 (co-authored with Charles R. Lilley);

"Chinese Foreign Relations in Historical Perspective," in *China's Foreign Relations in the 1980s*, ed. Harry Harding (New Haven: Yale University Press, 1984), 1-42;

"New Insights But No New Vistas: Recent Work on Nineteenth-Century American-East Asian Relations," in *New Frontiers in American-East Asian Relations: Essays Presented to Dorothy Borg*, ed. Warren I. Cohen (New York: Columbia University Press, 1983), 17-43;

Comment on Charles Maier's essay on the historiography of international relations, *Diplomatic History* 5 (Fall 1981): 354-58;

"Mao Tse-tung and the Issue of Accommodation with the United States, 1948-1950," in *Uncertain Years: Chinese-American Relations, 1947-1950*, ed. Dorothy Borg and Waldo Heinrichs (New York: Columbia University Press, 1980), 185-233;

"Resistance and Collaboration in the American Empire, 1898-1903: An Overview," *Pacific Historical Review* 48 (November 1979): 467-71;

"The Forgotten Occupation: Peking, 1900-1901," *Pacific Historical Review* 48 (November 1979): 501-529;

"Americans in the China Market: Economic Opportunities and Economic Nationalism, 1890s-1931," *Business History Review* 51 (Autumn 1977): 277-307;

"Pearl Buck--Popular Expert on China, 1931-1949," *Modern China* 3 (January 1977): 33-64;

"The American Remission of the Boxer Indemnity: A Reappraisal," *Journal of Asian Studies* 31 (May 1972): 539-59.

이데올로기와 미국 외교

첫판 1쇄 펴낸날 2007년 12월 10일

지은이 마이클 헌트(Michel H. Hunt)
옮긴이 권용립 · 이현휘
펴낸이 강수걸
펴낸곳 산지니
등록 2005년 2월 7일 제14-49호
주소 부산광역시 연제구 거제1동 1493-2 효정빌딩 601호
전화 051-504-7070 | 팩스 051-507-7543
sanzini@sanzinibook.com
www.sanzinibook.com
편집 권경옥 · 김은경 | 제작 권문경
인쇄 대정인쇄

ISBN 978-89-92235-30-3 93300

값 20,000원

* 이 도서의 국립중앙도서관 출판시도서목록(CIP)은
 e-CIP 홈페이지(http://www.nl.go.kr/cip.php)에서
 이용하실 수 있습니다.(CIP 제어번호 : CIP 2008000033)